PLANEJAMENTO E CONTROLE DA PRODUÇÃO
Teoria e prática

O GEN | Grupo Editorial Nacional – maior plataforma editorial brasileira no segmento científico, técnico e profissional – publica conteúdos nas áreas de ciências sociais aplicadas, exatas, humanas, jurídicas e da saúde, além de prover serviços direcionados à educação continuada e à preparação para concursos.

As editoras que integram o GEN, das mais respeitadas no mercado editorial, construíram catálogos inigualáveis, com obras decisivas para a formação acadêmica e o aperfeiçoamento de várias gerações de profissionais e estudantes, tendo se tornado sinônimo de qualidade e seriedade.

A missão do GEN e dos núcleos de conteúdo que o compõem é prover a melhor informação científica e distribuí-la de maneira flexível e conveniente, a preços justos, gerando benefícios e servindo a autores, docentes, livreiros, funcionários, colaboradores e acionistas.

Nosso comportamento ético incondicional e nossa responsabilidade social e ambiental são reforçados pela natureza educacional de nossa atividade e dão sustentabilidade ao crescimento contínuo e à rentabilidade do grupo.

3ª edição

Dalvio Ferrari Tubino
PLANEJAMENTO E CONTROLE DA PRODUÇÃO
Teoria e prática

Colaboração: Glauco Garcia Martins Pereira da Silva

✓ Manufatura Enxuta
✓ Jogo LSSP para simulação e prática do Planejamento e Controle de Produção (*on-line*)
✓ Guia para trabalhos de PCP em planilhas eletrônicas (*on-line*)

- O autor deste livro e a editora empenharam seus melhores esforços para assegurar que as informações e os procedimentos apresentados no texto estejam em acordo com os padrões aceitos à época da publicação, *e todos os dados foram atualizados pelo autor até a data de fechamento do livro*. Entretanto, tendo em conta a evolução das ciências, as atualizações legislativas, as mudanças regulamentares governamentais e o constante fluxo de novas informações sobre os temas que constam do livro, recomendamos enfaticamente que os leitores consultem sempre outras fontes fidedignas, de modo a se certificarem de que as informações contidas no texto estão corretas e de que não houve alterações nas recomendações ou na legislação regulamentadora.

- Data do fechamento do livro: 05/09/2017

- O autor e a editora se empenharam para citar adequadamente e dar o devido crédito a todos os detentores de direitos autorais de qualquer material utilizado neste livro, dispondo-se a possíveis acertos posteriores caso, inadvertida e involuntariamente, a identificação de algum deles tenha sido omitida.

- **Atendimento ao cliente: (11) 5080-0751 | faleconosco@grupogen.com.br**

- Direitos exclusivos para a língua portuguesa
  Copyright © 2017, 2022 (3ª impressão) by
  Editora Atlas Ltda.
  Uma editora integrante do GEN | Grupo Editorial Nacional

- Travessa do Ouvidor, 11
  Rio de Janeiro – RJ – 20040-040
  www.grupogen.com.br

- Reservados todos os direitos. É proibida a duplicação ou reprodução deste volume, no todo ou em parte, em quaisquer formas ou por quaisquer meios (eletrônico, mecânico, gravação, fotocópia, distribuição pela Internet ou outros), sem permissão, por escrito, da Editora Atlas Ltda.

- Capa: Rejane Megale
- Editoração eletrônica: Caio Cardoso

- Ficha catalográfica

T822p
3.ed.

    Tubino, Dalvio Ferrari
        Planejamento e controle da produção: teoria e prática / Dalvio Ferrari Tubino. – 3. ed. [3a Reimp.] - São Paulo: Atlas, 2022..
        28 cm.

    Apêndice
    Bibliografia.
    ISBN 978-85-97-01305-4

    1. Administração da produção. 2. Planejamento da produção. I. Título.

17-44128   CDD: 658.5
                     CDU: 658.5

Aos meus pais (Almey e Dalvio), que me ensinaram a plantar sementes mesmo de árvores que só darão frutos daqui a 10 anos.

À minha esposa, Flavia, e ao meu filho, Valente, que me ajudam a cuidar desse pequeno bosque que já plantamos.

Material Suplementar

Este livro conta com os seguintes materiais suplementares:

- *Slides* (somente docentes);
- Gabarito dos Exercícios (somente docentes);
- Planilha Excel "Estudo_Caso_PCP_Vazia" (acesso livre);
- Planilha Excel "Estudo_Caso_PCP_Exemplo" (acesso livre);
- Planilha Excel "Estudo_Caso_PCP_Exemplo_Professor" (somente docentes);
- Planilha Excel "Histórico_Demanda_Cap6" (acesso livre);
- Arquivos dos Jogos em Access LSSP_PCP 1, 2 e 3 (acesso livre);
- Manuais dos Jogos em Access LSSP_PCP 1, 2 e 3 (acesso livre).

O acesso ao material suplementar é gratuito. Basta que o leitor se cadastre e faça seu login em nosso site (www.grupogen.com.br), clicando em GEN-IO, no menu superior do lado direito.

O acesso ao material suplementar online fica disponível até seis meses após a edição do livro ser retirada do mercado.

Caso haja alguma mudança no sistema ou dificuldade de acesso, entre em contato conosco (gendigital@grupogen.com.br).

GEN-IO (GEN | Informação Online) é o ambiente virtual de aprendizagem do GEN | Grupo Editorial Nacional

Sumário

Prefácio à 3ª edição, xi

Prefácio à 2ª edição, xiii

1 PCP E SISTEMAS PRODUTIVOS, 1

1 Introdução, 1
2 Conceitos, 2
2.1 O fluxo de informações e o PCP, 3
2.2 Classificação dos sistemas produtivos e o PCP, 6
  Os sistemas contínuos e o PCP, 8
  Os sistemas em massa e o PCP, 10
  Os sistemas em lotes e o PCP, 12
  Os sistemas sob encomenda e o PCP, 16
Resumo, 20
Exercícios, 21
Atividades para sala de aula, 22

2 PREVISÃO DA DEMANDA, 25

1 Introdução, 25
2 Conceitos, 26
2.1 Etapas de um modelo de previsão, 27
2.2 Técnicas de previsão, 29
2.3 Previsões baseadas em séries temporais, 30
  Técnicas para previsão da média, 31
    Média móvel, 32
    Média exponencial móvel, 34
  Técnicas para previsão da tendência, 36
    Equação linear para a tendência, 37
    Ajustamento exponencial para a tendência, 39
  Técnicas para previsão da sazonalidade, 41
    Sazonalidade simples, 42
    Sazonalidade com tendência, 44

2.4 Previsões baseadas em correlações, 49
2.5 Manutenção e monitoração do modelo, 52
Resumo, 54
Exercícios, 55
Atividades para sala de aula, 56

3 PLANEJAMENTO ESTRATÉGICO DA PRODUÇÃO, 57

1 Introdução, 57
2 Conceitos, 58
2.1 Missão e visão corporativa, 59
2.2 Estratégia corporativa, 61
2.3 Estratégia competitiva, 62
2.4 Estratégia de produção, 64
2.5 Plano de produção, 67
    Entradas para o plano de produção, 68
    Montagem e análise do plano de produção, 71
Resumo, 77
Exercícios, 78
Atividades para sala de aula, 79

4 PLANEJAMENTO-MESTRE DA PRODUÇÃO, 81

1 Introdução, 81
2 Conceitos, 82
2.1 Plano-mestre de produção e prazos, 84
2.2 Plano-mestre de produção e plano de vendas, 88
2.3 Montagem do plano-mestre de produção, 89
2.4 Análise e validação da capacidade, 90
2.5 Itens que entram no PMP, 94
Resumo, 97
Exercícios, 97
Atividades para sala de aula, 98

5 PROGRAMAÇÃO DA PRODUÇÃO, 101

1 Introdução, 101
2 Conceitos, 102
2.1 Administração de estoques, 107
2.2 Tamanho dos lotes de reposição, 109
    Lote econômico básico, 113
    Lote econômico com entrega parcelada, 114
    Considerações sobre o lote econômico, 115
2.3 Tamanho dos lotes e manufatura enxuta, 117
    Troca Rápida de Ferramentas (TRF), 122
    Relacionamentos de longo prazo com fornecedores, 124
2.4 Estoques de segurança, 126
Resumo, 130
Exercícios, 131
Atividades para sala de aula, 132

6 MODELOS DE CONTROLE DE ESTOQUES, 133

1 Introdução, 133
2 Conceitos, 134
- 2.1 Classificação ABC ou curva de Pareto, 136
- 2.2 Modelo baseado no ponto de pedido, 140
- 2.3 Modelo baseado nas revisões periódicas, 143
- 2.4 Modelo baseado no MRP, 145
  Tabela de controle do MRP, 149
  Dinâmica do modelo baseado no MRP, 152

Resumo, 155
Exercícios, 155
Atividades para sala de aula, 157

7 SEQUENCIAMENTO DA PROGRAMAÇÃO DA PRODUÇÃO, 159

1 Introdução, 159
2 Conceitos, 160
- 2.1 Balanceamento em linhas de montagem, 162
  Lista de operações-padrão e tempo de ciclo, 165
  Montagem das rotinas de operações-padrão, 167
  Formas de acionamento e *layout* das linhas, 170
- 2.2 Sequenciamento na produção de lotes, 174
  Sequenciamento e formação dos *lead times*, 175
  Regras de sequenciamento, 178
  APS e capacidade finita, 183
- 2.3 Sequenciamento de projetos, 191
  A montagem da rede PERT/CPM, 192
  Cálculo dos tempos da rede PERT/CPM, 194
  Tempos probabilísticos na rede PERT/CPM, 196
  Aceleração de uma rede PERT/CPM, 198

Resumo, 200
Exercícios, 201
Atividades para sala de aula, 202

8 PROGRAMAÇÃO PUXADA DA PRODUÇÃO – SISTEMA *KANBAN*, 203

1 Introdução, 203
2 Conceitos, 204
- 2.1 Programação: empurrada *versus* puxada, 204
- 2.2 Minha fábrica de canetas, 208
- 2.3 Dispositivos do sistema *kanban*, 212
  Cartão *kanban*, 213
  Painel ou quadro *porta-kanban*, 217
  Supermercado e contenedores, 219
  Outras formas de funcionamento, 221
- 2.4 Dimensionamento do sistema *kanban*, 223
  Dimensionamento no Jogo *LSSP_PCP3*, 225
  Dimensionamento: uma aplicação prática, 227
- 2.5 Estratégia da manufatura enxuta e sistema *kanban*, 230

Resumo, 234
Exercícios, 234
Atividades para sala de aula, 236

9 EMISSÃO, LIBERAÇÃO, ACOMPANHAMENTO E CONTROLE DA PRODUÇÃO, 237

1 Introdução, 237
2 Conceitos, 238
  2.1 Emissão e liberação de ordens, 240
  2.2 Acompanhamento e controle da produção, 242
  2.3 Controle sob a ótica do TQC, 243
     Ciclo PDCA para controle de processos, 246
     Medidas de desempenho do processo, 247
Resumo, 250
Exercícios, 251
Atividades para sala de aula, 252

APÊNDICE A – ESTUDO DE CASO: *JOGO LSSP_PCP1*, 253

APÊNDICE B – ESTUDO DE CASO: *JOGO LSSP_PCP2*, 261

APÊNDICE C – ESTUDO DE CASO: *JOGO LSSP_PCP3*, 271

REFERÊNCIAS, 279

Prefácio à 3ª edição

Recebi uma ligação da Editora me avisando que os estoques do meu livro de PCP estavam acabando e que iriam fazer uma reimpressão com um projeto gráfico novo para evidenciar o conteúdo e a interação com o leitor. Perguntaram-me se não tinha alguma correção a fazer ou algum material novo a incluir. Respondi que sim, claro, não só tinha algumas correções no texto a fazer, como também um exercício novo em Excel que desenvolvi, depois que o livro ficou pronto, com o apoio do professor Glauco Silva, e que gostaria de disponibilizar como dinâmica de aula para os demais colegas professores. Além disto, por sugestão da Editora, também se incluiu uma lista de exercícios e uma atividade para sala de aula no final de cada capítulo.

Logo, além de algumas correções no texto que sempre escapam aos revisores, as quais já estavam aguardando a nova edição para serem providenciadas, com o lançamento do meu livro *Manufatura enxuta como estratégia de produção: a chave para a produtividade industrial* (Atlas, 2015), acabei formalizando alguns conceitos nesta área de manufatura enxuta que interagem com o planejamento, programação, acompanhamento e controle da produção, os quais gostaria de atualizar ou acrescentar nesta terceira edição.

Com certeza o principal conceito que me preocupo em difundir é a definição de manufatura enxuta (ME), ou *lean*, como uma estratégia de produção, não por acaso título do meu livro. Logo, dei uma revisada no texto deste livro e onde antes tínhamos apenas *"manufatura enxuta"* temos agora *"estratégia de produção da manufatura enxuta"*. Pode parecer uma mudança trivial, mas não é. Tenho visto há muitos anos na academia essa falta de clareza na definição do que seja a manufatura enxuta. Faça você uma busca no Google e veja o "balaio de gato" onde a definição de manufatura enxuta está metida (nada contra os gatos, tenho dois em casa). Encontra-se de tudo por lá: filosofia de gestão, pensamento, mentalidade, princípios, técnicas etc. Eu mesmo, nos anos 1980 e na minha tese de doutorado, chamava a estratégia da manufatura enxuta de *"Filosofia Just in Time"*.

Mudei com o passar dos anos e, ao escrever o meu último livro, propus esta definição para manufatura enxuta, que está relacionada de forma acadêmica e técnica com os planos e prazos empregados pelas empresas para se organizarem. Ou você tem uma estratégia (longo prazo), ou uma tática (médio prazo) ou uma operação (curto prazo). Logo, aproveito esta terceira edição para acrescentar este e outros conceitos dentro da estratégia da manufatura enxuta e atualizar este livro de PCP com o meu mais recente de ME.

O segundo incremento que o leitor verá nesta terceira edição consiste em um novo estudo de caso em Excel apresentado ao final dos capítulos, além da série de jogos *LSSP_PCP* (1, 2 e 3) em Access disponíveis nos Apêndices. A sua origem é bem pragmática: fazer com que os alunos apliquem nas guias interligadas do exercício desenvolvido em Excel as fórmulas e lógicas de relacionamento entre as atividades de PCP, do longo ao curto prazo, apresentadas no livro. Nos exercícios em Access, estas fórmulas já vêm prontas e notei que nem todos os alunos estavam se preocupando em entendê-las a fundo. Resolvi o problema desenvolvendo esta dinâmica complementar com a ajuda do meu colega e atual professor da disciplina do EPS/UFSC, Glauco Silva.

Espero que gostem e apliquem tanto os jogos em Access que fornecem uma visão "horizontal" de passagem do tempo com a simulação de 12 períodos, como este novo exercício que aprofunda "verticalmente" o tema em estudo entrando no detalhe de cada heurística do ERP ligada às funções do PCP, bem como as listas de exercícios e atividades para discussão em aula ao final dos capítulos. Espero que gostem também deste novo *design*, com as inserções dos boxes de "Você sabia" e "Para refletir". Como sempre, todo o material de apoio ao meu livro pode ser baixado, agora no *site* da Editora <http://www.grupogen.com.br>, sendo que alguns deles estão na área restrita aos Professores cadastrados. Apesar de estar aposentado das atividades acadêmicas, continuo cuidando das minhas crianças e caso você identifique algum ponto do livro que não ficou muito claro ou que possa ser melhorado, mande um *e-mail* me avisando (dalvio.tubino@ufsc.br), ou ao professor Glauco (glauco.silva@ufsc.br).

Prof. Dr. Dalvio Ferrari Tubino

Prefácio à 2ª edição

Já faz praticamente dez anos que escrevi o *Manual de planejamento e controle da produção*. É um longo tempo, e, como é normal em administração da produção, nesse período muitos conceitos se consolidaram, alguns sumiram e outros novos surgiram, fazendo com que o modelo então apresentado no meu primeiro livro já não representasse mais o que entendo das atuais funções de Planejamento e Controle da Produção (PCP).

Durante esse período, tive algumas boas oportunidades de transformar teoria em prática e constatar por experiência própria quando e como aplicar determinados conceitos, dentro da função de PCP. Tento passar esse conhecimento prático no texto deste novo livro. Além disso, como sempre trabalhei com as técnicas do Sistema Toyota de Produção, em paralelo ao PCP, desde a boa década de 1980, me senti confortável também em unir os conceitos de Manufatura Enxuta (*lean*) com os de PCP, fazendo uma aposta em que esse será o caminho obrigatório para a administração da produção nos próximos anos.

Outro ponto importante que me levou a este segundo livro, e à demora em seu lançamento, foi a introdução de jogos computacionais como uma ferramenta de apoio didático para o ensino das funções do PCP. Como essas funções são exercidas na prática por pacotes computacionais contidos nos atuais ERPs, nada mais lógico do que ensinar PCP praticando em um modelo virtual, dinâmico, muito mais atraente e efetivo do que olhar tabelas estáticas impressas em páginas de livros. Para o livro anterior eu tinha disponíveis os jogos da série Gestão da Produção (GP) desenvolvidos pelo Luiz Erley, meu doutorando na época, em planilhas de Excel.

Para um novo livro eu precisaria de uma nova série de jogos. Logo, planejei escrever este novo livro já integrado com o conceito de jogos computacionais, de forma que praticamente todas as ferramentas de PCP apresentadas no livro, e seus exemplos ilustrativos, pudessem ser praticados dentro desses jogos. Optei por desenvolver essa nova série de Jogos (LSSP_PCP) em banco de dados Access com programação em Visual Basic, da qual já tinha algum conhecimento quando montei alguns modelos de simulação em Arena. Foi um processo interativo, em que dediquei (está na primeira pessoa mesmo, pois eu programei, mas me diverti bastante ao fazer com que os comandos em VB me obedecessem!) quase três anos à programação desses jogos, ao mesmo tempo em que os ia testando em sala de aula e reformulando a teoria a ser apresentada no livro. Peço desculpas e agradeço aos meus alunos da Engenharia de Produção da UFSC, que serviram de cobaias aos jogos em suas versões iniciais e sofreram com seus muitos *bugs*.

Dessa forma interativa cheguei ao conteúdo aqui apresentado, distribuído em nove capítulos, em sua maioria reescritos, com exceção de alguns pontos, como previsão de demanda e sequenciamento de projetos, na qual adaptei o material do livro anterior. Como introdução ao assunto, no Capítulo 1, apresento os conceitos gerais associados aos sistemas produtivos e sua relação com as funções do PCP. Discuto as atividades desenvolvidas para a tomada de decisão nas empresas no longo, médio e curto prazo, origem do modelo a ser proposto. Na sequência, introduzo o conceito de PCP como setor de apoio, dentro do sistema produtivo, com base no desenvolvimento de quatro funções: Planejamento Estratégico da Produção (longo prazo), Planejamento-mestre da Produção (médio prazo), Programação da Produção (curto prazo), e Acompanhamento e Controle da Produção (curto prazo). Como o grau de complexidade de cada uma dessas funções depende do tipo de sistema produtivo dentro do qual o PCP está agindo, nessa introdução discuto ainda as características que estão por trás dos diferentes sistemas produtivos (contínuos, em massa, repetitivos em lotes e os sob encomenda), e o foco dado às funções do PCP em cada um deles.

No Capítulo 2, desenvolvo as principais questões associadas à previsão da demanda, visto ser ela a variável mais importante na definição de um sistema de produção, em especial para as funções desenvolvidas pelo PCP. Nesse capítulo apresento os passos que devem ser seguidos para obtenção de um modelo de previsão da demanda, quais sejam: o objetivo, a coleta e a análise dos dados, a seleção da técnica de previsão, a obtenção das previsões e o monitoramento do modelo. Dou atenção especial à descrição das técnicas de previsão, subdivididas em qualitativas e quantitativas. Dentro das técnicas quantitativas apresento as previsões baseadas em séries temporais, com técnicas para a previsão da média, tendência e sazonalidade, e as previsões baseadas em correlações. Ao final do capítulo, discuto as questões relacionadas à manutenção e à monitoração do modelo de previsão da demanda, calcada no valor do erro da previsão e no desvio médio absoluto. Nesse segundo capítulo, recomendo introduzir o Jogo *LSSP_PCP1* para praticar a previsão da demanda e o monitoramento dos erros de previsão das famílias de malhas propostas.

No Capítulo 3, apresento os principais conceitos relacionados ao planejamento estratégico da produção e a formalização desse planejamento através da elaboração do plano de produção. Este plano servirá de referencial na empresa para os ajustes de longo prazo do sistema produtivo, no sentido de atender à demanda futura por bens ou serviços. Inicialmente, descrevo uma visão geral do planejamento estratégico inter-relacionando a missão/visão corporativa, a estratégia corporativa, a estratégia competitiva e a estratégia de produção. Dentro do planejamento estratégico, foco o assunto na estratégia de produção com a montagem de um plano de produção que relacione as áreas de decisão do sistema produtivo com os critérios competitivos priorizados. Como forma de praticar essa dinâmica, utilizo o Jogo *LSSP_PCP1*, onde é possível montar um plano de produção, em função de parâmetros de demanda e de produção a serem escolhidos, e simular sua execução.

No Capítulo 4, introduzo os conceitos de planejamento-mestre da produção e de plano-mestre de produção (PMP) dentro das atividades de PCP. O planejamento-mestre da produção faz a conexão, através da montagem do PMP, entre o planejamento estratégico de longo prazo e as atividades operacionais da produção. Dentro desse capítulo, apresento a forma de elaboração do PMP e o uso de suas informações, com ênfase nos prazos que compõem o plano e no conceito atual de nivelamento do plano-mestre à demanda. Também apresento a interação e passagem das informações de demanda do plano de vendas para o plano-mestre e a montagem da tabela que comporta esse plano. Discuto, ainda, o emprego do plano-mestre de produção para análise e validação da capacidade produtiva (RCCP), e proponho uma rotina para execução da mesma. Durante todo o capítulo os exemplos ilustrativos são baseados no Jogo *LSSP_PCP2*, que a partir desse ponto já pode ser apresentado aos alunos para que os mesmos comecem a ficar familiarizados com a dinâmica do jogo.

No Capítulo 5, apresento as funções de curto prazo executadas dentro da programação da produção. Faço inicialmente uma breve discussão sobre a complexidade associada a essas funções, quando executadas dentro dos diferentes tipos de sistemas produtivos. Os conceitos de programação empurrada e programação puxada também são apresentados. Divido a programação da produção, para efeito de estudo, em três grupos de funções:

a administração dos estoques, o sequenciamento e a emissão e liberação das ordens. Na sequência, dedico esse capítulo, dentro da função de administração dos estoques, às questões relacionadas à definição do tamanho do lote de reposição e do estoque de segurança, sendo que as demais funções de programação da produção ficam para serem apresentadas nos próximos capítulos. Entro em detalhes na teoria do lote econômico como definidora do tamanho dos lotes a serem programados, abrindo espaço para apresentar o conceito de lote econômico dentro da manufatura enxuta e a forma como ela trata a questão de redução dos custos de reposição internos ou externos de maneira a permitir uma programação de lotes econômicos tão pequenos quanto os necessários no momento, ou seja, *just in time*. Nesse sentido, apresento os conceitos de troca rápida de ferramenta (TRF) e de gestão da cadeia de suprimentos (*supply chain management*). Discuto ainda ao final do capítulo o tamanho dos estoques de segurança, relacionado com os erros de previsão e com o nível de serviço previsto para o item. Como exercício, sugiro discutir em aula quais seriam os tamanhos dos lotes econômicos e os estoques de segurança para o Jogo *LSSP_PCP2*.

No Capítulo 6, apresento os modelos de controle de estoques disponíveis para a administração de materiais dentro da lógica empurrada para a função de programação da produção. Inicialmente, discuto as premissas que levam à escolha de um modelo de controle a ser utilizado dentre os disponíveis para a programação da produção, com foco no tipo de sistema produtivo, na classificação ABC (Pareto) da demanda e na frequência de ocorrência da mesma. Desenvolvo o que chamo de classificação ABC-VF e proponho alternativas de modelos de controle de estoques a serem utilizadas com base na posição do item dentro dessa classificação. Na sequência, detalho os modelos de controle de estoques por ponto de pedido, por revisões periódicas e pelo planejamento das necessidades de materiais (MRP). Tanto o modelo por ponto de pedido como o por MRP devem ser explorados de forma dinâmica no Jogo *LSSP_PCP2*.

No Capítulo 7, desenvolvo a função de sequenciamento dentro da dinâmica de programação da produção. Como existem grandes diferenças nos processos produtivos, tanto na demanda como na própria organização física dos recursos a serem sequenciados, divido o assunto em três grandes tópicos: o sequenciamento nas linhas de montagem, conhecido como balanceamento de linha, o sequenciamento em processos repetitivos em lotes e o sequenciamento em projetos. No balanceamento de linhas de montagem, discuto os conceitos de tempo de ciclo, rotina de operações-padrão, polivalência e *layout* da linha dentro da manufatura enxuta com base em um exemplo detalhado da montagem de um motor elétrico. Para o sequenciamento da produção em lotes, apresento as regras de decisão para a escolha do lote e escolha do recurso, e a importância do sequenciamento na formação dos *lead times* produtivos. Introduzo o conceito de sistema de programação avançada (APS) com capacidade finita, no qual essas regras são aplicadas. O APS e suas regras devem ser trabalhados dentro da dinâmica do Jogo *LSSP_PCP2*. Na parte final do capítulo, descrevo o sequenciamento em projetos com base na montagem de redes de atividades via técnica PERT/CPM, também chamada de gerenciamento de projetos.

No Capítulo 8, apresento em detalhes a programação puxada da produção. Como introdução discuto onde a programação puxada se diferencia da programação empurrada, focando suas diferenças tanto no nível de planejamento das informações como no nível operacional. No sentido de permitir uma visualização mais fácil dessas diferenças, exponho uma simulação de um sistema produtivo simples, para ser realizada em sala de aula, e descrevo como analisar os efeitos da programação (empurrada ou puxada) no nível de estoques e de atendimento ao cliente. A partir desse ponto, apresento o sistema *kanban* como ferramenta para operar a programação puxada e seus dispositivos operacionais: cartão, quadro, supermercado e contenedor. Utilizo de minha experiência em aplicações práticas para ilustrar esses dispositivos e sua dinâmica de uso. Dedico a segunda parte do capítulo ao dimensionamento do sistema apresentando a fórmula básica de cálculo do número de cartões e discutindo cada uma das variáveis que entram na fórmula. Emprego o Jogo *LSSP_PCP3* para explicar essa dinâmica e utilizo uma aplicação real da fórmula para introduzir uma análise mais ampla do problema de dimensionamento quando confrontado a situações práticas. Ao final do capítulo, faço uma discussão sobre a contribuição do sistema puxado de programação para a implantação efetiva da estratégia da manufatura enxuta.

No nono e último capítulo, busco apresentar as funções de emissão, liberação, acompanhamento e controle da produção, exercidas normalmente pelo pessoal do PCP instalado junto ao chão de fábrica. Inicialmente, discuto as funções de emissão e liberação das ordens, que completam o ciclo de programação da produção. Na sequência, descrevo as funções empregadas para o controle e acompanhamento da produção, com ênfase no emprego dos métodos desenvolvidos pelo Controle da Qualidade Total (TQC). Dentro desse aspecto, defino os conceitos de processo e controle como forma de encaminhamento das atividades de acompanhamento e controle da produção por parte do PCP, bem como a utilidade do ciclo PDCA para controle de processos, mostrando como ele está relacionado às funções de controle do PCP. Complementando essa visão de TQC, apresento algumas considerações para o uso da tabela de verificação *5W1H* como apoio ao desenvolvimento de medidas de desempenho necessárias à avaliação dos processos produtivos.

Como vocês podem ver, ampliei bastante o escopo do livro para tratar com mais detalhes questões relacionadas com o conceito de estratégia da manufatura enxuta. Deixei de fora pontos importantes que complementam a manufatura enxuta, mas que não têm uma relação tão direta com as funções do PCP quanto os que foram abordados.

Tenho por base usar o princípio da "navalha de Occam" (já o usava, mas o encontrei agora definido em um livro de física para leigos que explica o *Big Bang*), que diz mais ou menos o seguinte: se existirem duas teorias rivais (o modelo Ptolomaico, com seus múltiplos epiciclos, e o modelo de Copérnico, com órbitas simples em torno do sol) para explicar a mesma coisa (no caso, explicam o movimento dos astros no firmamento), a teoria mais simples é a que tem mais chances de ser a correta.

Tendo isso em mente, continuo propondo uma forma simples de tratar as questões do PCP, com um modelo hierárquico de funções de longo, médio e curto prazos, tendo como ponto de origem o modelo do professor Russomano que estudei na época do meu mestrado, em 1979. Não inventei nada de novo, usei apenas meu conhecimento adquirido nesses mais de 20 anos de ensino e pesquisa permanente na área para fazer uma síntese do assunto. Peço desculpa por não apresentar um referencial teórico, pois não o utilizei de forma direta, e caso se identifique algum parágrafo, ou conceito, de um outro autor, é porque deve ser dele mesmo, peço licença para empregá-lo em meu livro e já deixo aqui minhas sinceras desculpas por não tê-lo citado.

Como em meus livros anteriores, estou disponibilizando na página da Editora <www.grupogen.com.br> para os colegas e alunos as apresentações em PowerPoint, os três jogos da série *LSSP_PCP* em Access e os arquivos do exercício em Excel. Achei interessante manter os jogos na página, pois eventuais *bugs* podem ser corrigidos. Caso você identifique algum ponto do livro que não ficou muito claro ou que possa ser melhorado, mande um *e-mail* me avisando (dalvio.tubino@ufsc.br). Esse sistema funcionou muito bem com o outro livro, e espero que para a melhoria deste também.

Finalizando, gostaria de agradecer à Editora Atlas por me dar apoio nesta nova obra, bem como ao pessoal do Laboratório de Simulação de Sistemas de Produção da UFSC que tem me acompanhado nessa jornada de aquisição e troca de experiências, sem as quais este livro não estaria completo.

Prof. Dr. Dalvio Ferrari Tubino

CAPÍTULO 1

PCP e Sistemas Produtivos

Objetivos de aprendizagem

Ao final deste capítulo, o aluno deverá ser capaz de:

1. Entender como os sistemas produtivos são organizados.
2. Identificar as atividades de longo, médio e curto prazo para a tomada de decisão nas empresas.
3. Relacionar o fluxo de informações com as funções do PCP dentro destes prazos.
4. Compreender como os sistemas de produção são classificados de acordo com a demanda.
5. Descrever as funções do PCP nos sistemas contínuos, em massa, em lotes e sob encomenda.
6. Diferenciar a programação empurrada da programação puxada dentro da estratégia da manufatura enxuta.

1 INTRODUÇÃO

Este primeiro capítulo tem por finalidade introduzir os conceitos gerais associados aos sistemas produtivos e sua relação com as funções de planejamento e controle da produção. Inicialmente, serão apresentadas as atividades desenvolvidas para a tomada de decisão nas empresas a longo, médio e curto prazo e seus objetivos. Na sequência, é introduzido o conceito de Planejamento e Controle da Produção (PCP) como setor de apoio, dentro do sistema produtivo, para tratar estas informações, com base no desenvolvimento de quatro funções: Planejamento Estratégico da Produção (longo prazo), Planejamento-mestre da Produção (médio prazo), Programação da Produção (curto prazo) e Acompanhamento e Controle da Produção (curto prazo). Como o grau de complexidade de cada uma destas funções dependerá do tipo de sistema produtivo dentro do qual o PCP está agindo, nesta introdução cabe discutir as características que estão por trás dos diferentes sistemas produtivos. Neste sentido, são caracterizados os sistemas de produção contínuos, em massa, repetitivos em lotes, e os sob encomenda, e é discutido qual deve ser o foco dado às funções do PCP em cada um deles.

A hierarquia de planos em nossa vida

Você deve estar em uma sala de aula agora, começando a estudar nossa disciplina de Planejamento e Controle da Produção ou de Administração da Produção, dependendo do curso que está fazendo. Muito bem. Para chegar até aqui, você teve que tomar algumas decisões importantes na vida. Uma delas foi, há alguns anos, escolher entre as diferentes profissões disponíveis e optar por fazer vestibular e cursar Engenharia de Produção ou Administração de Empresas. É nesta área que você quer trabalhar e ocupar boa parte da sua vida produtiva no futuro e não com medicina, por exemplo. Esta é uma decisão chamada de estratégica. Ela é tomada com muita antecedência, ou seja, no longo prazo, e sua mudança futura (por exemplo, no quarto ano do seu curso querer mudar para medicina) será custosa e demandará novos recursos. É por isso que uma fábrica, estrategicamente projetada para fazer sapatos, não sai produzindo geladeiras de uma hora para outra.

Agora que você está no curso de Engenharia de Produção (ou Administração), já sabe que todo semestre tem que tomar algumas decisões de médio prazo, por exemplo: quantas e quais disciplinas neste semestre pretendo cursar? Você tem uma grade curricular a cursar e uma agenda de tempo disponível no semestre para se ocupar com ela. Se você optar por cursar Planejamento e Controle da Produção (ou Administração da Produção), todas as terças e quintas à tarde, por exemplo, o programa da disciplina lhe informa que terá que ir para sua aula, bem como terá três provas e deverá entregar oito estudos de casos, entre outras tarefas a serem cumpridas no semestre. Este será seu planejamento de médio prazo, ou tática, para o semestre. Com certeza você não irá se matricular em Patologia, pois sua estratégia não permite. Bem como você não irá se matricular em 15 disciplinas, pois sua capacidade disponível de tempo não permite. De forma similar, a fábrica de sapatos, que não faz geladeiras, todo o mês monta sua tática, chamada de planejamento-mestre. Neste nível de planejamento, a fábrica concilia vendas com estoques, produção com capacidade, obtendo uma visão de médio prazo do que pretende produzir, armazenar e vender.

Olhando agora para a semana, como você se matriculou na nossa disciplina, chegamos ao dia da sua aula, no que chamamos de curto prazo. Você está em sala de aula "produzindo" um conhecimento específico em PCP que, com certeza, lhe será muito útil no seu futuro como Engenheiro ou Administrador em uma fábrica. Hoje no caso não tem prova, mas uma apresentação de estudo de caso, e uma lista de outras atividades para cumprir na aula. É o que chamamos de programação da produção. Da mesma forma na nossa fábrica de sapatos, em analogia, o operador da máquina de solas (comprada e instalada estrategicamente no ano passado) está autorizado a produzir hoje uma Ordem de Produção (OP) de 500 pares de solas do sapato social, na sequência uma OP de 1.500 pares de solas de mocassim, e assim por diante, e continuar com as outras OPs dimensionadas e programadas para caber em seu turno (planejamento-mestre).

Assim funciona a hierarquia de planos e prazos nas fábricas, de forma similar à nossa vida, como vamos apresentar neste livro.

2 CONCEITOS

As empresas geralmente são estudadas como um sistema que transforma, via um processamento, entradas (insumos) em saídas (produtos) úteis aos clientes. Este sistema é chamado de sistema produtivo.

Para que um sistema produtivo transforme insumos em produtos (bens e/ou serviços), ele precisa ser pensado em termos de prazos, em que planos são feitos e ações são disparadas com base nestes planos para que, transcorridos estes prazos, os eventos planejados pelas empresas venham a se tornar realidade. De forma geral, pode-se dividir o horizonte de planejamento de um sistema produtivo em três níveis: o longo, o médio e o curto prazo. A Figura 1.1 apresenta como estes prazos estão relacionados às atividades estratégicas, táticas e operacionais das empresas e quais são os objetivos pretendidos com a execução destas atividades.

A longo prazo, no nível estratégico, os sistemas produtivos precisam montar um Plano de Produção cuja função é, com base na previsão de vendas de longo prazo, visualizar com que

Objetivo de aprendizagem 1: Entender como os sistemas produtivos são organizados.

Objetivo de aprendizagem 2: Identificar as atividades de longo, médio e curto prazo para a tomada de decisão nas empresas.

capacidade de produção o sistema deverá trabalhar para atender a seus clientes. É chamado de estratégico porque, caso a empresa não encaminhe seus recursos físicos e financeiros para a efetivação deste Plano de Produção, ela terá seu desempenho seriamente comprometido no futuro. E, como se tem tempo suficiente, com a injeção de capital pode-se redirecionar o sistema produtivo para praticamente qualquer estratégia produtiva desejada.

A médio prazo, com o sistema produtivo já estruturado em cima de um Plano de Produção, o chamado Plano-mestre de Produção (PMP) buscará táticas para operar de forma mais eficiente este sistema montado, planejando o uso desta capacidade instalada para atender às previsões de vendas de médio prazo e/ou os pedidos em carteira já negociados com os clientes. É chamado de tático porque este PMP deve analisar diferentes formas de manobrar o sistema produtivo disponível (adiantar a produção, definir horas por turno, terceirizar parte da produção etc.).

Já a curto prazo, com o sistema montado e a tática de operação definida, o sistema produtivo irá executar a Programação da Produção para produzir os bens e/ou serviços e entregá-los aos clientes. É chamado de operacional porque neste nível só resta operar o sistema dentro de uma tática montada. Mudança de tática a curto prazo acarretará desencontros entre os diferentes setores produtivos, visto não haver mais tempo hábil para sincronizar o processo como um todo. Geralmente, a formação de estoques desnecessários no sistema produtivo é resultado deste desencontro entre o nível tático e o operacional.

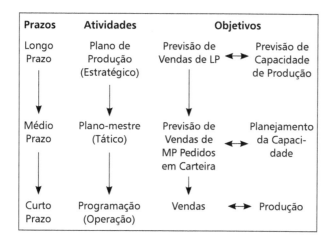

FIGURA 1.1

Prazos, atividades e objetivos para a tomada de decisão nas empresas.

Um sistema produtivo será tão mais eficiente quanto consiga sincronizar a passagem de estratégias para táticas e de táticas para operações de produção e venda dos produtos solicitados. Quanto aos horizontes destes prazos, geralmente, o longo prazo é medido em meses ou trimestres com alcance de anos; o médio prazo em semanas com a abrangência de meses à frente; e o curto prazo é medido em dias, para a semana em curso. Cabe ressaltar que estes prazos dependem da flexibilidade em se montar, manobrar e operar o sistema produtivo. Em um estaleiro, por exemplo, se terá prazos muito maiores do que em uma empresa que monta computadores via solicitação pela Internet.

No sentido de organizar a montagem dos dados e a tomada de decisões com relação a estas atividades escalonadas no tempo, as empresas montam um setor, ou departamento, de apoio à produção, geralmente ligado à Diretoria Industrial, conhecido como PCP (Departamento de Planejamento e Controle da Produção), ou, em alguns casos, PPCP (Departamento de Planejamento, Programação e Controle da Produção).

2.1 O fluxo de informações e o PCP

Como departamento de apoio, o PCP é responsável pela coordenação e aplicação dos recursos produtivos de forma a atender da melhor maneira possível aos planos estabelecidos nos níveis estratégico, tático e operacional.

Diferentes nomes, mas a mesma função

Dentro das empresas, o Planejamento e Controle da Produção (PCP) também é conhecido através das siglas PPCP (Planejamento, Programação e Controle da Produção) ou PCPM (Planejamento e Controle da Produção e Materiais). Em empresas onde o fluxo de material (matérias-primas e produtos acabados) é muito intenso, como nos sistemas contínuos, uma cervejaria, por exemplo, o PCP pode nem existir como setor, sendo suas atividades desenvolvidas dentro da área de Logística.

Para atingir seus objetivos, o PCP administra informações vindas de diversas áreas do sistema produtivo. Da Engenharia do Produto são necessárias informações contidas nas listas de materiais e desenhos técnicos (estrutura do produto), da Engenharia do Processo os roteiros de fabricação com os tempos-padrão de atravessamento (*lead times*), no Marketing buscam-se as previsões de vendas de longo e médio prazo e pedidos firmes em carteira, a Manutenção fornece os planos de manutenção, Compras/Suprimentos informa as entradas e saídas dos materiais em estoques, de Recursos Humanos são necessários os programas de treinamento, e Finanças fornece o plano de investimentos e o fluxo de caixa, entre outros relacionamentos. Como desempenha uma função de coordenação de apoio ao sistema produtivo, o PCP, de forma direta, como as citadas acima, ou de forma indireta, relaciona-se praticamente com todas as funções deste sistema.

Objetivo de aprendizagem 3: Relacionar o fluxo de informações com as funções do PCP dentro destes prazos.

As atividades do PCP são exercidas nos três níveis hierárquicos de planejamento e controle das atividades produtivas de um sistema de produção. No nível estratégico, em que são definidas as políticas estratégicas de longo prazo da empresa, o PCP participa da formulação do *Planejamento Estratégico da Produção*, gerando um Plano de Produção. No nível tático, em que são estabelecidos os planos de médio prazo para a produção, o PCP desenvolve o *Planejamento-mestre da Produção*, obtendo o Plano-mestre de Produção (PMP). No nível operacional, em que são preparados os programas de curto prazo de produção e realizado o acompanhamento dos mesmos, o PCP prepara a *Programação da Produção*, administrando estoques, sequenciando, emitindo e liberando as Ordens de Compras, Fabricação e Montagem, bem como executa o *Acompanhamento e Controle da Produção*, gerando um relatório de Avaliação de Desempenho. Uma visão geral do fluxo de informações das atividades do PCP é apresentada na Figura 1.2.

Este livro é dedicado à apresentação destas quatro funções básicas do PCP, que serão pormenorizadas nos próximos capítulos; contudo, cabe aqui, como introdução, fazer uma breve descrição destas funções.

Planejamento Estratégico da Produção: consiste em estabelecer um Plano de Produção para determinado período (longo prazo) segundo as estimativas de vendas de longo prazo e a disponibilidade de recursos financeiros e produtivos. A estimativa de vendas de longo prazo serve para prever os tipos e quantidades de produtos que se espera vender no horizonte de planejamento estabelecido. A capacidade de produção é o fator físico limitante do processo produtivo, e pode ser incrementada ou reduzida, desde que planejada a tempo, pela adição de recursos financeiros. No Planejamento Estratégico da Produção, o Plano de Produção gerado é pouco detalhado, normalmente trabalhando com famílias de produtos, tendo como finalidade possibilitar a adequação dos recursos produtivos à demanda esperada dos mesmos, buscando atingir determinados critérios estratégicos de desempenho (custo, qualidade, confiabilidade, pontualidade e flexibilidade).

Planejamento-mestre da Produção: consiste em estabelecer um Plano-mestre de Produção (PMP) de produtos finais, detalhado a médio prazo, período a período, a partir do Plano de Produção, com base nas previsões de vendas de médio prazo ou nos pedidos em carteira já confirmados. Onde o Plano de Produção considera famílias de produtos, o PMP especifica itens finais que fazem parte destas famílias, com base nos Roteiros de Fabricação e nas

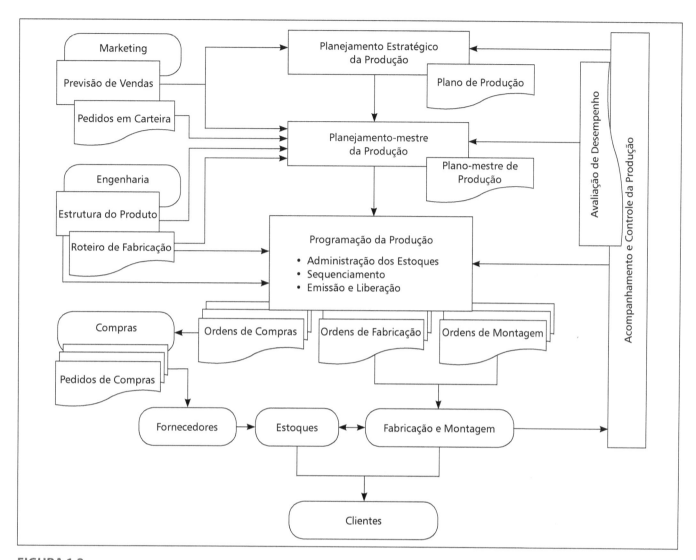

FIGURA 1.2

Fluxo de informações e PCP.

Estruturas dos Produtos fornecidos pela Engenharia. A partir do estabelecimento do PMP, o sistema produtivo passa a assumir compromissos de fabricação e montagem dos bens ou serviços. Ao executar o Planejamento-mestre da Produção e gerar um PMP inicial, o PCP deve analisá-lo quanto às necessidades de recursos produtivos com a finalidade de identificar possíveis gargalos que possam inviabilizar este plano quando da sua execução a curto prazo. Identificados os potenciais problemas e tomadas as medidas preventivas necessárias, o planejamento-mestre deve ser refeito até chegar-se a um PMP viável.

Programação da Produção: com base no PMP, nos registros de controle de estoques e nas informações da Engenharia, a *Programação da Produção* estabelece a curto prazo quanto e quando comprar, fabricar ou montar cada item necessário à composição dos produtos finais. Para tanto, são dimensionadas e emitidas Ordens de Compra para os itens comprados, Ordens de Fabricação para os itens fabricados internamente, e Ordens de Montagem para as submontagens intermediárias e montagem final dos produtos definidos no PMP. Em função da disponibilidade dos recursos produtivos, a *Programação da Produção* se encarrega de fazer o sequenciamento das ordens emitidas, de forma a otimizar a utilização dos recursos. Se o Plano de Produção providenciou os recursos necessários, e o PMP equacionou os gargalos, não deverão ocorrer problemas na execução do programa de produção sequenciado. Dependendo do sistema de programação da produção empregado pela empresa (puxado ou empurrado), a *Programação da Produção* enviará as ordens a todos os setores responsáveis (empurrando) ou apenas aos setores clientes dos supermercados montados (puxando).

Acompanhamento e Controle da Produção: através da coleta e análise dos dados, hoje facilmente automatizada por coletores de dados nos pontos de controle, esta função do PCP busca garantir que o programa de produção emitido seja executado a contento. Quanto mais rapidamente os problemas forem identificados, mais efetivas serão as medidas corretivas visando ao cumprimento do programa de produção. Além das informações de produção úteis ao próprio PCP no desempenho de suas funções, o *Acompanhamento e Controle da Produção* normalmente está encarregado de coletar dados (índices de defeitos, horas/máquinas e horas/homens consumidas, consumo de materiais, índices de quebras de máquinas etc.) para apoiar outros setores do sistema produtivo.

Operacionalmente, estas funções executadas pelo PCP fazem parte de sistemas de informações gerenciais integrados, adquiridos na forma de pacotes comerciais de *software*, chamados de ERP (*Enterprise Resource Planning*, ou planejamento dos recursos da empresa ou negócios), que permitem a uma empresa automatizar e integrar a maioria de seus processos (PCP, suprimentos, manufatura, manutenção, administração financeira, contabilidade, recursos humanos, qualidade etc.), compartilhando práticas operacionais e informações comuns armazenadas em bancos de dados distribuídos por toda a empresa, e produzir e acessar informações em tempo real. São *softwares* modulares, e os módulos vão sendo agregados ao sistema da empresa conforme suas necessidades e a disponibilidade de recursos financeiros.

Os atuais sistemas ERP tiveram sua evolução a partir do sistema MRP (*Material Requirements Planning* ou planejamento das necessidades de materiais), desenvolvidos na década de 1960, e de seu desdobramento posterior, nos anos 1980, chamado de MRP-II (*Manufacturing Resource Planning*, ou planejamento dos recursos de manufatura). Esta evolução dos sistemas de informações gerenciais foi decorrente da própria evolução no tratamento de dados informatizados; contudo, rotinas básicas, como, por exemplo, o planejamento-mestre e o cálculo das necessidades de materiais, permanecem e são a base dos sistemas atuais de ERP.

Apesar de as atividades desenvolvidas pelo PCP serem basicamente estas quatro citadas, o grau de complexidade de cada uma delas dependerá do tipo de sistema produtivo dentro do qual o PCP está agindo. Neste sentido, é importante deixar claro nesta introdução as características que estão por trás dos diferentes sistemas produtivos e seu relacionamento com as funções de PCP.

2.2 Classificação dos sistemas produtivos e o PCP

A classificação dos sistemas produtivos tem por finalidade facilitar o entendimento das características inerentes a cada sistema de produção e sua relação com a complexidade das atividades de planejamento e controle destes sistemas.

Inicialmente, cabe salientar que, de forma geral, os sistemas de produção podem estar voltados para a geração de bens ou de serviços. Quando o produto fabricado é algo tangível, como um carro, uma geladeira ou uma bola, podendo ser tocado e visto, diz-se que o sistema de produção é uma *manufatura de bens*. Por outro lado, quando o produto gerado é intangível, podendo apenas ser sentido, como uma consulta médica, um filme ou transporte de pessoas, diz-se que o sistema de produção é um prestador de serviços.

Tanto a manufatura de bens como a prestação de serviços são similares quanto ao aspecto de transformar insumos em produtos úteis aos clientes através da aplicação de um sistema de produção. Ambas devem projetar seus produtos, prever sua demanda, balancear seu sistema produtivo, treinar sua mão de obra, vender seus produtos, alocar seus recursos e planejar e controlar suas operações.

Porém, existem grandes diferenças no modo como estas atividades são executadas. Uma diferença básica reside no fato de a manufatura de bens ser orientada para o produto, enquanto a prestação de serviços é orientada para a ação. Outra, diz respeito ao fato de os serviços serem intangíveis, ou seja, são experiências vivenciadas pelos clientes, enquanto os bens são tangíveis, pois são coisas que podem ser possuídas pelos clientes. Em consequência, os serviços não podem ser previamente executados e estocados como os bens; há necessidade da presença do cliente para ocorrer a ação, tendo em vista que a produção e o consumo ocorrem simultaneamente.

Outra diferença básica é que os serviços envolvem maior contato do cliente, ou um bem de sua propriedade, com o sistema produtivo, enquanto a manufatura de bens separa claramente a produção do consumo, ocorrendo a fabricação dos bens longe dos olhos dos clientes. Neste sentido, o planejamento da prestação dos serviços deve levar em conta o tempo que os clientes estão dispostos a esperar nesta operação, bem como a qualificação da mão de obra prestadora do serviço, pois é ela que terá contato direto com o cliente, sendo por ele avaliada.

Apesar de existirem diferenças claras entre prestação de serviços e manufatura de bens, na prática a maioria das empresas está situada entre estes dois extremos, produzindo simultaneamente bens e serviços. A tendência mundial é considerar os sistemas produtivos como geradores de um pacote composto de bens e serviços, tendo predominância maior de um ou de outro fator. Neste livro, apesar de os exemplos apresentados estarem dentro da manufatura de bens, as funções do PCP descritas podem, e devem, ser empregadas também no gerenciamento dos sistemas voltados para serviços.

Feita essa diferenciação inicial, pode-se afirmar que a classificação mais significativa para entender a complexidade das funções do PCP está relacionada com o grau de padronização dos produtos e o consequente volume de produção demandado pelo mercado. Nesse sentido, a Figura 1.3 apresenta um resumo das características básicas de cada um dos quatro tipos de sistemas produtivos. De forma geral, os sistemas contínuos envolvem a produção de bens ou serviços que não podem ser identificados individualmente, medidos em escala contínua como quilogramas, litros, metros cúbicos etc., e os sistemas discretos (em massa, em lotes e sob encomenda) envolvem a produção de bens ou serviços que podem ser isolados, em lotes ou unidades, particularizando-os uns dos outros.

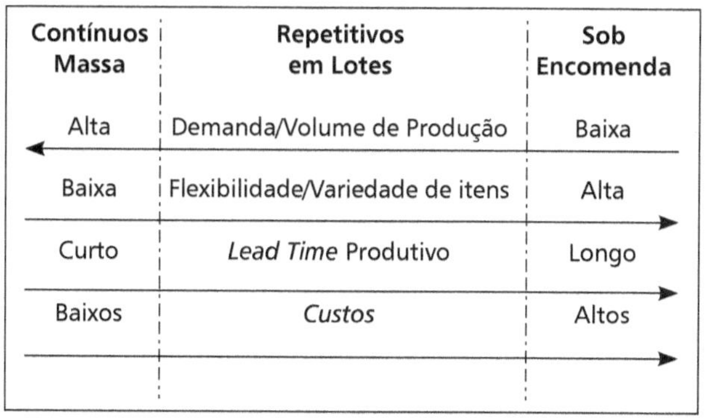

Objetivo de aprendizagem 4: Compreender como os sistemas de produção são classificados de acordo com a demanda.

Contínuos Massa	Repetitivos em Lotes	Sob Encomenda
Alta	Demanda/Volume de Produção	Baixa
Baixa	Flexibilidade/Variedade de itens	Alta
Curto	*Lead Time* Produtivo	Longo
Baixos	Custos	Altos

FIGURA 1.3

Características básicas dos sistemas produtivos.

Cabe salientar que essa classificação não depende do tipo de produto em si, mas da forma como os sistemas são organizados para atender à demanda. Por exemplo, um automóvel pode ser feito em um processo de produção em massa, em fábricas para 100.000 carros/ano, ou em processos de produção repetitivos em lotes, em fábricas para 6.000 carros/ano ou menos, ou, ainda, de forma artesanal em oficinas sob encomenda, produzindo poucos carros exclusivos por mês. De maneira semelhante, uma cerveja pode ser feita em uma grande fábrica com processo contínuo, em um bar/cervejaria em lotes para consumo variado, ou, ainda, em casa, usando seu próprio fogão para preparar sua cerveja exclusiva para os amigos.

Outro ponto a ser comentado é que uma empresa pode conviver com mais de um tipo de sistema produtivo, como, por exemplo, um fabricante de geladeiras que as monta em uma, ou mais, linha de montagem (sistema em massa), e fabrica parte de seus componentes em lotes repetitivos, em departamentos de injeção ou de prensas. Ou, ainda, pode-se citar o exemplo de um fabricante de motores elétricos que possui os três sistemas ao mesmo tempo, administrando uma fábrica com produção em massa de motores padronizados para atender à demanda da chamada linha branca (lavadoras, secadoras, geladeiras etc.), outras fábricas que produzem variedades de motores elétricos em lotes repetitivos, e ainda uma fábrica que trabalha com grandes motores montados sob encomenda.

Objetivo de aprendizagem 5: Descrever as funções do PCP nos sistemas contínuos, em massa, em lotes e sob encomenda.

O objetivo aqui não é enquadrar essa ou aquela empresa em um desses sistemas produtivos, até porque na prática, como citado, isto não ocorre, mas facilitar o entendimento das características inerentes a cada sistema de produção e sua relação com a complexidade das atividades de planejamento e controle destes sistemas. De forma geral, à medida que a demanda se torna mais diversificada, e os lotes diminuem, as funções de planejamento e controle da produção ficam mais complexas. Na sequência, uma descrição das principais características desses quatro tipos de sistemas produtivos será feita, bem como uma colocação de qual é o foco das atividades executadas pelo PCP nesses sistemas.

Os sistemas contínuos e o PCP

Os *sistemas de produção contínuos* são empregados quando existe alta uniformidade na produção e demanda de bens ou serviços, fazendo com que os produtos e os processos produtivos sejam totalmente interdependentes, favorecendo a sua automatização. É chamado de contínuo porque não se consegue facilmente identificar e separar dentro da produção uma unidade do produto das demais que estão sendo feitas. Devido à automação dos processos, a flexibilidade para a mudança de produto é baixa. São necessários altos investimentos em equipamentos e instalações, e a mão de obra é empregada apenas para a condução e a manutenção das instalações, sendo seu custo insignificante em relação aos outros fatores produtivos.

Está classificada dentro deste grupo geralmente a produção de bens de base, comuns a várias cadeias produtivas, como energia elétrica, petróleo e derivados, produtos químicos de forma geral etc. Alguns serviços também podem ser produzidos dentro desta ótica com o emprego de máquinas, como serviços de aquecimento e ar-condicionado, de limpeza contínua, sistemas de monitoramento por radar e os vários serviços fornecidos via Internet (*homebank*, busca de páginas etc.), entre outros.

Nos sistemas contínuos, tendo em vista a sincronização e a automatização dos processos, pode-se dizer que o *lead time* produtivo é baixo, e, por serem produzidos poucos produtos que possuem demandas altas, a maioria das empresas coloca de antemão estoques destes produtos à disposição dos clientes, pois sua venda é garantida. Desta forma, com tempos de espera entre os processos praticamente nulos, se consegue carregar adequadamente os recursos produtivos de maneira a diluir os altos custos fixos aplicados, chegando-se a custos de produção baixos.

A Figura 1.4 ilustra a estrutura de um sistema de produção contínuo. Conforme se pode ver, nestes sistemas há uma grande quantidade de estoques de uma pequena variedade de matérias-primas (MP) na entrada do sistema e, na saída, outra grande quantidade de estoques de uma pequena variedade de produtos acabados (PA). O processo produtivo consiste em um sistema de transformação no qual as várias etapas necessárias estão relativamente niveladas, não exigindo estoques reguladores (supermercados) entre eles.

No nível estratégico, a montagem do Plano de Produção para os sistemas contínuos tem seu foco no atendimento do critério de desempenho redução de custos. Já a dinâmica (tático-operacional) de PCP em um sistema contínuo passa pela montagem a médio prazo de um Plano-mestre de Produção (PMP), com base em previsões de demanda, obtidas do histórico do consumo dos PA, que servirá de base para analisar a carga futura do sistema e para regular o fluxo atual do processo produtivo.

Como os lotes produtivos são muito grandes (processos contínuos têm tempos altos de *setups*), geralmente únicos, não existe necessidade de se fazer uma programação da produção de curto prazo com sequenciamento das ordens. O PMP é basicamente utilizado para

VOCÊ SABIA?

Como é feita a cerveja

1. A produção industrial começa com a maltagem, um processo de cerca de oito dias para obter o malte, que é a base da cerveja. Grãos de cereais como a cevada e o trigo são colocados em um tanque, onde são umedecidos e germinam. Depois, são torrados para que o amido presente no grão se transforme em açúcar.

2. O malte é moído e adicionado à água quente para preparar o mosto, um chá grosso e doce, etapa chamada de brassagem. Após cozinhar por cinco horas, o mosto vai a outro tanque, onde recebe os demais ingredientes da cerveja. O principal é o lúpulo, planta que dá o sabor amargo e atua como conservante natural.
   – A maior parte do malte usado no Brasil é importada de países com clima frio, como a Alemanha, onde a cevada se desenvolve melhor.

3. No terceiro tanque chega o fermento, que transforma o açúcar em álcool. Nas cervejas de baixa fermentação, a ação rola na parte de baixo do tanque, em temperaturas de até 12 °C. Nas de alta fermentação, o processo é na superfície, entre 15 e 24 °C. Tudo isso leva cerca de cinco dias.

4. Após a fermentação, a cerveja é resfriada a 0 °C e entra na fase de maturação, quando o líquido descansa. Sabor, corpo e aroma são definidos. O processo dura em média 21 dias, mas varia bastante de acordo com o tipo de fermento usado e do toque pessoal do mestre cervejeiro.

5. Após o tempo de maturação, a cerveja já pode ser bebida. Mas o líquido ainda tem partículas sólidas, que são eliminadas na filtragem. Isso não altera o sabor – só deixa a bebida mais límpida e brilhante. Algumas cervejas, como as de trigo, não passam por esse filtro.

6. No envase, a cerveja vai para garrafas, latas ou barris. O vidro e a cor âmbar da garrafa são aspectos importantes para que a bebida não estrague antes do prazo, pois a luz provoca reações químicas que deixam o líquido com sabor ruim. As latinhas recebem a mesma bebida que vai para as garrafas. Até aqui, chope e cerveja são a mesma coisa.

7. A cerveja é aquecida a 60 °C e rapidamente resfriada até a temperatura ambiente, o que é chamado de pasteurização. Isso estende o prazo de validade das cervejas para seis meses (para as do tipo pilsener). O chope não é pasteurizado e tem prazo bem menor: no máximo 15 dias com o barril fechado.
   – A fabricação caseira usa os mesmos ingredientes industriais: água, malte, lúpulo e fermento. Há cursos para aprender a fazer.

Fonte: <http://mundoestranho.abril.com.br/ciencia/como-e-feita-a-cerveja/>. Acesso em: 8 jun. 2017.

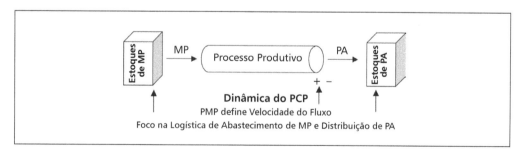

FIGURA 1.4

PCP e sistemas contínuos.

calcular as necessidades de materiais, via um sistema de cálculo das necessidades de materiais (MRP) em situações mais complexas de estrutura de produto, ou por uma simples planilha de cálculo (em Excel, por exemplo) em situações mais simples, como geralmente é o caso.

Com o dimensionamento dos dois pontos extremos do processo (os volumes necessários de matérias-primas, via cálculo das necessidades, e de produtos acabados, via PMP), o foco principal do PCP recai em como administrar a logística de abastecimento das MP e a de distribuição dos PA. Tanto é assim que dificilmente em uma empresa com processo contínuo se achará um departamento de PCP. Nestes casos, o setor responsável por estas atividades é o de Logística, e como os custos de logística são altos, comparados ao de produção, com certeza a Logística já está promovida estrategicamente no nível de Diretoria.

Os sistemas em massa e o PCP

Os *sistemas de produção em massa*, à semelhança dos sistemas contínuos, são aqueles empregados na produção em grande escala de produtos altamente padronizados; contudo, estes produtos não são passíveis de automatização em processos contínuos, exigindo participação de mão de obra especializada na transformação do produto. Podem-se classificar dentro deste sistema as empresas que estão na ponta das cadeias produtivas, com suas linhas de montagem, como é o caso das montadoras de automóveis, eletrodomésticos, grandes confecções têxteis, abate e beneficiamento de aves, suínos, gado etc., e a prestação de serviços em grande escala, como transporte aéreo, editoração de jornais e revistas etc.

Normalmente, a demanda por estes produtos é estável, fazendo com que seus projetos tenham pouca alteração a curto prazo, possibilitando a montagem de uma estrutura produtiva (linhas de montagem) altamente especializada e pouco flexível, em que os investimentos elevados possam ser amortizados durante um longo prazo. Neste sistema produtivo, a variação entre os produtos acabados se dá geralmente apenas em termos de montagem final, sendo seus componentes padronizados de forma a permitir a produção em grande escala. Por exemplo, as montadoras de automóveis possuem linhas focadas nos chassis, que, por sua vez, podem ser carregados com diferentes carrocerias, motores e demais acessórios, gerando uma infinidade de produtos acabados, sob a ótica do cliente; contudo, bastante padronizado sob a ótica da produção.

Assim como nos sistemas contínuos, conforme ilustrado na Figura 1.4, tendo em vista a sincronização e a padronização das atividades nas linhas de montagem, pode-se dizer que nos sistemas em massa o *lead time* produtivo é baixo, e, por ser produzida pouca variedade de produtos que possuem demandas altas, estoques destes produtos à disposição dos clientes são usados como estratégia de pronto atendimento. O volume alto de produção faz com que os custos fixos sejam diluídos e que os custos variáveis das matérias-primas e componentes, negociados em grandes lotes, também sejam menores, tendo como consequência custos finais baixos, quando comparados aos sistemas de produção em lotes e sob encomenda. No plano estratégico, a montagem do Plano de Produção para os sistemas de produção em massa tem seu foco, assim como nos sistemas contínuos, no atendimento do critério de desempenho redução de custos.

A Figura 1.5 ilustra a estrutura típica de um sistema de produção em massa. Conforme se pode verificar, nestes sistemas há uma grande quantidade de estoques de matérias-primas (MP) na entrada do sistema e de componentes dentro da linha, nos chamados supermercados de abastecimento. Já na saída existe outra grande quantidade de estoques de uma pequena variedade de produtos acabados (PA). O processo produtivo consiste em uma linha de montagem (ou várias com supermercados entre elas) em que pessoas são encarregadas de executar um conjunto de atividades produtivas, chamadas de rotinas de operações-padrão (ROP) no produto dentro de um tempo de ciclo (TC). Eventualmente, algum processo automatizado pode ser inserido, como a soldagem de chassis por robôs, como forma de reduzir a insalubridade ou aumentar a segurança ou a qualidade da operação.

O TC é a variável-chave de controle deste sistema produtivo. Ele ditará o ritmo de saída de produtos montados na linha, e é obtido pela divisão do tempo disponível de trabalho (TD) pela demanda (D) a ser atendida pela linha. A ideia, desenvolvida por Ford no início do século XX, é de que cada operador colocado na linha execute um conjunto de atividades padronizadas, chamado de rotina de operações-padrão (ROP), dentro deste tempo, de forma a sincronizar a velocidade da linha com a demanda solicitada.

Até o final da década de 1980, os sistemas de produção em massa trabalhavam com o conceito de produtividade ligado a um balanceamento de linha com TC curtos, empregando mão de obra pouco qualificada e pouco polivalente, com excessiva subdivisão, e muitas

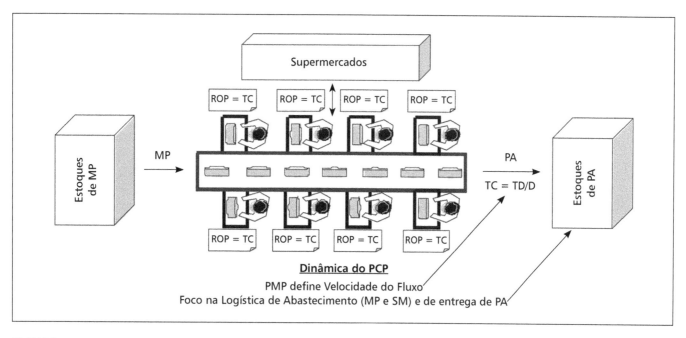

FIGURA 1.5

PCP e sistemas de produção em massa.

Manufatura enxuta: a estratégia que mudou o mundo!

- A manufatura enxuta (ME) pode ser definida como uma <u>estratégia de produção</u> focada na diferenciação, baseada em um conjunto de práticas, oriundas do Sistema Toyota de Produção, cujo objetivo é melhorar continuamente o sistema produtivo por meio da eliminação das atividades que não agregam valor ao cliente, chamadas de desperdícios

Estratégia da ME:
- Diferenciação (sistema de produção repetitivo em lotes)

Princípios da ME:
1. Melhorar continuamente
2. Eliminar desperdícios

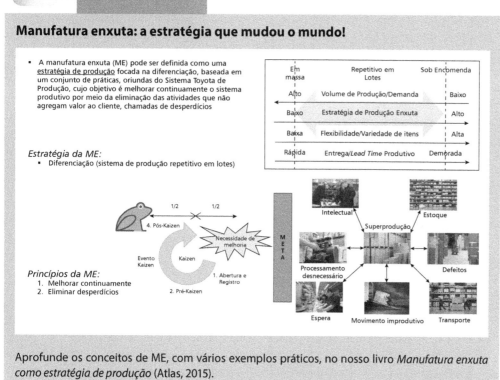

Aprofunde os conceitos de ME, com vários exemplos práticos, no nosso livro *Manufatura enxuta como estratégia de produção* (Atlas, 2015).

vezes duplicação, das tarefas em linhas com *layout* linear. Contudo, a partir da experiência inovadora desenvolvida pelo Sistema Toyota de Produção, hoje identificada como estratégia da manufatura enxuta, que aumentou em muito a produtividade da fábrica comparada aos sistemas convencionais, este quadro vem se modificando. Os operadores são treinados para exercer um conjunto maior de atividades, inclusive atividades de controle de produção e de qualidade das tarefas executadas, aumentando seu nível de polivalência, gerando rotinas de operações-padrão dentro de um TC maior, que, em conjunto com um *layout* mais flexível (não linear), permite um balanceamento entre ROP mais eficiente.

Por exemplo, antigamente as linhas de montagem de automóveis trabalhavam com o TC na ordem de um dígito, com rotinas de operações-padrão de 1 a 2 minutos por posto de trabalho. Neste ritmo, grandes fábricas (20 mil colaboradores, ou mais) concentradas em alguns países eram dimensionadas para produzir 1 milhão de carros por ano. Atualmente, as montadoras trabalham com TC mais amplos, na ordem de 10 a 15 minutos, e com fábricas menores (300 a mil colaboradores), integrada com seus fornecedores de primeira linha, focalizadas junto ao mercado consumidor produzindo de 50 a 120 mil carros/ano.

Dentro da estratégia da manufatura enxuta, talvez para diferenciá-la dos conceitos convencionais da linha de montagem de Ford ou mesmo para manter o nome usado na indústria automobilística japonesa, alguns autores preferem dividir o tempo de ciclo (TC) em dois. Um seria o TC do mercado, chamado de *Takt Time* (TK), em que a demanda da fórmula seria a do cliente externo, e outro seria o TC dos centros de trabalhos ou processos, chamado então de Tempo de Ciclo. Considerando que um sistema produtivo é uma cadeia de centros de trabalho fornecedores e clientes e que cada centro de trabalho fornecedor deve atender às necessidades (demandas) dos clientes, neste livro não se fará distinção entre demanda externa e demanda interna, e se usará simplesmente a expressão *tempo de ciclo* (TC) para determinar ritmos de atendimento da demanda do cliente, seja ela interna, seja externa.

De qualquer forma, o foco das atividades de planejamento e controle da produção está voltado para a determinação do TC, que ditará em que ritmo a linha irá ser acionada para mantê-la sincronizada com a demanda, que, por sua vez, tem sua origem na função de Planejamento-mestre da Produção. Caso haja necessidade de sequenciamento na linha, em linhas mistas, ele se dará apenas no nível do produto acabado. Essa sincronização é chamada de balanceamento de linha, e será detalhada oportunamente dentro da função de programação da produção para linhas de montagem.

Como nos processos contínuos, o PMP é utilizado para calcular as necessidades de materiais (MP e/ou Supermercados), via um sistema de cálculo das necessidades de materiais (MRP), ou, em linhas muito simples que montam um único produto, por uma planilha de cálculo. Dimensionados os pontos de abastecimento da linha e sequenciados os volumes a serem produzidos, o foco principal do PCP recai, também aqui, em como administrar a logística de abastecimento das MP e dos Supermercados junto aos fornecedores internos ou externos e a de distribuição dos PA, cuja responsabilidade é atribuída à área de logística da empresa, geralmente em nível de Diretoria.

Os sistemas em lotes e o PCP

O terceiro grupo de sistemas produtivos é o de *sistemas de produção repetitivos em lotes*, que se caracterizam pela produção de um volume médio de bens ou serviços padronizados em lotes, sendo que cada lote segue uma série de operações que necessita ser programada à medida que as operações anteriores forem sendo realizadas, conforme ilustrado na Figura 1.6.

Neste caso, o sistema produtivo deve ser relativamente flexível visando atender diferentes pedidos dos clientes e flutuações da demanda, empregando equipamentos pouco especializados, geralmente agrupados em centros de trabalho identificados como departamentos, e mão de obra mais polivalente. Os sistemas repetitivos em lote situam-se entre os dois extremos, a produção em massa e a produção sob encomenda, nos quais a quantidade solicitada de bens ou serviços é insuficiente para justificar a massificação da produção e especialização das

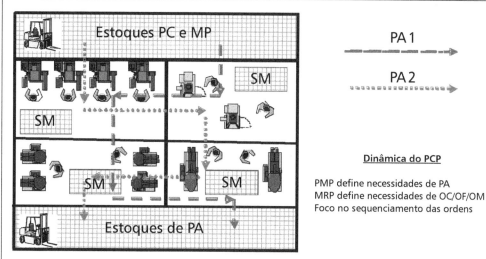

FIGURA 1.6

PCP e sistemas de produção repetitivos em lotes.

instalações, porém justifica a produção de lotes econômicos no sentido de absorver os custos de preparação (*setup*) do processo. Como existem muitos tempos de espera dos lotes (em programação, em filas, nos *setups* etc.) entre as operações, o *lead time* produtivo é maior do que o do sistema em massa, bem como os custos decorrentes desta forma de organização.

Em função da diversidade de produção e da baixa sincronização entre as operações, quando comparada aos sistemas em massa, este sistema produtivo trabalha com a lógica de manter estoques como forma de garantir o atendimento da etapa seguinte de produção. Estes estoques podem estar centralizados em almoxarifados ou espalhados dentro da fábrica na forma de supermercados de abastecimento. Estrategicamente, ao montar o Plano de Produção dos sistemas repetitivos em lotes, busca-se privilegiar os critérios associados ao desempenho de entrega (confiabilidade e velocidade) e à flexibilidade.

Neste grupo, como exemplo, incluem-se as empresas que fornecem componentes para as linhas de montagem, elas mesmas com pequenas linhas de montagem, ou acabamento, ao final do processo. É o caso das fornecedoras da cadeia automobilística, da cadeia de eletrodomésticos etc. Geralmente, empresas do ramo metal-mecânico trabalham nesta configuração, com departamentos de usinagem, fundição, solda etc. Na cadeia têxtil há as tecelagens e os beneficiamentos trabalhando em lotes repetitivos, entre outros. Dentro da prestação de serviços podem-se citar as oficinas de reparo para automóveis e aparelhos eletrônicos, laboratórios de análises químicas, restaurantes etc.

Como apresentado na Figura 1.6, o foco do PCP nos sistemas repetitivos em lotes está na função de programação da produção, que busca organizar o sequenciamento das ordens de produção em cada grupo de recursos do centro de trabalho de forma a reduzir estoques e *lead times* produtivos. Esta programação da produção pode ser realizada de forma empurrada ou de forma puxada.

Na *programação empurrada*, como colocado na Figura 1.7, os lotes de produção são obtidos da inclusão da demanda dos diferentes produtos acabados no Planejamento-mestre da Produção (PMP), que gera as necessidades de produtos acabados (PA) no tempo. Estas necessidades são passadas para o sistema de planejamento das necessidades de materiais (MRP) calcular, de acordo com a estrutura dos produtos, as quantidades de materiais que serão compradas via ordens de compra (OC), que serão fabricados internamente via ordens de fabricação (OF), e que serão montados via ordens de montagem (OM). Uma vez dimensionadas as necessidades de OF e OM, estas passam por um sistema de sequenciamento para gerar prioridades, ficando então disponíveis para a emissão e liberação delas aos setores produtivos, que durante o período de programação as executarão. Atualmente, as atividades de sequenciamento podem ser informatizadas em *softwares*, ou módulos, específicos, chamados de APS (Sistema de Programação Avançada).

Objetivo de aprendizagem 6: Diferenciar a programação empurrada da programação puxada dentro da estratégia da manufatura enxuta.

FIGURA 1.7

Programação empurrada *versus* programação puxada.

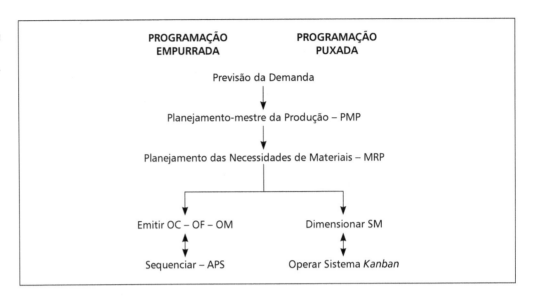

Esta programação é dita empurrada porque cada centro de trabalho recebe seu conjunto de ordens, que, uma vez concluída, é "empurrada" para o centro seguinte, até que ela fique pronta, como exemplificado na Figura 1.8.

Já na *programação puxada*, as necessidades de materiais resultantes da aplicação do MRP (incluindo as de períodos futuros) são utilizadas como previsão de demanda para o dimensionamento de estoques (supermercados) que ficam à disposição dos centros de trabalho clientes dentro da fábrica. Quando estes centros clientes necessitam de itens para trabalhar, eles recorrem a estes supermercados para se abastecer, gerando um disparo de uma ordem padrão (cartão *kanban*, por exemplo) para o centro fornecedor deste supermercado, que está autorizado a produzi-la. Esta regra do sistema puxado (no capítulo específico sobre o sistema *kanban* serão discutidas variações) garante a função de sequenciamento. Esta programação é chamada de "puxada" porque quem autoriza a produção é o cliente interno que puxa o lote *kanban* do supermercado, conforme ilustrado na Figura 1.9.

FIGURA 1.8

Dinâmica da programação empurrada.

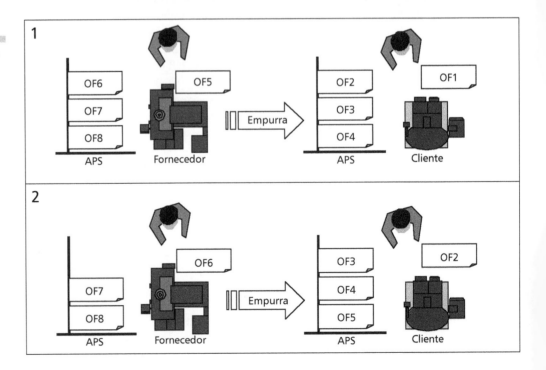

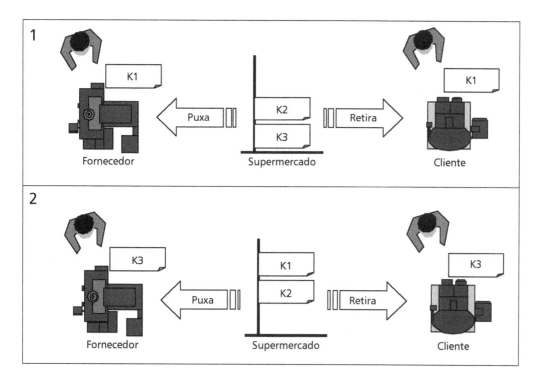

FIGURA 1.9

Dinâmica da programação puxada.

Embora o *layout* departamental, como apresentado na Figura 1.6, historicamente seja o *layout* usado em sistemas de produção em lotes e tenha sua razão de ser, pois facilita o dimensionamento do espaço físico nos setores, permite maior coordenação do uso da sobra do tempo operacional entre os equipamentos, leva a um padrão no trato com os funcionários e possibilita o uso eficiente de equipamentos de grande porte, ele é diretamente responsável pelos chamados sete desperdícios de Shingo: de superprodução, de espera, de movimentação e transporte, de estoques, da função processamento, de movimentos improdutivos e de produtos defeituosos.

Os 7 desperdícios de Shingo

Shingo não só é o pai da troca rápida de ferramentas (TRF) com seu livro *A revolution in manufacturing: the SMED system* (1985), como a ele também se atribui a definição dos desperdícios que não agregam valor aos clientes na estratégia da manufatura enxuta, que podem ser descritos como:

1. Superprodução: ocorrem quando produzimos mais do que o necessário ou quando produzimos muito antes do que o necessário para atender a demanda do momento;
2. Espera: é aquele tempo que o produto passa na fábrica sem ser processado, movimentado ou inspecionado;
3. Movimentação e transporte: a movimentação e transporte de produtos entre máquinas e departamentos, ou entre locais de armazenagem;
4. Estoque: a superprodução leva à necessidade de guardar os produtos excedentes com usos de espaços físicos, caros e nobres, bem como sistemas de controle;
5. Função processamento: acrescentar ao processo mais trabalho ou esforço do que o requerido pelas especificações do cliente;
6. Movimentos improdutivos: decorrentes da desorganização do ambiente de trabalho e da movimentação desnecessária dos operadores;
7. Produtos defeituosos: a utilização de matérias-primas, pessoas e máquinas para gerar produtos defeituosos não é nada inteligente.

FIGURA 1.10

Produção focalizada em células de fabricação.

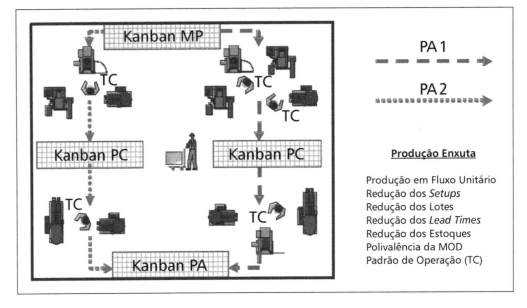

Por esta razão, o conceito de produção focalizada com *layout* celular, como ilustrado na Figura 1.10, desenvolvido também a partir da experiência do Sistema Toyota de Produção, vem no sentido de, senão eliminar, pelo menos reduzir em muito este conjunto de desperdícios. Ao se montarem células de fabricação com operadores polivalentes trabalhando dentro do TC determinado pela demanda do centro de trabalho cliente, seguindo um conjunto de operações-padrão, como se fossem uma pequena linha de montagem, pode-se produzir dentro da célula em fluxo unitário, sem estoques entre máquinas.

Como as células são focadas a famílias de produtos, os *setups* são minimizados, ou até eliminados, fazendo com que os lotes econômicos de produção sejam pequenos e o tempo de conclusão (*lead time*) deles seja acelerado. Com lotes pequenos girando rápido, os estoques no sistema produtivo são reduzidos e os problemas de qualidade identificados de imediato. Ao se ligar o TC das células ao TC da linha de montagem final, tem-se um balanceamento não só restrito à linha de montagem, mas também amplificado por toda a fábrica.

Onde o PCP precisava planejar, programar e sequenciar ordens individuais para cada uma das operações realizadas em diferentes departamentos, com o *layout* celular a programação é feita para a célula como um todo, pois a célula age como uma pequena linha de montagem, com necessidades de controles apenas na entrada e saída. Apesar de não haver uma dependência conceitual entre a produção focalizada com células de fabricação e o sistema puxado de produção, é neste ambiente, muito propriamente identificado como estratégia da manufatura enxuta, que há um ganho adicional de produtividade, pois estes dois sistemas se complementam.

Os sistemas sob encomenda e o PCP

Finalmente, o quarto grupo de sistemas produtivos, aqui chamados de *sistemas sob encomenda*, tem como finalidade a montagem de um sistema produtivo voltado para o atendimento de necessidades específicas dos clientes, com demandas baixas, tendendo para a unidade. O produto tem uma data específica negociada com o cliente para ser fabricado e, uma vez concluído, o sistema produtivo se volta para um novo projeto. Os produtos são concebidos em estreita ligação com os clientes, de modo que suas especificações impõem uma organização dedicada ao projeto, que não pode ser preparada com antecedência, principalmente com a geração de supermercados de estoques intermediários para acelerar o *lead time* produtivo. Eventualmente, a compra de matérias-primas e peças componentes podem ser feitas com antecedência.

Nestes sistemas, exige-se, em termos de critérios na montagem do Plano de Produção, alta flexibilidade dos recursos produtivos com foco no atendimento de especificidades dos clientes, normalmente à custa de certa ociosidade enquanto a demanda por bens ou serviços não ocorrer, gerando custos produtivos mais altos que os sistemas anteriores. Exemplos de sistemas sob encomenda estão na fabricação de bens, como navios, aviões, ou grandes projetos, como usinas hidroelétricas, e nos setores de fabricação de máquinas e ferramentas, e na prestação de serviços específicos, como agências de propaganda, escritórios de advocacia, arquitetura etc.

Como ilustrado na Figura 1.11, os sistemas sob encomenda organizam seus recursos produtivos por centros de trabalho ou departamentos com foco na função executada. A dinâmica do PCP começa com a negociação de um projeto específico com o cliente, que necessita saber em que data o sistema produtivo consegue elaborar seu projeto. Por exemplo, a encomenda de um motor elétrico de grande porte para trabalhar em uma usina hidrelétrica está atrelada a prazos de conclusão do projeto da usina, ou, ainda, a encomenda de uma matriz para a estamparia de uma fábrica de automóveis tem como data-limite o lançamento de um novo carro no mercado. A questão de custos produtivos é negociada entre as partes, e tende a ter um padrão de mercado, como, por exemplo, o custo de horas de usinagem.

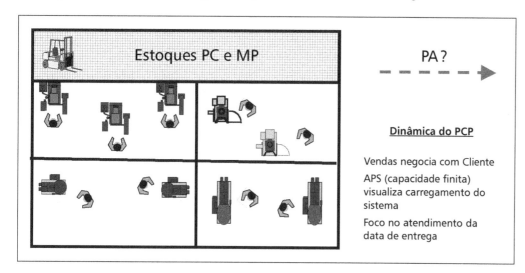

FIGURA 1.11

PCP e sistemas de produção sob encomenda.

Para que a empresa se comprometa com datas de entrega confiáveis, o PCP deve dispor de um sistema de informações (APS) baseado no conceito de capacidade finita, ou seja, com um calendário do carregamento dos recursos (gráfico de Gantt), que permita simular o novo pedido frente ao carregamento atual do sistema e visualizar a data de conclusão da nova encomenda. O atraso na entrega de uma encomenda não só compromete a reputação de quem se dispõe a trabalhar neste segmento, como traz consigo pesadas multas contratuais.

Quando o produto a ser fabricado possui tempos operacionais altos, como semanas ou até meses, como no caso da indústria da construção civil, o PCP é realizado através do conceito de rede, aplicando-se a técnica de PERT/CPM, que permite identificar o chamado caminho crítico, que deve ser acompanhado no detalhe para evitar atrasos.

Os jogos LSSP_PCP e as planilhas em Excel

Na maioria das empresas, as funções do PCP são executadas por programas que fazem parte dos sistemas de gestão (ERP), difíceis de serem trazidos para a sala de aula em virtude da sua complexidade e interação operacional. A série de jogos de simulação "LSSP_PCP" em Access, apresentada como estudo de casos nos três apêndices do livro e disponibilizada no *site* da Editora em material suplementar ao livro, tenta trazer de forma simples esta interação entre o gestor do PCP e o *software* de gestão para sala de aula, utilizando o exemplo de uma malharia. Estes jogos permitem que as tomadas de decisões sejam vistas de forma dinâmica vários períodos à frente. Eles foram desenvolvidos em banco de dados Access. O primeiro (LSSP_PCP1), com uma visão de longo prazo, abrange os Capítulos 2 e 3; o segundo (LSSP_PCP2), com a chamada programação empurrada, reforça os Capítulos 2, 4, 5, 6, 7 e 9; e o terceiro (LSSP_PCP3), com a programação puxada, acrescenta a teoria do Capítulo 8 à dinâmica do PCP. Os manuais operacionais dos jogos também estão disponíveis no *site* da Editora.

Os três jogos propostos trabalham de forma interativa a dinâmica de PCP ao longo de 12 períodos simulados. No jogo LSSP_PCP1 de longo prazo, os períodos são de meses e nos outros dois de médio e curto prazos são de semanas, de forma que as decisões tomadas a partir de uma situação inicial fornecida devem ser pensadas em um horizonte de planejamento, período a período. Uma vez tomadas estas decisões e simulado o jogo, o período jogado vira passado e seus resultados afetam os próximos períodos, sem a chance de retroceder para refazer as decisões. Uma série de componentes aleatórios colocados nas lógicas de simulação faz com que mesmo que se salve o período anterior e se jogue novamente o arquivo salvo, os resultados serão diferentes. Logo, é um estudo de caso dinâmico em que as decisões do passado levam a resultados futuros.

Nestes três jogos temos a mesma empresa que é fabricante de malhas e produz três famílias distintas, chamadas de Colmeia, Piquet e Maxim. Como ilustrado na Figura 1.12, o processo produtivo da empresa começa com a compra de fios (algodão e sintético) no mercado e, através da etapa de tecelagem via emissão de OM (ordens de malharia), os transforma em malhas cruas (Colmeia, Piquet e Maxim) em teares circulares. Por sua vez, as malhas cruas são fixadas (na prática, o nome técnico é prefixação), via emissão de OF (ordens de fixação), em um processo de purga nos *Jets*, para lavação, e posterior fixação na rama, gerando malhas fixadas (Colmeia, Piquet e Maxim). Em um terceiro momento, as malhas fixadas repetem o fluxo produtivo *Jet-Rama*, via emissão de OA (ordens de acabamento) para serem tingidas com adição de corantes (também comprados no mercado) nos *Jets* e posterior acabamento na rama. Os fios (SMF), as malhas cruas (SMC), as malhas prefixadas (SMP) e as malhas acabadas (SMA) são armazenadas em seus respectivos supermercados.

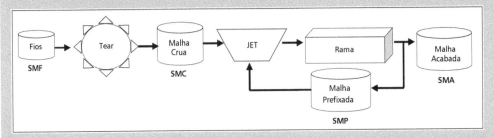

Figura 1.12 Processo produtivo.

Os dados dos roteiros de fabricação e taxas de produção, das estruturas dos itens, dos recursos produtivos e dos custos e receitas que serão avaliados nos jogos estão disponíveis no formulário Engenharia de cada jogo, bem como no manual operacional fornecido junto com o jogo no *site* da Editora.

No primeiro jogo, podemos montar sistemas produtivos distintos de forma a simular um mercado em massa, um repetitivo em lotes ou, ainda, um sob encomenda. Caso se opte por simular um mercado de massa (demanda alta), cada família terá apenas uma cor, caso se opte pelo mercado repetitivo em lotes (demanda média), as famílias de malhas terão três cores cada, e, se a opção for o mercado sob encomenda (demanda baixa), as famílias de malhas terão 10 cores distintas. O número de cores terá reflexo nos tempos de *setup* dos *Jets* na tinturaria. Por outro lado, a demanda mensal por essas malhas pode apresentar tendência, sazonalidade e variações aleatórias. Tanto a demanda simulada como a previsão são feitas em cima das famílias. Um detalhamento da dinâmica do jogo e um roteiro para apresentar o trabalho de simulação está disponível no Apêndice A, ao final do livro.

Já nos dois jogos seguintes, o sistema produtivo escolhido é o repetitivo em lotes para a fabricação das três famílias de malhas em três cores (ou seja, nove produtos acabados) e a fábrica é fornecida com uma composição fixa de máquinas, no caso, cinco teares, três *Jets* de tamanho médio (120 kg) e uma rama. A demanda semanal fornecida também possui tendência, sazonalidade e variações aleatórias em cima das três famílias, distribuídas por cor segundo um percentual predefinido. Para gerar turbulências, características dos mercados reais, são planejados três eventos irregulares aleatórios na demanda real das malhas em algum momento destas 12 semanas: um acréscimo de 20%, uma retração de 35% e variação no *mix* das cores da família, com concentração de 80% em uma delas. Isto fará com que o planejamento de um período nem sempre seja efetivo, o que dará um bom treinamento para a vida como ela é nas empresas. Da mesma forma, um detalhamento da dinâmica do jogo 2 e 3 e um roteiro para apresentar os trabalhos de simulação destes jogos estão disponíveis nos Apêndices B e C, respectivamente.

Como sugestão, a ideia é que estes três jogos de empresas sejam feitos e apresentados em grupo, de acordo com o andamento da matéria que eles abrangem. Por outro lado, como estes jogos em Access não permitem a montagem das fórmulas e tabelas onde os cálculos acontecem, possibilitando apenas a interação com os parâmetros de controle, como previsão de demanda, estoque de segurança etc., após alguns anos de aplicação dos jogos constatou-se que parte dos alunos não se dedica a entender como as informações são trabalhadas por trás das telas dos jogos. Sabemos que um Administrador ou Engenheiro de Produção atuando como gestor na área de PCP é o colaborador-chave dentro da empresa que deve não só administrar as variáveis de controle dos *softwares* do ERP, como também entender no detalhe as fórmulas e dinâmicas de cálculo que estão por traz destas decisões, apresentadas nos diferentes capítulos deste livro.

Desta forma, está se propondo em cada capítulo uma série complementar de estudos de casos em planilha de Excel com guias integradas, também disponíveis para baixar na página da Editora, que vão do planejamento estratégico da fábrica ao sequenciamento e controle da produção para o complemento do aprendizado em sala de aula. Apesar de os estudos de casos poderem ser executados em grupo, recomenda-se que eles sejam feitos de forma individual para garantir que o aluno está interagindo corretamente com a teoria do livro. Cada planilha ao ser aberta irá gerar um conjunto de dados de entrada particular na primeira guia, individualizando os resultados nas tabelas das demais guias de forma a permitir que o Professor possa melhor avaliar seus alunos individualmente, se assim o quiser.

Estas tabelas foram feitas em planilha de Excel porque, sem dúvida, é uma ferramenta de trabalho importante para qualquer gestor, sendo nas empresas um *software* utilizado inclusive para a análise e tomada de decisões setoriais em complemento ao ERP. São oito guias integradas na planilha, que abrangem toda a teoria exposta no livro-texto, sendo que as diferentes partes dos estudos de casos têm interdependência entre si, de modo que as soluções para um estudo de caso servem como entradas para os estudos de casos seguintes, por exemplo, no Estudo de Caso 1, a previsão da demanda obtida deve ser transferida para os demais estudos de casos onde ela passa a ser uma entrada de dados.

Por simplificação, vamos utilizar nos estudos de casos em Excel o mesmo processo produtivo da malharia empregado nos exemplos do livro-texto e nos jogos de simulação em Access, de forma a manter os dados da engenharia de processo e produto consistentes. Desta forma, não precisaremos reapresentar todos os dados da malharia. Em cada guia da planilha será fornecida apenas as informações necessárias para a execução do estudo de caso e o aluno terá a responsabilidade em transpor de uma guia da planilha para a outra estes dados.

A sequência de trabalhos nas guias da planilha segue os capítulos do livro-texto e os estudos de casos propostos (EC) em cada capítulo, com exceção ao Capítulo 5, onde o estudo de caso (EC4) será uma atividade de troca rápida. Começamos pela previsão de demanda (EC1), neste caso fornecendo 36 períodos históricos de demanda, seguido do Planejamento Estratégico, com a montagem do Plano de Produção e Plano Financeiro (EC2). Estes planos serão desdobrados no

Planejamento-mestre da Produção, com seu Pano-mestre e Cálculo Grosseiro de Capacidade (EC3). Os produtos acabados do PMP serão então "explodidos" de acordo com a estrutura dos produtos nas diferentes tabelas do MRP (EC5), sendo que as ordens de produção que entrarem no momento de ação vão ser sequenciadas segundo seus roteiros de fabricação de forma a manter a capacidade finita (EC6) nos recursos da fixação e acabamento (*Jets* e Ramas). No penúltimo estudo de caso, a programação puxada (EC7) em substituição à empurrada poderá ser parametrizada com seus diferentes níveis de estoques nas faixas verde, amarela e vermelha de acordo com as fórmulas propostas no livro-texto. Finalizando, indicadores de desempenho para o acompanhamento e controle da produção serão aplicados no Estudo de Caso 8 (EC8).

Por fim, sem querer tolher a criatividade dos alunos, que sabemos ser infinita, de forma a padronizar a montagem das tabelas na planilha e facilitar a correção dos estudos de casos pelo colega Professor, fornece-se uma planilha padrão do exercício pré-formatada com os dados de entrada já preenchidos (Estudo_Caso_PCP_Vazia.xlsx), bem como uma planilha de exemplo com as guias preenchidas (neste caso as fórmulas foram retiradas) para um determinado conjunto de dados de entrada (Estudo_Caso_PCP_Exemplo.xlsx) como material suplementar que pode ser baixado na página da Editora. O Professor, por sua vez, também tem acesso em sua área restrita na página da Editora (para tanto, deve se cadastrar) à mesma planilha de exemplo completa (Estudo_Caso_PCP_Exemplo_Professor.xlsx) com as devidas fórmulas para uso em sala de aula na sua exposição de como encaminhar as soluções.

Nos próximos capítulos, a dinâmica para a realização de cada um dos estudos de casos será apresentada e um conjunto de questionamentos básicos será sugerido ao Professor para que confira se o resultado do exercício realizado pelo aluno foi satisfatório. Como esta é uma dinâmica de exercícios bastante completa, o colega Professor tem liberdade para solicitar outros tantos questionamentos dos alunos que achar mais interessantes para o foco de sua disciplina.

Boa dinâmica a todos!

RESUMO

Este capítulo teve por finalidade introduzir os conceitos gerais associados aos sistemas produtivos e sua relação com as funções de planejamento e controle da produção. Foram apresentadas as atividades desenvolvidas para a tomada de decisão nas empresas a longo, médio e curto prazo e seus objetivos, e introduzido o conceito de Planejamento e Controle da Produção (PCP) como setor de apoio, dentro do sistema produtivo, para tratar estas informações com base no desenvolvimento de quatro funções: Planejamento Estratégico da Produção (longo prazo), Planejamento-mestre da Produção (médio prazo), Programação da Produção (curto prazo) e Acompanhamento e Controle da Produção (curto prazo). Discutiram-se, também, as características que estão por trás dos diferentes sistemas produtivos (sistemas de produção contínuos, em massa, repetitivos em lotes, sob encomenda) e como o PCP deve atuar nestes sistemas em sintonia com as características de cada um.

EXERCÍCIOS

1. Com relação aos horizontes de planejamento e controle da produção, enquadre as atividades descritas no horizonte apropriado de planejamento e controle da produção, atribuindo a letra "L" para atividades de longo prazo, "M" para atividades de médio prazo e "C" para atividades de curto prazo.

( ) Emitir ordens de fabricação para o setor de usinagem.
( ) Planejar a expansão da capacidade produtiva.
( ) Verificar a necessidade de horas extras.
( ) Firmar contrato de parceria com os fornecedores.
( ) Estabelecer as prioridades para o sequenciamento da produção.
( ) Definir a quantidade de produtos acabados a ser produzida, de acordo com a capacidade instalada.
( ) Medir indicadores de produtividade.

2. Sobre o fluxo de informações e o PCP, defina quais são as principais informações de entrada e de saída em cada horizonte de planejamento.

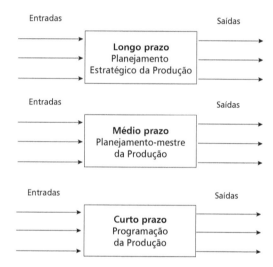

3. Relacione na tabela a seguir onde melhor se enquadram os diferentes tipos de sistemas produtivos no gráfico, segundo o grau de padronização dos produtos e volume de demanda de mercado. Dê dois exemplos práticos para cada tipo de sistema produtivo.

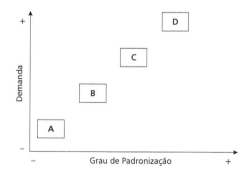

Sistema produtivo	Posição no gráfico	Exemplos práticos
Contínuos		
Em massa		
Repetitivos em lotes		
Sob encomenda		

4. Relacione as atividades listadas abaixo do Planejamento e Controle da Produção com o respectivo tipo de sistema de produção onde mais elas se aplicam, colocando 1 para sistemas de produção contínuos, 2 para sistemas de produção em massa, 3 para sistemas de produção repetitivos em lotes e 4 para sistemas de produção sob encomenda:

( ) Dimensionar lotes econômicos de produção.

( ) Gerenciar o caminho crítico do projeto.

( ) Definir o ritmo de trabalho das linhas de montagem com base na demanda.

( ) Focar na logística de abastecimento de matérias-primas e distribuição de produtos acabados.

( ) Dimensionar supermercados de componentes para as linhas de montagem.

( ) Customizar produtos inviabiliza a utilização de supermercados de produto acabado e componentes.

( ) Sequenciar as ordens de produção nos recursos.

( ) Produzir em grandes bateladas.

( ) Aplicar o sistema puxado via *kanban*.

( ) Estabelecer o número de estações de trabalho e suas rotinas de trabalho.

( ) Gerenciar ordens de produção para atender às datas de entrega negociadas com o cliente.

( ) Estruturar células de produção e definir seus ritmos de trabalho.

ATIVIDADES PARA SALA DE AULA

Customização em Massa: verdade ou mito?

De acordo com a Wikipédia, a Customização em Massa (CM) é definida como a produção em massa de bens e serviços que atendam aos anseios específicos de cada cliente, individualmente, a custos semelhantes aos dos produtos não customizados. Dessa forma, a CM oferece produtos únicos a baixo custo e com prazo de entrega relativamente curto, em um ambiente de produção em massa. A CM pode ser entendida como uma evolução natural dos processos de negócios, resultante do aperfeiçoamento dos padrões tradicionais de organização de processos que possibilitou aumentar significativamente a flexibilidade e agilidade da empresa, bem como melhorar seus índices de qualidade, mantendo os custos competitivos. Algumas empresas, para realizar a customização em massa, utilizam de uma rede de células de trabalho. Essas células possuem certa autonomia. Cada um recebe uma operação ou uma série de operações e ficam responsáveis por essas operações. Elas não possuem uma ordem como na produção em massa, pois suas atividades são feitas conforme o que o cliente desejou. Como exemplo, são citadas a produção do carro Inglês Mini Cooper e a fabricação de tênis pela Nike.

Já o *site* da revista *Exame* (http://exame.abril.com.br/marketing), para explicar este conceito, pede para o leitor imaginar "uma empresa que fosse capaz de customizar todos os seus produtos para cada um de seus clientes. Economicamente, seriam necessárias antes de tudo duas coisas: em primeiro lugar, aprender a projetar produtos especializados de maneira eficiente (um problema para o setor de P&D) e, em segundo lugar, aprender a produzir barato e rápido (um problema para o setor de produção)".

Segundo a matéria da revista, para lidar com o segundo problema, recorreu-se ao conceito popular de produção customizada em massa. Para isso, basta empregar equipamentos de processo computadorizados ou procedimentos flexíveis de montagem, ajustando-os rapidamente e sem custo algum, de modo que as empresas possam ter unidades isoladas de produtos específicos a um custo relativamente competitivo em relação à fabricação em massa de itens similares.

Como exemplo clássico, a revista cita a fabricante de computadores Dell, onde o consumidor compra exatamente a máquina que deseja graças a um expediente que lhe permite escolher os principais componentes da configuração desejada (tamanho do disco rígido, tipo de monitor, número e tipos de módulos de memória etc.) com base em um menu disponível no *site* da empresa. A Dell monta e entrega o produto personalizado em questão de dias.

Mas ressalta que a customização em massa da Dell, porém, não trata do primeiro problema: aprender a projetar novos produtos sob medida de maneira eficiente. Os clientes da empresa dispõem somente de um número limitado de componentes padronizados e de combinações possíveis para montar a máquina desejada, o que lhes deixa pouco espaço para criar ou inovar.

Podemos parar por aqui com as definições e exemplos de customização em massa, existem muitas outras na internet (e em livros e artigos). Você não acha que seria uma maravilha poder pedir qualquer customização no seu tênis (azul com bolinhas), ou no seu carro (bancos de couro com teto solar e capô transparente), ou sua cerveja (de trigo com aroma de maracujá), ou na geladeira vermelha estilo retrô sem que o prazo e o preço fossem para as nuvens?

Vamos a nossa discussão. Comparando com as características da classificação padrão dos sistemas produtivos (contínuos/massa, repetitivos em lotes, sob encomenda) apresentadas na seção 2.2 e resumidas na Figura 1.3 para demandas/produção, flexibilidade/variedade de itens, *lead time* e custos, discuta com seus colegas sob a ótica da "viabilidade operacional" as seguintes afirmativas sobre CM encontradas nos parágrafos acima:

- CM... a custos semelhantes aos dos produtos não customizados;
- CM oferece produtos únicos a baixo custo e com prazo de entrega relativamente curto;
- CM... uma evolução natural dos processos de negócios;
- Células... suas atividades são feitas conforme o que o cliente desejou;
- CM... aprender a produzir barato e rápido;
- CM... basta empregar equipamentos de processo computadorizados ou procedimentos flexíveis de montagem, ajustando-os rapidamente e sem custo algum.

CAPÍTULO 2

Previsão da Demanda

Objetivos de aprendizagem

Ao final deste capítulo, o aluno deverá ser capaz de:

1. Entender a importância da demanda nos sistemas produtivos.
2. Inter-relacionar as etapas de um modelo de previsão da demanda.
3. Escolher a técnica de previsão mais adequada.
4. Aplicar técnicas para previsão da média.
5. Desenvolver técnicas para previsão da tendência.
6. Identificar o período sazonal e montar uma previsão.
7. Correlacionar variáveis para previsão da demanda.
8. Manter e monitorar um modelo de previsão da demanda.

1 INTRODUÇÃO

O Capítulo 2 tem por finalidade desenvolver as principais questões associadas à previsão da demanda, dado que ela é a variável mais importante na definição de um sistema de produção, em especial para as funções desenvolvidas pelo PCP. Neste capítulo, serão apresentados os passos que devem ser seguidos para obtenção de um modelo de previsão da demanda, quais sejam: o objetivo, a coleta e a análise dos dados, a seleção da técnica de previsão, a obtenção das previsões e o monitoramento do modelo. Uma atenção especial será dada à descrição das técnicas de previsão, subdivididas em qualitativas e quantitativas. Dentro das técnicas quantitativas serão apresentadas as previsões baseadas em séries temporais, com técnicas para a previsão da média, tendência e sazonalidade, e as previsões baseadas em correlações. Ao final do capítulo, serão discutidas as questões associadas à manutenção e monitoração do modelo de previsão da demanda, calcada no valor do erro acumulado da previsão e no desvio médio absoluto. Durante todo o capítulo, exemplos ilustrativos baseados no Jogo *LSSP_PCP1* serão apresentados.

2 CONCEITOS

As empresas, de uma ou de outra maneira, direcionam suas atividades para o rumo em que elas acham que o seu negócio andará. O rumo é normalmente traçado em cima de previsões, sendo a previsão da demanda a principal delas. A previsão da demanda é a base para o planejamento estratégico da produção, vendas e finanças de qualquer empresa. Partindo deste ponto, as empresas podem desenvolver os planos de capacidade, de fluxo de caixa, de vendas, de produção e estoques, de mão de obra, de compras etc. As previsões têm uma função muito importante nos processos de planejamento dos sistemas de produção, pois permitem que os administradores destes sistemas antevejam o futuro e planejem adequadamente suas ações.

Objetivo de aprendizagem 1: Entender a importância da demanda nos sistemas produtivos.

Neste sentido, as previsões são usadas pelo PCP em dois momentos distintos: para planejar o sistema produtivo e para planejar o uso deste sistema produtivo. No primeiro caso, previsões agregadas de longo prazo são usadas para elaborar estrategicamente o plano de produção, definindo que família de produtos e serviços oferecer ao mercado, de que instalações e equipamentos dispor, em que nível de atividade trabalhar, que qualificação da mão de obra buscar etc. No segundo caso, previsões detalhadas de médio e curto prazo são empregadas para o planejamento-mestre e programação da produção no sentido de utilizar os recursos disponíveis, envolvendo a definição de planos de produção e armazenagem, planos de compras e reposição dos estoques, planos de cargas de mão de obra e sequenciamento da produção.

PARA REFLETIR

Para onde você olha tem sempre uma previsão envolvida

"O Brasil vai ganhar mais medalhas do que nunca em uma Olimpíada, superando sua marca histórica nos Jogos. Quem aposta no desempenho extraordinário é o banco americano Goldman Sachs. Os economistas da instituição fizeram uma previsão sobre o desempenho de 50 países que estarão na Rio 2016, baseando o estudo em variáveis macroeconômicas e relações estatísticas. Para o Brasil, o estudo aponta que serão cinco ouros e um total de 22 medalhas. Na edição passada, os brasileiros voltaram com três ouros e 17 medalhas – o recorde do país.

Os números parecem frutos de mera adivinhação, mas o estudo do Goldman Sachs foi posto à prova em Londres 2012 e se mostrou plausível. Os economistas cravaram o total de medalhas da Grã-Bretanha (65) e acertaram os ouros de 10 dos 11 principais países da lista. Mas como eles chegaram a essa previsão? Levando em conta as condições de crescimento econômico de um país, o tamanho da população e uma avaliação do ambiente político e institucional. O Brasil, apesar de enfrentar uma crise nas áreas política e econômica, será o país com maior evolução no número de medalhas conquistadas dentre 50 países, de acordo com o estudo, que dá um peso maior ao Brasil por ser a sede dos Jogos."

Uma coisa é certa, sempre que olhamos as previsões feitas no passado, por melhor que sejam as técnicas empregadas, o nível de acerto nem sempre é alto. O erro desta previsão de medalhas nas Olimpíadas de 2016 até que não foi tão alto, resultado final de 7 de ouro, 6 de prata e 6 de bronze, total de 19 medalhas; ficamos em 13º lugar.

Fonte: <http://globoesporte.globo.com/olimpiadas/noticia/2016/08/brasil-vai-ganhar-22-medalhas-na-rio-2016-e-quebrar-recorde-preve-estudo.html>. Acesso em: 12 jun. 2017.

A responsabilidade pela preparação da previsão da demanda normalmente é do setor de Marketing ou Vendas. Porém, existem dois bons motivos para que o pessoal do PCP entenda como esta atividade é realizada. Primeiro, a previsão da demanda é a principal informação empregada pelo PCP na elaboração de suas atividades, e afeta de forma direta o desempenho esperado de suas funções de planejamento e controle do sistema produtivo. É essencial o entendimento de como estes dados foram obtidos, em que bases as técnicas de previsões empregadas estão assentadas, e quais suas limitações, de forma a facilitar as comunicações entre PCP e Marketing. Além disso, em empresas de pequeno e médio porte não existe ainda uma especialização muito grande das atividades, cabendo ao pessoal do PCP (geralmente, o mesmo de Vendas) elaborar estas previsões.

Apesar da evolução dos recursos computacionais e da sofisticação matemática das técnicas de projeção, a previsão da demanda dos produtos não é uma ciência exata, envolve uma boa dose de experiência e julgamento pessoal do planejador. A única coisa que se pode garantir é que o valor previsto será sempre uma aproximação do valor real. Porém, quanto mais apurada for a técnica empregada, melhor a base em cima da qual o planejador decidirá. A avaliação do erro de previsão servirá de base para o estabelecimento dos estoques de segurança do sistema, assim como para a atualização dos parâmetros do modelo de previsão.

Com relação aos erros de previsão, cabe fazer um relacionamento deles com o tipo de sistema produtivo que se está operando. Em sistemas de produção em massa ou contínuos, a demanda é mais estável e mais fácil de ser prevista, até porque se dispõem de grande quantidade de dados passados de produtos com poucas variações em suas estruturas. Já quando o sistema tende para o sob encomenda, nada se pode fazer, a não ser esperar que os clientes se decidam para se ter uma visão do que produzir, e a negociação, como já dito no capítulo anterior, se dará em cima do tempo de entrega do pedido.

Antes de apresentar as técnicas de previsão, cabe ressaltar que é cada vez maior o número de empresas que estão buscando um relacionamento mais eficiente dentro de sua cadeia produtiva, fazendo parcerias de longo prazo com seus fornecedores com base no que hoje é conhecido como estratégia da manufatura enxuta, repercutindo de forma direta na confiabilidade das informações que circulam entre elas. Será sempre mais vantajoso basear seus planos de longo e de médio prazo em informações confiáveis, vindo diretamente dos clientes parceiros, do que fazer previsões sujeitas a erros.

2.1 Etapas de um modelo de previsão

Um modelo de previsão da demanda pode ser dividido em cinco etapas básicas, apresentadas na Figura 2.1. Inicialmente, define-se o objetivo do modelo, com base no qual coletam-se e analisam-se os dados, seleciona-se a técnica de previsão mais apropriada, calcula-se a previsão da demanda e, como forma de *feedback*, monitoram-se e atualizam-se os parâmetros empregados no modelo através da análise do erro de previsão.

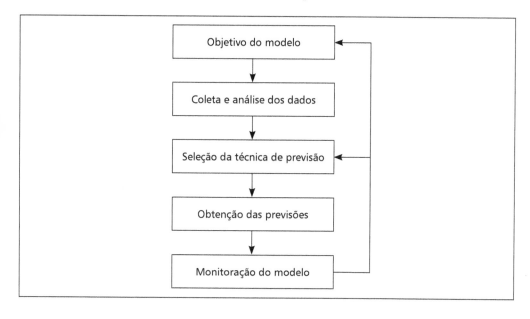

FIGURA 2.1

Etapas do modelo de previsão da demanda.

Objetivo de aprendizagem 2: Inter-relacionar as etapas de um modelo de previsão da demanda.

ETAPA 1: consiste em definir a razão pela qual se necessita de previsões. Que produto (ou famílias de produtos) será previsto, com que grau de acuracidade e detalhe a previsão trabalhará, e que recursos estarão disponíveis para esta previsão. A sofisticação e o detalhamento do modelo dependem da importância relativa do produto (ou família de produtos) a ser previsto e do horizonte ao qual a previsão se destina. Itens pouco significativos podem ser previstos com maior margem de erro, empregando-se técnicas simples, assim como se admite margem de erro maior para previsões de longo prazo, empregando-se dados agregados de famílias de produtos.

ETAPA 2: definido o objetivo do modelo de previsão, o passo seguinte consiste em coletar e analisar os dados históricos do produto, no sentido de identificar e desenvolver a técnica de previsão que melhor se adapte. Mesmo as previsões baseadas em julgamento e opinião de especialistas estão calcadas na experiência passada destes especialistas. Alguns cuidados básicos devem ser tomados na coleta e análise dos dados, entre eles os seguintes:

- quanto mais dados históricos forem coletados e analisados, mais confiável a técnica de previsão será;
- os dados devem buscar a caracterização da demanda pelos produtos da empresa, que não é necessariamente igual às vendas passadas, pois pode ter ocorrido falta de produtos, postergando as entregas ou deixando de atendê-las;
- variações extraordinárias da demanda, decorrentes de promoções especiais, por exemplo, devem ser analisadas e substituídas por valores mais prováveis, como, por exemplo, pelos valores da previsão inicial para o período, compatíveis com o comportamento normal da demanda;
- o tamanho do período de consolidação dos dados (semanal, mensal, trimestral, anual etc.) tem influência direta na escolha da técnica de previsão mais adequada, assim como na análise das variações extraordinárias.

Por exemplo, na Figura 2.2 estão representadas duas periodicidades diferentes (A e B) para dados idênticos. O gráfico A foi obtido a partir de dados mensais, enquanto o gráfico B empregou dados trimestrais da mesma demanda. Podem-se notar duas características importantes no gráfico A, que não estão representadas adequadamente no gráfico B. Primeiro, existe sazonalidade associada à demanda, sendo que a demanda de setembro não seguiu um padrão esperado, estando muito acima da média, o que deve ser motivo de investigação detalhada.

ETAPA 3: uma vez coletados e analisados os dados passados, pode-se decidir pela técnica de previsão mais apropriada. De maneira geral, existem técnicas qualitativas e quantitativas. Cada uma tem o seu campo de ação e sua aplicabilidade. Não existe uma técnica que seja adequada a todas as situações.

FIGURA 2.2

Exemplo de periodicidades diferentes.

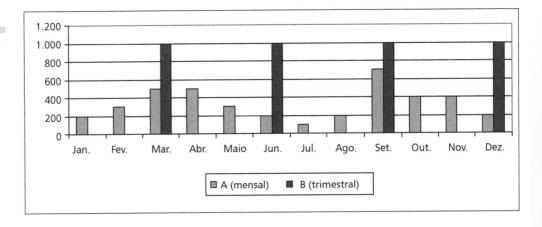

Ao se optar por alguma destas técnicas, deve-se ponderar uma série de fatores, principalmente custo e acuracidade. Técnicas que levam a uma acuracidade maior são, normalmente, mais caras na elaboração. Deve-se avaliar quanto que se está disposto a gastar no modelo de previsão e quanto custa o erro decorrente de uma previsão inadequada. Com base nesta curva de troca "custo-acuracidade", deve-se decidir. Nem sempre o modelo mais caro, ou o mais acurado, é o indicado. Normalmente, para questões estratégicas se está disposto a gastar mais (com técnicas qualitativas, por exemplo) e correr menores riscos, enquanto para questões operacionais a situação é a inversa.

Outros fatores que merecem destaque na escolha da técnica de previsão são:

- disponibilidade de dados históricos;
- experiência passada com a aplicação de determinada técnica;
- disponibilidade de tempo para coletar, analisar e preparar os dados e a previsão;
- período de planejamento para o qual se necessita da previsão.

As diferentes técnicas de previsão, suas características e aplicabilidades, serão descritas em detalhe na seção 2.3.

ETAPA 4: com a definição da técnica de previsão e a aplicação dos dados passados para obtenção dos parâmetros necessários, podem-se obter as projeções futuras da demanda. Quanto maior for o horizonte pretendido, menor a confiabilidade na demanda prevista.

ETAPA 5: à medida que as previsões forem sendo alcançadas pela demanda real, deve-se monitorar a extensão do erro entre a demanda real e a prevista para verificar se a técnica e os parâmetros empregados ainda são válidos. Em situações normais, um ajuste nos parâmetros do modelo, para que reflita as tendências mais recentes, é suficiente. Em situações críticas, um estudo desde o primeiro passo (o objetivo do modelo) pode incluir um novo exame dos dados e a escolha de uma nova técnica de previsão. Este assunto será detalhado na seção 2.5.

2.2 Técnicas de previsão

Conforme visto, a definição da técnica de previsão que melhor se adapte a uma situação específica é apenas um dos passos do modelo de previsão, porém, sem dúvida, o mais importante. Existe uma série de técnicas disponíveis, com diferenças substanciais entre elas, contudo, antes de se apresentarem as principais, cabe descrever as características gerais que normalmente estão presentes em todas as técnicas de previsão, que são:

- supõe-se que as causas que influenciaram a demanda passada continuarão a agir no futuro;
- as previsões não são perfeitas, pois não se é capaz de prever todas as variações aleatórias que ocorrerão;
- a acuracidade das previsões diminui com o aumento do período de tempo auscultado;
- a previsão para grupos de produtos é mais precisa do que para os produtos individualmente, visto que no grupo os erros individuais de previsão se minimizam.

As técnicas de previsão podem ser subdivididas em dois grandes grupos: as técnicas qualitativas e as quantitativas. As técnicas qualitativas privilegiam principalmente dados subjetivos, os quais são difíceis de representar numericamente. Já as técnicas quantitativas envolvem a análise numérica dos dados passados, isentando-se de opiniões pessoais ou palpites.

Objetivo de aprendizagem 3: Escolher a técnica de previsão mais adequada.

TÉCNICAS QUALITATIVAS: estão baseadas na opinião e no julgamento de pessoas-chave, especialistas nos produtos ou nos mercados onde atuam estes produtos. Podem ser consultados os executivos das principais áreas da empresa, principalmente da área comercial, vendedores que tratam diretamente com os clientes, e os próprios clientes. Eventualmente, opiniões de especialistas de fora da empresa podem ser necessárias, como, por exemplo, especialistas em comércio exterior.

Por serem mais rápidas de se preparar, elas são empregadas quando não se dispõe de tempo para coletar e analisar os dados da demanda passada. Ou, então, na introdução de um produto novo, diferente dos oferecidos atualmente, onde não existam dados passados em que se possa apoiar. Ou, ainda, quando o panorama econômico e político for muito instável, fazendo com que os dados passados fiquem rapidamente obsoletos e não se disponha de informações atualizadas. Finalmente, as previsões baseadas em opiniões e julgamento de especialistas são empregadas, em conjunto com as previsões quantitativas, quando se tratar de questões estratégicas para a empresa, pois não seria conveniente decidir os rumos da empresa apenas em cima de dados provenientes de um modelo matemático.

TÉCNICAS QUANTITATIVAS: por outro lado, as técnicas quantitativas consistem em analisar os dados passados objetivamente, empregando-se modelos matemáticos para projetar a demanda futura. As técnicas quantitativas, por sua vez, podem ser subdivididas em dois grandes grupos: as técnicas baseadas em séries temporais, e as técnicas baseadas em correlações.

As técnicas baseadas em séries temporais procuram modelar matematicamente a demanda futura relacionando os dados históricos do próprio produto com o tempo, enquanto as técnicas baseadas em correlações procuram associar os dados históricos do produto com uma ou mais variáveis que tenham alguma relação com a demanda do produto. Devido à maior aplicabilidade destas técnicas quantitativas, usadas inclusive como apoio às previsões qualitativas, apresentaram-se a seguir seus principais modelos.

2.3 Previsões baseadas em séries temporais

As previsões baseadas em séries temporais partem do princípio de que a demanda futura será uma projeção dos seus valores passados, não sofrendo influência de outras variáveis. É o método mais simples e usual de previsão, e quando bem elaborado oferece bons resultados. Para se montar o modelo de previsão, é necessário plotar os dados passados e identificar os fatores que estão por trás das características da curva obtida. Uma curva temporal de previsão pode conter tendência, sazonalidade, variações irregulares e variações randômicas.

A tendência consiste num movimento gradual de longo prazo, direcionando os dados. A sazonalidade refere-se a variações cíclicas de curto prazo, relacionadas ao fator tempo, como a influência de alterações climáticas ou férias escolares. Já as variações irregulares, como o próprio nome indica, são alterações nas demandas passadas resultantes de fatores excepcionais, como greves ou catástrofes climáticas, que não podem ser previstos e, portanto, incluídos no modelo. Esses dados, conforme já foi colocado, devem ser retirados da série histórica e substituídos pelos valores mais prováveis. Finalmente, excluindo-se os fatores de tendência, sazonalidade e excepcionalidade, restam as variações aleatórias, ou normais, que serão tratadas pela média. A Figura 2.3 apresenta duas séries de dados em que se ilustra a influência destes fatores nos dados históricos.

FIGURA 2.3

Fatores que influenciam séries históricas.

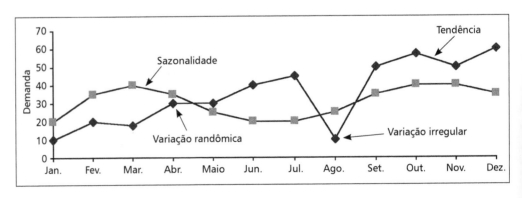

VOCÊ SABIA?

Variações irregulares, o terror da previsão de demanda

Não é difícil relacionar as altas temperaturas no verão com o aumento de vendas sazonal de ar-condicionados e ventiladores no verão, basta acompanhar as notícias que todo ano saem na mídia:

- Calor intenso faz venda de ar-condicionado aumentar em 41% no Rio: levantamento foi feito pela CDLRio na última semana de dezembro. Temperaturas na capital fluminense têm ultrapassado os 40 °C.
- A chegada do verão amazônico impulsionou as vendas no centro de Belém. Ar-condicionados também são procurados pelo consumidor.
- Calor intenso em Fortaleza provoca aumento na venda de aparelhos de ar-condicionado: segundo o diretor comercial de uma loja especializada, o aumento de 40% nas vendas tem sido a alegria nesse período de crise.

Mas o que dizer da demanda por peças fundidas onde em setembro se atinge um patamar de 1.500 unidades e dois meses após não se vende nada? Ou em uma fábrica de artefatos de cimento na qual um de seus produtos pula do patamar de 1.500 para 6.000 postes em dois meses (e volta para 2.000 depois de um ano), enquanto o outro se comporta normalmente com pequeno aumento de vendas relativamente constante?

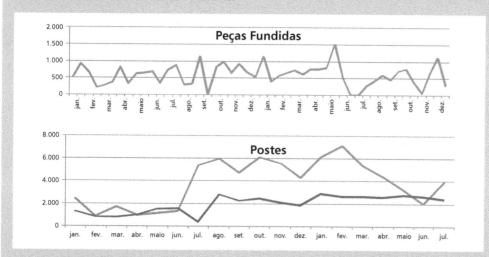

A vida como ela é não é fácil na maioria das empresas, fazendo com que a previsão da demanda para estes eventos "não previsíveis" seja mais uma arte desenvolvida pelo previsor do que uma técnica específica em si.

Em função dos fatores que influenciam os dados, a previsão da demanda baseada em séries temporais pode ser subdividida em passos, cada um deles relacionado ao dimensionamento de um destes fatores. A previsão final será o resultado da composição destes fatores. Existem técnicas para tratar a média (variações aleatórias), para tratar a tendência e para tratar a sazonalidade. A seguir, cada uma dessas técnicas será descrita e exemplificada.

Técnicas para previsão da média

Normalmente, dados históricos contêm componentes randômicos, ou interferências, que obscurecem a previsão exata da demanda. As causas que levam a essas variações randômicas são de difícil determinação e a completa remoção destas influências não é viável. Desta forma, incorporam-se essas variações no modelo e empregam-se técnicas de previsão

■ **Objetivo de aprendizagem 4:** Aplicar técnicas para previsão da média.

baseadas na média para tratar tais situações. Essas técnicas fazem com que valores historicamente baixos e valores historicamente altos se combinem, gerando uma previsão média com menor variabilidade do que os dados originais.

Será utilizada, para exemplificar as técnicas de previsão da média, a série de demandas para 24 períodos obtida no Jogo *LSSP_PCP1* para a demanda média da família colmeia, ilustrada na Figura 2.4.

FIGURA 2.4

Demanda (média) da família colmeia do Jogo *LSSP_PCP1*.

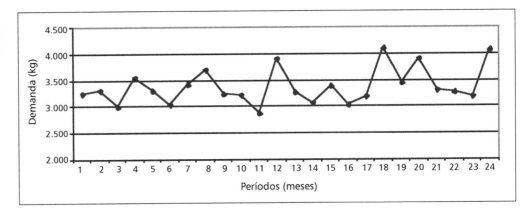

As técnicas de previsão da média procuram privilegiar os dados mais recentes da série histórica, que normalmente representam melhor a situação atual. Essas técnicas funcionam bem quando os dados históricos variam em torno de uma média, porém ainda podem ser usadas quando existem pequenas variações graduais, ou em patamares, no nível dos dados. As técnicas de previsão para a média mais empregadas são a média móvel e a média exponencial móvel, detalhadas a seguir.

Média móvel

A média móvel usa dados de um número predeterminado de períodos, normalmente os mais recentes, para gerar sua previsão. A cada novo período de previsão se substitui o dado mais antigo pelo mais recente. A média móvel pode ser obtida a partir da equação 2.1.

$$Mm_n = \frac{\sum_{i=1}^{n} D_i}{n} \qquad (2.1)$$

Onde:

Mm_n = média móvel de n períodos;
D_i = demanda ocorrida no período i;
n = número de períodos;
i = índice do período (i = 1, 2, 3, ...).

Exemplo 2.1: Como exemplo de média móvel empregando 3, 6 e 12 períodos, tem-se na Tabela 2.1 os resultados aplicados à demanda (média) da família colmeia do Jogo *LSSP_PCP1*, ilustrada na Figura 2.4.

TABELA 2.1

Dados do Exemplo 2.1.

			Média Móvel				
Período	D. Real	Mm_3	Erro	Mm_6	Erro	Mm_{12}	Erro
1	3.256						
2	3.315						
3	3.006						
4	3.560	3.192	368				
5	3.300	3.294	6				
6	3.051	3.289	-238				
7	3.425	3.304	121	3.248	177		
8	3.703	3.259	444	3.276	427		
9	3.240	3.393	-153	3.341	-101		
10	3.231	3.456	-225	3.380	-149		
11	2.887	3.391	-504	3.325	-438		
12	3.918	3.119	799	3.256	662		
13	3.271	3.345	-74	3.401	-130	3.324	-53
14	3.073	3.359	-286	3.375	-302	3.326	-253
15	3.396	3.421	-25	3.270	126	3.305	91
16	3.036	3.247	-211	3.296	-260	3.338	-302
17	3.196	3.168	28	3.264	-68	3.294	-98
18	4.106	3.209	897	3.315	791	3.286	820
19	3.449	3.446	3	3.346	103	3.374	76
20	3.913	3.584	329	3.376	537	3.376	538
21	3.324	3.823	-499	3.516	-192	3.393	-69
22	3.277	3.562	-285	3.504	-227	3.400	-123
23	3.204	3.505	-301	3.544	-340	3.404	-200
24	4.079	3.268	811	3.546	534	3.430	649
Erro Acumulado do 13 ao 24			388		572		1.075
MAD do 13 ao 24			312		301		273

Admitindo-se que se está fazendo a previsão para o sétimo período empregando uma média móvel de seis períodos, ela será:

$$Mm_6 = (3.256 + 3.315 + 3.006 + 3.560 + 3.300 + 3.051) / 6 = 3.248 \text{ kg}$$

Como no período 7 a demanda real foi 3.425 kg, a nova previsão para o período 8 passa a ser:

$$Mm_6 = (3.315 + 3.006 + 3.560 + 3.300 + 3.051 + 3.425) / 6 = 3.276 \text{ kg}$$

Desta forma, sempre que se dispõe de um dado novo, se abandona o mais antigo e se introduz o dado mais recente na previsão. O número de períodos incluídos no cálculo da média móvel determina sua sensibilidade com relação aos dados mais recentes. Pequenos períodos permitem uma reação maior a mudanças da demanda, enquanto grandes períodos tratam a média de forma mais homogênea. Por exemplo, como pode ser visto de forma gráfica na Figura 2.5, dado que nos períodos 18 e 20 a demanda real ficou acima da média, a previsão para o período 21 empregando três períodos ficou em 3.823 kg, enquanto a previsão empregando 12 períodos ficou em 3.393 kg.

FIGURA 2.5

Demandas real e prevista pela média móvel.

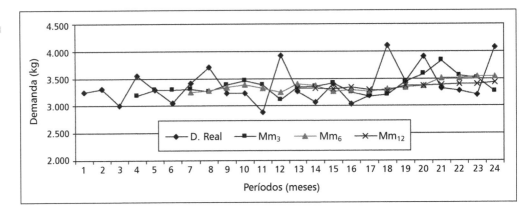

Como avaliar qual o melhor número de períodos a utilizar na previsão? Essa questão será apresentada ao final do capítulo, mas normalmente através do somatório dos erros, que devem tender para zero, e de comparações com múltplos do valor do desvio médio absoluto, conhecido como *MAD* (*Mean Absolute Deviation*). A princípio, a média móvel com três períodos, conforme apresentado na Tabela 2.1, possui menor valor de erro acumulado e seus erros estão dentro da faixa de controle de +– 4 *MAD*.

Uma alternativa para ponderar a importância relativa dos períodos empregados na previsão consiste em atribuir-lhes pesos diferentes, conforme se queira dar mais ou menos ênfase no período. Normalmente, quando se opta por esta solução, pondera-se com pesos maiores os dados mais recentes.

A grande vantagem do uso da média móvel para previsões consiste em sua simplicidade operacional e facilidade de entendimento, porém a necessidade de armazenar um grande volume de dados, principalmente se o número de períodos (*n*) for grande, é uma de suas limitações. Outro ponto é que ela fornece apenas a previsão para o período imediatamente posterior, sendo que para os períodos futuros se usaria o mesmo valor, uma vez que há previsão de demandas médias. Recomenda-se o uso da média móvel em situações nas quais a demanda apresenta comportamento estável e o produto não é muito relevante.

Média exponencial móvel

Na média exponencial móvel, o peso de cada observação decresce no tempo em progressão geométrica, ou de forma exponencial. Em sua forma de apresentação mais simples, cada nova previsão é obtida com base na previsão anterior, acrescida do erro cometido na previsão anterior, corrigido por um coeficiente de ponderação. A equação 2.2 apresenta esta situação.

$$M_t = M_{t-1} + \alpha(D_{t-1} - M_{t-1}) \qquad (2.2)$$

Onde:
M_t = previsão para o período *t*;
M_{t-1} = previsão para o período *t* – 1;
α = coeficiente de ponderação;
D_{t-1} = demanda do período *t* – 1.

O coeficiente de ponderação (α) é fixado pelo analista dentro de uma faixa que varia de 0 a 1. Quanto maior seu valor, mais rapidamente o modelo de previsão reagirá a uma variação real da demanda. Se o valor de α for muito grande, as previsões ficarão muito sujeitas às variações aleatórias da demanda. Se, ao contrário, o valor de α for muito pequeno, as previsões poderão ficar defasadas da demanda real. Os valores normalmente usados para α variam de 0,05 a 0,50. Os pacotes computacionais que trabalham com estes modelos incluem simulações para ajustar o nível de α de maneira a reduzir o erro de previsão.

Exemplo 2.2: Como exemplo de média exponencial móvel empregando α de 0,10, 0,50 e 0,80 têm-se na Tabela 2.2 os resultados aplicados à demanda (média) da família colmeia do Jogo *LSSP_PCP1*, ilustrada na Figura 2.4.

De acordo com a Tabela 2.2, os valores de previsão para o terceiro período foram obtidos aplicando-se a equação 2.2 para os diferentes valores de α, conforme segue:

TABELA 2.2

Dados do Exemplo 2.2.

Período	D. Real	Mα = 0,10	Erro	Mα = 0,50	Erro	Mα = 0,80	Erro
1	3.256						
2	3.315	3.256	59	3.256	59	3.256	59
3	3.006	3.262	-256	3.286	-280	3.303	-297
4	3.560	3.236	324	3.146	414	3.065	495
5	3.300	3.269	31	3.353	-53	3.461	-161
6	3.051	3.272	-221	3.326	-275	3.332	-281
7	3.425	3.250	175	3.189	236	3.107	318
8	3.703	3.267	436	3.307	396	3.361	342
9	3.240	3.311	-71	3.505	-265	3.635	-395
10	3.231	3.304	-73	3.372	-141	3.319	-88
11	2.887	3.296	-409	3.302	-415	3.249	-362
12	3.918	3.256	662	3.094	824	2.959	959
13	3.271	3.322	-51	3.506	-235	3.726	-455
14	3.073	3.317	-244	3.389	-316	3.362	-289
15	3.396	3.292	104	3.231	165	3.131	265
16	3.036	3.303	-267	3.313	-277	3.343	-307
17	3.196	3.276	-80	3.175	21	3.097	99
18	4.106	3.268	838	3.185	921	3.176	930
19	3.449	3.352	97	3.646	-197	3.920	-471
20	3.913	3.362	551	3.547	366	3.543	370
21	3.324	3.417	-93	3.730	-406	3.839	-515
22	3.277	3.407	-130	3.527	-250	3.427	-150
23	3.204	3.394	-190	3.402	-198	3.307	-103
24	4.079	3.375	704	3.303	776	3.225	854
Erro Acumulado			1.897		870		815
MAD			264		325		372

$$M_3 = 3.256 + 0,10 \, (3.315 - 3.256) = 3.262 \text{ kg (para } \alpha = 0,10)$$
$$M_3 = 3.256 + 0,50 \, (3.315 - 3.256) = 3.286 \text{ kg (para } \alpha = 0,50)$$
$$M_3 = 3.256 + 0,80 \, (3.315 - 3.256) = 3.303 \text{ kg (para } \alpha = 0,80)$$

Conforme se pode notar na Figura 2.6, as previsões empregando α = 0,10 fornecem uma curva de previsão mais suave, não refletindo de forma imediata as alterações bruscas na demanda, como nos períodos 18 e 20, o que, por um lado, pode ser interessante em termos de estabilizar um programa de produção, porém, por outro, pode retardar o movimento em direção a um novo patamar de demanda. Já as previsões empregando α = 0,80 reagiram de forma rápida aos aumentos de demanda dos períodos 18 e 20, porém a demanda real do período 21 diminuiu, fazendo com que o erro nesse período fosse grande (– 515 kg).

FIGURA 2.6

Demandas real e prevista pela média exponencial móvel.

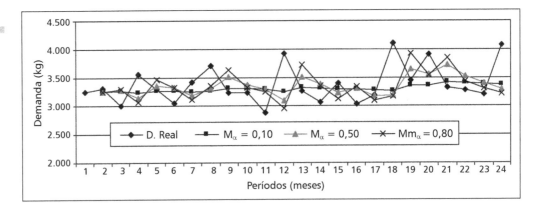

Para se tratar demandas médias, e ainda conseguir acompanhar movimentos pequenos de tendência ou de mudanças de patamar, as previsões baseadas na média exponencial móvel são as mais utilizadas, principalmente em sistemas computacionais, pois seu modelo exige a armazenagem de apenas três dados por item (a previsão passada, a demanda e o coeficiente de ponderação), e a sua operação é de fácil entendimento. Contudo, como na média móvel, ela fornece apenas a previsão para o período imediatamente posterior, sendo que para os períodos futuros se usaria o mesmo valor, visto se estarem prevendo demandas médias.

Técnicas para previsão da tendência

Objetivo de aprendizagem 5: Desenvolver técnicas para previsão da tendência.

A tendência refere-se ao movimento gradual de longo prazo da demanda. O cálculo da estimativa da tendência é realizado pela identificação de uma equação que descreva este movimento. A plotagem dos dados passados permitirá a identificação desta equação. Esta equação pode ser linear ou não linear (exponencial, parabólica, logarítmica etc.), porém, devido à facilidade de uso e maior aplicabilidade, se restringirá aqui a analisar a tendência linear; as demais são obtidas de forma análoga.

Será utilizada, para exemplificar as técnicas de previsão da tendência, a série de demandas para 24 períodos obtida no Jogo *LSSP_PCP1* para a demanda média da família Piquet, ilustrada na Figura 2.7, com tendência linear decrescente.

Existem duas técnicas mais importantes que podem ser empregadas para tratar previsões de demanda com componentes de tendência linear. Uma delas está baseada na equação

FIGURA 2.7

Demanda (média) da família Piquet do Jogo *LSSP_PCP1*.

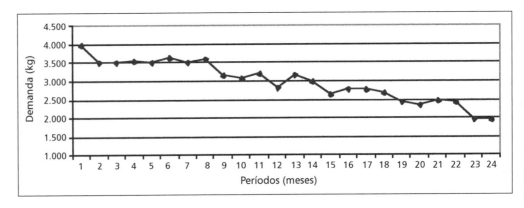

linear como forma de previsão, e a outra está baseada no ajustamento exponencial para se obter o componente de tendência.

Equação linear para a tendência

Uma equação linear possui o formato da equação 2.3.

$$Y = a + bX \qquad (2.3)$$

Onde:
Y = previsão da demanda para o período X;
a = ordenada à origem, ou intercessão no eixo dos Y;
b = coeficiente angular;
X = período (partindo de X = 0) para previsão.

Empregando-se os dados históricos da demanda, os coeficientes b e a podem ser obtidos através das equações 2.4 e 2.5, respectivamente.

$$b = \frac{n(\Sigma XY) - (\Sigma X)(\Sigma Y)}{n(\Sigma X^2) - (\Sigma X)^2} \qquad (2.4)$$

$$a = \frac{\Sigma Y - b(\Sigma X)}{n} \qquad (2.5)$$

Onde:
n = número de períodos observados.

Exemplo 2.3: Como exemplo da obtenção da equação linear para a tendência, há na Tabela 2.3 os resultados dos somatórios necessários para o cálculo de b e de a quando aplicados à demanda (média) da família Piquet do Jogo *LSSP_PCP1*, ilustrada na Figura 2.7.

TABELA 2.3

Dados do Exemplo 2.3.

Período X	D. Real Y	X²	X.Y
1	3.973	1	3.973
2	3.531	4	7.062
3	3.523	9	10.569
4	3.551	16	14.204
5	3.524	25	17.620
6	3.632	36	21.792
7	3.525	49	24.675
8	3.620	64	28.960
9	3.159	81	28.431
10	3.084	100	30.840
11	3.204	121	35.244
12	2.826	144	33.912
13	3.188	169	41.444
14	2.991	196	41.874
15	2.633	225	39.495

(continua)

(continuação)

Período X	D. Real Y	X²	X.Y
16	2.792	256	44.672
17	2.779	289	47.243
18	2.687	324	48.366
19	2.457	361	46.683
20	2.361	400	47.220
21	2.474	441	51.954
22	2.428	484	53.416
23	1.965	529	45.195
24	1.949	576	46.776
Somatórios			
300	71.856	4.900	811.620

Empregando as equações (2.4) e (2.5) obtém-se:

$$b = [(24 \times 811.620) - (300 \times 71.856)] / [(24 \times 4.900) - (300 \times 300)] = -75{,}2870$$
$$a = [71.856 - (-75{,}2870 \times 300)] / 24 = 3.935$$

Logo, a equação de previsão da demanda é: Y = 3.935 − 75,2870 X. Esta equação pode ser rapidamente obtida se gerando um gráfico dos dados históricos da demanda no *software* Excel e adicionando a linha de tendência aos dados do gráfico. O valor de R^2 (coeficiente de determinação) também pode ser obtido. Quanto mais próximo de 1 for o seu valor, mais aderente aos dados históricos está a equação de previsão. Nesse exemplo ele é de 0,9199.

Substituindo os valores de X na equação de previsão obtém-se a previsão da demanda para a série histórica da demanda, conforme apresentado na Tabela 2.4. Pode-se notar pela tabela que o erro acumulado é de zero.

TABELA 2.4

Demanda prevista pela equação linear.

	Equação Linear		
Período	D. Real	D. Prev.	Erro
1	3.973	3.860	113
2	3.531	3.785	-254
3	3.523	3.709	-186
4	3.551	3.634	-83
5	3.524	3.559	-35
6	3.632	3.483	149
7	3.525	3.408	117
8	3.620	3.333	287
9	3.159	3.258	-99
10	3.084	3.182	-98
11	3.204	3.107	97
12	2.826	3.032	-206
13	3.188	2.956	232

(continua)

(continuação)

Equação Linear			
Período	D. Real	D. Prev.	Erro
14	2.991	2.881	110
15	2.633	2.806	-173
16	2.792	2.730	62
17	2.779	2.655	124
18	2.687	2.580	107
19	2.457	2.505	-48
20	2.361	2.429	-68
21	2.474	2.354	120
22	2.428	2.279	149
23	1.965	2.203	-238
24	1.949	2.128	-179
Erro Acumulado			0
MAD			247

A Figura 2.8 ajuda a ilustrar este exemplo. Nela estão representados os dados da demanda real e da reta de previsão. A previsão para os períodos futuros é obtida substituindo o valor de X na equação pelos valores correspondentes. Por exemplo, para o período 25 seria de 2.053 kg (3.935 – 75,2870 × 25).

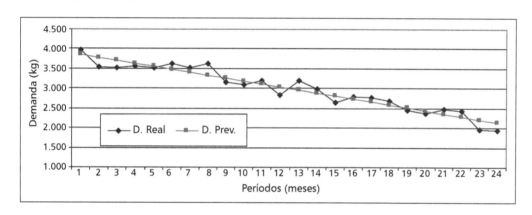

FIGURA 2.8

Demandas real e prevista pela equação linear para a tendência.

Ajustamento exponencial para a tendência

Uma variação da técnica da média exponencial móvel, chamada de ajustamento exponencial para a tendência ou duplo ajustamento, pode ser empregada para tratar demandas que apresentem tendência. Conforme visto anteriormente, a média exponencial móvel tem sua aplicabilidade na previsão de dados médios de demanda com pequenas variações. Caso a demanda apresente tendência, a média exponencial móvel demorará a reagir a esta tendência, fazendo com que os dados resultantes da previsão fiquem abaixo, no caso de tendência de alta, da demanda real, e vice-versa.

O ajustamento exponencial para a tendência consiste em fazer a previsão baseada em dois fatores: a previsão da média exponencial móvel da demanda e uma estimativa exponencial da tendência. As equações 2.6, 2.7 e 2.8 definem estes elementos.

$$P_{t+1} = M_t + T_t \quad (2.6)$$

Sendo que:

$$M_t = P_t + \alpha_1 (D_t - P_t) \quad (2.7)$$

$$T_t = T_{t-1} + \alpha_2 ((P_t - P_{t-1}) - T_{t-1}) \quad (2.8)$$

Onde:
P_{t+1} = previsão da demanda para o período $t + 1$;
P_t = previsão da demanda para o período t;
P_{t-1} = previsão da demanda para o período $t - 1$;
M_t = previsão da média exponencial móvel da demanda para o período t;
T_t = previsão da tendência exponencial móvel para o período t;
T_{t-1} = previsão da tendência para o período $t - 1$;
α_1 = coeficiente de ponderação da média;
α_2 = coeficiente de ponderação da tendência;
D_t = demanda do período t.

Para desenvolver a previsão da demanda baseada nesse método, devem-se estabelecer os valores dos coeficientes de ponderação que corrigirão os erros de previsão. Conforme já foi colocado com relação à média exponencial móvel, quanto maiores os coeficientes, que devem ficar entre 0 e 1, mais rapidamente as previsões assumirão as novas tendências. Por outro lado, quanto menores os coeficientes, menor será a influência de valores extraordinários. Como dito, os pacotes computacionais que trabalham com esses modelos incluem simulações para ajustar o nível dos coeficientes de maneira a reduzir o erro de previsão.

Exemplo 2.4: Como exemplo da obtenção da equação do ajustamento exponencial para a tendência, tem-se na Tabela 2.5 o cálculo da previsão da média exponencial móvel com α de 0,70 e da previsão da tendência exponencial móvel com α de 0,30, aplicados à demanda (média) da família Piquet do Jogo *LSSP_PCP1*, ilustrada na Figura 2.7.

TABELA 2.5

Dados do Exemplo 2.4.

Período t	Demanda D	M_t α = 0,70	T_t α = 0,30	Previsão P_{t+1}	Erro
1	3.973				
2	3.531				
3	3.523	3.523	-225	3.298	
4	3.551	3.475	-225	3.250	253
5	3.524	3.442	-172	3.270	274
6	3.632	3.523	-114	3.409	362
7	3.525	3.490	-38	3.452	116
8	3.620	3.570	-14	3.556	168
9	3.159	3.278	21	3.299	-397
10	3.084	3.149	-62	3.087	-215
11	3.204	3.169	-107	3.062	117
12	2.826	2.897	-83	2.814	-236
13	3.188	3.076	-132	2.944	374

(continua)

(continuação)

		Ajustamento Exponencial para Tendência			
Período t	**Demanda D**	M_t $\alpha=0{,}70$	T_t $\alpha=0{,}30$	**Previsão P_{t+1}**	**Erro**
14	2.991	2.977	-53	2.923	47
15	2.633	2.720	-44	2.677	-290
16	2.792	2.757	-105	2.653	115
17	2.779	2.741	-80	2.661	126
18	2.687	2.679	-54	2.625	26
19	2.457	2.507	-48	2.459	-168
20	2.361	2.390	-84	2.307	-98
21	2.474	2.424	-104	2.320	167
22	2.428	2.395	-69	2.326	108
23	1.965	2.073	-46	2.027	-361
24	1.949				-78
Erro Acumulado					411
MAD					195

A Figura 2.9 apresenta a demanda real e a demanda prevista pela técnica de ajustamento exponencial para a tendência com os parâmetros da Tabela 2.5. Essa técnica de previsão, como a média móvel e a média exponencial móvel, está limitada a fornecer apenas a previsão para o período imediatamente posterior ao erro gerado pela última previsão, limitando sua aplicação para situações de programações de curto prazo.

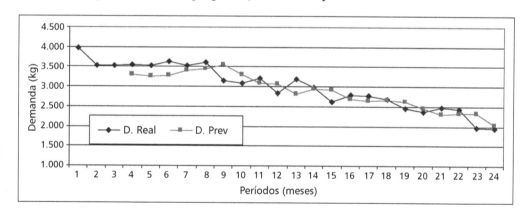

FIGURA 2.9

Demandas real e prevista pelo ajustamento exponencial para a tendência.

Técnicas para previsão da sazonalidade

A sazonalidade caracteriza-se pela ocorrência de variações, para cima e para baixo, a intervalos regulares nas séries temporais da demanda. Deve existir uma razão plausível para a ocorrência, e posterior repetição, dessas variações. O período de ocorrência da sazonalidade pode ser anual (por exemplo, a demanda por ar-condicionado), mensal (por exemplo, atendimento bancário no final do mês), semanal (por exemplo, aumento do número de atendimentos em um restaurante no final de semana), ou até diário (por exemplo, o fluxo de veículos no horário do *rush*).

Objetivo de aprendizagem 6:
Identificar o período sazonal e montar uma previsão.

A sazonalidade é expressa em termos de uma quantidade, ou de uma percentagem, da demanda que se desvia dos valores médios da série. Caso exista tendência, ela deve ser considerada. O valor aplicado sobre a média, ou a tendência, é conhecido como índice de sazonalidade (IS).

A forma mais simples de considerar a sazonalidade nas previsões da demanda consiste em empregar o último dado da demanda, no período sazonal em questão, e assumi-lo como previsão. Por exemplo, a demanda por casacos em julho deste ano seria igual à demanda de julho do ano passado. Se existir tendência, ela deverá ser adicionada, ou retirada, do valor obtido. Porém, a forma mais usual de inclusão da sazonalidade nas previsões da demanda consiste em obter o índice de sazonalidade para os diversos períodos, empregando a média móvel centrada, e aplicá-los sobre o valor médio (ou tendência) previsto para o período em questão.

Serão utilizadas, para exemplificar as técnicas de previsão da sazonalidade, as séries de demandas para 24 períodos ilustradas na Figura 2.10. Como pode ser visto nessa figura, a série denominada D. Real 1 possui apenas sazonalidade com um ciclo de nove períodos, enquanto a série D. Real 2, obtida no Jogo *LSSP_PCP1* para a demanda média da família Maxim apresenta sazonalidade com um ciclo de seis períodos com tendência crescente. As técnicas para prever essas duas variações de sazonalidade serão discutidas a seguir.

FIGURA 2.10

Demandas com sazonalidade.

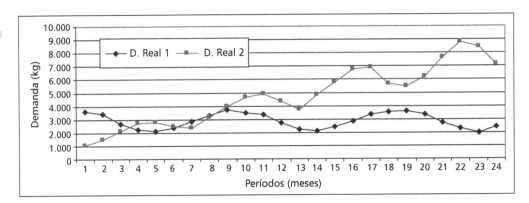

PARA REFLETIR

A sazonalidade na demanda é uma oportunidade de vendas ou um problema de produção?

Depende. Se seu sistema produtivo é flexível, ou seja, com baixos *setups*, você pode alterar o *mix* de produção, para na primavera/verão produzir mais sorvete, ou meia malha, por exemplo, e no outono/inverno partir para um aumento na produção de chocolate, ou de moletom. Neste caso, a sazonalidade é uma oportunidade de incrementar as vendas. Agora, se seus equipamentos são de grande porte, a matéria-prima negociada sem parceria com os fornecedores e os colaboradores com contratos sem jornada flexível e participação nos lucros, ter que aumentar/diminuir a produção em determinados períodos do ano, ou do mês, é um problema para a produção das empresas, pois isto envolve aumento de custos. Em geral, neste caso, se faz uma previsão da demanda sazonal com bastante antecedência e se começa a produção com antecedência, aumentando o nível dos estoques (lembrem-se, os estoques são a origem dos desperdícios de Shingo) para atender ao período de pico da demanda. Não raro, em função dos erros inerentes a qualquer previsão, no pico do consumo não estamos mais produzindo o item, visto que os estoques já são suficientes para atender a demanda. Pense nisto quando comprar seu "coelhinho" da páscoa. Veja a data de produção na embalagem, e saiba se a empresa que o produziu é flexível ou não.

Sazonalidade simples

No caso da sazonalidade simples, a técnica de previsão consiste em obter o índice de sazonalidade para cada um dos períodos da série e aplicá-lo em cima da previsão da média em cada um desses períodos. O índice de sazonalidade é obtido dividindo-se o valor da demanda no período pela média móvel centrada neste período. O período empregado para o cálculo da média móvel é o ciclo da sazonalidade. Quando se dispõe de dados suficientes, calculam-se vários índices para cada período e tira-se uma média.

Exemplo 2.5: Como exemplo para a obtenção da previsão da sazonalidade simples tem-se na Tabela 2.6 os dados da série D. Real 1 de demanda ilustrada na Figura 2.10. Nesse caso, o ciclo de sazonalidade é de nove períodos. Na Tabela 2.6, a média móvel centrada para o período 5 e seu respectivo índice de sazonalidade foram obtidos da seguinte forma:

$$MMC_5 = (3.600 + 3.416 + 2.682 + 2.250 + 2.107 + 2.352 + 2.841 + 3.322 + 3.720) / 9 = 2.921 \text{ kg}$$

$$IS_5 = 2.107 / 2.921 = 0{,}7213$$

TABELA 2.6

Dados do Exemplo 2.5.

Período	Índice de Sazonalidade		
	D. Real	MMC	IS
1	3.600		
2	3.416		
3	2.682		
4	2.250		
5	2.107	2.921	0,7213
6	2.352	2.906	0,8093
7	2.841	2.899	0,9798
8	3.322	2.906	1,1432
9	3.720	2.906	1,2800
10	3.468	2.904	1,1942
11	3.349	2.909	1,1511
12	2.745	2.910	0,9432
13	2.254	2.913	0,7737
14	2.086	2.896	0,7204
15	2.400	2.908	0,8254
16	2.850	2.909	0,9798
17	3.344	2.909	1,1496
18	3.564	2.917	1,2219
19	3.576	2.903	1,2320
20	3.360	2.903	1,1576
21	2.745		
22	2.325		
23	1.960		
24	2.400		
Demanda Média		2.907	

A demanda média, de 2.907 kg, para essa série de dados foi obtida a partir de uma média dos valores levantados para as médias móveis centradas. Como se têm dois índices para os períodos de sazonalidade, com exceção dos períodos 3 e 4, o cálculo do índice de sazonalidade para esses períodos do ciclo é obtido a partir da média dos índices encontrados, conforme apresentado na Tabela 2.7. Nesse caso, por exemplo, o índice médio do primeiro período sazonal foi calculado como:

$$IS_1 = (1{,}1942 + 1{,}2320) / 2 = 1{,}2131$$

TABELA 2.7

Índices de sazonalidade médios do Exemplo 2.5.

IS Médio	
IS_1	1,2131
IS_2	1,1543
IS_3	0,9432
IS_4	0,7737
IS_5	0,7209
IS_6	0,8174
IS_7	0,9798
IS_8	1,1464
IS_9	1,2510

Obtidos os índices de sazonalidade para os nove períodos do ciclo sazonal da série, a previsão da demanda com sazonalidade simples consiste em reaplicar o índice sazonal do período a ser previsto sobre a demanda média, conforme apresentado na Tabela 2.8 para os dados da série do Exemplo 2.5. Por exemplo, no primeiro período, a demanda prevista é obtida como:

$$D.\ Prev\ 1 = 2.907 + 2.907\ (1,2131 - 1) = 3.527\ kg$$

A Figura 2.11 ilustra de forma gráfica essas duas séries de dados. Os erros encontrados são decorrentes das variações randômicas, considerados normais em séries temporais.

FIGURA 2.11

Demandas real e prevista pelo índice de sazonalidade.

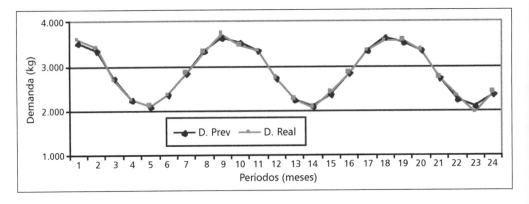

Sazonalidade com tendência

No caso de a demanda apresentar sazonalidade com tendência, como a série D. Real 2, obtida no Jogo *LSSP_PCP1* para a demanda média da família Maxim, apresentada na Figura 2.10, há necessidade de incorporar essas duas características no modelo de previsão. Para se fazer isto, devem-se empregar os seguintes passos:

- primeiro, obter os índices de sazonalidade através da média móvel centrada;
- retirar o componente de sazonalidade da série de dados históricos, dividindo-os pelos correspondentes índices de sazonalidade;
- com esses dados, desenvolver uma equação que represente o componente de tendência;
- com a equação da tendência, fazer a previsão da demanda e multiplicá-la pelo índice de sazonalidade.

TABELA 2.8

Cálculo da previsão da demanda do Exemplo 2.5.

\multicolumn{6}{c	}{Sazonalidade Simples}
\multicolumn{6}{c	}{D. Prev. = D. Média + D. Média (IS − 1)}
Período	D. Média	IS	D. Prev	D. Real	Erro
1	2.907	1,2131	3.527	3.600	73
2	2.907	1,1543	3.356	3.416	60
3	2.907	0,9432	2.742	2.682	-60
4	2.907	0,7737	2.250	2.250	0
5	2.907	0,7209	2.096	2.107	11
6	2.907	0,8174	2.376	2.352	-24
7	2.907	0,9798	2.849	2.841	-8
8	2.907	1,1464	3.333	3.322	-11
9	2.907	1,2510	3.637	3.720	83
10	2.907	1,2131	3.527	3.468	-59
11	2.907	1,1543	3.356	3.349	-7
12	2.907	0,9432	2.742	2.745	3
13	2.907	0,7737	2.250	2.254	4
14	2.907	0,7209	2.096	2.086	-10
15	2.907	0,8174	2.376	2.400	24
16	2.907	0,9798	2.849	2.850	1
17	2.907	1,1464	3.333	3.344	11
18	2.907	1,2510	3.637	3.564	-73
19	2.907	1,2131	3.527	3.576	49
20	2.907	1,1543	3.356	3.360	4
21	2.907	0,9432	2.742	2.745	3
22	2.907	0,7737	2.250	2.325	75
23	2.907	0,7209	2.096	1.960	-136
24	2.907	0,8174	2.376	2.400	24
Erro Acumulado					38
MAD					34

Exemplo 2.6: Como exemplo para a obtenção da previsão da sazonalidade com tendência há na Tabela 2.9 os dados da série D. Real 2 de demanda ilustrada na Figura 2.10. Nesse caso, o ciclo de sazonalidade é de seis períodos e quando o ciclo da sazonalidade for um número par, com o centro dos dados caindo no meio de um período, primeiro se calculam as médias móveis centradas no meio dos períodos (MMC½) e, a seguir, se corrigem esses valores para que coincidam com os períodos analisados, fazendo a média de dois valores descentrados. Por exemplo, a média móvel centrada para o período 4 e seu respectivo índice de sazonalidade foram obtidos da seguinte forma:

$$MMC_{3,5} = (1.083 + 1.460 + 2.109 + 2.717 + 2.801 + 2.503) / 6 = 2.112 \text{ kg}$$

$$MMC_{4,5} = (1.460 + 2.109 + 2.717 + 2.801 + 2.503 + 2.381) / 6 = 2.329 \text{ kg}$$

$$MMC_4 = (2.112 + 2.329) / 2 = 2.220 \text{ kg}$$

$$IS_4 = 2.717 / 2.220 = 1,2237$$

Como se têm três índices para cada período de sazonalidade, o cálculo do índice de sazonalidade para esses períodos do ciclo é obtido a partir da média dos índices encontrados, conforme apresentado na Tabela 2.10. Nesse caso, por exemplo, o índice médio do primeiro período sazonal foi calculado como:

$$IS_1 = (0{,}7727 + 0{,}7660 + 0{,}8299) / 3 = 0{,}7895$$

TABELA 2.9

Dados do Exemplo 2.6.

		Índice de Sazonalidade		
Período	D. Real	MMC½	MMC	IS
1	1.083			
2	1.460			
3	2.109			
		2.112		
4	2.717		2.220	1,2237
		2.329		
5	2.801		2.470	1,1342
		2.611		
6	2.503		2.766	0,9050
		2.921		
7	2.381		3.081	0,7727
		3.242		
8	3.154		3.416	0,9233
		3.590		
9	3.969		3.743	1,0604
		3.896		
10	4.642		4.009	1,1578
		4.123		
11	4.892		4.263	1,1475
		4.404		
12	4.338		4.557	0,9520
		4.710		
13	3.742		4.885	0,7660
		5.061		
14	4.839		5.226	0,9259
		5.392		
15	5.805		5.504	1,0547
		5.616		
16	6.747		5.761	1,1711
		5.907		
17	6.880		6.020	1,1429
		6.133		
18	5.683		6.286	0,9041
		6.439		
19	5.487		6.612	0,8299
		6.785		

(continua)

(continuação)

Índice de Sazonalidade				
Período	D. Real	MMC½	MMC	IS
20	6.194		6.917	0,8955
		7.049		
21	7.642		7.171	1,0657
		7.292		
22	8.821			
23	8.469			
24	7.139			

TABELA 2.10

Índices de sazonalidade médios do Exemplo 2.6.

IS Médio	
IS_1	0,7895
IS_2	0,9149
IS_3	1,0603
IS_4	1,1842
IS_5	1,1415
IS_6	0,9204

Obtidos os índices de sazonalidade para os seis períodos do ciclo sazonal da série, o próximo passo consiste em retirar a sazonalidade desses dados para se obterem os valores da tendência da demanda. A Tabela 2.11 apresenta esses valores. Por exemplo, a tendência para o primeiro período de 1.372 kg é obtida dividindo-se 1.083 kg por 0,7895.

TABELA 2.11

Cálculo da tendência do Exemplo 2.6.

Cálculo da Tendência			
Período	D. Real	IS	Tend.
1	1.083	0,7895	1.372
2	1.460	0,9149	1.596
3	2.109	1,0603	1.989
4	2.717	1,1842	2.294
5	2.801	1,1415	2.454
6	2.503	0,9204	2.720
7	2.381	0,7895	3.016
8	3.154	0,9149	3.447
9	3.969	1,0603	3.743
10	4.642	1,1842	3.920
11	4.892	1,1415	4.286
12	4.338	0,9204	4.713
13	3.742	0,7895	4.739

(continua)

(continuação)

Cálculo da Tendência			
Período	D. Real	IS	Tend.
14	4.839	0,9149	5.289
15	5.805	1,0603	5.475
16	6.747	1,1842	5.698
17	6.880	1,1415	6.027
18	5.683	0,9204	6.175
19	5.487	0,7895	6.950
20	6.194	0,9149	6.770
21	7.642	1,0603	7.208
22	8.821	1,1842	7.449
23	8.469	1,1415	7.419
24	7.139	0,9204	7.757

De posse dos valores da tendência da demanda nesses 24 períodos, chega-se a uma equação para a mesma, que nesse caso é linear (Y = 286,35 X + 1.108,3), conforme se pode ver na Figura 2.12. A equação da tendência pode ser obtida aplicando as equações 2.3, 2.4 e 2.5, como no Exemplo 2.3, ou, ainda, utilizando as facilidades do *software* Excel, onde também é fornecido o valor de R^2 como 0,9923, mostrando uma grande aderência entre os dados reais e a reta de previsão.

FIGURA 2.12

Reta de tendência e equação do Exemplo 2.6.

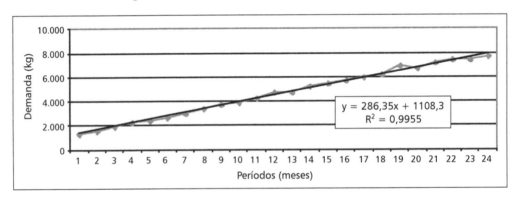

Finalmente, tendo-se chegado à equação da tendência, a previsão da demanda consiste em reaplicar o índice sazonal do período a ser previsto sobre a previsão da tendência nesse período, conforme apresentado na Tabela 2.12 e ilustrado na Figura 2.13 para os dados da série do Exemplo 2.6. Nesse caso, por exemplo, a demanda prevista para o primeiro período foi calculada como:

D. Prev. 1 = 1.395 + (1.395 × (0,7895 − 1)) = 1.101 kg

FIGURA 2.13

Demandas real e prevista pelo índice de sazonalidade com tendência.

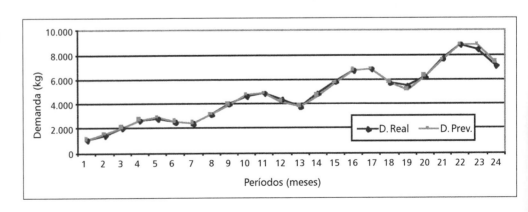

TABELA 2.12

Cálculo da previsão da demanda do Exemplo 2.6.

Período	Tend.	IS	D. Prev.	D. Real	Erro
\multicolumn{6}{c}{Sazonalidade com Tendência}

Período	Tend.	IS	D. Prev.	D. Real	Erro
1	1.395	0,7895	1.101	1.083	-18
2	1.681	0,9149	1.538	1.460	-78
3	1.967	1,0603	2.086	2.109	23
4	2.254	1,1842	2.669	2.717	48
5	2.540	1,1415	2.900	2.801	-99
6	2.826	0,9204	2.601	2.503	-98
7	3.113	0,7895	2.458	2.381	-77
8	3.399	0,9149	3.110	3.154	44
9	3.685	1,0603	3.908	3.969	61
10	3.972	1,1842	4.703	4.642	-61
11	4.258	1,1415	4.861	4.892	31
12	4.545	0,9204	4.183	4.338	155
13	4.831	0,7895	3.814	3.742	-72
14	5.117	0,9149	4.682	4.839	157
15	5.404	1,0603	5.729	5.805	76
16	5.690	1,1842	6.738	6.747	9
17	5.976	1,1415	6.822	6.880	58
18	6.263	0,9204	5.764	5.683	-81
19	6.549	0,7895	5.171	5.487	316
20	6.835	0,9149	6.254	6.194	-60
21	7.122	1,0603	7.551	7.642	91
22	7.408	1,1842	8.772	8.821	49
23	7.694	1,1415	8.783	8.469	-314
24	7.981	0,9204	7.345	7.139	-206
Erro Acumulado					-44
MAD					113

D. Prev. = Tend. + (Tend. × (IS − 1))

E as demandas previstas para os períodos 25 e 26 seriam:

D. Prev. 25 = [(286,35 × 25) + 1.108,3] + ([(286,35 × 25) + 1.108,3] × (0,7895 − 1)) = 6.527 kg

D. Prev. 26 = [(286,35 × 26) + 1.108,3] + ([(286,35 × 26) + 1.108,3] × (0,9149 − 1)) = 7.826 kg

2.4 Previsões baseadas em correlações

As previsões baseadas em correlações, ao contrário das previsões anteriormente vistas, que relacionam a demanda de um produto com a demanda passada deste produto, buscam prever a demanda de determinado produto com base na previsão de outra variável que esteja relacionada com o produto. Por exemplo, a demanda de sabão em pó pode estar relacionada com as vendas de máquinas de lavar roupa, ou, ainda, a demanda por vidros planos pode estar relacionada com o número de novas residências em construção. Algumas variáveis

■ **Objetivo de aprendizagem 7:**
Correlacionar variáveis para previsão da demanda.

podem ser internas da própria empresa, como, por exemplo, o número de serviços de revisões de motores está relacionado ao número de veículos vendidos pela concessionária.

O objetivo das previsões baseadas em correlações consiste em estabelecer uma equação que identifique o efeito da variável de previsão sobre a demanda do produto em análise. Neste caso, dois tipos de dados precisam ser levantados: o histórico da demanda do produto em questão (variável dependente) e o histórico da variável de previsão (variável independente). Com estes dados, através da técnica conhecida como regressão, pode-se estabelecer essa equação matemática.

Quando a correlação entre as variáveis leva a uma equação linear, ela é conhecida como regressão linear. Quando leva a uma equação curvilínea, chama-se regressão não linear. No caso de apenas duas variáveis estarem envolvidas, chama-se de regressão simples. Já quando se trata de mais do que duas variáveis, chama-se de regressão múltipla. Neste livro será apresentado o caso mais simples, e mais comum de ocorrer, que é a regressão linear simples.

O objetivo da regressão linear simples consiste em encontrar uma equação linear de previsão, do tipo $Y = a + bX$ (onde Y é a variável dependente a ser prevista e X a variável independente da previsão), de forma que a soma dos quadrados dos erros de previsão (β) seja a mínima possível. Este método também é conhecido como "regressão dos mínimos quadrados". A Figura 2.14 ilustra esta situação.

FIGURA 2.14

Mínimos quadrados.

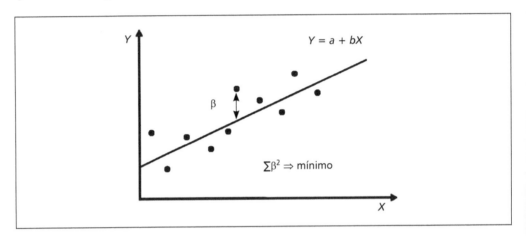

A equação linear já foi apresentada na previsão da tendência, sendo que agora as variáveis assumem outros significados:

$$Y = a + bX \qquad (2.3)$$

Onde:
Y = previsão da demanda para o item dependente;
a = ordenada à origem, ou intersecção no eixo dos Y;
b = coeficiente angular;
X = valor da variável independente.

E os coeficientes a e b podem ser obtidos das equações já apresentadas:

$$b = \frac{n(\Sigma XY) - (\Sigma X)(\Sigma Y)}{n(\Sigma X^2) - (\Sigma X)^2} \qquad (2.4)$$

$$a = \frac{\Sigma Y - b(\Sigma X)}{n} \qquad (2.5)$$

Onde:
n = número de pares XY observados.

Exemplo 2.7: Uma cadeia de *fast food* verificou que as vendas mensais de refeições em suas 13 casas estão relacionadas ao número de alunos matriculados em escolas situadas num raio de 2 km em torno da casa. Os dados referentes às vendas mensais e número de alunos matriculados num raio de 2 km das 13 casas da cadeia estão apresentados na Tabela 2.13. A empresa pretende instalar uma nova casa numa região onde o número de alunos é de 13.750. Qual a previsão da demanda para esta nova casa?

Substituindo os valores nas equações 2.4 e 2.5 correspondentes, tem-se:

$b = [(13 \times 5.224.860.000) - (143.100 \times 450.710)] / [(13 \times 1.663.370.000) - (143.100 \times 143.100)] = 2,99$

$a = [450.710 - (2,99 \times 143.100)] / 13 = 1.757$

Logo, a reta de previsão fica sendo: $Y = 1.757 + 2,99\,X$

TABELA 2.13

Dados do Exemplo 2.7.

n	Vendas por Casa Y	Número de Alunos X	X^2	Y^2	X.Y
1	31.560	10.000	100.000.000	996.033.600	315.600.000
2	38.000	12.000	144.000.000	1.444.000.000	456.000.000
3	25.250	8.000	64.000.000	637.562.500	202.000.000
4	47.200	15.000	225.000.000	2.227.840.000	708.000.000
5	22.000	6.500	42.250.000	484.000.000	143.000.000
6	34.200	11.000	121.000.000	1.169.640.000	376.200.000
7	45.100	14.500	210.250.000	2.034.010.000	653.950.000
8	32.300	10.100	102.010.000	1.043.290.000	326.230.000
9	29.000	9.200	84.640.000	841.000.000	266.800.000
10	40.900	13.400	179.560.000	1.672.810.000	548.060.000
11	40.000	12.700	161.290.000	1.600.000.000	508.000.000
12	24.200	7.600	57.760.000	585.640.000	183.920.000
13	41.000	13.100	171.610.000	1.681.000.000	537.100.000
Somatório					
	450.710	143.100	1.663.370.000	16.416.826.100	5.224.860.000

Para um número de alunos de 13.750, a demanda prevista de refeições é de:

$Y = 1.757 + 2,99 \times 13.750 = 42.869$ refeições.

A Figura 2.15 ilustra esta situação, mostrando a correlação entre refeições e número de alunos, bem como a reta de previsão.

Pode-se medir a existência de correlação entre duas variáveis através do coeficiente de correlação de Pearson (r). O valor de r é obtido pela seguinte fórmula:

$$r = \frac{n(\Sigma XY) - (\Sigma X)(\Sigma Y)}{\sqrt{n(\Sigma X^2) - (\Sigma X)^2} \cdot \sqrt{n(\Sigma Y^2) - (\Sigma Y)^2}} \qquad (2.9)$$

O valor de r varia de +1 a −1. Quando r estiver próximo de +1, uma mudança em uma variável corresponde a uma mudança no mesmo sentido na outra variável. Quando r estiver próximo de −1, uma mudança em uma variável corresponde a uma mudança no sentido oposto na outra variável. Se r estiver perto de zero, não existe correlação entre as variáveis analisadas. Conforme se pode notar na Figura 2.15, o número de alunos possui uma alta correlação com o número de refeições. Isto pode ser confirmado aplicando-se a equação 2.9.

$$r = \frac{13 \cdot (5224{,}86) - (143{,}10) \cdot (450{,}71)}{\sqrt{13 \cdot (1663{,}37) - (143{,}10)^2} \cdot \sqrt{13 \cdot (16416{,}82) - (450{,}71)^2}} = +0{,}99$$

FIGURA 2.15

Correlação entre alunos e vendas.

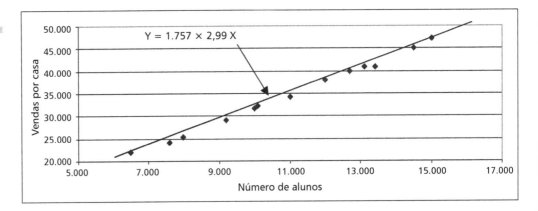

Nem sempre a correlação entre as variáveis ocorre no mesmo período. Em alguns casos, as alterações na variável de previsão antecedem as variações na demanda a ser prevista, permitindo que a previsão da demanda seja feita com base nos dados reais da variável de previsão. Em outros casos, as variações na variável de previsão são retardadas em relação às variações na demanda a ser prevista, o que gera a necessidade de se prever inicialmente o valor da variável de previsão, para só então empregar esse valor na previsão da demanda.

2.5 Manutenção e monitoração do modelo

Uma vez decidida a técnica de previsão e implantado o modelo, há necessidade de acompanhar o desempenho das previsões e confirmar sua validade perante a dinâmica atual dos dados. É necessário manter um modelo atualizado de previsão e monitorar esse modelo para que se tenham sempre previsões confiáveis da demanda. Esta monitoração é realizada pelo cálculo e acompanhamento do erro da previsão, que é a diferença que ocorre entre o valor real da demanda e o valor previsto pelo modelo para dado período. A manutenção e monitoração do modelo de previsão busca:

- verificar a acuracidade dos valores previstos;
- identificar, isolar e corrigir variações anormais;
- permitir a escolha de técnicas, ou parâmetros, mais eficientes.

Objetivo de aprendizagem 8: Manter e monitorar um modelo de previsão da demanda.

Uma forma de acompanhar o desempenho do modelo consiste em verificar o comportamento do erro acumulado, que deve tender a zero, pois se espera que o modelo de previsão gere, aleatoriamente, valores acima e abaixo dos reais, devendo assim se anular.

Por outro lado, considerando que o modelo de previsão da demanda é um processo que gera resultados mensuráveis (demanda prevista) com desvios (erro) do padrão esperado (demanda real), pode-se aplicar também o Controle Estatístico de Processos (CEP) como uma ferramenta mais apurada de monitoração do modelo de previsão da demanda, sendo que os limites superior e inferior do gráfico de controle, normalmente, correspondem a quatro *MAD* (*Mean Absolute Deviation*), que equivalem a três desvios-padrão, para cima ou para baixo. A fórmula para o cálculo do valor do *MAD* é:

$$MAD = \frac{\Sigma |D_{atual} - D_{prevista}|}{n} \quad (2.10)$$

Onde:
D_{atual} = demanda ocorrida no período;
$D_{prevista}$ = demanda prevista no período;
n = número de períodos.

A cada nova previsão, o erro deverá ser plotado no gráfico de controle, e caso exceda esses limites, ações corretivas deverão ser tomadas. Um exemplo deste gráfico de controle, para os dados da Tabela 2.12, pode ser visto na Figura 2.16. Nesse caso, constata-se que o modelo de previsão está sobre controle, uma vez que seus erros estão contidos dentro da faixa de – 452 kg a 452 kg. Além do que os erros estão bem distribuídos, acima e abaixo da meta, gerando um somatório de – 44 kg.

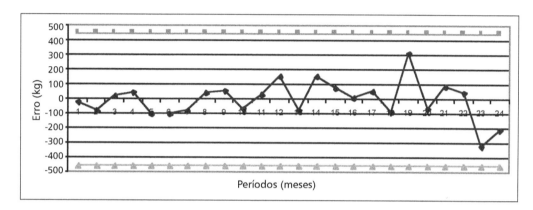

FIGURA 2.16

Gráfico de controle para o erro de previsão.

O valor do erro de previsão servirá de base para o planejamento e dimensionamento dos estoques de segurança do sistema de PCP, conforme será discutido no Capítulo 5, Programação da Produção.

De forma geral, uma série de fatores pode afetar o desempenho de um modelo de previsão, e os mais comuns são:

- a técnica de previsão pode estar sendo usada incorretamente, ou sendo mal interpretada;
- a técnica de previsão perdeu a validade devido à mudança em uma variável importante, ou devido ao aparecimento de uma nova variável;
- variações irregulares na demanda podem ter acontecido em função de greves, formação de estoques temporários, catástrofes naturais etc.;
- ações estratégicas da concorrência, afetando a demanda;
- variações aleatórias inerentes aos dados da demanda.

Um modelo de previsão para a demanda funciona adequadamente quando apenas os erros decorrentes de variações aleatórias ocorrem. Quando outros tipos de erros aparecem, eles devem ser investigados para identificar suas causas e corrigir o problema.

Estudo de Caso 1 – Previsão de Demanda

Objetivo: Com base no histórico da demanda das três famílias de malhas (Colmeia, Piquet e Maxim) fornecido na guia "Dados de Entrada" da planilha de "Excel Estudo_Caso_PCP_Vazia.xlsx", desenvolva um modelo de previsão da demanda para cada uma das famílias baseado em séries temporais (média, tendência e sazonalidade) conforme o método apresentado neste capítulo e ilustrado na planilha "Estudo_Caso_PCP_Exemplo.xlsx".

Passos sugeridos:

1. Analisar os dados do histórico da demanda fornecido na guia "Dados de Entrada" para os 36 períodos de cada família e montar um gráfico ilustrativo.
2. Selecionar pelo menos duas técnicas de previsão baseadas em séries temporais disponíveis no livro-texto mais adequadas para o histórico fornecido de cada família:
   a. para a demanda com sazonalidade utilizar apenas uma, a disponível no livro;
   b. para a tendência das demandas (coeficientes a e b) utilizar diretamente a fórmula fornecida pelo Excel a partir do gráfico;
3. Montar as tabelas correspondentes às técnicas de previsão escolhidas, conforme está no livro-texto, com o cálculo do erro acumulado e do MAD.
4. Acrescentar ao gráfico da demanda histórica as demandas obtidas com as fórmulas de previsão para cada família para os 36 períodos.
5. Montar um gráfico de controle do erro para monitoração de cada modelo de cada família, comparando os 36 períodos históricos com a previsão que seria obtida com a aplicação das fórmulas de previsão desenvolvidas.

Questões sugeridas:

1. Com base no gráfico do controle do erro, escolher e justificar a melhor técnica para cada família.
2. Fazer a previsão de cada família para os próximos 12 períodos (do 37 ao 48) e incluí-la no gráfico. Essas previsões serão utilizadas para os trabalhos subsequentes no decorrer dos capítulos.

RESUMO

O Capítulo 2 abordou a questão da previsão da demanda. Inicialmente foi proposto um modelo genérico de previsão e manutenção dos dados relativos à demanda, composto de cinco passos, a saber: objetivo, coleta e análise dos dados, seleção da técnica de previsão, obtenção das previsões e monitoramento do modelo. A seguir, as técnicas de previsão da demanda foram apresentadas e exemplificadas, com ênfase nas técnicas quantitativas. Subdividiram-se essas técnicas em técnicas baseadas em séries temporais e técnicas baseadas em correlações. Para as técnicas baseadas em séries temporais, foram apresentadas técnicas que tratam da média, da tendência e da sazonalidade dos dados. Completando este capítulo, foi discutida a manutenção e monitoração do modelo de previsão, baseado no erro acumulado de previsão e no valor do desvio médio absoluto.

EXERCÍCIOS

1. Em quais momentos o Planejamento e Controle da Produção utiliza as informações de previsão? Explique o que acontece nesses horizontes de planejamento.

2. Marque "V" se a sentença for VERDADEIRA e "F" se a sentença for FALSA.
( ) A responsabilidade pela preparação das previsões de demanda é normalmente atribuída ao setor de Marketing ou de Vendas.
( ) As técnicas de previsão evoluíram muito e permitem a geração de previsões exatas tanto para o médio quanto para o longo prazos.
( ) Em sistemas de produção contínuo, a demanda é mais difícil de ser prevista devido à grande instabilidade destes tipos de sistemas.
( ) Técnicas de previsão qualitativas privilegiam dados subjetivos; e as quantitativas, a análise numérica dos dados históricos.
( ) As técnicas de previsão baseadas em séries temporais correlacionam a demanda com variáveis que podem influenciá-la, como, por exemplo, o Produto Interno Bruto (PIB).
( ) Em um bom modelo de previsão, é possível notar apenas as variações aleatórias de demanda.

3. Relacione as atividades realizadas em um modelo de previsão de demanda com sua respectiva etapa conforme a Figura 2.1, considerando: (1) Objetivo do modelo; (2) Coleta e análise de dados; (3) Seleção da técnica de previsão; (4) Obtenção das previsões; (5) Monitoração do modelo.
( ) Avaliar questões de custo e acuracidade das possíveis técnicas de previsão.
( ) Atualizar parâmetros do modelo.
( ) Substituir variações extraordinárias no histórico de demanda por valores compatíveis com o comportamento esperado da demanda.
( ) Definir os produtos, ou famílias, e grau de acuracidade desejado nas previsões.
( ) Gerar dados futuros de demanda.

4. No gráfico da Figura 2.17 constam as curvas com os dados históricos de demanda de três produtos distintos de uma empresa. Faça uma análise visual dos dados, aponte as características das curvas temporais de cada produto e sugira quais técnicas baseadas em séries temporais poderiam ser aplicadas.

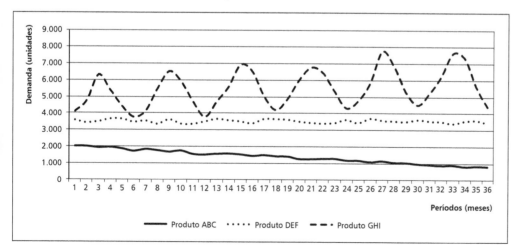

FIGURA 2.17

Gráfico de três demandas distintas.

Produto	Características	Possíveis técnicas aplicáveis
ABC		
DEF		
GHI		

ATIVIDADES PARA SALA DE AULA

Previsão da demanda e o planejamento do aeroporto de Hong Kong

Esta atividade tem por objetivo discutir o conteúdo teórico deste capítulo através de um caso prático da aplicação da previsão da demanda de tráfego aéreo para o planejamento do aeroporto de Hong Kong. Este caso é apresentado no vídeo "Air traffic demand forecast" disponibilizado no YouTube através do *link*: <https://youtu.be/N0HBUjzLCAw>.

Assista ao vídeo e discuta em sala de aula as questões a seguir, relacionando a teoria exposta neste capítulo com este caso de sucesso.

1. Para qual horizonte de planejamento são utilizadas as previsões de tráfego aéreo no aeroporto de Hong Kong? Qual o período de previsões utilizado, e a cada quanto tempo o planejamento é revisado?

2. Qual técnica quantitativa foi utilizada para a obtenção das previsões? Como foi escolhida esta técnica? Qual foi o período histórico analisado?

3. Quais fatores além do Produto Interno Bruto podem influenciar na demanda por tráfego de passageiros e carga no aeroporto de Hong Kong? Em sua opinião, o que deve ser alterado no modelo caso estes fatores realmente influenciem a demanda?

CAPÍTULO 3

Planejamento Estratégico da Produção

Objetivos de aprendizagem
Ao final deste capítulo, o aluno deverá ser capaz de:
1. Obter uma visão geral do planejamento estratégico.
2. Diferenciar missão de visão corporativa.
3. Definir áreas de negócios e estratégia corporativa.
4. Relacionar margem de lucro e volume de vendas com estratégia competitiva.
5. Identificar as três estratégias competitivas.
6. Compreender a diferença entre critérios qualificadores e ganhadores de pedido.
7. Descrever as nove áreas de decisão estratégica de um sistema produtivo.
8. Discutir quando a estratégia de produção é eficaz.
9. Montar e analisar um plano de produção.

1 INTRODUÇÃO

Este capítulo tem por objetivo apresentar os principais conceitos relacionados ao planejamento estratégico da produção, e a formalização deste planejamento através da elaboração do plano de produção. Esse plano servirá de referencial na empresa para os ajustes de longo prazo do sistema produtivo, no sentido de atender à demanda futura por bens ou serviços. Inicialmente, será descrita uma visão geral do planejamento estratégico inter-relacionando a missão/visão corporativa, a estratégia corporativa, a estratégia competitiva e a estratégia de produção. Dentro do planejamento estratégico, o foco será centrado na estratégia de produção com a montagem de um plano de produção que relacione as áreas de decisão do sistema produtivo com os critérios competitivos priorizados. Como forma de ilustrar esta dinâmica, o Jogo *LSSP_PCP1* é apresentado, e os dados de entrada para o plano de produção e sua montagem são discutidos.

A estratégia para uma guerra racional

A Arte da Guerra é um tratado militar escrito pelo estrategista conhecido como Sun Tzu durante o chamado período dos Estados Belicosos da antiga China, que durou do quinto ao terceiro século a.C. Com o colapso da antiga ordem da dinastia Chou, iniciou-se um período de desestabilização das relações entre os Estados, com uma guerra interminável entre os aspirantes à hegemonia em meio às alianças e oposições que sempre mudavam de posição. O tratado de Sun Tzu é composto por treze capítulos, cada qual abordando um aspecto da estratégia de guerra, de modo a compor um panorama de todos os eventos e estratégias que devem ser abordados em um combate **racional**. No tempo em que este clássico foi escrito, a guerra era um ritual sazonal com algumas regras mais ou menos estabelecidas. Por exemplo, estavam proibidas as hostilidades durante os meses das sementeiras e das colheitas, bem como no inverno, quando os camponeses semi-hibernavam nas suas cabanas de tijolos, sendo muito frio para se combater. Também era consenso que, no verão, por ser quente demais, se evitavam combates. Caso o senhor feudal morresse, cumpria-se um período de luto, e não de luta. Em combate, como no MMA atual, não era correto bater em homens velhos ou aplicar qualquer golpe a quem já estivesse ferido. O bom governante quando em guerra não massacrava cidades nem emboscava exércitos adversários. Também não valia dissimulação ou aproveitamento de qualquer oportunidade desleal.

2 CONCEITOS

O planejamento estratégico busca maximizar os resultados das operações e minimizar os riscos nas tomadas de decisões das empresas. Os impactos de suas decisões são de longo prazo e afetam a natureza e as características das empresas no sentido de garantir o atendimento de sua missão. Para efetuar um planejamento estratégico, a empresa deve entender os limites de suas forças e habilidades no relacionamento com o meio ambiente, de maneira a criar vantagens competitivas em relação à concorrência, aproveitando-se de todas as situações que lhe trouxerem ganhos. Em outras palavras, planejar estrategicamente consiste em gerar condições para que as empresas possam decidir rapidamente perante oportunidades e ameaças, otimizando suas vantagens competitivas em relação ao ambiente concorrencial onde atuam, garantindo sua perpetuação no tempo.

Objetivo de aprendizagem 1: Obter uma visão geral do planejamento estratégico.

Com base na definição da missão/visão corporativa, existem três níveis hierárquicos dentro de uma empresa onde se encontram estratégias de planejamento: o nível corporativo, o nível da unidade de negócios e o nível funcional. O nível corporativo define estratégias globais, a *estratégia corporativa*, apontando as áreas de negócios nas quais a empresa irá participar, e a organização e distribuição dos recursos para cada uma destas áreas ao longo do tempo, com decisões que não podem ser descentralizadas. O nível da unidade de negócios é uma subdivisão do nível corporativo, no caso de a empresa atuar com unidades de negócios semiautônomas. Cada unidade de negócios terá uma estratégia de negócios, também chamada de *estratégia competitiva*, definindo como o seu negócio compete no mercado, o desempenho esperado e as estratégias que deverão ser conduzidas pelas áreas operacionais para sustentar tal posição. O terceiro nível é o da *estratégia funcional*. Nesse nível, estarão associadas as políticas de operação das diversas áreas funcionais da empresa, consolidando as estratégias corporativa e competitiva. Esta relação de dependência pode ser visualizada na Figura 3.1.

Como resultados da definição de uma estratégia funcional são gerados os planos de ação dentro das três áreas básicas da empresa: o Plano Financeiro, o Plano de Marketing e o Plano de Produção. Estes planos são detalhados e desmembrados a nível tático no sentido de fornecer os métodos e a direção que os vários setores da empresa necessitarão para pôr em prática tal estratégia.

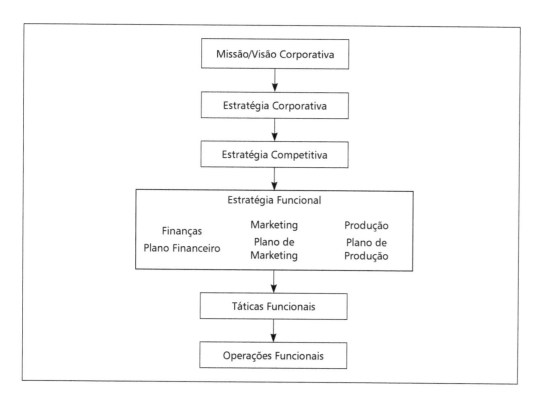

FIGURA 3.1

Visão geral do planejamento estratégico.

Conforme já apresentado na Figura 1.1, o Planejamento e Controle da Produção, como setor de apoio à produção, atua dentro destes três níveis de decisões (estratégico, tático e operacional). No nível estratégico, colabora com a formulação de um Plano de Produção consolidado com o Plano Financeiro e o de Marketing. No nível tático, desmembra o Plano de Produção em um Plano-mestre de Produção, detalhando os bens ou serviços que serão executados. E, no nível operacional, programa e acompanha cada implementação deste plano-mestre.

Nesse sentido, este terceiro capítulo busca apresentar o Plano de Produção e as principais questões relacionadas à sua formalização em nível estratégico. Para tanto, inicialmente, se fará uma breve descrição sobre a missão e visão corporativa, a estratégia corporativa, a estratégia competitiva e o conteúdo e a elaboração de estratégias funcionais.

2.1 Missão e visão corporativa

A missão e a visão corporativa são as bases sobre as quais a empresa está constituída, razão de sua existência. Fazem parte desta questão a definição clara de qual é o seu negócio atual, ou seja, sua missão, e qual deverá ser no futuro, ou seja, sua visão, bem como a filosofia gerencial da empresa para administrá-lo e expandi-lo no futuro. Uma vez definidas a missão e a visão da empresa, os gerentes poderão priorizar suas ações e criar um padrão de decisões para todos os níveis hierárquicos dentro da empresa.

■ **Objetivo de aprendizagem 2:**
Diferenciar missão de visão corporativa.

A missão e a visão corporativa raramente nascem com a empresa; elas são amadurecidas com o crescimento da organização e desenvolvidas pela alta administração da empresa para dar um rumo a suas estratégias. Representam os interesses dos diversos públicos que compõem o negócio, como acionistas, funcionários, clientes, fornecedores etc. Seu entendimento por todos, de maneira a inspirar e desafiar a organização para atingi-las, é importante. Além disso, devem ter alcance social.

Normalmente, ao se definirem a missão e a visão corporativa, algumas questões devem ser levantadas, entre elas:

- Qual o escopo do negócio?
- Qual a essência do negócio?

- Qual o sentido e intensidade do crescimento que está se buscando?
- Como se propõem a atender às necessidades dos clientes?

Como evoluem a Missão e Visão de uma empresa?

Podemos dar uma olhada na nossa empresa (sim: minha, sua, nossa Petrobras) para ver como este processo é dinâmico e evolui com o tempo. Por exemplo, descubra o que mudou entre 2011 e 2016 na missão da nossa empresa:

- "Nossa missão é atuar de forma segura e rentável com responsabilidade social e ambiental, nas atividades da indústria de óleo, gás e energia, nos mercados nacional e internacional, fornecendo produtos e serviços adequados às necessidades dos nossos clientes e contribuindo para o desenvolvimento do Brasil e dos países onde operamos" (Petrobras, 2011).
- "Atuar na indústria de petróleo e gás de forma ética, segura e rentável, com responsabilidade social e ambiental, fornecendo produtos adequados às necessidades dos clientes e contribuindo para o desenvolvimento do Brasil e dos países onde atuamos" (Petrobras, 2016).

Sim, você acertou, é aquela palavrinha antes de "segura e rentável". E o que dizer do futuro estampado na visão da nossa empresa? Claro, o futuro também anda para frente, por isto chama-se futuro. Em 2007, quando foi descoberto o pré-sal, a Petrobras era a oitava maior empresa de energia do mundo e lançou sua visão para o futuro (Visão 2012): "Seremos uma das cinco maiores empresas integradas de energia do mundo e a preferida pelos nossos públicos de interesse."

Bem, o futuro sempre chega algum dia, e com a demora na liberação das áreas do pré-sal o texto da visão em 2012 foi mantido, mas com nova data para atingirmos a quinta posição (Visão 2020). Com a recente mudança dos "públicos de interesse" (alguns foram para Curitiba) que faziam parte ativa desta visão, em 2016, a empresa foi mais realista e a data já pulou para 2030. Não se preocupem; 2030 é logo ali e vamos arrumar uma nova visão para a nossa empresa.

Alguns exemplos de missão e visão, obtidos via *site* institucional na Internet, são:

- "Ser o número um em participação de mercado e atingir acima de 1% de margem de lucro líquido" (missão de uma montadora de automóveis).
- "Ser a solução em serviços e intermediação financeira, atender às expectativas de clientes e acionistas, fortalecer o compromisso entre os funcionários e a Empresa e contribuir para o desenvolvimento do País" (missão do Banco do Brasil).
- "Facilitar as relações pessoais e empresariais mediante a oferta de serviços de correios com ética, competitividade, lucratividade e responsabilidade social" (missão dos Correios).
- "Ser reconhecida pela excelência e inovação na prestação de serviços de correios" (visão dos Correios).

Algumas empresas expressam a missão e a visão na forma de princípios e valores a serem seguidos; por exemplo, a Toyota coloca como princípios, entre outros:

"Dedicar todos os esforços para criar produtos que mantenham a harmonia com o meio ambiente, para conseguir melhorar a qualidade de vida em todas as regiões em que a Toyota está presente", e "Criar e desenvolver tecnologias de ponta e oferecer excelentes produtos e serviços que satisfaçam as necessidades dos clientes de todo o mundo."

Já para a Tigre, fabricante de tubos e conexões, dentre outros produtos, "cooperação; transparência; fazer acontecer; inovação; foco estratégico e prestação de serviços são os valores que tornam o ambiente de trabalho agradável e estimulante".

Como a missão e a visão corporativa são metas a serem alcançadas, elas devem ser operacionalizadas através da definição e implementação das estratégias corporativa, competitiva e funcional.

2.2 Estratégia corporativa

Conforme apresentado, o planejamento estratégico subdivide-se em três níveis de decisões: o corporativo, o de unidades de negócios e o funcional. Em cada um deles as decisões serão norteadas pela definição da missão e da visão da empresa. Dentro do planejamento estratégico, estes três níveis estão interligados e formam uma sequência de planejamentos: a estratégia funcional atende a uma estratégia competitiva, que por sua vez deriva do nível corporativo da organização.

A estratégia corporativa define as áreas de negócios em que a empresa deverá atuar e como ela deverá adquirir e priorizar os recursos corporativos no sentido de atender às reivindicações de cada unidade de negócios. Desta forma, é a estratégia corporativa que faz com que os diversos negócios da empresa tenham um sentido comum, evitando superposições e estimulando colaborações entre as unidades de negócios de maneira que obtenham resultados superiores à mera soma dos resultados individuais.

Objetivo de aprendizagem 3: Definir áreas de negócios e estratégia corporativa.

Com o crescimento, as empresas diversificam seus negócios e podem surgir custos que restrinjam estas expansões. A estratégia corporativa deverá especificar em que condições a diversificação de negócios contribuirá para o crescimento sustentável da corporação como um todo.

VOCÊ SABIA?

Mudanças na estratégia corporativa são frequentes nas empresas, veja o caso da Toshiba relatado no *site* da Revista *Exame* em 21/2/2017

A japonesa Toshiba quer levantar pelo menos 8,8 bilhões de dólares com a venda da maior parte dos negócios de *chips* de memória *flash*, buscando criar um colchão de liquidez para eventuais problemas financeiros [...] decorrentes de potenciais baixas contábeis que podem chegar a 6,3 bilhões de dólares na unidade nuclear nos Estados Unidos.

Na semana passada, a Toshiba anunciou que agora estava preparada para vender participação majoritária, ou até mesmo 100%, dos negócios de *chips*, priorizando a necessidade de levantar capital. A empresa é a maior do mundo em *chips* NAND depois da Samsung Electronics. [...]

A venda é "o melhor e único jeito para a Toshiba poder levantar grande quantidade de recursos e dissipar preocupações sobre risco de crédito", disse a fonte, acrescentando que a operação deve ser concluída até o fim de março do ano que vem.

Fonte: <http://exame.abril.com.br/negocios/toshiba-busca-levantar-ao-menos-us-88-bi-com-venda-de-unidade/>. Acesso em: 12 jun. 2017.

Neste sentido, ao se diversificarem os negócios da empresa, deve-se verificar se o novo negócio é financeiramente atrativo, qual o custo de entrar neste novo negócio e quanto a empresa ganhará de competitividade ao incorporar este novo negócio. Dentro deste contexto, é muito importante a experiência e habilidade que a empresa possui em cada unidade de negócios, e como esta experiência pode ser absorvida pela nova diversificação que se pretende.

Como a competição pelo mercado ocorre no nível das unidades de negócios, é neste nível que as estratégias serão detalhadas, cabendo à estratégia corporativa apenas consolidar as várias estratégias competitivas na direção que a empresa se propõe a seguir.

2.3 Estratégia competitiva

As unidades de negócios são organizações semiautônomas dentro de uma corporação que atuam em determinada área de negócio. Dependendo da estrutura corporativa, as unidades de negócios podem ser divisões do grupo, empresas em particular, unidades fabris, ou, mais recentemente, dentro da ideia de produção focalizada, minifábricas dentro da fábrica. Neste livro, os termos *empresa* e *corporação* são usados de forma análoga, com caráter genérico, representando uma empresa ou um grupo corporativo de empresas dedicadas a diferentes unidades de negócios.

Objetivo de aprendizagem 4: Relacionar margem de lucro e volume de vendas com estratégia competitiva.

A estratégia competitiva, ou estratégia da unidade de negócios, propõe as bases nas quais os diferentes negócios da empresa irão competir no mercado, suas metas de desempenho e as estratégias que serão formuladas para as várias áreas funcionais do negócio, no sentido de suportar a competição e buscar tais metas. Pode-se dizer que uma estratégia competitiva, em dado instante, é a escolha por determinada posição competitiva. A Figura 3.2 ilustra a dinâmica da estratégia competitiva.

FIGURA 3.2

Dinâmica da estratégia competitiva.

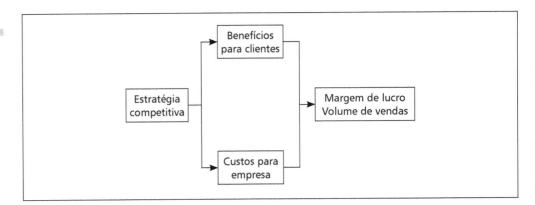

A escolha por uma estratégia competitiva define a alocação de recursos e as habilidades organizacionais necessárias para a produção dos bens e/ou serviços oferecidos ao mercado. Desta forma, uma gama de custos produtivos gera um conjunto de benefícios (bens e/ou serviços) para os clientes. A opção custo/benefício tomada pela empresa irá competir com as demais opções dos concorrentes no mercado. Os clientes, por sua vez, ao perceberem as vantagens e desvantagens de cada oferta, definirão a margem de lucro aceitável e o volume de vendas para atender às suas necessidades. Assim, a melhor relação entre margem de lucro e volume vendido definirá a escolha por determinada estratégia competitiva. Normalmente, a margem de lucro é inversamente proporcional ao volume vendido.

Objetivo de aprendizagem 5: Identificar as três estratégias competitivas.

Em teoria, existem três estratégias genéricas de margem/volume que podem ser empregadas pelas empresas na competição pelo mercado: liderança de custos, diferenciação e focalização. Elas definirão como o sistema produtivo irá atuar. Conforme apresentado no Capítulo 1, os sistemas produtivos podem se classificar em quatro grupos relacionados com o grau de padronização dos produtos e o consequente volume de produção demandado pelo mercado. A Figura 3.3 relaciona estes sistemas produtivos com as três estratégias existentes.

Na liderança de custos, a empresa deverá buscar a produção ao menor custo possível, podendo com isto praticar os menores preços do mercado e aumentar o volume de vendas. A produção em grande escala com redução de custos fixos, a experiência adquirida, a padronização dos produtos e métodos que permite certa automatização, a facilidade de acesso aos mercados fornecedores e compradores são algumas das características necessárias para se competir dentro desta estratégia. Ela é aplicada em sistemas produtivos do tipo contínuo e em massa.

Na estratégia de diferenciação se busca a exclusividade em alguma característica do produto que seja mais valorizada pelos clientes. Nesse sentido, não desprezando as questões referentes a custo, pode-se trabalhar em cima da qualidade do produto, da imagem da

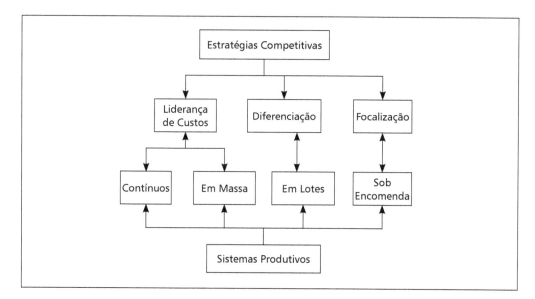

FIGURA 3.3

Os sistemas produtivos e suas estratégias competitivas.

marca, da assistência técnica, da entrega imediata e pontual etc., procurando diferenciar seus produtos e com isto obter uma margem maior de lucro. Esta estratégia é praticada em sistemas de produção repetitivos em lotes. Já na terceira estratégia, a de focalização, a empresa deverá focar suas habilidades em determinado grupo de clientes e com isto atendê-los melhor do que os demais competidores do mercado, oferecendo-lhes exclusividade no projeto do produto. É a estratégia aplicada aos sistemas de produção sob encomenda.

Na prática, esta dicotomia pode não ocorrer tão fácil assim, dado que um sistema produtivo pode estar atendendo a diferentes mercados simultaneamente, como, por exemplo, uma cerâmica que usa sua linha de produção para fazer pisos que são colocados no mercado dentro de uma coleção pré-formatada e, com a mesma linha de produção, atende aos pedidos especiais de grandes construtoras sob projeto.

Outro ponto a considerar é de que as empresas podem dividir seus negócios por tipo de sistema produtivo, geralmente separando a linha de montagem (produção em massa) da fabricação de componentes (produção em lotes) para essa linha. Neste sentido, a unidade de negócios "linha" tem liberdade de comprar seus componentes de qualquer fornecedor que lhe seja mais vantajoso (foco na redução de custos), assim como a unidade de negócios "componentes" pode vender seus produtos para clientes de fora da corporação.

De qualquer forma, o equacionamento destas estratégias de competição deve ser feito à luz do posicionamento dos concorrentes diretos e indiretos que atuam no mercado, conhecidos como as cinco forças competitivas de *Porter*: a rivalidade entre as empresas concorrentes, o poder de barganha dos clientes e dos fornecedores, a ameaça de novos entrantes potenciais e a ameaça de produtos substitutos. A escolha da melhor estratégia competitiva inclui a avaliação destas forças e o seu impacto sobre o desempenho das alternativas de custo/volume disponíveis à empresa.

Cabe ressaltar que a visão de confronto de forças entre clientes e fornecedores em grande parte foi substituída pela cooperação dentro da cadeia produtiva, onde o ganho na melhora do relacionamento entre os elos desta cadeia é repassado ao cliente final, fazendo com que a posição competitiva da cadeia como um todo melhore. É o chamado sistema "ganha-ganha" da estratégia da manufatura enxuta (em oposição ao "soma-zero"), onde, por exemplo, o relacionamento de longo prazo com o fornecedor irá permitir a aplicação de técnicas que levem à redução dos custos de logística da cadeia como um todo.

Definida a posição competitiva da empresa, pode-se então passar ao detalhamento das estratégias funcionais adequadas ao atendimento desta questão. Genericamente, conforme ilustrado na Figura 3.1, há três grandes grupos de estratégias funcionais: marketing, produção e finanças, que podem ser desmembradas de acordo com cada subárea de apoio que a empresa tiver. Com o objetivo de direcionar a discussão sobre o planejamento estratégico no âmbito do planejamento e controle da produção, será detalhada a estratégia apenas para a função de produção, aqui denominada de estratégia de produção.

Porter tem a "Força"

Michael Eugene Porter é professor da Harvard Business School, nas áreas de Administração e Economia, e autor de diversos livros sobre estratégias de competitividade. Foi consultor de estratégia de muitas empresas norte-americanas e internacionais. Do seu trabalho resultaram conceitos como a análise de indústrias em torno das cinco forças competitivas, e das três fontes genéricas de vantagem competitiva: diferenciação, baixo custo e focalização em mercado específico, utilizadas neste capítulo.

O modelo concebido por Porter foi publicado inicialmente na forma do artigo "As cinco forças competitivas que moldam a estratégia", em 1979, na *Harvard Business Review*, e destinava-se à análise da competição entre empresas. Na sequência, em 1980, publicou o livro *Competitive strategy* (*Estratégia competitiva*). Já em seu livro *The competitive advantage of nations* (*As vantagens competitivas das nações*), de 1989, Porter ampliou sua análise, aplicando a mesma lógica das corporações às nações.

2.4 Estratégia de produção

Uma estratégia produtiva consiste na definição de um conjunto de políticas, no âmbito da função de produção, que dá sustento à posição competitiva da unidade de negócios da empresa. A estratégia produtiva deve especificar como a produção irá suportar uma vantagem competitiva e como ela irá complementar e apoiar as demais estratégias funcionais.

A definição de uma estratégia produtiva baseia-se em dois pontos-chave: as prioridades relativas dos critérios de desempenho e a política para as diferentes áreas de decisões da produção, conforme ilustrado na Figura 3.4. Logo, uma estratégia de produção consiste em estabelecer o grau de importância relativa entre os critérios de desempenho e formular políticas consistentes com esta priorização para as diversas áreas de decisão.

FIGURA 3.4

Definição da estratégia produtiva.

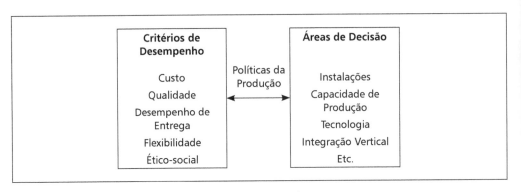

O objetivo da estratégia de produção é fornecer à empresa um conjunto de características produtivas que deem suporte à obtenção de vantagens competitivas de longo prazo. O ponto de partida para isso ocorrer consiste em estabelecer quais critérios, ou parâmetros, de desempenho são relevantes para a empresa e que prioridades relativas devem ser dadas aos mesmos. Esses critérios deverão refletir as necessidades dos clientes que se busca atingir para um determinado produto de maneira a mantê-los fiéis à empresa.

De forma geral, os critérios de desempenho nos quais a produção deve agir são colocados em cinco grupos: custo, qualidade, desempenho de entrega, flexibilidade e ético-social. Na Tabela 3.1 é apresentada breve descrição sobre cada um deles.

TABELA 3.1

Descrição dos critérios de desempenho.

Critérios	Descrição
Custo	Produzir bens/serviços a um custo mais baixo do que a concorrência.
Qualidade	Produzir bens/serviços com desempenho de qualidade mais alto do que a concorrência.
Desempenho de Entrega	Ter confiabilidade e velocidade nos prazos de entrega dos bens/serviços melhores que a concorrência.
Flexibilidade	Ser capaz de reagir de forma rápida a eventos repentinos e inesperados.
Ético-social	Produzir bens/serviços respeitando a ética nos negócios e a sociedade em geral.

Convencionalmente, trabalhava-se com a chamada curva de troca (*trade offs*), ou seja, para aumentar o desempenho de um critério, perdia-se em outro. Hoje em dia, as empresas trabalham com o enfoque de que estes critérios são classificados em três grupos: qualificadores, ganhadores de pedidos, ou indiferentes. Os critérios qualificadores possibilitam que a empresa participe do mercado que se pretende atingir. Por exemplo, uma empresa para entrar no mercado de produção em massa tem que ter seu custo produtivo compatível com o da concorrência. Ou, ainda, empresas que utilizam mão de obra infantil ou que agridem a natureza estão fora dos mercados mais desenvolvidos onde os clientes acompanham estas ações.

■ **Objetivo de aprendizagem 6:** Compreender a diferença entre critérios qualificadores e ganhadores de pedido.

VOCÊ SABIA?

Cuidar do meio ambiente faz crescer árvores e empresas

A Natura, fundada em 1969, maior multinacional brasileira de cosméticos e pioneira em produção sustentável, foi uma das vencedoras do prêmio Campeões da Terra 2015 da Organização das Nações Unidas (ONU), na categoria Visão Empresarial. O Prêmio Campeões da Terra é a maior homenagem ambiental que a ONU pode conferir a indivíduos e organizações de destaque na área ambiental. O Programa das Nações Unidas para o Meio Ambiente (PNUMA) reconheceu o compromisso da Natura de colocar a sustentabilidade no centro de sua estratégia de negócios, o que apoia a Agenda para o Desenvolvimento Sustentável 2030 da ONU.

Segundo o diretor-executivo do PNUMA, "o sucesso da Natura é uma inspiração e modelo para empresas de toda parte. Eles mostraram que padrões de consumo e produção sustentáveis não só são possíveis como beneficiam tanto a companhia como a comunidade".

Já os critérios ganhadores de pedidos definem a escolha do cliente pela empresa, uma vez que ela esteja qualificada. Por exemplo, no mercado de produção em massa, uma empresa que permite que o cliente monte e compre seu computador ou carro pela Internet (flexibilidade), da forma que lhe convier, sem aumento de custos ou de prazos de entrega, tem uma vantagem competitiva em relação aos fabricantes que comercializam seus produtos de forma convencional. Nesse sentido, sempre que atingido o nível mínimo exigido pelo mercado nos critérios qualificadores, a empresa deve trabalhar estrategicamente na busca da excelência dos critérios ganhadores. Contudo, na medida em que os concorrentes identificam uma ação sobre critérios ganhadores, eles agem no sentido de também implantá-los, de forma que, ao final, um critério ganhador acaba virando qualificador. Por fim, há ainda os critérios indiferentes, que são aqueles que não afetam a decisão do cliente na escolha pela empresa.

Uma vez definidos os critérios competitivos e sua relação com o mercado, o passo seguinte dentro da estratégia de produção consiste em estabelecer as políticas de ação em cada uma das áreas de decisão do sistema produtivo. Na Tabela 3.2 estão apresentadas as principais áreas de decisão nos sistemas de produção, bem como uma descrição das decisões que devem ser tomadas.

■ **Objetivo de aprendizagem 7:** Descrever as nove áreas de decisão estratégica de um sistema produtivo.

TABELA 3.2

Descrição das áreas de decisão.

Áreas de Decisão	Descrição
Instalações	Qual a localização geográfica, tamanho, volume e *mix* de produção, que grau de especialização, arranjo físico e forma de manutenção.
Capacidade de Produção	Qual seu nível, como obtê-la e como incrementá-la.
Tecnologia	Quais equipamentos e sistemas, com que grau de automação e flexibilidade, como atualizá-la e disseminá-la.
Integração Vertical	O que a empresa produzirá internamente, o que comprará de terceiros e qual política implementar com fornecedores.
Organização	Qual a estrutura organizacional, nível de centralização, formas de comunicação e controles das atividades.
Recursos Humanos	Como recrutar, selecionar, contratar, desenvolver, avaliar, motivar e remunerar a mão de obra.
Qualidade	Atribuição de responsabilidades, que controles, normas e ferramentas de decisões empregar, quais os padrões e formas de comparação.
Planejamento e Controle da Produção	Que sistema de PCP empregar, que política de compras e estoques, que nível de informatização das informações, que ritmo de produção manter e formas de controles.
Novos Produtos	Com que frequência lançar e desenvolver produtos e qual a relação entre produtos e processos.

As políticas definidas para cada área do sistema de produção orientam a operação e a evolução deste sistema, portanto a formulação e implementação de uma estratégia de produção deve dar consistência e coerência ao conjunto das decisões. Por exemplo, imagine uma empresa A que prioriza o critério de flexibilidade como ganhador de pedidos. Suas políticas de instalações, capacidade de produção e tecnologia devem privilegiar equipamentos que permitam a produção econômica de pequenos lotes, com *setups* rápidos. Já no caso de uma empresa B que busca o critério redução de custos, suas políticas nestas áreas devem estar voltadas para grandes instalações automatizadas, onde o ritmo de produção pode ser acelerado pela fabricação de grandes lotes homogêneos.

Como existe uma relação intensa entre os sistemas de produção e o meio ambiente onde ele está inserido, as decisões estratégicas devem ser entendidas como um processo dinâmico e podem sofrer alterações à medida que o mercado e a concorrência forem se posicionando.

No exemplo acima, caso estas duas empresas estejam competindo pelo mesmo mercado, e este mercado vier a crescer, a empresa B terá uma vantagem competitiva de custos sobre a empresa A, pois seus custos fixos serão baixos em função da grande quantidade produzida. Muito provavelmente a empresa A nem terá capacidade produtiva para suprir o mercado. Já se o viés for de baixa na demanda, a empresa A, que buscou flexibilizar sua produção, terá condições de atender pequenos lotes, enquanto a empresa B verá seus custos fixos dispararem.

Conforme se pode verificar neste exemplo, cada decisão estratégica num determinado momento é resultado da missão atual e da visão futura da posição competitiva que a empresa deve seguir. A melhor alternativa é aquela que trouxer um bom resultado para o momento, prejudicando o mínimo possível as alternativas futuras. Se a alternativa adotada pela empresa A, ou a adotada pela empresa B, é a mais oportuna, só o tempo dirá.

Uma vez que foram apresentados e hierarquizados os principais conceitos acerca da questão estratégica das empresas, e em particular do sistema produtivo, o próximo passo nesta hierarquia, dentro do âmbito do PCP, consiste em desenvolver um plano de produção integrado ao planejamento estratégico da empresa em geral.

2.5 Plano de produção

Como resultado das decisões estratégicas no âmbito da produção, é elaborado um plano de longo prazo, aqui chamado de plano de produção, que tem por meta direcionar os recursos produtivos para as estratégias escolhidas. Este plano servirá de base para equacionar os níveis de produção e compras, estoques, recursos humanos, máquinas e instalações necessários para atender à demanda prevista de bens e serviços. Na realidade, o planejamento estratégico da produção, e o plano de produção resultante, é realizado em consonância com as áreas de Finanças e Marketing, envolvendo negociações com relação aos recursos financeiros (plano financeiro) e esforços de marketing (plano de marketing) necessários para implementá-lo.

O plano de produção trabalha com informações agregadas de vendas e produção, normalmente com o agrupamento de produtos em famílias afins. Os períodos de planejamento são de meses ou trimestres, abrangendo um, ou mais anos, para frente. Em nível tático, o plano de produção servirá de base para desenvolver o planejamento-mestre da produção, onde as informações serão desmembradas de forma a permitir o acionamento (programação) do sistema produtivo, conforme ilustrado na Figura 3.5.

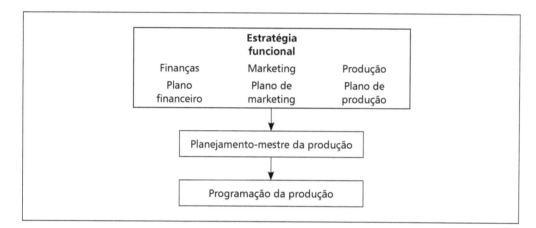

FIGURA 3.5

Origem do planejamento-mestre e programação da produção.

Como o plano de produção trabalha com um horizonte de longo prazo, onde as incertezas são grandes, há necessidade de desenvolver uma dinâmica de replanejamento que seja empregada sempre que uma variável importante do plano se alterar substancialmente. Neste aspecto, as empresas desenvolvem sistemas informatizados, muitas vezes simples planilhas, para permitir a simulação e análise de alternativas de políticas produtivas de maneira a permitir a escolha da que melhor atenda aos critérios competitivos estabelecidos.

A seguir serão discutidas as entradas necessárias para a montagem do plano, o processamento destas entradas no plano e a análise física e financeira resultante do plano de produção escolhido. Estas questões utilizarão a dinâmica do Jogo *LSSP_PCP1* como exemplo, sendo que o sistema produtivo da empresa está ilustrado na Figura 3.6.

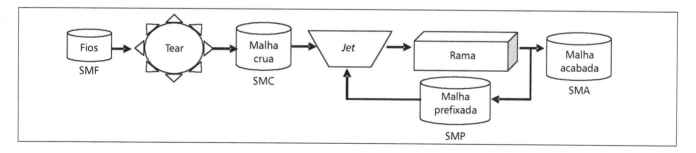

FIGURA 3.6

O sistema produtivo do Jogo *LSSP_PCP1*.

Como pode ser visto na Figura 3.6, a empresa compra fios (algodão e sintético) no mercado e através do processo de tecelagem, via emissão de OM (ordens de malharia), os transforma em malhas cruas (Colmeia, Piquet e Maxim) em teares circulares. Por sua vez, as malhas cruas são prefixadas, via emissão de OF (ordens de prefixação), em um processo de purga nos *Jets*, para lavação, e posterior prefixação na rama, gerando malhas fixadas (Colmeia, Piquet e Maxim). Em um terceiro momento, as malhas fixadas repetem o fluxo produtivo *Jet-Rama*, via emissão de OA (ordens de acabamento), para receberem o tingimento com adição de corantes nos *Jets* e o posterior acabamento na rama. Os fios (SMF), as malhas cruas (SMC), as malhas fixadas (SMP) e as malhas acabadas (SMA) são armazenadas em seus respectivos supermercados.

Entradas para o plano de produção

Há uma série de informações necessárias para a elaboração de um plano que atenda às políticas definidas para a área de produção. Inicialmente, os recursos produtivos para o período de planejamento analisado devem ser conhecidos para cada setor da empresa que entrar no plano, e a possibilidade de alterações potenciais na capacidade de produção, seja com a aquisição ou venda de equipamentos, seja com alterações na política de mão de obra, ou ainda, com terceirizações. Padrões de consumo destes recursos, taxas de produtividade e tempos de *setups* por família de produto devem ser conhecidos.

Por sua vez, o fluxo da demanda previsto para o mesmo período deve ser também avaliado para cada família de produtos, visto que o plano de produção busca equilibrar a capacidade de produção com o nível de vendas esperado. Além disso, informações de receitas e custos que permitirão avaliar as várias alternativas devem fazer parte do conjunto de informações em mãos na elaboração do plano. A Tabela 3.3 apresenta como exemplo as principais informações de entrada do plano de produção a ser montado no Jogo *LSSP_PCP1*.

TABELA 3.3

Informações de entrada para o plano de produção.

Entradas	Descrição
Previsão da Demanda	Previsão da demanda mensal para os próximos 12 meses das três famílias de malhas (Colmeia, Piquet e Maxim).
Estoques Iniciais	Quantidade em estoque das três famílias de malhas no mês atual.
Estrutura dos Produtos	Árvore (relação pai-filho) de cada família e percentual dos componentes.
Capacidade Instalada da Tecelagem	Número de Teares disponíveis, taxa de produção (h/kg) por família, número de turnos, tempo médio de *setup*, taxa de produtividade e capacidade terceirizada.
Capacidade Instalada da Purga/Tinturaria	Número e capacidade (30, 120 ou 480 kg) de *Jets* disponíveis, taxa de produção (h/lote) por família, número de turnos, tempo médio de *setup*, taxa de produtividade e capacidade terceirizada.
Capacidade Instalada da Fixação/Acabamento	Número de Ramas disponíveis, taxa de produção (h/kg) por família, número de turnos, tempo médio de *setup*, taxa de produtividade e capacidade terceirizada.
Capacidade Futura da Tecelagem	Número de ampliações ou de reduções de Teares para os próximos 12 meses.
Capacidade Futura da Purga/Tinturaria	Número de ampliações ou de reduções de *Jets* para os próximos 12 meses.
Capacidade Futura da Fixação/Acabamento	Número de ampliações ou de reduções de Ramas para os próximos 12 meses.

(continua)

(continuação)

Entradas	Descrição
Relação de Custos	Custos fixos, de compras de matérias-primas, de estoques, de terceirização, do capital e de vendas perdidas.
Relação de Receitas	Receitas de vendas de malhas e de vendas de ativos (equipamentos).

Ao se projetar um plano de produção, busca-se atender às necessidades dos clientes com um sistema produtivo eficaz, ou seja, que atenda aos critérios estratégicos da produção. Quanto mais equilibrada estiver a demanda com a produção, mais provavelmente o plano terá eficácia em atender a estes critérios. Como pode ser visto na Tabela 3.4, existe uma área de atuação dos sistemas produtivos mais eficaz para cada nível de demanda. Por exemplo, para atender a um mercado com demandas médias (em volume e variedade), um sistema produtivo em massa (grandes equipamentos) terá custos fixos altos pela subutilização de seus recursos instalados, ou, caso produza à plena capacidade para reduzir seus custos fixos, terá altos custos de manutenção de estoques não absorvidos pelo mercado. Entretanto, para atender a este mesmo mercado, um sistema produtivo sob encomenda (equipamentos pequenos e flexíveis), mesmo que multiplique sua capacidade de produção, terá custos variáveis altos em função da falta de foco aos produtos demandados. Neste caso, um sistema montado de forma a trabalhar em lotes repetitivos (equipamentos de médio porte e média flexibilidade) será mais eficaz no atendimento da demanda.

Objetivo de aprendizagem 8: Discutir quando a estratégia de produção é eficaz.

TABELA 3.4

Eficácia dos sistemas produtivos.

Demanda	Sistemas de Produção		
	Contínuos/ Em massa	Repetitivo em lotes	Sob encomenda
Grande volume	Eficaz	Custos variáveis altos	Custos variáveis altos
Baixa variedade			
Médio volume	Custos Fixos/ Estoques altos	Eficaz	Custos variáveis altos
Média variedade			
Pequeno volume	Custos Fixos/ Estoques altos	Custos Fixos/ Estoques altos	Eficaz
Grande variedade			

A função então do plano de produção é permitir que a diretoria anteveja estes problemas e tome ações proativas no sentido de minimizar seus efeitos no futuro. Existem algumas providências que podem ser planejadas para alterar tanto a demanda como a capacidade de produção para obter este equilíbrio. Com relação às ações que atuam sobre a demanda, podem-se considerar no plano de produção (obviamente suportado pelo plano de marketing e financeiro) reduções de preços, promoções, ou outras alternativas para estimular a demanda nos períodos de baixa. A inclusão de produtos novos ou a aceitação de pedidos especiais como forma de aproveitar ociosidades das instalações e reduzir os custos fixos deve ser avaliada. Já o aumento de preços visando conter a demanda dentro dos níveis de produção não é uma alternativa viável, pois em uma economia aberta sempre existirão outras empresas dispostas a atender aos clientes pelo preço do mercado e, além disto, com o aumento da margem de lucro do negócio se estará estimulando a entrada de concorrentes.

No que se refere às ações que atuam sobre a capacidade de produção, algumas podem ser usadas para aumentar apenas a capacidade instalada atual, como planejar um segundo ou terceiro turno, ou terceirizar parte da produção, bem como algumas ações podem buscar a diminuição desta capacidade instalada com a redução dos turnos ou a antecipações de férias, por exemplo. Quando um aumento da demanda se mostrar mais consistente, a expansão da capacidade instalada via compra de novos equipamentos deve ser avaliada. No sentido inverso, se a previsão da demanda futura estiver apontando um declínio, a capacidade instalada deve ser reduzida com a venda dos ativos no sentido de reduzir os custos fixos.

De maneira geral, ao se traçarem os rumos estratégicos da produção, decidindo sobre um aumento ou redução da produção de forma a atender à demanda, há três grupos de alternativas básicas que poderão ser seguidas, cada uma delas com reflexos diferentes nos custos produtivos:

1. manter uma taxa de produção constante;
2. manter uma taxa de produção casada com a demanda;
3. variar a taxa de produção em patamares.

Na Figura 3.7, exemplifica-se a alternativa de manter uma taxa de produção constante. Neste caso, independentemente das variações previstas na demanda, se mantém um plano de produção com níveis constantes. De janeiro a março se produzem e armazenam estoques, de março a setembro se consomem os estoques previstos, e de setembro a dezembro se volta a recompor os estoques. Esta alternativa privilegia a manutenção de um ritmo produtivo constante, fazendo com que os recursos produtivos trabalhem mais eficientemente. Em contrapartida, tem-se que carregar estoques cujos custos podem ser significativos, e até, muitas vezes pelas próprias características dos produtos fornecidos (perecíveis, vida útil curta, serviços etc.), pode se tornar inviável sua estocagem.

FIGURA 3.7

Taxa de produção constante.

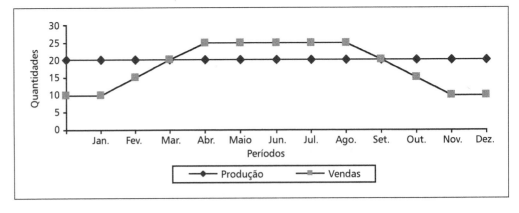

A segunda alternativa consiste em manter um ritmo de produção acompanhando a demanda, conforme ilustrado na Figura 3.8. Inicialmente, em janeiro, se estabelece uma taxa de produção baixa, e na medida em que as vendas aumentam, a taxa de produção procura acompanhá-las. A partir de abril, com a estabilização das vendas, a produção fica estável até agosto, quando se volta a reduzi-la para acompanhar a redução nas vendas. Este plano de produção busca evitar estoques através da flexibilização da produção. Para os sistemas produtivos em que os bens ou serviços são perecíveis, ou exijam a presença do consumidor no momento de sua execução, esta é a alternativa mais viável. Porém, normalmente procura-se não variar em demasia os níveis de produção, visto que os custos de contratação e demissão de mão de obra, turnos extras, terceirizações etc. são altos e devem ser empregados com cautela.

A terceira alternativa, que consiste em variar a taxa de produção em patamares, é mostrada na Figura 3.9. Esta alternativa é a mais empregada na prática e consiste na combinação das duas alternativas anteriores, em que se procura acompanhar a demanda alterando-se a taxa de produção em patamares de tempo que permitam certo ritmo de produção e reduzam os níveis de estoques. No exemplo da Figura 3.9, a empresa trabalha com uma taxa de produção de 20 unidades de setembro a março, acima da demanda, formando estoques. Em abril, eleva sua capacidade produtiva para 22 unidades, mas abaixo da demanda de 25, passando a consumir os estoques formados até agosto, a partir do qual retorna ao nível anterior de 20 unidades.

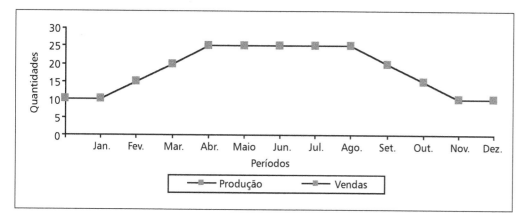

FIGURA 3.8

Produção casada com vendas.

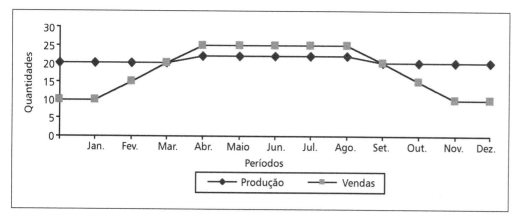

FIGURA 3.9

Produção em patamares.

Montagem e análise do plano de produção

Várias técnicas podem ser utilizadas para auxiliar na elaboração de um plano de produção. Algumas delas, dado um conjunto de restrições, procuram soluções via abordagem mais quantitativa, outras se aproveitam da experiência e do bom senso dos planejadores na tomada de decisões. De forma geral, pode-se dividi-las em duas categorias: as técnicas matemáticas e as técnicas informais de tentativa e erro. As técnicas matemáticas empregam modelos matemáticos (programação linear, programação por objetivos, simulação, algoritmos genéticos etc.) para buscar a melhor alternativa. As técnicas informais de tentativa e erro empregam tabelas e gráficos para visualizar as situações planejadas e permitir ao tomador de decisão decidir pela mais viável. Nos dois casos, o objetivo é gerar um plano de produção que atenda aos objetivos estratégicos atuais da empresa ao menor custo e que, se possível, coloque a empresa em uma situação futura de menor risco.

Na prática, as técnicas informais são as mais empregadas, principalmente porque o número de variáveis é muito grande, a inter-relação entre estas variáveis não é fácil de definir, além do que estas variáveis no horizonte de longo prazo estão sujeitas a grandes variações, principalmente no que tange ao rumo da economia (previsões da demanda), de forma que as questões político-estratégicas, quando usam modelos matemáticos, os usam apenas como mais uma fonte de informações a serem ponderadas pelos tomadores de decisão da empresa.

Com intuito de exemplificar a montagem e análise de um plano estratégico de produção, a Figura 3.10 apresenta a dinâmica do Jogo *LSSP_PCP1*, onde através da tentativa e erro se busca montar um plano de produção viável. Por ser uma simulação é possível avançar no tempo (quando a demanda prevista e a produção real acontecerão) e verificar o efeito das estratégias de produção escolhidas frente a variações de demanda ou de produção, de forma que, via tentativa e erro, se volte no tempo e se corrijam eventuais estratégias problemáticas. Infelizmente, na vida real isto não é possível, mas o uso de jogos como ferramenta de aprendizado, como empregado neste livro, facilita a discussão da teoria.

> **Objetivo de aprendizagem 9:**
> Montar e analisar um plano de produção.

FIGURA 3.10

A dinâmica do Jogo *LSSP_PCP1*.

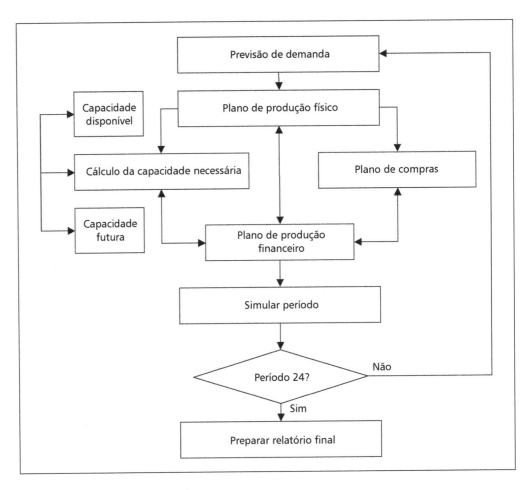

A dinâmica de planejamento se inicia com a previsão da demanda para os próximos 12 meses para cada família de malha (Colmeia, Piquet e Maxim) que entrará no plano de produção. A Figura 3.11 apresenta a tela do Jogo *LSSP_PCP1* onde é feita a previsão da demanda da família Colmeia e o respectivo gráfico de acompanhamento da demanda. Como pode ser visto pelo gráfico, a demanda da família Colmeia apresenta sazonalidade e uma pequena tendência de alta.

FIGURA 3.11

Previsão da demanda Colmeia do Jogo *LSSP_PCP1*.

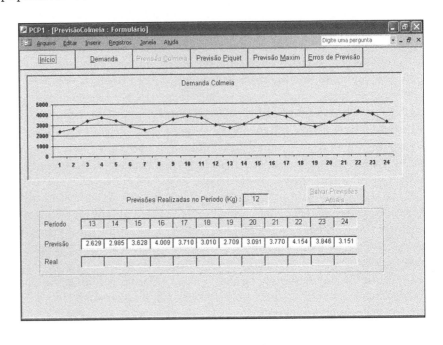

Com a previsão das três famílias de malhas prontas pode-se passar para a montagem do plano de produção físico. A Figura 3.12 ilustra a tela do Jogo *LSSP_PCP1* para o plano de produção físico da família Colmeia. As demandas previstas para os próximos 12 meses foram passadas para o plano, e, dado um estoque inicial de 100 kg para a família Colmeia, está sendo planejada uma produção que acompanha esta previsão e mantém os estoques entre 200 e 300 kg de malhas. Um nível de vendas baseado na demanda prevista está planejado nos 12 meses futuros, contudo, na medida em que as demandas e as produções reais forem ocorrendo, os níveis de estoques e vendas se alterarão, inclusive com vendas perdidas se for o caso, e uma revisão na produção planejada pode ser necessária.

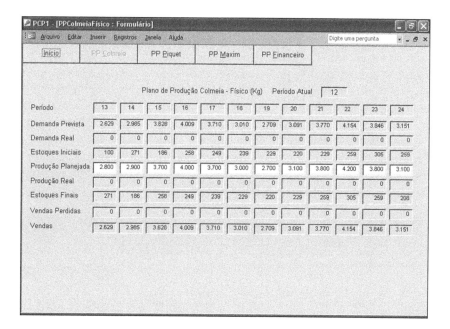

FIGURA 3.12

Plano de produção Colmeia físico do Jogo *LSSP_PCP1*.

Montados os planos de produção físicos para as três famílias de malhas, pode-se passar para a montagem do plano de compras das matérias-primas (Fio de Algodão, Fio Sintético e Corantes). Este plano serve de base para as negociações com os fornecedores. A Figura 3.13 apresenta a tela do Jogo *LSSP_PCP1* para o plano de compras do Fio 1 (Fio de Algodão).

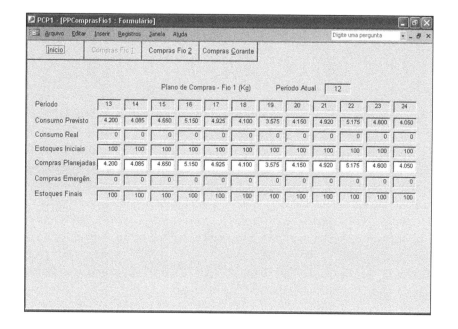

FIGURA 3.13

Plano de compras do fio 1 do Jogo *LSSP_PCP1*.

O consumo previsto de Fio 1 foi calculado a partir da quantidade planejada de produção da família Colmeia (100% Fio Algodão) mais metade da quantidade planejada da família Piquet (50% Fio Algodão). As compras planejadas de Fio 1 estão sendo montadas de maneira que cubram o consumo previsto e gerem estoques da ordem de 100 kg de fio. Na medida em que a produção real de malhas Colmeia e Piquet ocorram, estes valores vão sendo corrigidos e, provavelmente, correções no plano de compras serão necessárias para se evitar tanto o excesso de estoques como as compras de emergência.

Em paralelo à montagem dos planos de compras das matérias-primas, deve-se planejar também como o sistema produtivo (tecelagem, purga/tinturaria e fixação/acabamento) irá responder em termos de capacidade às quantidades de produção incluídas nos planos físicos das malhas. Como pode ser visto na dinâmica do jogo da Figura 3.10, este planejamento de capacidade dos recursos passa pela definição de variáveis tanto no emprego da capacidade atual disponível como na definição do aumento ou redução da capacidade futura.

A Figura 3.14 apresenta a tela do Jogo *LSSP_PCP1* onde é feita a validação entre a capacidade disponível na tecelagem e a capacidade necessária na tecelagem para atender aos planos de produção das malhas. Por exemplo, no período 13 a malha Colmeia, que possui uma taxa de produção nos teares de 0,09 horas por kg, necessita de 252 horas para produzir os 2.800 kg previstos no seu plano de produção. Além das horas consumidas em produção, está sendo considerada na capacidade necessária uma perda de produtividade de 10% para paradas eventuais, manutenções etc., bem como horas gastas com *setups*, na proporção de um *setup* de 0,25 hora por semana por tear no setor.

FIGURA 3.14

Validação da capacidade necessária da tecelagem do Jogo *LSSP_PCP1*.

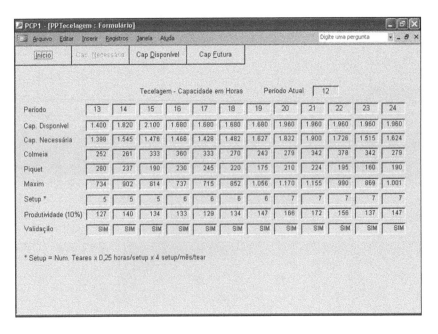

Quando a capacidade necessária for menor ou igual à capacidade disponível no setor, o campo *Validação* é preenchido com um *Sim*, e a simulação do período será autorizada; caso contrário, este campo indicará um *Não* e um ajuste deve ser feito. Uma redução nas quantidades de malhas planejadas para produção pode ser um caminho para reduzir a capacidade necessária, contudo, geralmente o plano de produção físico já foi montado, de forma a atender à previsão de demanda do período, e uma redução no mesmo poderá acarretar perdas de vendas. Neste caso, o mais indicado consiste em alterar a estratégia de uso da capacidade instalada ou, ainda, alterar estrategicamente esta capacidade pela compra ou venda de equipamentos.

A Figura 3.15 apresenta a tela do Jogo *LSSP_PCP1* onde são tomadas as decisões sobre a estratégia de uso da capacidade instalada na tecelagem. A capacidade por turno depende do número de teares instalados; no caso do período 13, esta capacidade é de 700 horas com cinco teares instalados. Como pode ser visto nesta tela, se pretende operar o setor em dois turnos de sete horas, com exceção do período 15, quando o terceiro turno será acionado. Outra alternativa estratégica disponível neste jogo, utilizada no período 14 para aumentar a capacidade disponível, é a terceirização da produção, que no caso da tecelagem só pode ser acionada em múltiplos de 420 horas.

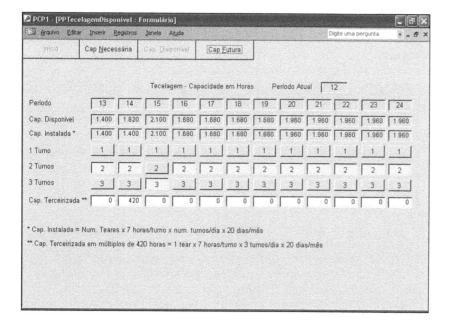

FIGURA 3.15

Capacidade disponível da tecelagem do Jogo *LSSP_PCP1*.

Já a Figura 3.16 apresenta a tela do Jogo *LSSP_PCP1* onde são tomadas as decisões sobre a estratégia de ampliação ou redução da capacidade instalada na Tecelagem. Tanto o *lead time* para ampliações como para reduções no setor de Tecelagem consomem dois meses. Como pode ser visto nesta tela, está se planejando uma ampliação de capacidade de 5 para 6 teares no período 16, com um aumento de 700 para 840 horas por turno, bem como outra no período 20, passando a tecelagem a contar com 7 teares e 980 horas por turno de disponibilidade.

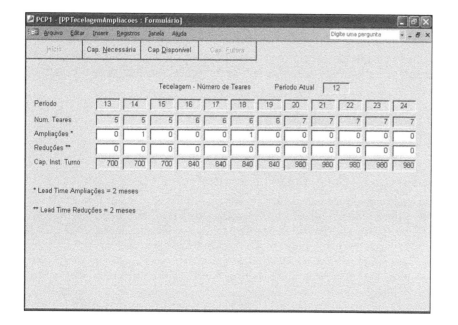

FIGURA 3.16

Ampliações e reduções na tecelagem do Jogo *LSSP_PCP1*.

Com a definição do plano de produção físico e do plano de compras de matérias-primas, e com o dimensionamento da capacidade dos recursos produtivos estruturado e validado, o próximo passo da dinâmica de planejamento estratégico da produção, proposta na Figura 3.10, consiste em analisar o efeito financeiro desta estratégia de produção. A Figura 3.17 apresenta a tela do Jogo *LSSP_PCP1* onde são apresentados os custos (fixos, de compras de matérias-primas, de estoques, de terceirização, do capital e de vendas perdidas), receitas (vendas de malhas e de ativos) e o resultado operacional por período e acumulado. Caso o resultado financeiro do plano não seja o esperado, mudanças na estratégia adotada devem ser providenciadas.

FIGURA 3.17

Plano de produção financeiro do Jogo *LSSP_PCP1*.

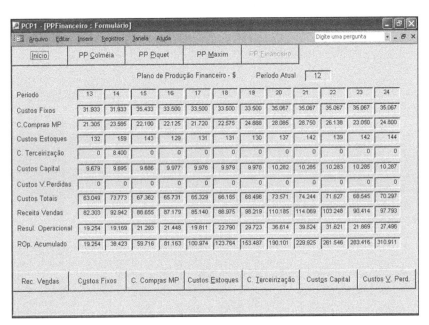

No caso do Jogo *LSSP_PCP1*, conforme apresentado na Figura 3.10, estando os resultados físicos e financeiros adequados à estratégia escolhida, se realiza a simulação do período, quando demandas e produções reais são calculadas pela rotina (aleatória) do jogo e os resultados previstos substituídos pelos reais simulados.

No Apêndice A, ao final do livro, encontra-se o Jogo *LSSP_PCP1*, em que um conjunto de questões relacionadas à previsão de demanda e ao planejamento estratégico da produção é formulado. Estas questões servirão de base para a montagem de um relatório que permitirá a discussão da dinâmica de montagem de diferentes estratégias de produção.

ESTUDO DE CASO

Estudo de Caso 2 – Plano de produção estratégico

Objetivo: a partir da previsão de demanda para os períodos 37 a 48 das três famílias de malhas (Colmeia, Piquet e Maxim) realizadas no Estudo de Caso 1 (EC1), montar o planejamento estratégico da fábrica (plano de produção e financeiro) conforme apresentado neste capítulo e ilustrado na planilha "Estudo_Caso_PCP_Exemplo.xlsx" para os três setores da empresa: tecelagem, purga/tinturaria, fixação/acabamento. Os dados de engenharia e financeiros necessários para montagem dos planos são oriundos do manual do jogo *LSSP_PCP1* e estão resumidos na guia "Plano de Produção" da planilha fornecida. As variáveis que entram nos planos deverão estar disponíveis para alterações em suas células, de forma a mostrar os efeitos de suas mudanças nos planos. As capacidades definidas para a fábrica no plano de produção para o período 37 neste trabalho serão utilizadas nos trabalhos futuros.

Passos sugeridos:

1. Montar os planos de produção e os gráficos correspondentes para as três famílias de malhas para os períodos 37 a 48, com base na planilha de exemplo. Considerar apenas os campos: Demanda Prevista (EC1), Estoques Iniciais (o primeiro período é obtido dos estoques em mãos por família fornecidos na guia "Dados de Entrada"), Produção Planejada e Estoques Finais. Considerar inicialmente 4 MAD (obtido no EC1 para cada família) como estoques finais (segurança) por período.

2. Montar planilhas com gráficos para calcular a capacidade necessária para atender aos planos de produção e a capacidade disponível com os recursos e turnos inicialmente fornecidos pelo trabalho para os setores de tecelagem, purga/tinturaria e fixação/acabamento. Caso falte capacidade em algum período, utilizar inicialmente a terceirização para complementar a capacidade. Considerar tempos de *setup*, produtividade dos setores e número de turnos por período e possíveis terceirizações. Ver a planilha de exemplo como referência.

3. Montar planos financeiros com gráficos com as receitas de vendas e os custos operacionais por período considerando os planos desenvolvidos inicialmente. Considerar os custos fixos (capacidade instalada e depreciação), de manutenção dos estoques, de terceirização, de capital, de preparação (*setup*), de vendas perdidas e total. Ver a planilha de exemplo como referência.

Questões sugeridas:

1. Nas condições iniciais (estoques finais de 4 MED e com os recursos e turnos fornecidos), os planos de produção das três famílias são viáveis sem recorrer às terceirizações? Em que setores e em que períodos teremos problemas no atendimento do plano?

2. Dado que é inviável perder demanda (Clientes), mantendo os estoques finais de 4 MED e os recursos e turnos iniciais no Plano de Produção, utilize as terceirizações como forma de aumentar a capacidade dos setores para atender toda a demanda. Apresente os planos.

3. Financeiramente, é mais conveniente comprar mais máquinas (com a possibilidade de fazer estoques com antecedência) ou terceirizar a capacidade de produção nos períodos sem capacidade? Apresente o plano financeiro das alternativas para justificar a resposta.

RESUMO

O Capítulo 3 buscou apresentar os principais conceitos relacionados ao planejamento estratégico da produção, e a formalização deste planejamento através da elaboração do plano de produção. Este plano de produção é o referencial na empresa para os ajustes de longo prazo do sistema produtivo, no sentido de atender à demanda futura por bens ou serviços. A princípio, uma visão geral do planejamento estratégico, inter-relacionando a missão/visão corporativa, a estratégia corporativa, a estratégia competitiva e a estratégia de produção, foi descrita. Na sequência, o foco foi centrado na estratégia de produção com a montagem de um plano de produção relacionando as áreas de decisão do sistema produtivo com os critérios competitivos priorizados. Após a conceituação teórica, como forma de ilustrar esta dinâmica estratégica, o Jogo *LSSP_PCP1* foi apresentado, e os dados de entrada para a montagem do plano de produção e sua dinâmica de aplicação foram discutidos.

EXERCÍCIOS

1. Utilizando a Figura 3.1, relacione as frases propostas com a respectiva etapa do planejamento estratégico, considerando: (A) Missão/Visão Corporativa; (B) Estratégia Corporativa; (C) Estratégia Competitiva; e (D) Estratégia de Produção.

   ( ) Estabelece as características produtivas necessárias para suportar as vantagens competitivas de longo prazo.
   ( ) Evita conflitos e superposições entre as unidades de negócio, estabelecendo um sentido comum para toda a empresa/grupo.
   ( ) Define as bases de competição da unidade de negócio no mercado.
   ( ) Considera os critérios de desempenho para estabelecer as políticas de ação em áreas de decisão de estrutura e infraestrutura de produção.
   ( ) Define claramente o negócio atual da empresa/grupo e onde se quer chegar.
   ( ) Amadurece e se atualiza com o desenvolvimento da empresa, e deve representar os interesses dos *stakeholders*.
   ( ) Define áreas de negócio em que a empresa/grupo deverá atuar.
   ( ) Impacta no volume de vendas e margem de lucro dos produtos e/ou serviços oferecidos.

2. Como a definição das estratégias competitivas influencia no volume de vendas e margem de lucro dos produtos e/ou serviços oferecidos? Qual o impacto desta definição nas características dos sistemas de produção?

3. Para os sistemas produtivos sugeridos, considerando a estratégia de produção, estabeleça quais deveriam ser seus respectivos critérios ganhadores de pedido e aponte soluções para se obter estes critérios nas áreas de decisão identificadas.

Sistema produtivo	Critérios ganhadores de pedido	Áreas de decisão			
		Instalações	Tecnologia	PCP	Novos produtos
Montadora de refrigeradores populares					
Fabricante de móveis sob medida					
Refinaria de petróleo					
Fabricante de autopeças					

4. Como o desequilíbrio entre a capacidade instalada e a demanda de mercado de um sistema produtivo afeta seu desempenho econômico e financeiro? O que acontece se a demanda é muito superior à capacidade instalada? E se for muito inferior?

ATIVIDADES PARA SALA DE AULA

O oceano é azul ou vermelho?

Como apresentado neste capítulo, a teoria sobre estratégia corporativa tem sua origem nas estratégias militares, ou seja, o foco é na "guerra" com a concorrência (e talvez com as demais quatro forças de Porter). Contudo, existe uma proposta alternativa no sentido inverso ao da guerra, onde a melhor estratégia para afastar a concorrência não é competir diretamente com ela, mas parar de competir e no lugar da competição tentar superar a concorrência com inovações a fim de obter uma parte maior do mercado atual. Neste caso, a proposta é que melhor seria buscar um mercado novo com potencial de crescimento. Daí os termos Oceano Vermelho e Oceano Azul. Esses conceitos estratégicos focados em inovação e agregação de valor foram introduzidos em 2005 pelo livro *Blue ocean strategy*, escrito por W. Chan Kim e Renée Mauborgne (https://www.blueoceanstrategy.com), a partir da descrição de soluções estratégicas, entre outras, do Cirque Du Soleil, que recriou o conceito de circo, e da Starbucks com sua capacidade de fidelizar clientes.

Como sugestão de atividade, faça uma busca na internet (existem vários *sites* que comentam essa estratégia) e discuta em sala de aula as questões a seguir, relacionando a teoria exposta neste capítulo com esse novo conceito de estratégia.

1. O que é o Oceano Azul em um mercado? Qual a diferença para o Oceano Vermelho?
2. Em que sistema de produção (contínuos, massa, em lotes e sob encomenda) você acha que esta teoria se aplica mais facilmente?
3. Por que você acha que, em geral, os livros apenas descrevem estratégias (neste caso de inovação) que deram certo? Onde estão as que deram errado? Por exemplo, a do relógio da Apple que ainda não emplacou? Você acha que a Apple não conhecia esta análise do Oceano Azul?

CAPÍTULO 4

Planejamento-mestre da Produção

Objetivos de aprendizagem

Ao final deste capítulo, o aluno deverá ser capaz de:

1. Obter uma visão geral do planejamento-mestre da produção.
2. Compreender as duas funções do planejamento-mestre da produção.
3. Relacionar o nivelamento do plano-mestre com a demanda.
4. Diferenciar o plano-mestre do plano de vendas.
5. Organizar a montagem do plano-mestre de produção.
6. Analisar e validar a capacidade de produção do plano-mestre.
7. Identificar que itens entram no plano-mestre.

1 INTRODUÇÃO

O Capítulo 4 pretende introduzir os conceitos de planejamento-mestre da produção e de plano-mestre de produção (PMP) dentro das atividades de planejamento e controle da produção. O planejamento-mestre da produção faz a conexão, através da montagem do plano-mestre de produção, entre o planejamento estratégico de longo prazo e as atividades operacionais da produção. Dentro desse quarto capítulo será vista a forma de elaboração do plano-mestre de produção e o uso de suas informações, com ênfase nos prazos que compõem o plano e no conceito atual de nivelamento do plano-mestre à demanda, na interação e passagem das informações de demanda do plano de vendas para o plano-mestre e na montagem da tabela que comporta esse plano. Complementando o capítulo, será discutido o emprego do plano-mestre de produção para análise e validação da capacidade produtiva (*RCCP*), e proposta uma rotina para sua execução, bem como feita uma breve discussão sobre os itens que devem compor esse plano. Durante todo o capítulo, exemplos ilustrativos baseados no jogo *LSSP_PCP2* serão apresentados para esclarecerem os temas.

A vida de planejador-mestre...

O planejador-mestre exerce função importante em um ambiente de manufatura e trabalha para gerar planejamentos que considerem a capacidade produtiva e o melhor aproveitamento de sua ocupação. Esta tarefa exige do planejador uma boa habilidade em se comunicar, pois está constantemente interagindo com coordenadores e supervisores do chão de fábrica, discutindo problemas e preocupações com a coordenação de vendas ou dando suporte para o gerente de projetos.

O trabalho do dia a dia envolve a geração de relatórios e informações indispensáveis para a produção, porém boa parte do tempo é dedicada para se reunir e comunicar com os colaboradores das diversas áreas da empresa.

Para isso, o planejador-mestre está em contato com os diversos níveis hierárquicos das organizações, tratando com gerentes e supervisores, mas também vice-presidentes e CEOs, o que permite ao profissional uma visão *top-down* da empresa e o conhecimento de como as coisas acontecem nos diversos níveis hierárquicos, trazendo também muita visibilidade para a função.

O profissional que desenvolve o PMP deve gostar de desafios e ter muita flexibilade para encarar as constantes mudanças e novidades que surgem no dia a dia de suas funções. É necessário ter proatividade para se antecipar aos problemas que podem acontecer, portanto dificilmente este profissional ficará ocioso em seu trabalho. Para o planejador-mestre, o tempo pode ser considerado um recurso escasso, o que faz a atividade ser exigente e nada monótona.

Fonte: elaborado com base na entrevista com um planejador-mestre no vídeo *Day in the Life: master scheduler and materials manager*. Disponível em: <https://youtu.be/2hm9p5CBH9I>. Acesso em: 13 jun. 2017.

2 CONCEITOS

O planejamento-mestre da produção está encarregado de desmembrar os planos produtivos estratégicos de longo prazo em planos específicos de produtos acabados (bens ou serviços) para o médio prazo, no sentido de direcionar as etapas de programação e execução das atividades operacionais da empresa (montagem, fabricação e compras). A partir do planejamento-mestre da produção, a empresa passa a assumir compromissos de montagem dos produtos acabados, fabricação das partes manufaturadas internamente, e da compra dos itens e matérias-primas produzidos pelos fornecedores externos.

Objetivo de aprendizagem 1: Obter uma visão geral do planejamento-mestre da produção.

Como resultado do planejamento-mestre da produção se tem um plano, chamado de plano-mestre de produção (PMP), que formalizará as decisões tomadas quanto à necessidade de produtos acabados para cada período analisado. O planejamento-mestre da produção, conforme podemos ver na Figura 4.1, faz a conexão entre o planejamento estratégico (plano de produção) e as atividades operacionais da produção. Ele, na maioria das vezes, é obtido por um processo de tentativa e erro, em que a partir de um PMP inicial busca-se verificar a disponibilidade de recursos para sua execução. Caso o PMP seja viável, autoriza-se o plano, porém, se forem encontrados problemas, deve-se refazer o PMP, podendo inclusive chegar ao ponto de ter que retornar ao nível do plano de produção e reconsiderar as questões estratégicas.

Desta forma, em termos de prazos, o planejamento-mestre da produção exerce duas funções básicas dentro da lógica de PCP. Uma relacionada à análise e validação da capacidade de médio prazo do sistema produtivo em atender à demanda futura, que desmembra a estratégia de produção em táticas de uso para o sistema produtivo montado (um *link* entre o longo e o médio prazo); e outra, implementando a tática escolhida para o próximo período, identificando as quantidades de produtos acabados que deverão ser produzidas de forma a iniciar o processo de programação da produção (um *link* entre o médio e o curto prazo).

O PMP diferencia-se do plano de produção sob dois aspectos: o nível de agregação dos produtos e a unidade de tempo analisada. Onde o plano de produção estratégico tratava de

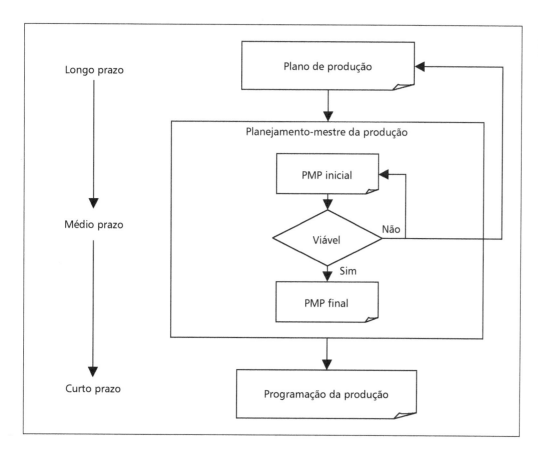

FIGURA 4.1

Visão geral do planejamento-mestre da produção.

famílias de produtos, o PMP, já voltado para a operacionalização da produção, tratará de produtos individuais. Da mesma forma, onde o plano de produção empregava meses, trimestres e anos, o PMP empregará uma unidade de planejamento mais curta, normalmente semanas, ou no máximo meses para produtos com ciclos produtivos longos.

Na elaboração do planejamento-mestre da produção, estão envolvidas todas as áreas que têm um contato mais direto com a manufatura, tanto no sentido de fornecer subsídios para a tomada de decisões, como no sentido de usar as informações do PMP. Reuniões para definição da tática a ser empregada nas próximas semanas são realizadas periodicamente, antes do início de um novo ciclo de programação de curto prazo, de forma a manter as programações futuras viáveis.

A área de Finanças coordenará os gastos com compras, estoques, horas extras, manutenção das instalações e equipamentos etc.; a área de Marketing passará seu plano de vendas e a previsão da demanda para os períodos analisados; a área de Engenharia fornecerá os padrões atuais de tempos e consumos de materiais para execução das tarefas; a área de Produção colocará suas limitações de capacidade e instalações; a área de Compras informará suas necessidades referentes à logística de fornecimento externo; a área de Recursos Humanos apresentará seu plano de contratação e treinamento de pessoal etc.

Por ser um processo interativo, ao final de sua elaboração o PMP representará os anseios das diversas áreas da empresa não só quanto à programação da produção da semana que entra, como também quanto ao planejamento tático de médio prazo para as próximas semanas. Desta forma, Finanças terá seu plano de necessidades de capital, Marketing terá seu plano de vendas com datas prováveis de entregas, Compras poderá negociar seus contratos com os fornecedores, Recursos Humanos terá seu plano de contratação e treinamento de pessoal, e a Produção terá seu PMP liberado para programar suas atividades na próxima semana e planejar seus recursos nas semanas seguintes.

2.1 Plano-mestre de produção e prazos

Objetivo de aprendizagem 2: Compreender as duas funções do planejamento-mestre da produção.

Como dito anteriormente, em termos de prazos, o planejamento-mestre da produção exerce duas funções básicas dentro da lógica de PCP. Uma é direcionar a programação da produção para atender aos pedidos dos clientes no curto prazo. Outra é permitir a análise e validação da capacidade do sistema produtivo em atender à demanda futura. A Figura 4.2 ilustra essa situação, na qual o ideal é o planejamento-mestre da produção no horizonte de curto prazo utilizar informações de vendas confiáveis (grande parte delas de pedidos já em carteira) para fazer a programação da produção e acionar o sistema produtivo, enquanto a análise e validação da capacidade produtiva futura dentro do planejamento-mestre da produção utilizará informações de vendas baseadas em previsões de médio prazo. Mudanças no nível firme são caras e indesejáveis, contudo, à medida que se avança no tempo, elas são permitidas para adequar o sistema produtivo à demanda esperada.

FIGURA 4.2

Funções do planejamento-mestre da produção.

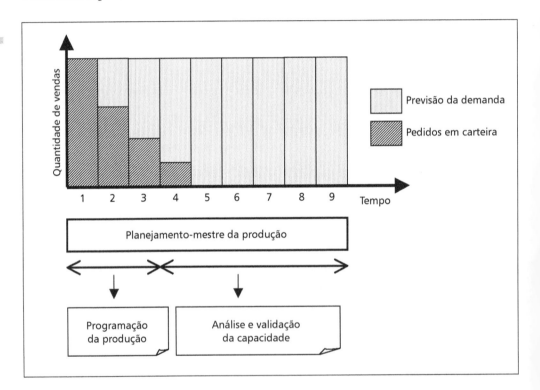

A determinação dos intervalos de tempo que irão compor o planejamento-mestre está associada à velocidade de fabricação dos itens incluídos no plano-mestre e a possibilidade prática de alterar tal plano. Normalmente, trabalha-se com intervalos de semanas. Já com processos que tenham *lead times* muito altos, como, por exemplo, a fabricação de navios ou grandes turbinas, podem-se empregar intervalos de meses e até trimestres.

Uma questão importante na definição destes intervalos de tempo para montagem do PMP é: por que, se na maioria das vezes o lote dos itens serão produzidos em períodos mais curtos do que a semana, talvez até abaixo de horas, não se emprega o *lead time* real como o *lead time* de programação na montagem do plano?

A principal razão é que um sistema produtivo para trabalhar de forma organizada necessita de um período de programação "congelado", ou seja, todos dentro do sistema estarão nesse período trabalhando para atender a um plano comum, e caso esse plano se altere a cada hora, muito provavelmente não se conseguirão sincronizar os diferentes processos. Desta forma, a solução de consenso consiste em fazer planos com períodos semanais para produtos acabados (PMP), e para os demais componentes quando a programação for empurrada (via MRP), com lotes de produção agregados semanais, e dentro da semana de programação firme aplicar uma programação da produção com lotes menores sequenciados de acordo com o *lead time* real (de preferência dentro do conceito de capacidade finita que será discutido mais tarde na programação da produção). Assim, mantém-se uma organização macrossemanal no sistema produtivo e se buscam otimizações setoriais para atender a esse plano quando programado.

Uma forma, dentro da estratégia da manufatura enxuta, de tornar mais eficaz a dinâmica de passagem do planejamento de capacidade para o de congelamento do período de curto prazo do PMP consiste em melhorar o relacionamento com os clientes desenvolvendo políticas de parcerias de longo prazo que garantam maior visão da demanda futura para planejamento da capacidade, bem como certeza na demanda atual para programação da parte congelada do PMP. Por outro lado, implantar técnicas de chão de fábrica que aumentem a flexibilidade do sistema produtivo na produção de pequenos lotes, incrementando a rapidez de resposta ao mercado, também favorece esta dinâmica do PMP.

VOCÊ SABIA?

Onde melhorar a Logística Interna

Com a troca da produção de grandes lotes variáveis empurrados por pequenos lotes-padrão puxados pelo cliente, a partir do nivelamento do PMP à demanda, o fluxo de movimentações de materiais entre as instalações do fornecedor e do cliente será bem maior. Isso irá gerar a necessidade de se agilizar as funções de expedição por parte do fornecedor e a recepção por parte do cliente, reduzindo aquelas atividades que não estão agregando valor. Se mantivermos a logística convencional, apresentada na parte superior da Figura 4.3, para cada operador que agrega valor teremos cinco atividades que não agregam, gerando um déficit final de sete desperdícios. Em um primeiro momento a entrada e saída de almoxarifados, as expedições e recepções e a burocracia das portarias podem ser eliminadas, fazendo com que o saldo seja de apenas um desperdício. O ponto alto, quando as empresas se aproximam, será atingido quando apenas as operações de produção em cada empresa e a operação logística entre elas forem necessárias, gerando um saldo positivo de agregação de valor.

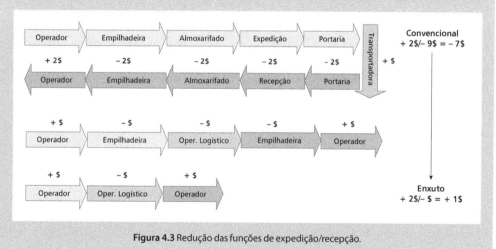

Figura 4.3 Redução das funções de expedição/recepção.

Sendo flexível, é possível explorar um conceito de planejamento de médio prazo associado à estratégia da manufatura enxuta, chamado de *nivelamento* do plano-mestre à demanda. Em sistemas convencionais, devido aos altos custos de preparação de linhas, buscam-se emitir lotes únicos no PMP para o período congelado. Por exemplo, se a demanda semanal a ser atendida por uma linha de montagem for de 2.000 unidades do item A, 3.000 do item B e

5.000 do item C, muito provavelmente essas serão as quantidades das três ordens de montagem emitidas para a semana, de forma que, como ilustrado na Figura 4.4, a linha começará montando 2.000 itens A, após passará para a produção de 3.000 itens B, e, finalmente, já na segunda metade da semana, entrará com os 5.000 itens C.

FIGURA 4.4

Nivelamento do Plano-mestre da Produção à demanda.

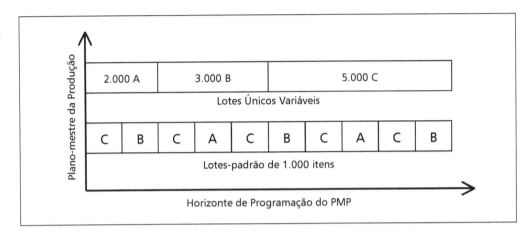

Objetivo de aprendizagem 3:
Relacionar o nivelamento do plano-mestre com a demanda.

Por outro lado, uma programação da produção enxuta irá buscar nivelar seu PMP de montagem semanal o máximo possível com a demanda do cliente, gerando uma sequência mista de lotes-padrão de montagens (por exemplo, 1.000 itens), de forma que o cliente seja atendido, na medida do possível, com os itens que estão saindo diretamente da linha, e não com os estoques formados na semana passada. Como pode ser visto na Figura 4.4, com o PMP nivelado, até o meio da semana todos os itens estarão disponíveis para entrega ao cliente.

A grande limitação para esse tipo de programação nivelada do PMP é óbvia: onde se tinham três paradas para preparação de linha, agora se terão 10 preparações, uma para cada um dos 10 lotes-padrão de 1.000 itens. Contudo, uma vez superada esta limitação com a implantação das técnicas da estratégia da manufatura enxuta voltadas para o aumento de flexibilidade e da produção em fluxo (polivalência, ajuda mútua, *layout* em serpentina, TRF, autonomação etc.), pelo menos quatro grandes ganhos podem ser listados:

1. entregas JIT para os clientes (internos ou externos);
2. redução dos níveis de estoque;
3. lotes-padrão de produção;
4. potencial de uso do sistema puxado no abastecimento da linha.

Dentro da estratégia da manufatura enxuta, é importante destacar que, além do nivelamento dos lotes de produção à demanda no horizonte de programação da parte congelada, a parte variável do PMP encarregada da análise e validação da capacidade do sistema produtivo para atender à demanda futura será utilizada também para planejar os níveis de estoques dos supermercados no sistema de programação puxada, além dos tempos de ciclos que irão regular o fluxo nas linhas de montagem e células de fabricação, de forma que quando estas demandas vierem a ocorrer (entrarem na esfera do curto prazo), elas possam ser atendidas de forma organizada com a programação puxada da produção. A Figura 4.5 ilustra essa situação.

Com o planejamento de médio prazo do sistema de produção voltado para a manufatura enxuta, entra-se em um ciclo virtuoso, conforme ilustrado na Figura 4.6. Ou seja, nivelando o PMP à demanda confirmada de curto prazo, geram-se programações de fabricação e montagens de pequenos lotes. Com lotes pequenos e mais frequentes sendo solicitados, é possível implantar a programação puxada da produção com base em supermercados predefinidos. Tendo os itens em estoque nos supermercados, o atendimento (*lead time*) das

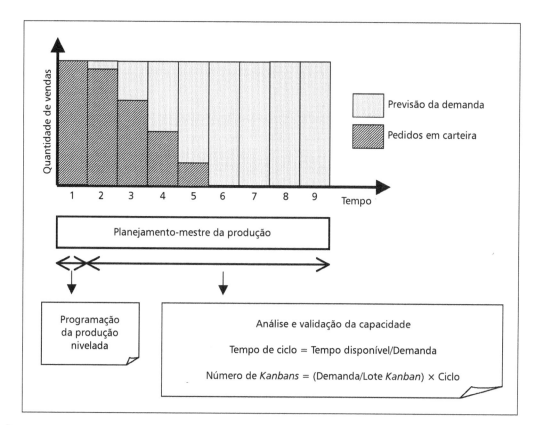

FIGURA 4.5

Funções do planejamento-mestre da produção e a estratégia da manufatura enxuta.

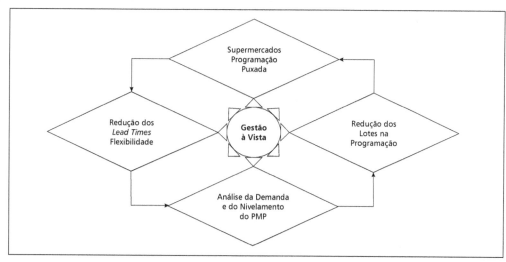

FIGURA 4.6

Ciclo virtuoso do nivelamento da PMP à demanda.

ordens é imediato e independente (flexibilidade) do item solicitado. Com o aumento da flexibilidade e a redução dos *lead times*, é possível nivelar o PMP à demanda de curto prazo, fechando o ciclo.

E para fazer com que esse ciclo virtuoso da estratégia da manufatura enxuta gire continuamente, tem-se a gestão à vista ligando todas as partes, cuja função é desenvolver dentro da produção mecanismos de gestão que fiquem à vista de todos e que possam prevenir, identificar e avisar da ocorrência de problemas antes mesmo que eles apareçam.

Para complementar a visão do nivelamento do PMP à demanda dentro da estratégia da manufatura enxuta recomenda-se a leitura do Capítulo 3 do nosso livro *Manufatura enxuta como estratégia de produção: a chave para a produtividade industrial* (Atlas, 2015), onde vários exemplos práticos são apresentados.

2.2 Plano-mestre de produção e plano de vendas

Objetivo de aprendizagem 4: Diferenciar o plano-mestre do plano de vendas.

Como o planejamento-mestre da produção tem por objetivo estruturar o sistema produtivo para atender da forma mais eficaz possível o plano de vendas (previsão de médio prazo e pedidos em carteira) para os períodos futuros, a elaboração do PMP se inicia com a transformação das informações desse plano de vendas em informações úteis à produção.

Normalmente, Marketing tem sua linguagem própria de comunicação com o mercado e nem sempre essa é a mesma que será utilizada no sistema produtivo para se acionar a produção. Logo, uma das funções do PMP é traduzir essa linguagem de mercado para a linguagem de produção. Por exemplo, um mesmo produto acabado que será tanto exportado para a China como colocado no mercado interno poderá ter duas especificações diferentes (código no banco de dados do ERP) em função das diferentes embalagens, ou até de diferentes volumes, com que é finalizado, quando, na realidade, para planejar e disparar as programações da produção as quantidades precisarão ser consolidadas em um mesmo lote.

Outro ponto que exige essa transformação das informações de vendas em produção diz respeito à dinâmica de lotes econômicos de produção, onde restrições de fábrica fazem com que não seja econômico produzir de acordo com os pedidos dos clientes colocados no plano de vendas. Ou ainda, quando se está usando previsões de vendas de médio prazo para famílias de produtos que deverão ser "abertas" em produtos acabados específicos, com requisitos produtivos próprios a serem planejados, como é o caso dos jogos *LSSP_PCP2* e *LSSP_PCP3* utilizados como referência neste livro.

Por exemplo, na Figura 4.7 do jogo *LSSP_PCP2* tem-se uma visão da relação entre o plano de vendas da malha Colmeia e seu PMP para as próximas seis semanas. Inicialmente, pode-se ver que as quantidades no PMP para os períodos são diferentes das quantidades previstas para vendas, dado que nesse sistema produtivo têxtil do jogo *LSSP_PCP2* tem-se como lote-padrão de acabamento 120 kg de malha, em função do tamanho das máquinas de tingimento (*Jets*). Logo, apesar de a previsão de vendas da Colmeia branca ser de 472 kg no período 14, está-se planejando produzir 480 kg desta malha, ou seja, quatro lotes de 120 kg.

FIGURA 4.7

Plano de vendas e o planejamento-mestre da produção.

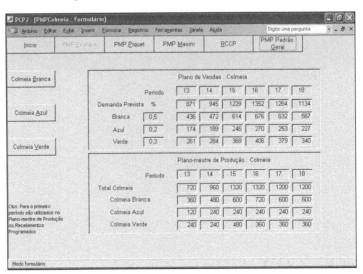

Outro ponto que diferencia o plano de vendas do PMP, conforme ilustrado na Figura 4.7, diz respeito ao fato de se ter ordens já emitidas dentro do sistema produtivo e estoques disponíveis para entrega. Isto faz com que os valores previstos para vendas não sejam os mesmos dos planejados para a produção, como pode ser visto no período 13, onde a previsão de vendas da Colmeia branca é de 436 kg, enquanto sua produção, programada no período anterior para estar disponível no 13 (*lead time* de 1 semana), é de apenas 360 kg, sendo a diferença coberta por estoques em mãos. Por outro lado, no período 16 está-se planejando produzir 720 kg de Colmeia branca, suficientes para cobrir os 676 kg do plano de vendas e, ainda, formar estoques.

Apresentado o relacionamento entre o PMP e o plano de vendas, algumas questões adicionais devem ser discutidas, dentre as quais a determinação de como se montar o PMP e sua sistemática de cálculo, para em seguida detalhar como a parte variável do PMP é utilizada para a análise e validação da capacidade futura do sistema produtivo.

2.3 Montagem do plano-mestre de produção

Para facilitar o tratamento das informações e informatizar o sistema de cálculo das operações referentes à elaboração do PMP, empregam-se tabelas de dados com informações detalhadas, período a período, por item que será planejado. Nessas tabelas constam informações sobre a demanda prevista, o recebimento programado, os estoques em mãos e projetados, a necessidade líquida e o plano-mestre de produção desse item para cada período futuro analisado.

Seguindo o exemplo do jogo *LSSP_PCP2*, na Figura 4.8 pode-se ver a tela com a tabela de dados do PMP da malha Colmeia branca dos períodos 13 a 18 antes de se planejarem as ordens para cobrir as necessidades líquidas. Como dito antes, os lotes de produção das malhas acabadas são padronizados em 120 kg, e, nesse exemplo, está-se trabalhando com um estoque de segurança de 30 kg de malha. Além da definição do tamanho do lote e do estoque de segurança, para se rodar a dinâmica do PMP é necessário definir o *lead time* de programação, ou tempo de atravessamento, do lote. Nesse jogo, está-se trabalhando com *lead times* de uma semana (período) para a fixação e o acabamento das malhas, ou seja, espera-se que as ordens de fixação e de acabamento uma vez emitidas se completem até o final da semana de programação e estejam disponíveis em estoque para atender à demanda da próxima semana.

Objetivo de aprendizagem 5:
Organizar a montagem do plano-mestre de produção.

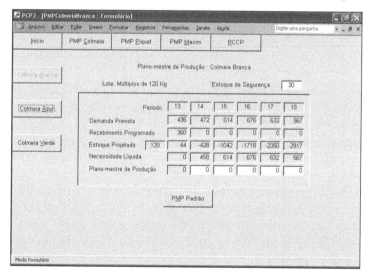

FIGURA 4.8

PMP da malha Colmeia branca antes do planejamento-mestre.

Como o *lead time* da malha Colmeia branca é de um período (ou semana), o período 13 está bloqueado, pois não há possibilidade de se alterar o plano-mestre planejando a entrada de novas ordens de malhas ainda nesse período. Para esse período já foram emitidas três ordens de acabamento de 120 kg no período 12, e, se tudo correr conforme o planejado, esses 360 kg darão entrada nesse período como recebimento programado. Esse recebimento programado, somado ao estoque em mãos de 120 kg, irá cobrir a demanda prevista de 436 kg e gerar uma sobra de 44 kg em estoque ao final da semana 13. Como se tem malha em estoque acima de 30 kg nesse período, a necessidade líquida dele é zero.

Na realidade, um sistema produtivo eficaz é aquele que consegue cumprir seus planos, ou seja, transformar em realidade as previsões de vendas e produção, de forma a não apresentar necessidades líquidas no período congelado, pois qualquer alteração de curto prazo, ou seja, não planejada com antecedência, irá repercutir negativamente nos custos produtivos.

Já para se atender à demanda dos próximos períodos (14 a 18), e ainda deixar como segurança pelo menos 30 kg em estoque, como pode ser visto na tabela do PMP da Figura 4.8, surgem necessidades líquidas. A necessidade líquida do período 14, de 458 kg, é decorrente da soma entre 472 kg da demanda prevista mais 30 kg do estoque de segurança, menos os 44 kg dos estoques em mãos (458 = 472 + 30 − 44). Já para os demais períodos, as necessidades líquidas equivalem às demandas previstas que devem ser atendidas, visto que o estoque em mãos e o estoque de segurança já foram incluídos na necessidade líquida do período 14.

Caso nada seja feito para cobrir essas necessidades líquidas, os estoques evoluiriam de forma negativa como apresentados na tabela do PMP da Figura 4.8. Logo, há necessidade de se fazer um plano-mestre para cada um desses períodos futuros de forma a cobrir estas necessidades líquidas. Na Figura 4.9 está apresentada a tabela do PMP da malha Colmeia com o plano-mestre de produção preenchido em múltiplos de lotes-padrão de 120 kg, de forma a cobrir as necessidades líquidas de cada período.

FIGURA 4.9

PMP da malha Colmeia branca após o planejamento-mestre.

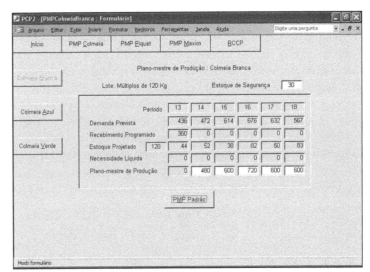

No período 14, com uma necessidade líquida de 458 kg de malha, está-se planejando a entrada de 480 kg, ou seja, quatro lotes de 120 kg, para atender a essa necessidade. Nesse caso irá sobrar em estoque 52 kg de malha (52 = 480 + 44 − 472). Já para o período 15, com uma necessidade líquida de 614 kg de malha, está se planejando a entrada de 600 kg de malha, que em conjunto com os estoques disponíveis no início do período, de 52 kg, irá gerar uma sobra em estoque de 38 kg (38 = 600 + 52 − 614). E assim por diante, as necessidades líquidas são cobertas por múltiplos de lotes-padrão de 120 kg, de forma a deixar os estoques finais do período iguais ou acima da segurança pretendida de 30 kg.

Outras táticas para o planejamento-mestre poderiam ser implementadas, como, por exemplo, poder-se-ia trabalhar sem estoques de segurança, ou ainda com valores acima de 30 kg. Em sistemas produtivos pouco flexíveis de produção em massa, talvez fosse interessante para a empresa emitir ordens a cada duas semanas, ao invés de semanalmente, de forma a reduzir os *setups* na fábrica. Neste caso, o *lead time* de programação passaria para duas semanas e as ordens seriam agrupadas. De qualquer forma, uma vez montado o PMP, a dinâmica do planejamento-mestre da produção irá buscar analisar a capacidade de produção da fábrica em cumprir tal plano, ponto esse discutido a seguir.

2.4 Análise e validação da capacidade

Conforme apresentado na Figura 4.1, a sistemática de planejamento-mestre da produção consiste em gerar um PMP inicial que será testado frente a suas necessidades de capacidade produtiva para verificar sua viabilidade e autorizar o seu prosseguimento. O objetivo é não prosseguir com um plano que trará problemas futuros para sua operacionalização.

Objetivo de aprendizagem 6: Analisar e validar a capacidade de produção do plano-mestre.

A existência de dois horizontes de tomadas de decisões dentro do PMP faz com que a análise da capacidade de produção não busque atuar sobre a parte fixa do PMP, pois nela já se está com o *lead time* do produto acabado correndo e modificações são indesejáveis. A função da análise da capacidade produtiva do PMP consiste em equacionar os recursos produtivos da parte variável do plano, de forma a garantir uma passagem segura para sua parte fixa e posterior programação da produção.

Como o PMP gerado é um desmembramento do plano de produção de longo prazo, que já foi analisado de forma agregada quando de sua elaboração, a princípio não se deve estar cometendo erros de grande monta. Porém, ajustes de médio prazo na capacidade produtiva, que não foram incluídos anteriormente, podem ser necessários.

A análise da capacidade de produção para o plano de produção estratégico considerou a possibilidade de trabalhar variáveis de longo prazo, como alteração nas instalações físicas, compra de equipamentos, definição dos turnos de trabalho, admissão e treinamento da mão de obra, negociações de fornecimento externo etc. Já as decisões relativas ao PMP envolvem a negociação com variáveis de médio prazo, como, por exemplo, a formação ou o uso de estoques amortecedores em situações de demandas sazonais, a definição de tempos de ciclo para as próximas semanas, a necessidade de horas extras ou de jornadas flexíveis, o remanejamento de funcionários, a necessidade de espaço na recepção e armazenagem dos itens etc.

Nos sistemas de informações gerenciais integrados (ERP) existe um módulo, geralmente chamado de RCCP (*Rough Cut Capacity Planning* ou planejamento grosseiro de capacidade), que é o responsável por fazer esta análise da capacidade que, embora seja grosseira ao não considerar questões de programação, como o sequenciamento das ordens no curto prazo, pode ser executado rapidamente. A rotina de cálculo para análise da capacidade produtiva do PMP é obtida através dos seguintes passos:

1. identificar os recursos a serem incluídos na análise. Como forma de simplificação pode-se considerar apenas os recursos críticos, ou gargalos;
2. obter o padrão de consumo, ou taxa de produção no caso de máquinas, da variável que se pretende analisar (horas-máquina/unidade, horas-homem/unidade, m^3/unidade etc.) de cada produto acabado incluído no PMP para cada recurso. Nesse padrão de consumo já podem estar contidas as taxas de eficiência, de paradas para manutenção, de *setups* etc., ou estes valores podem vir discriminados em separado para controle;
3. multiplicar o padrão de consumo de cada produto para cada recurso pela quantidade de produção prevista desse produto no PMP para o período em que esse recurso será acionado em função dos *lead times* de planejamento;
4. consolidar as necessidades de capacidade para cada recurso em cada período;
5. comparar as disponibilidades dos recursos com as necessidades de capacidades calculadas em cada período para a tomada de decisão quanto à viabilidade do PMP.

Não se perca no mapa

Na Figura 4.10 é apresentado o mapa de fluxo de valor (MFV) do processo chamado de manufatura (existem ainda o têxtil e o beneficiamento) de uma confecção que produz 50.000 peças por dia, em média, para uma coleção de 250 tipos diferentes de itens, cada um com quatro cores, em média (a cor interfere nos lotes, mas não no fluxo). Como se pode ver no mapa, há 24 processos produtivos por onde esses 250 itens podem passar, alguns deles em paralelo, como, por exemplo, o infesto mecânico, infesto manual, corte dos debruns (frisos) e corte de golas. Não seria nada prático cruzar o PMP da coleção com o padrão de consumo no fluxo de cada item, por isso a empresa utiliza como parâmetro de capacidade apenas os dois mais importantes gargalos do fluxo: a estamparia e a costura interna (marcadas com um círculo no mapa). Pela experiência do PCP da empresa, se passar nesses dois gargalos, passa nos demais processos do fluxo, inclusive com base no potencial de deslocamentos dos colaboradores (polivalência) em processos afins no curto prazo (semana de produção).

92 PLANEJAMENTO E CONTROLE DA PRODUÇÃO

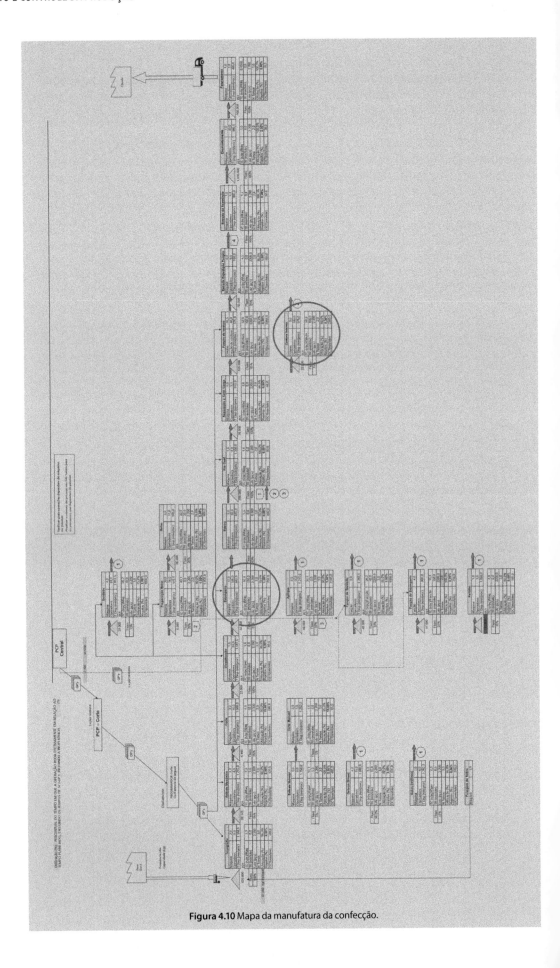

Figura 4.10 Mapa da manufatura da confecção.

Seguindo o exemplo do jogo *LSSP_PCP2* que está ilustrando este capítulo, na Tabela 4.1 estão apresentadas as fases com os respectivos recursos, as taxas de produção e os *lead times* empregados no planejamento das malhas da família Colmeia. Nessa figura, pode-se ver que a malha crua Colmeia possui uma taxa de 0,09 horas por quilo na fase de malharia nos teares, e que a malha fixada Colmeia na fase de purga nos *Jets* consome uma hora por lote (cargas de 120 kg) e na fase de fixação na rama consome 0,002 horas por quilo. Por sua vez, as diferentes cores da malha Colmeia acabada empregam na fase de tinturaria nos *Jets* três horas por lote (cargas de 120 kg) e na fase de acabamento na rama 0,003 horas por quilo.

TABELA 4.1

Roteiro de fabricação e taxas de produção da família de malhas Colmeia.

Item	Fases	Recursos	Taxa de produção	*Lead time* de programação
Malha acabada	Acabamento	Rama	0,003 h/kg	1 semana
	Tinturaria	Jets	3 h/lote	
Malha fixada	Fixação	Rama	0,002 h/kg	
	Purga	Jets	1 h/lote	
Malha crua	Malharia	Teares	0,09 h/kg	1 semana

Considerando que no exemplo do jogo *LSSP_PCP2* o *lead time* utilizado para a programação do PMP para as fases de purga, fixação, tinturaria e acabamento é de uma semana, para que uma malha acabada Colmeia esteja disponível no período 14 para atender à demanda, ela precisa ser programada no período 13 nestes recursos. Assim como, considerando que o *lead time* para programação da fase de malharia nos teares é de mais uma semana, para que uma malha acabada Colmeia esteja disponível no período 15 para atender à demanda, ela precisa ser programada com duas semanas de antecedência, ou seja, no período 13 nos teares.

Utilizando esses dados chega-se ao cálculo das necessidades de capacidade nos *Jets* para a malha Colmeia multiplicando as quantidades planejadas para essa malha no PMP, considerando o *lead time* de programação de uma semana, pela taxa de produção para a purga da malha fixada Colmeia nos *Jets* (1 h/120 kg) mais a taxa de produção para a tinturaria da malha acabada Colmeia nos *Jets* (3 h/120 kg), conforme ilustrado na Figura 4.11.

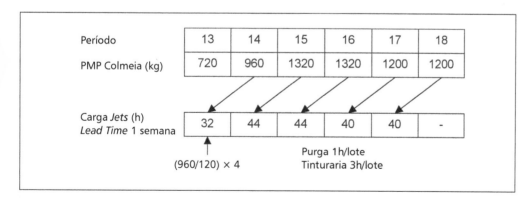

FIGURA 4.11

Cálculo das necessidades de capacidade nos *Jets* para malha Colmeia.

Já para o cálculo de capacidade dos teares para a malha Colmeia, conforme se pode ver na Figura 4.12, está se multiplicando as quantidades planejadas para essa malha no PMP duas semanas à frente pela taxa de produção para a tecelagem da malha crua Colmeia nos teares (0,09 h/kg).

Considerando que no jogo *LSSP_PCP2* há ainda as famílias Piquet e Maxim, com seus respectivos planos-mestres, o cálculo total da capacidade dos recursos produtivos devem incluí-las, conforme está ilustrado na Figura 4.13 para os *Jets*. Além das horas necessárias

FIGURA 4.12

Cálculo das necessidades de capacidade nos teares para malha Colmeia.

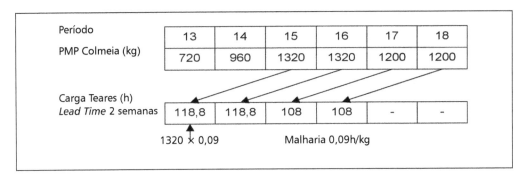

para atender ao PMP de cada família de malha, o cálculo de capacidade dos *Jets* nesse jogo está considerando 20% desse tempo como necessário para o *setup* dos *Jets*. Esse valor é uma aproximação, dado que a quantidade de tempo realmente gasta com o *setup* dos *Jets* só será conhecida quando da programação das ordens de fixação para purga e das ordens de acabamento para tinturaria das malhas.

FIGURA 4.13

RCCP dos *Jets* após o planejamento-mestre.

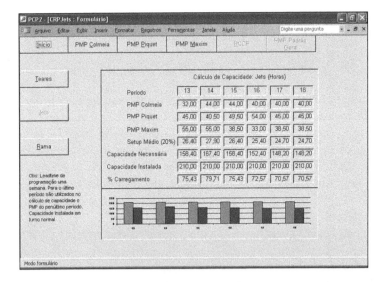

De posse da capacidade total necessária para atender a cada período futuro do PMP, ela deve ser confrontada com a capacidade instalada dos recursos nesses períodos, conforme ilustrado na Figura 4.13 para os *Jets*. Caso mais capacidade seja necessária em algum desses períodos, soluções de médio prazo podem ser planejadas para ampliar essa capacidade com tempo suficiente para surtir efeito. Também o baixo carregamento dos recursos é motivo de preocupação, visto que os custos fixos do sistema produtivo não serão abatidos, e, neste caso, táticas devem ser implementadas ou para estimular a demanda ou para reduzir momentaneamente a capacidade instalada.

2.5 Itens que entram no PMP

Objetivo de aprendizagem 7: Identificar que itens entram no plano-mestre.

Conforme apresentado, o planejamento-mestre da produção está encarregado de desmembrar os planos produtivos estratégicos de longo prazo em planos específicos de produtos acabados (bens ou serviços) para o médio prazo. Logo, o PMP deve referir-se aos produtos acabados da empresa que serão remetidos via Plano de Vendas aos clientes. Porém, certas situações exigem um estudo mais detalhado em função do número de produtos acabados que pode ser gerado nesse plano. É o caso de empresas que tenham entre 2.000 a 5.000 itens de produtos acabados à disposição dos clientes. Esta quantidade de produtos acabados deriva, normalmente, da gama de combinações de opções que podem ser escolhidas pelo cliente para compor um produto acabado, como, por exemplo, na indústria automobilística.

A Figura 4.14 ajuda a ilustrar esta situação. Um automóvel (simplificado) é montado a partir de três combinações de componentes. Um conjunto de opcionais que podem ser de quatro tipos diferentes, uma cor que pode ser escolhida entre seis ofertadas, e um motor com quatro opções de escolha. Ao ser montado um PMP para cada uma das alternativas de produtos acabados decorrentes destas combinações, chegar-se-ia a 96 automóveis diferentes (4 × 6 × 4). Levando-se em conta que na realidade são pelo menos 12 cores ofertadas, e mais de seis opcionais que podem ser escolhidos em conjunto ou não, além de combinações de carrocerias diversas (duas, quatro ou cinco portas, por exemplo), as alternativas de automóveis montados facilmente chegam a números difíceis de ser administrados, mesmo empregando computadores.

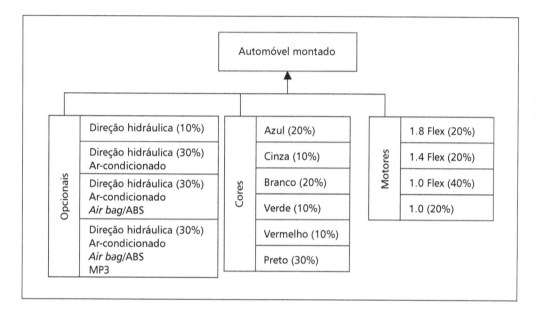

FIGURA 4.14

Opções de montagem de um automóvel.

Geralmente, não se planeja a formação de estoques para todas as combinações possíveis, haja vista o grande custo de carregar estoques dentro da estratégia da manufatura enxuta. A ideia para reduzir esse crescimento exponencial consiste em descer um nível no planejamento-mestre da produção. Ao invés de elaborar um PMP para cada produto acabado, passa-se a elaborar um PMP para cada opção de componente, transformando a multiplicação de alternativas em uma soma de alternativas. O produto acabado seria controlado por fora, com um programa de montagem final que representaria as opções escolhidas pelos clientes. Nesse caso, o planejamento-mestre da produção e toda a visão futura de carregamento da fábrica se voltariam para a administração dos 14 componentes (4 + 6 + 4) ao invés de 96 automóveis acabados.

Ao empregar esta alternativa de simplificação do sistema de planejamento-mestre da produção, se irá deparar com um problema adicional referente à previsão da demanda, pois as previsões são obtidas sobre os produtos acabados, e não sobre os componentes que se pretende planejar. A solução consiste em guardar junto com a estrutura do produto o percentual de demanda do produto acabado para cada opção de componentes que compõem esse produto, como ilustrado na Figura 4.14. Assim, ao se obter a previsão do produto acabado para o período de planejamento, pode-se transformá-la em previsões para os componentes do PMP, multiplicando o percentual de cada opção de cada componente pela previsão da demanda do produto.

Exemplificando, caso o automóvel da Figura 4.14 tenha uma previsão de demanda de 500 unidades para as próximas semanas, a previsão de demanda para as três combinações de componentes que farão parte do PMP seria a apresentada na Tabela 4.2.

TABELA 4.2

Previsão de demanda para os componentes.

Opcionais	Cores	Motores
Direção hidráulica = 500 × 1 = 500	Azul = 500 × 0,2 = 100	1.8 Flex = 500 × 0,2 = 100
Ar-condicionado = 500 × 0,9 = 450	Cinza = 500 × 0,1 = 50	1.4 Flex = 500 × 0,2 = 100
Air bag / ABS = 500 × 0,6 = 300	Branco = 500 × 0,2 = 100	1.0 Flex = 500 × 0,4 = 200
MP3 = 500 × 0,3 = 150	Verde = 500 × 0,1 = 50 Vermelho = 500 × 0,1 = 50 Preto = 500 × 0,3 = 150	1.0 = 500 × 0,2 = 100

ESTUDO DE CASO

Estudo de Caso 3 – Plano-mestre de produção e cálculo grosseiro de capacidade

Objetivo: montar a dinâmica de planejamento-mestre da produção e cálculo grosseiro de capacidade para os períodos 37, 38 e 39, abertos em quatro semanas cada, utilizando as previsões de demanda por família de malha realizadas no Estudo de Caso 1 (EC1) e as capacidades setoriais dimensionadas no Estudo de Caso 2 (EC2), conforme apresentado neste capítulo e ilustrado na planilha "Estudo_Caso_PCP_Exemplo.xlsx". Manter todas as variáveis interligadas entre as tabelas de forma que a mudança em uma das variáveis de entrada, por exemplo, previsão de demanda da semana, ou estoque de segurança da malha cor, promova mudanças nos planos simultaneamente.

Passos sugeridos:

1. Montar o Plano de Vendas de cada família para as 12 semanas (considerando a demanda semanal como média do mês, nos períodos 37, 38 e 39) e o percentual por cor de cada família. Ver a planilha de exemplo como referência.

2. Montar os Planos-mestres (PMP) com gráficos para cada malha/cor para as 12 semanas, considerando o Plano de Vendas e os estoques em mãos, recebimentos programados, estoques de segurança fornecidos na guia "Dados de Entrada". Os lotes de produção devem ser múltiplos de 120 kg (limitações dos *Jets*). Ver a planilha de exemplo como referência.

3. Montar os cálculos grosseiros de capacidade (RCCP) com gráficos para as 12 semanas para os setores de tecelagem, purga/tinturaria e fixação/acabamento decorrentes dos PMP, considerando o número de recursos, de turnos, terceirizações e taxas de produção planejados nos Planos de Produção (origem EC2), bem como os *lead times* de programação, o número de dias trabalhados e horas de trabalho por turno (fornecidos). Como poderemos ter *Jets* com diferentes capacidades (480/120/30 kg), a taxa de produção em h/kg dos mesmos deve ser calculada com base na média ponderada apresentada no topo da guia. Ver a planilha de exemplo como referência.

Questões sugeridas:

1. Se a demanda acontecer como previsto, teremos capacidade de produção em turnos normais de trabalho (sem utilizar horas extras no sábado)?
2. Qual o setor que está mais carregado na fábrica?
3. Aumente as demandas em 10% no Plano de Vendas e verifique se a fábrica não apresentará gargalos. Caso apresente, como podemos resolver este limite de capacidade sem a compra de equipamentos (solução de longo prazo)? Dê duas sugestões para o médio prazo.
4. Vendas está querendo fazer uma promoção de malhas e aumentar o volume vendido. Quanto podemos aumentar as vendas (em um percentual fixo para todas as famílias) sem causar problemas na fábrica em turno normal?

Resumindo, com relação aos itens que farão parte do PMP, se não se tiver uma quantidade excessiva de produtos acabados que venha a inviabilizar os cálculos, incluem-se todos no planejamento. Agora, se a quantidade de produtos acabados for grande, deve-se controlá-los através de um programa de montagem final, e deixar para planejar via PMP os componentes do nível abaixo.

RESUMO

O Capítulo 4 apresentou os conceitos de planejamento-mestre da produção e de plano-mestre de produção (PMP), que faz a conexão entre o planejamento estratégico de longo prazo e as atividades operacionais da produção. Foram discutidos a forma de elaboração do plano-mestre de produção e o uso de suas informações na dinâmica do PCP, focando os prazos que compõem o PMP e o conceito atual de nivelamento do mesmo à demanda, a interação e passagem das informações de demanda do plano de vendas para o PMP e a montagem da tabela que comporta esse plano. Também foi discutido o emprego do plano-mestre de produção para análise e validação da capacidade produtiva (RCCP), e proposta uma rotina para execução da mesma, bem como foi feita breve discussão sobre os itens que devem compor esse plano.

EXERCÍCIOS

1. Quais são os principais objetivos e diferenças entre o plano de produção no nível estratégico e o planejamento-mestre no nível tático? Explique.

2. Marque "V" se a sentença for verdadeira e "F" se a sentença for falsa.
( ) O planejamento-mestre da produção faz a conexão entre o planejamento estratégico e as atividades operacionais da produção.
( ) Mudanças no nível firme do PMP são caras, porém desejáveis.
( ) Em termos de prazos, o planejamento-mestre da produção exerce duas funções básicas: uma relacionada à análise e validação de capacidade de médio prazo, e outra identificando a quantidade de produtos acabados que deverão ser produzidos.
( ) O PMP representa os anseios da área de Produção, somente para a produção da primeira semana do planejamento.
( ) O PMP utiliza a mesma linguagem do Plano de Vendas para facilitar o entendimento entre a área de Vendas e Produção.
( ) Obter maior assertividade na demanda futura e aumentar a flexibilidade do sistema produtivo favorece a dinâmica do PMP.

3. Quais são os diferentes tipos de informação de demanda utilizados para a elaboração do plano-mestre de produção e por que é importante congelar parte deste planejamento?

4. Uma empresa produz um único produto e precisa realizar seu planejamento-mestre da produção para as próximas seis semanas. Como planejador, ajude a empresa a estabelecer um plano-mestre viável, que não deve gerar necessidade líquida em nenhum dos períodos. Utilize o RCCP para ajustar o plano à capacidade do setor de usinagem, que é o setor-gargalo.

Dados para o exercício:

	1	2	3	4	5	6
Demanda prevista (un.)	2.300	1.900	1.690	2.480	2.310	2.125

Estoque de segurança (un.)	300
Recebimento programado (un.)	2.500
Estoque projetado (un.)	500
Lotes múltiplos (un.)	500
Lead time de programação produto acabado (semana)	1
Lead time de programação usinagem (semana)	1
Número de máquinas na usinagem	20
Número de turnos na usinagem	de 1 a 3
Número de horas por turno	8
Tempo de processamento na usinagem (min./un.)	12

ATIVIDADES PARA SALA DE AULA

Em sistemas convencionais, com baixa flexibilidade, a elaboração do PMP para os produtos acabados é feita com base em grandes lotes de produção, não raro em lotes únicos semanais, conforme ilustrado na Figura 4.15. Já em sistemas que adotam a estratégia da manufatura enxuta, o PMP dos produtos acabados é feito de forma mais nivelada com a demanda em lotes pequenos e padrão, como ilustrado na Figura 4.16.

FIGURA 4.15

PMP em sistemas convencionais.

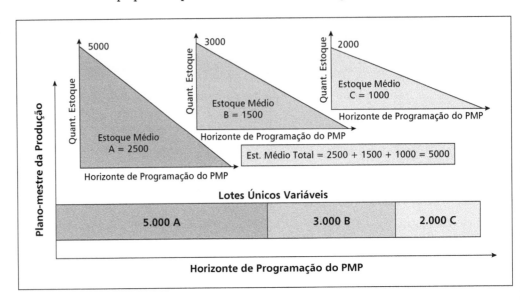

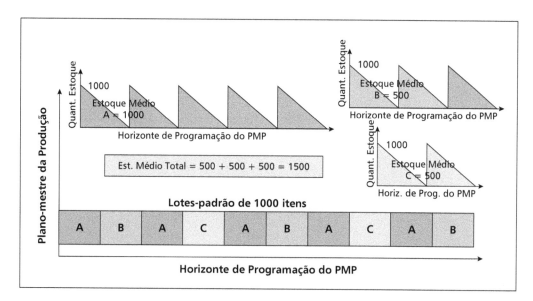

FIGURA 4.16

PMP em sistemas enxutos.

Conforme já destacado no texto do capítulo, pelo menos quatro grandes ganhos ocorrem quando se nivela o PMP à demanda na estratégia da ME: podem-se fazer entregas JIT aos clientes, os estoques médios são reduzidos, os lotes de produção são padrão e permite a implantação do sistema puxado mais facilmente.

Em relação aos lotes-padrão, como estamos falando do plano de produção dos produtos acabados, em geral finalizados em linhas de montagem ou células de produção, discutam em sala os efeitos destas duas alternativas de tamanhos de lote no ritmo de trabalho das linhas.

CAPÍTULO 5

Programação da Produção

Objetivos de aprendizagem

Ao final deste capítulo, o aluno deverá ser capaz de:

1. Relacionar a programação da produção com os tipos de sistemas produtivos.
2. Diferenciar a programação puxada da programação empurrada.
3. Compreender por que as empresas precisam de estoques.
4. Identificar os custos envolvidos na definição do tamanho dos lotes.
5. Calcular os lotes econômicos.
6. Relacionar o tamanho dos lotes com a estratégia da manufatura enxuta.
7. Discutir as quatro etapas da TRF.
8. Entender o relacionamento ganha-ganha com fornecedores.
9. Calcular os estoques de segurança.

1 INTRODUÇÃO

O Capítulo 5 apresenta as funções de curto prazo executadas na programação da produção. Uma breve discussão sobre a complexidade associada a essas funções, quando executadas dentro dos diferentes tipos de sistemas produtivos, será feita. Os conceitos de programação empurrada e programação puxada também serão apresentados. A programação da produção será dividida, para efeito de estudo, em três grupos de funções: a administração dos estoques, o sequenciamento, e a emissão e liberação das ordens. Este capítulo irá se dedicar, dentro da função de administração dos estoques, às questões relacionadas à definição do tamanho do lote de reposição e do estoque de segurança, sendo que as demais funções de programação da produção serão apresentadas nos próximos capítulos. O tamanho dos lotes a serem programados está relacionado aos custos envolvidos com a reposição e manutenção dos estoques no sistema produtivo, conhecido como a teoria do lote econômico, que será detalhada. Na discussão do tamanho dos lotes se abrirá espaço para apresentar o conceito de lote econômico dentro da estratégia da manufatura enxuta e a forma como ela trata a questão de redução dos custos de reposição de itens produzidos pela própria empresa, ou fornecidos por terceiros, de maneira a permitir uma programação de lotes econômicos tão pequenos quanto os necessários no momento, ou seja, *just in time*. Nesse sentido, apresentam-se a troca rápida de ferramenta (TRF) e a gestão da cadeia de suprimentos ou *supply chain management*. Já o dimensionamento dos estoques de segurança, que está relacionado com os erros de previsão e com o nível de serviço previsto para o item, é discutido ao final do capítulo. Durante todo o capítulo exemplos ilustrativos são apresentados para esclarecerem os temas.

Diferentes formas de classificar os sistemas produtivos

Neste livro, estamos adotando a classificação dos sistemas de produção em quatro grupos (contínuos, massa, lote e sob encomenda) de acordo com a amplitude e variedade da demanda; contudo, existem outras formas de analisar os sistemas produtivos de acordo com os objetivos pretendidos. Uma das mais utilizadas é a que considera a padronização do projeto e o momento da programação da produção, muito útil quando pensamos em projeto de produto ou *layout* de fábrica, dividida em quatro grupos:

1. *Engineer To Order* (ETO): o produto é especificado, projetado e programado para a fábrica apenas mediante o pedido confirmado do cliente.
2. *Make To Order* (MTO): o projeto-padrão já existe e a chegada de um pedido firme do cliente provoca o início da programação da produção dos produtos desejados.
3. *Make To Stock* (MTS): o produto tem sua fabricação iniciada segundo algum modelo de controle de estoques com base em previsão de demanda e armazenagem. O pedido do cliente é atendido mediante a retirada do produto acabado do estoque.
4. *Assembly To Order* (ATO): o produto tem a fabricação de seus principais componentes programados segundo algum modelo de controle de estoques com base em previsão de demanda e armazenagem. A chegada do pedido do cliente provoca o término da montagem do produto mediante a utilização dos componentes já produzidos.

2 CONCEITOS

Com base no plano-mestre de produção e nos registros de controle de estoques, a programação da produção está encarregada de definir quanto e quando comprar, fabricar ou montar de cada item necessário à composição dos produtos acabados propostos pelo plano. Neste sentido, como resultado da programação da produção, são emitidas ordens de compra para itens comprados, ordens de fabricação para itens fabricados internamente e ordens de montagem para submontagens intermediárias e montagem final dos produtos definidos no plano-mestre de produção.

Na hierarquia em que estão distribuídas as funções do PCP, a programação da produção é a primeira dentro do nível operacional de curto prazo, fazendo com que as atividades produtivas sejam disparadas. A Figura 5.1 ilustra esta sequência de funções. Se o plano de produção de longo prazo providenciou os recursos necessários, e o planejamento-mestre da produção gerou um plano-mestre de produção viável, não deverão ocorrer problemas de capacidade na execução do programa de produção, cabendo à programação da produção sequenciar as ordens emitidas no sentido de minimizar os *lead times* e estoques do sistema.

As atividades da programação da produção, apesar de serem desenvolvidas em simultâneo, podem ser divididas para efeito de estudo em três grupos: a administração de estoques, o sequenciamento e a emissão e liberação de ordens. A atividade de administração de estoques está encarregada de planejar e controlar os estoques dos itens comprados, fabricados e montados definindo os tamanhos dos lotes, a forma de reposição e os estoques de segurança do sistema. A atividade de sequenciamento busca gerar um programa de produção para os itens fabricados e montados que utilize inteligentemente os recursos disponíveis, promovendo

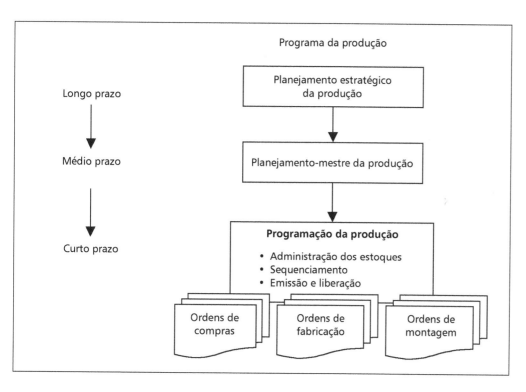

FIGURA 5.1

Programação da produção e horizontes de planejamento.

produtos com qualidade e custos baixos. Já a emissão e a liberação de ordens implementam o programa de produção, expedindo a documentação necessária para o início das operações (compra, fabricação e montagem) e liberando-a quando os recursos estiverem disponíveis, normalmente em conjunto com a função de acompanhamento e controle da produção.

Como apresentado no capítulo inicial deste livro, a intensidade e detalhamento com que são executadas as funções de programação da produção pelo PCP dependem do tipo de sistema produtivo que se está programando. A Figura 5.2 ilustra essa diferenciação. Nos sistemas de produção contínuos, como a demanda é concentrada em uma pequena variedade de produtos acabados, com grandes volumes, e o sistema produtivo é focado no roteiro destes produtos, a função de programação da produção se dá apenas no nível do produto acabado (PMP), definindo seus volumes de produção, normalmente em lotes únicos em função dos altos tempos de *setup*, e estoques de abastecimento (MP) e distribuição (PA). Ou seja, o foco principal é na função de administração de estoques ou logística.

Objetivo de aprendizagem 1:
Relacionar a programação da produção com os tipos de sistemas produtivos.

Contínuos Massa	Repetitivos em Lotes	Sob Encomenda
Alta	Demanda/Volume de Produção	Baixa
Baixa	Flexibilidade/Variedade de Itens	Alta
Baixo	*Detalhamento da Programação*	Alto
Logística das MP/PA e PMP Define TC para balanceamento da linha	Explosão dos itens (MRP) e sequenciamento das ordens por recurso (APS)	Garantia da data de entrega (APS capacidade finita ou PERT/CPM)

FIGURA 5.2

Programação da produção e sistemas produtivos.

De forma semelhante, em função da baixa variedade e alto volume de produção, os sistemas de produção em massa também têm seu foco na logística de abastecimento e distribuição, bem como na utilização do PMP para a definição dos ritmos de trabalho, ou tempos de ciclo (TC), que serão implantados nas linhas de montagem, onde é feito o balanceamento das rotinas de operações-padrão. Desta forma, a função da programação da produção nesses sistemas produtivos não precisa se preocupar com o detalhamento (sequenciamento, emissão e liberação) de ordens de produção de componentes para cada posto de trabalho.

Já nos sistemas de produção repetitivos em lotes, como a variedade de produtos acabados é maior, e a demanda desses produtos não justifica uma focalização da produção a eles, a competição por espaço nos recursos produtivos é grande. Isso faz com que a programação da produção necessite desmembrar o produto acabado (PMP) em seus diferentes níveis componentes, geralmente via cálculo das necessidades (MRP), de forma a gerar ordens detalhadas (compras, fabricação e montagem) que deverão ser sequenciadas (APS) recurso a recurso, visando garantir certa fluidez no processo produtivo. A montagem de células de fabricação e a produção em fluxo unitário dentro das mesmas quando implantadas na produção repetitiva em lotes reduzem a complexidade do sequenciamento individual.

Por sua vez, quando o sistema produtivo está voltado para atender sob encomenda, o foco da programação da produção deixa de ser a administração dos materiais (que fluem de forma mais lenta) e passa a ser a administração da capacidade produtiva, via um sistema APS de capacidade finita para sequenciamento e um acompanhamento das ordens emitidas, de forma a garantir ao cliente que seu pedido especial seja atendido no prazo acordado. Normalmente, devido à exclusividade do produto, junto com as ordens de fabricação e montagem, a programação da produção deve providenciar a rotina de operações-padrão para cada posto de trabalho. Em casos limites de sistemas sob encomenda de produtos unitários de grande porte, com tempos de operação altos, como a fabricação de caldeiras ou de uma represa, por exemplo, a programação da produção pode ser feita com base na técnica de gerenciamento de redes, ou PERT/CPM, e a identificação do caminho crítico que deve ser acompanhado no detalhe para garantir a data de entrega negociada com o cliente.

Objetivo de aprendizagem 2: Diferenciar a programação puxada da programação empurrada.

Um ponto importante quanto à forma como as atividades de programação da produção são executadas, com reflexo principalmente nos sistemas repetitivos em lotes, é a diferenciação entre empurrar e puxar um programa de produção.

Em termos de planejamento, na *programação empurrada*, como descrito na Figura 5.3, o programa de produção do período é obtido a partir da inclusão da demanda dos diferentes produtos acabados no PMP, que gera as necessidades de PA no tempo. Estas necessidades são passadas para o sistema MRP calcular, de acordo com a estrutura dos produtos, as necessidades de materiais que serão comprados (OC), fabricados internamente (OF) e montados (OM). Uma vez dimensionadas as necessidades de OF e OM, elas passam por um sistema de sequenciamento para gerar prioridades, ficando então disponíveis para a emissão e liberação delas aos setores produtivos.

FIGURA 5.3

Programação empurrada *versus* programação puxada.

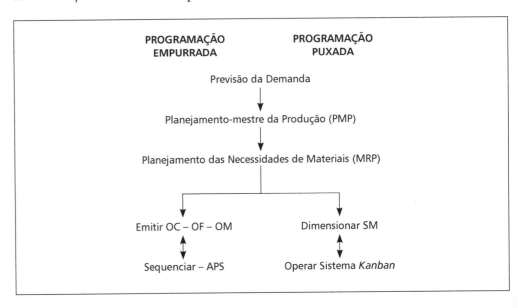

Em termos operacionais, como ilustrado na Figura 5.4, na programação empurrada, durante o período congelado de programação, os postos de trabalho (fornecedores e clientes) receberão um conjunto de ordens sequenciadas (APS) para execução. Esta programação é dita empurrada porque cada posto de trabalho, ao concluir uma ordem, está autorizado a "empurrar" a mesma para o posto seguinte, independentemente do que esteja acontecendo nos postos subsequentes, até que ela fique pronta.

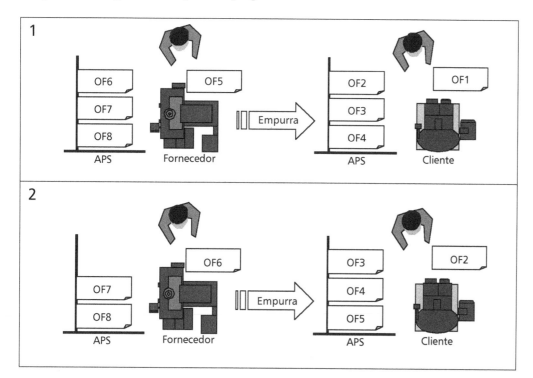

FIGURA 5.4

Dinâmica da programação empurrada.

Por outro lado, em termos de planejamento, como descrito na Figura 5.3, na *programação puxada* as necessidades de materiais resultantes da aplicação do MRP (incluindo as necessidades de períodos futuros) são utilizadas como previsão de demanda para o dimensionamento de estoques (supermercados) que ficam à disposição dos postos-clientes dentro da fábrica.

Em termos operacionais, como ilustrado na Figura 5.5, uma vez montados os supermercados, quando os clientes necessitam de itens para trabalhar, eles recorrem a esses supermercados para se abastecer, gerando um disparo de uma ordem padrão (cartão *kanban*, por exemplo) para o fornecedor desse supermercado, que está autorizado a produzi-lo. Essa regra do sistema puxado garante a função de sequenciamento dentro do conceito *just in time* da manufatura enxuta. A programação é chamada de "puxada" porque quem autoriza a produção é o cliente interno, que, ao retirar suas necessidades imediatas do supermercado, puxa um novo lote do fornecedor.

Em teoria, escolher entre esses dois sistemas de programação parece não ser uma decisão complexa, pois quem não quer ter uma manufatura enxuta, ou seja, só produzir aquilo que o cliente quer no momento em que o cliente precisar, com o mínimo de recursos empenhado? Na prática, essa decisão passa pela análise de dois pontos fundamentais interligados: a demanda e o sistema produtivo para atender a essa demanda. A princípio, quando a demanda puder ser prevista, pode-se trabalhar com supermercados, assim como, em sistemas repetitivos em lotes (montados para atender a essas demandas previsíveis), pode-se trabalhar com flexibilidade para abastecer os supermercados lote a lote.

Contudo, a maioria das empresas possui sistemas de produção mistos (linhas de montagem, departamentos com máquinas pequenas e grandes, células de fabricação etc.) para atender a demandas previsíveis (algumas altas, outras baixas) e demandas especiais (geralmente altas e pontuais), o que faz com que a decisão não seja da escolha de um ou de outro

FIGURA 5.5

Dinâmica da programação puxada.

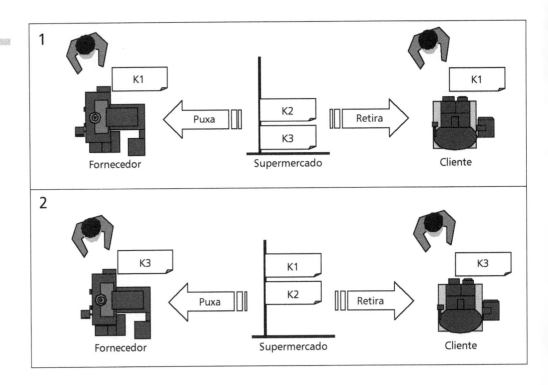

Just in time e Sistema Toyota de Produção

Há mais de vinte anos, antes da estratégia da manufatura enxuta ser formalizada e o *just in time* (JIT) definido como um atributo da produção enxuta, onde tudo deve ser produzido, transportado ou comprado na hora exata, o termo JIT era usado para descrever o Sistema Toyota de Produção (STP), e com ele se misturava. Na maioria das vezes, o STP era chamado de Filosofia JIT.

Além de Filosofia JIT, o nome STP durante toda a década de 1980 disputou com outros nomes, como técnicas japonesas de manufatura, zero estoques, fabricação de classe mundial, reinventando a fábrica, até que o resultado de uma ampla pesquisa de *benchmarking* no setor automobilístico, promovida pelo Massachusetts Institute of Technology (MIT) e patrocinada pela assustada indústria automobilística americana, gerou o livro *A máquina que mudou o mundo*, de Womack, Jones e Roos (1990), no qual os autores cunharam o termo enxuto (*lean*) para caracterizar o STP com suas práticas. E desde então o termo manufatura enxuta, ou *lean*, virou o padrão de referência para esta estratégia que busca o JIT.

tipo de programação, mas de como montar uma programação da produção que inclua os dois tipos de sistema. O único ponto que se pode afirmar é de que onde a programação puxada for aplicável, ela deve ser aplicada, em função de uma série de vantagens que serão relatadas e exemplificadas no decorrer do livro. Como forma de exercitar esses conceitos foram criados os jogos *LSSP_PCP2* (programação empurrada) e *LSSP_PCP3* (programação puxada), que irão permitir uma interação maior com os conceitos associados a esses dois sistemas de programação.

Feita essa introdução sobre a programação da produção e a sua complexidade, a teoria relacionada a ela será discutida com base nas três funções exercidas pelo PCP quando da programação da produção: a administração dos estoques, o sequenciamento e a emissão e liberação das ordens. Este capítulo irá se dedicar, dentro da função de administração dos estoques, às questões relacionadas à definição do tamanho do lote de reposição e do estoque de segurança, sendo que as demais funções de programação da produção serão apresentadas nos próximos capítulos.

2.1 Administração de estoques

As empresas trabalham com estoques de diferentes tipos que necessitam ser administrados, centralizados em um almoxarifado, ou distribuídos por vários pontos dentro da empresa. Entre os tipos de estoques principais, podem-se citar os estoques de matérias-primas, de itens componentes comprados ou produzidos internamente, de produtos acabados, de produtos em processo, de ferramentas e dispositivos para as máquinas, de peças de manutenção, de materiais indiretos etc.

> **Objetivo de aprendizagem 3:** Compreender por que as empresas precisam de estoques.

Estoques como ativo "circulante" ou como desperdícios?

Ativo circulante, em contabilidade, é uma referência aos bens e direitos que podem ser convertidos em dinheiro no curto prazo. Entre estes bens, além do dinheiro em caixa, conta Movimento em banco, aplicações financeiras, contas a receber, estão incluídos os estoques. Segundo a contabilidade, os estoques são então um "ativo", ou seja, estão do lado bom do balanço (do outro lado estão as contas do Passivo). Nesta visão contábil, quanto mais estoque tivermos na fábrica, melhor a posição da empresa. Será?

Vamos a um exemplo clássico. Em 1980, a GM, que era a maior montadora do mundo, tinha em média estoque de peças de 15 dias, enquanto a Toyota possuía apenas 2 horas. Logo, é de se imaginar que esta liderança fosse se alargar, mas em 2007 a Toyota assumiu a liderança do mercado mundial enquanto a GM buscava subsídio do governo americano para sobreviver. O valor de mercado da GM estava em US$ 18 bilhões, enquanto o da Toyota era de US$ 219 bilhões.

A diferença? Para a Toyota, estoques sempre foram os principais causadores dos desperdícios na fábrica e a sua eliminação direciona a estratégia de produção da empresa.

Pode-se identificar uma série de funções para as quais estes estoques são criados, entre elas as principais são:

- *Garantir a independência entre etapas produtivas*: a colocação de estoques amortecedores entre etapas de produção ou distribuição da cadeia produtiva permite que estas etapas possam ser encaradas como independentes das demais. Qualquer problema que uma destas etapas tenha não será transferido para as demais. Por exemplo, estoques de matérias-primas permitem que a produção seja protegida de fornecedores que não garantem suas entregas. Estoques de produtos em processo procuram resolver problemas de sincronismo entre postos de trabalho, ou de quebras de máquinas. Estoques de produtos acabados separam a produção das vendas, permitindo que o mercado seja abastecido, mesmo que alguma interrupção ocorra na produção.

- *Permitir uma produção constante*: sistemas produtivos que possuem variações sazonais na sua demanda ou nas suas matérias-primas estocam produtos acabados ou matérias-primas para evitar que o ritmo de produção sofra grandes saltos nestes períodos. Logo, nos períodos de demanda baixa procura-se manter um ritmo de produção, gerando-se estoques. Quando a demanda se aquece, vende-se este material estocado, sem alterar o ritmo da produção. No caso de matérias-primas sazonais, procura-se estocá-las nos períodos de alta oferta para que a produção continue a trabalhar quando esta oferta cair.

- *Possibilitar o uso de lotes econômicos:* algumas etapas do sistema produtivo só permitem a produção ou a movimentação econômica de lotes maiores do que a necessidade de consumo imediata, gerando um excedente que precisa ser administrado. Por exemplo, o transporte de cargas a longa distância só é viável se o veículo transportador for carregado com um volume alto de materiais; logo, as empresas com fornecedores distantes tendem a comprar lotes maiores do que suas necessidades imediatas. Internamente, a existência de máquinas com tempos altos de *setups*, ou com um lote fixo de produção (um forno, por exemplo), faz com que os lotes produzidos sejam grandes para absorver seus custos produtivos.

- *Reduzir os* lead times *produtivos:* a manutenção de estoques intermediários dentro do sistema produtivo permite que os prazos de entrega dos produtos possam ser reduzidos, pois ao invés de se esperar pela produção ou compra de um item, pode-se retirá-lo do estoque e usá-lo imediatamente.

- *Como fator de segurança:* variações aleatórias na demanda são administradas pela colocação de estoques de segurança baseados no erro do modelo de previsão. Outros problemas como a quebra de máquinas, o absenteísmo, a má qualidade do que é produzido, programações da produção ineficientes, entregas de fornecedores fora do prazo etc. também são administrados com a colocação de estoques protetores.

- *Para obter vantagens de preço:* algumas empresas incrementam seus níveis de estoques para se prevenirem de possíveis aumentos de preços, normalmente dos materiais comprados, ou, ainda, compram em quantidades superiores às necessárias, visando obter desconto no preço unitário. Por outro lado, as empresas também aumentam os níveis de estoques dos produtos acabados quando sentem que seus preços no mercado irão subir. Em qualquer um dos casos, a decisão por especular com estoques deve ser tomada pela área financeira, que administra os recursos financeiros da empresa, e não pelo PCP.

Pelas funções listadas acima, os estoques são criados para absorver diferentes problemas do sistema de produção. Alguns deles, como a sazonalidade, são insolúveis, outros, como o atraso na entrega de matérias-primas ou a produção de itens defeituosos, podem ser resolvidos. Como os estoques não agregam valor aos produtos, quanto menor o nível de estoques com que um sistema produtivo conseguir trabalhar, mais eficiente e enxuto esse sistema será.

De maneira geral, os estoques estão relacionados (ou são a causa ou a consequência) a todas as sete perdas que devem ser combatidas segundo a estratégia da manufatura enxuta: superprodução, espera, transporte, processamento, estoque, movimentos desnecessários e produtos defeituosos. Assim, um dos melhores indicadores de desempenho da eficiência dos sistemas produtivos é a análise e acompanhamento do giro de estoques. Ou seja, comparando-se dois sistemas produtivos equivalentes, aquele que tiver o maior giro de estoques é o mais eficiente (descartando problemas de falta de materiais, que também aumentam o giro).

Desta forma, a administração dos estoques dentro da função de PCP tem um papel importante a cumprir. Ela é responsável pela definição do planejamento e controle dos níveis de estoques; para isso há necessidade de equacionar três variáveis básicas:

1. o tamanho dos lotes de reposição: relacionado aos custos envolvidos com a reposição e manutenção dos estoques no sistema produtivo;

2. o tamanho dos estoques de segurança: relacionado aos erros de previsão e com o nível de serviço previsto;

3. o modelo de controle de estoque: relacionado à importância relativa do item e a seu sistema de produção (discutido no próximo capítulo).

Neste livro não se irão considerar as questões relacionadas à parte física dos materiais, como o registro de entradas e saídas de estoques, os inventários, o *layout* do almoxarifado, a manutenção de arquivos de controle etc., visto que estas atividades são mais afeitas à área de logística das empresas. Na sequência, são discutidas essas variáveis básicas para montagem do sistema de administração de estoques pelo PCP.

2.2 Tamanho dos lotes de reposição

A determinação do tamanho dos lotes de reposição é obtida da análise dos custos que estão envolvidos no sistema de reposição e de armazenagem dos itens. A idéia é desenvolver uma equação que represente esses custos e buscar o tamanho do lote de reposição, conhecido como "lote econômico", que minimize os custos totais.

> **Objetivo de aprendizagem 4:**
> Identificar os custos envolvidos na definição do tamanho dos lotes.

Existem três componentes de custos associados ao processo de reposição e armazenagem dos itens: os custos diretos, os custos de manutenção de estoques e os custos de preparação para reposição. O comportamento desses custos irá definir qual o tamanho de lote econômico adequado ao processo de reposição e armazenagem do item. A seguir, equaciona-se cada um destes custos para um dado período de planejamento.

- **Custo direto:** é aquele incorrido diretamente com a compra ou fabricação do item. É proporcional à demanda para o período e aos custos unitários do item (de fabricação ou de compra).

$$CD = D \cdot C \qquad (5.1)$$

Onde:
CD = Custo direto do período;
D = Demanda do item para o período;
C = Custo unitário de compra ou fabricação do item.

Na prática, o custo unitário de compra ou de fabricação pode variar em função do tamanho do lote, considerando-se a redução nos custos fixos que um lote maior pode gerar; contudo, o objetivo aqui não é customizar a solução a uma situação específica, o que pode ser feito levantando-se a função exata entre lote e custo direto, mas abordar o conceito geral de lote econômico.

- **Custo de preparação:** são custos referentes ao processo de reposição do item pela compra ou fabricação do lote de itens. Fazem parte desses custos os seguintes elementos: mão de obra para emissão e processamento das ordens de compra ou de fabricação, materiais e equipamentos utilizados para a confecção das ordens, custos indiretos dos departamentos de Compras ou do PCP para a confecção das ordens, como luz, telefone, aluguéis etc., e, quando for o caso de fabricação dos itens, os custos de preparação dos equipamentos produtivos (custos de *setup*). O custo de preparação é proporcional ao custo de uma preparação de compra ou de fabricação do item e ao número de vezes em que este item foi requerido durante o período de planejamento.

$$CP = N \cdot A \qquad (5.2)$$

Como

$$N = \frac{D}{Q} \qquad (5.3)$$

Tem-se que:

$$CP = \frac{D}{Q} \cdot A \qquad (5.4)$$

Onde:
CP = Custo de preparação do período;
N = Número de pedidos de compra ou fabricação durante o período;
Q = Tamanho do lote de reposição;
A = Custo unitário de preparação.

A determinação do custo unitário de preparação de uma compra pode ser feita de forma simplificada para a grande maioria dos itens comprados, dividindo-se os custos totais do departamento de Compras num período pelo número de ordens emitidas neste período.

- **Custo de manutenção de estoques:** são custos decorrentes do fato de o sistema produtivo necessitar manter itens em estoques para o seu funcionamento. Isto implica uma série de custos, tais como: mão de obra para armazenagem e movimentação dos itens, aluguel, luz, seguro, telefone, sistemas computacionais e equipamentos do almoxarifado, custos de deterioração e obsolescência dos estoques e, principalmente, o custo do capital investido relacionado com a taxa de mínima atratividade (TMA) da empresa. O custo de manutenção dos estoques é proporcional à quantidade de estoque médio do período de planejamento, ao custo unitário do item e à taxa de encargos financeiros que incidem sobre os estoques.

$$CM = Q_m \cdot C \cdot I \qquad (5.5)$$

Onde:
CM = Custo de manutenção de estoques do período;
Q_m = Estoque médio durante o período;
I = Taxa de encargos financeiros sobre os estoques.

A taxa de encargos financeiros sobre os estoques é quantificada em termos de percentagem e pode ser obtida dividindo-se os custos totais que incidem sobre a manutenção dos estoques no sistema produtivo pelo valor do estoque médio mantido no período de planejamento.

Já o estoque médio (Q_m) depende da forma como a entrega do lote é feita. Basicamente, pode-se fazer a entrega de todo o lote (Q) de uma só vez, ou então, em parcelas, segundo uma taxa de entrega (m). A Figura 5.6 apresenta o gráfico da demanda ao longo do tempo, chamado de gráfico dente de serra, para um sistema de entregas totais, e a Figura 5.7 apresenta o gráfico para um sistema de entregas parceladas. De forma geral, o estoque médio será obtido pela área do triângulo, ressaltada nos gráficos, dividida pelo tempo (t).

FIGURA 5.6

Gráfico Quantidade × Tempo para entregas totais.

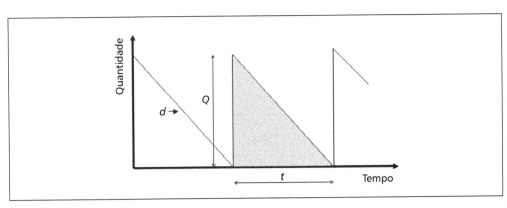

No caso da Figura 5.6, tem-se:

$$\text{Área do triângulo} = \frac{t \cdot Q}{2}$$

$$Q_m = \frac{t \cdot Q}{2} \cdot \frac{1}{t} = \frac{Q}{2} \qquad (5.6)$$

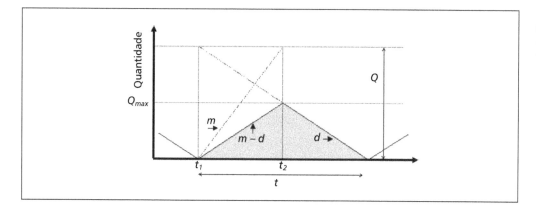

FIGURA 5.7

Gráfico Quantidade × Tempo para entregas parceladas.

No caso da Figura 5.7, tem-se:

$$\text{Área do triângulo} = \frac{t \cdot Q_{max}}{2}$$

$$Q_m = \frac{t \cdot Q_{max}}{2} \cdot \frac{1}{t} = \frac{Q_{max}}{2}$$

Como se busca o estoque médio em função do tamanho do lote de reposição e não de Q_{max}, emprega-se a equivalência entre os triângulos apresentados na Figura 5.7, para se ter:

$$\frac{Q_{max}}{(t_2 - t_1)} = \frac{m - d}{1} \quad \text{logo} \quad Q_{max} = (m - d) \cdot (t_2 - t_1)$$

$$\frac{(t_2 - t_1)}{Q} = \frac{1}{m} \quad \text{logo} \quad (t_2 - t_1) = \frac{Q}{m}$$

Então, $Q_{max} = (m - d) \cdot \left(\frac{Q}{m}\right) = \left(1 - \frac{d}{m}\right) \cdot Q$

Substituindo este valor no estoque médio, encontra-se o estoque médio em função do lote de reposição. Que fica:

$$Q_m = \frac{Q_{max}}{2} = \left(1 - \frac{d}{m}\right) \cdot \frac{Q}{2} \qquad (5.7)$$

Finalmente, a partir da definição destes três custos, pode-se obter uma equação para o custo total do sistema:

$$CT = CD + CP + CM$$

$$CT = D \cdot C + \frac{D}{Q} \cdot A + Q_m \cdot C \cdot I \qquad (5.8)$$

Onde:

$Q_m = \dfrac{Q}{2}$ (para entregas totais);

$Q_m = \left(1 - \dfrac{d}{m}\right) \cdot \dfrac{Q}{2}$ (para entregas parceladas).

Como forma de ilustrar o comportamento desses custos em relação ao tamanho dos lotes, ou ao período de reposição, tem-se o Exemplo 5.1 a seguir.

Exemplo 5.1: Um comerciante trabalha com máquinas fotográficas compradas em Manaus a um custo de $ 50 cada e vendidas aqui. Em cada viagem a Manaus se gasta $ 1.300, independentemente da quantidade trazida. A demanda anual pelas máquinas é de 600 unidades, e sobre o capital empatado se paga uma taxa de 78% ao ano. Quantas viagens ele deve fazer por ano, ou qual o tamanho do lote a ser comprado em cada viagem?

Quando o comerciante faz uma viagem por ano ele é obrigado a comprar todas as 600 máquinas de uma vez, ficando com um estoque médio de 300 máquinas (Q/2) em mãos. Neste caso, os custos envolvidos no processo são:

$$CD = D \cdot C = 600 \cdot 50 = 30.000$$

$$CP = \dfrac{D}{Q} \cdot A = \dfrac{600}{600} \cdot 1.300 = 1.300$$

$$CM = Q_m \cdot C \cdot I = \dfrac{600}{2} \cdot 50 \cdot 0{,}78 = 11.700$$

$$CT = D \cdot C + \dfrac{D}{Q} \cdot A + Q_m \cdot C \cdot I = 600 \cdot 50 + \dfrac{600}{600} \cdot 1.300 + \dfrac{600}{2} \cdot 50 \cdot 0{,}78 = 43.000$$

Na Tabela 5.1 estão desenvolvidos os custos relacionados ao processo de compra e armazenagem das máquinas para até dez viagens por ano, e a Figura 5.8 ilustra o comportamento apresentado pelos custos.

TABELA 5.1

Dados do Exemplo 5.1.

Viagens	Lotes	CD	CP	CM	CT
1	600	30.000	1.300	11.700	43.000
2	300	30.000	2.600	5.850	38.450
3	200	30.000	3.900	3.900	37.800
4	150	30.000	5.200	2.925	38.125
5	120	30.000	6.500	2.340	38.840
6	100	30.000	7.800	1.950	39.750
7	86	30.000	9.100	1.671	40.771
8	75	30.000	10.400	1.463	41.863
9	67	30.000	11.700	1.300	43.000
10	60	30.000	13.000	1.170	44.170

Conforme se pode ver nos dados da Tabela 5.1 e no gráfico da Figura 5.8, o número de viagens que minimiza o custo total é de três viagens por ano, equivalente a um lote de 200 unidades por viagem. Este tamanho de lote é conhecido como "lote econômico" e o período entre as reposições é chamado de "periodicidade econômica".

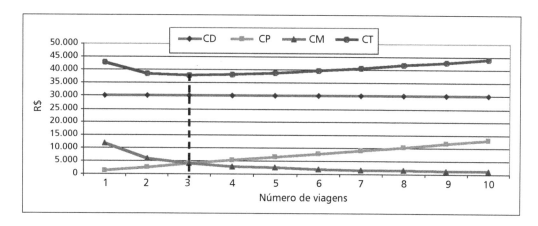

FIGURA 5.8

Gráfico do Exemplo 5.1.

No gráfico da Figura 5.8 se pode observar também o comportamento das curvas de custo com relação às variações no tamanho do lote ou no número de reposições. Os custos diretos, quando o preço do item é fixo, não se alteram com a mudança do tamanho do lote ou do período de reposição. Os custos de preparação diminuem à medida que o tamanho do lote aumenta ou a periodicidade diminui. Considerando apenas estes custos, o lote ideal seria o maior possível. Já os custos de manutenção de estoques diminuem à medida que o tamanho do lote diminui ou a periodicidade aumenta. Considerando apenas estes custos, o lote ideal seria o menor possível. Somando estes três custos, se tem a curva de custo total que apresenta um ponto de mínimo que procura equilibrar as forças antagônicas dos custos de preparação e manutenção dos estoques.

O ponto mínimo da curva de custo total pode ser obtido diretamente através da derivação da equação desta curva em relação à quantidade, igualando-se a zero e isolando-se essa variável. Serão aqui apresentadas as duas alternativas de equação mais comuns, que são a do lote com custo unitário fixo e entrega total, chamada de lote econômico básico, e a do lote com custo unitário fixo e entrega parcelada. Com essas duas alternativas já será possível discutir o conceito de lote econômico e como ele está inserido na montagem da estratégia da manufatura enxuta nas empresas.

Lote econômico básico

Nesta primeira alternativa de reposição, o custo unitário do item é fixo e a entrega do lote de reposição é realizada de uma única vez. Por ser esse esquema normalmente o esquema de entrega de itens comprados, o lote econômico encontrado é conhecido também como lote econômico de compra. A Figura 5.6 já apresentou a variação do nível de estoques quando a entrega é realizada de uma única vez, fazendo com que o estoque médio (Q_m) seja $Q/2$. Com este valor de estoque médio, a equação do custo total (5.8) fica sendo:

Objetivo de aprendizagem 5: Calcular os lotes econômicos.

$$CT = D \cdot C + \frac{D}{Q} \cdot A + Q_m \cdot C \cdot I = D \cdot C + \frac{D}{Q} \cdot A + \frac{Q}{2} \cdot C \cdot I \quad (5.9)$$

Para se chegar ao ponto de mínimo (Q^*), se deriva a equação do custo total em relação à quantidade, se iguala a zero e se isola a variável desejada:

$$\frac{\partial CT}{\partial Q} = 0 - \frac{D \cdot A}{Q^2} + \frac{C \cdot I}{2} = 0$$

$$Q^* = \sqrt{\frac{2 \cdot D \cdot A}{C \cdot I}} \quad (5.10)$$

Como $N = \dfrac{D}{Q}$, a periodicidade econômica (N^*) fica sendo:

$$N^* = \sqrt{\dfrac{D \cdot C \cdot I}{2 \cdot A}} \qquad (5.11)$$

Para ilustrar a aplicação destas fórmulas podem-se aproveitar os dados do Exemplo 5.1, que são:

D = 600 unidades por ano;
C = $ 50 por unidade;
I = 0,78 ao ano;
A = $ 1.300 por ordem.

$$Q^* = \sqrt{\dfrac{2 \cdot D \cdot A}{C \cdot I}} = \sqrt{\dfrac{2 \cdot 600 \cdot 1.300}{50 \cdot 0,78}} = 200 \text{ unid. por reposição}$$

$$N^* = \sqrt{\dfrac{D \cdot C \cdot I}{2 \cdot A}} = \sqrt{\dfrac{600 \cdot 50 \cdot 0,78}{2 \cdot 1.300}} = 3 \text{ reposições por ano}$$

E o custo total de fazer três reposições por ano com lotes de 200 unidades fica sendo:

$$CT = D \cdot C + \dfrac{D}{Q} \cdot A + \dfrac{Q}{2} \cdot C \cdot I$$

$$CT = 600 \cdot 50 + \dfrac{600}{200} \cdot 1.300 + \dfrac{200}{2} \cdot 50 \cdot 0,78 = \$ \ 37.800 \text{ por ano}$$

Lote econômico com entrega parcelada

Nessa segunda alternativa de reposição, o custo unitário do item permanece constante, porém a entrega deixa de ser feita de uma única vez e passa a ser feita segundo uma taxa de entrega (m). Devido à semelhança com o esquema do processo de fabricação, onde não é necessário esperar que todo o lote fique pronto para passar as peças adiante, este lote econômico é conhecido como lote econômico de fabricação. A Figura 5.7 já apresentou a variação do nível de estoques quando a entrega é parcelada. Neste caso, o estoque médio do sistema é obtido pela equação:

$$Q_m = \left(1 - \dfrac{d}{m}\right) \cdot \dfrac{Q}{2}$$

Substituindo o valor do estoque médio na equação do custo total (5.8), fica-se com:

$$CT = D \cdot C + \dfrac{D}{Q} \cdot A + Q_m \cdot C \cdot I = D \cdot C + \dfrac{D}{Q} \cdot A + \left(1 - \dfrac{d}{m}\right) \cdot \dfrac{Q}{2} \cdot C \cdot I \qquad (5.12)$$

Para se chegar ao ponto de mínimo (Q^*) na curva de custo total, se deriva essa equação em relação à quantidade, se iguala a zero e se isola o valor do lote:

$$\dfrac{\partial CT}{\partial Q} = 0 - \dfrac{D \cdot A}{Q^2} + \dfrac{C \cdot I}{2} \cdot \left(1 - \dfrac{d}{m}\right) = 0$$

$$Q^* = \sqrt{\dfrac{2 \cdot D \cdot A}{C \cdot I \cdot \left(1 - \dfrac{d}{m}\right)}} \qquad (5.13)$$

Da mesma forma, como $N = \dfrac{D}{Q}$, a periodicidade econômica (N^*) fica sendo:

$$N^* = \sqrt{\dfrac{D \cdot C \cdot I \left(1 - \dfrac{d}{m}\right)}{2 \cdot A}} \qquad (5.14)$$

Para ilustrar e comparar o resultado da aplicação dessas fórmulas com o obtido no caso anterior da entrega total, podem-se aproveitar os dados do Exemplo 5.1, acrescentando o fato de a entrega do lote ser feita segundo uma velocidade de quatro unidades por dia, com 300 dias úteis de trabalho por ano. Os valores ficariam:

D = 600 unidades por ano;
C = $ 50 por unidade;
I = 0,78 ao ano;
A = $ 1.300 por ordem;
m = 4 unidades por dia;
d = 600 unidades por ano / 300 dias por ano = 2 unidades por dia.

$$Q^* = \sqrt{\dfrac{2 \cdot D \cdot A}{C \cdot I \cdot \left(1 - \dfrac{d}{m}\right)}} = \sqrt{\dfrac{2 \cdot 600 \cdot 1.300}{50 \cdot 0,78 \cdot \left(1 - \dfrac{2}{4}\right)}} = 283 \text{ unid. por reposição}$$

$$N^* = \sqrt{\dfrac{D \cdot C \cdot I \left(1 - \dfrac{d}{m}\right)}{2 \cdot A}} = \sqrt{\dfrac{600 \cdot 50 \cdot 0,78 \cdot \left(1 - \dfrac{2}{4}\right)}{2 \cdot 1.300}} = 2,12 \text{ reposições por ano}$$

E o custo total de fazer 2,12 reposições por ano com lotes de 283 unidades fica sendo:

$$CT = D \cdot C + \dfrac{D}{Q} \cdot A + \left(1 - \dfrac{d}{m}\right) \cdot \dfrac{Q}{2} \cdot C \cdot I$$

$$CT = 600 \cdot 50 + \dfrac{600}{283} \cdot 1.300 + \left(1 - \dfrac{2}{4}\right) \cdot \dfrac{283}{2} \cdot 50 \cdot 0,78 = \$ \ 35.515 \text{ por ano}$$

Conforme se pode constatar, o custo total para uma política de entregas parceladas é menor do que o custo total de uma política de entrega integral do lote. Isto se deve ao fato de que, por um lado, com entregas parceladas o estoque médio do sistema é reduzido, conforme se pode ver na Figura 5.7 comparando os triângulos gerados pelas duas alternativas, e, por outro, o lote econômico aumenta de tamanho gerando um número menor de reposições. Logo, desde que os custos de preparação (A) e os custos de armazenagem (I) não se alterem, é sempre vantajoso optar por entregas parceladas.

Considerações sobre o lote econômico

Existem várias fórmulas para o cálculo de lotes econômicos para as mais diversas situações. Conforme apresentado, basta desenvolver uma equação de custos representativa da situação e pesquisar seu ponto de mínimo em relação à quantidade ou à periodicidade de reposição. Porém, ao se analisar o formato da curva de custo total, nota-se que ela sofre pouca variação em torno do ponto de mínimo, ou seja, se o tamanho do lote reposto for um pouco maior, ou um pouco menor, do que o lote ideal, o reflexo nos custos totais não será grande.

Dessa forma, como ilustrado na Figura 5.9, pode-se dizer que existe não um ponto, mas uma faixa econômica onde os custos totais são baixos; contudo, à medida que o lote de reposição for se afastando dessa faixa, os custos totais subirão rapidamente. Ao se aumentar

FIGURA 5.9

Variações na curva de custo total do Exemplo 5.1.

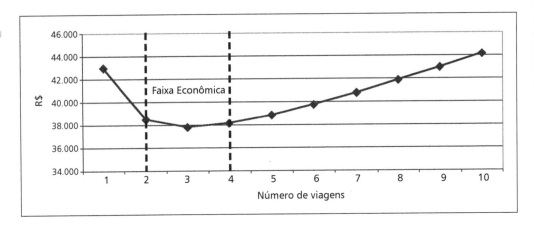

o tamanho do lote, o custo de manutenção de estoques (CM) puxa o custo total para cima, e, do outro lado, ao se reduzir o tamanho do lote, o custo de preparação, por sua vez, puxa o custo total para cima.

Os dados do Exemplo 5.1, apresentados na Tabela 5.2, podem ilustrar essa questão. Nesse exemplo, o lote econômico encontrado foi de 200 unidades, com um custo total de 37.800. Contudo, se por alguma razão, a reposição for feita com lotes variando entre 300 (Δ50%) e 150 (Δ25%) unidades, o custo total irá ter um acréscimo de menos de 2%. Contudo, ao se triplicar o tamanho do lote ou se reduzir em 70% seu valor, o custo total terá acréscimo significativo.

TABELA 5.2

Variações do custo total do Exemplo 5.1.

Viagens	Lote	CD	CP	CM	CT	ΔCT	%ΔCT	ΔLote	%ΔLote
1	600	30.000	1.300	11.700	43.000	5.200	13,76	400	200,00
2	300	30.000	2.600	5.850	38.450	650	1,72	100	50,00
3	200	30.000	3.900	3.900	37.800	0	0,00	0	0,00
4	150	30.000	5.200	2.925	38.125	325	0,86	-50	-25,00
10	60	30.000	13.000	1.170	44.170	6.370	16,85	-140	-70,00

Logo, a teoria do lote econômico deve ser entendida como a busca por uma "faixa econômica" que reduza os custos do sistema, ao invés de se procurar um lote econômico que minimize os custos. Ao se determinar um valor para o lote econômico, este servirá apenas como um indicativo do valor em torno do qual se dará a reposição. Com certeza, uma série de problemas práticos irá impedir que o PCP possa programar exatamente o valor encontrado, como, por exemplo:

1. a dificuldade em se levantar precisamente os valores das variáveis que entrarão na fórmula de cálculo do lote econômico (A, I, D, C);
2. a logística de movimentação e armazenagem do item (embalagem, meio de transporte, ou forma de armazenagem) impede o uso do valor exato;
3. a proporcionalidade de uso do item no produto acabado não se encaixa no valor exato do lote.

Outra questão muito importante hoje em dia diz respeito à necessidade de as empresas operarem com lotes econômicos cada vez menores no sentido de flexibilizar seu programa de produção e reduzir os níveis de estoques associados às sete perdas combatidas pela estratégia da manufatura enxuta: superprodução, espera, transporte, processamento, estoque, movimentos desnecessários e produtos defeituosos. A seguir essa questão é discutida, recomendando-se a leitura do Capítulo 7 do nosso livro *Manufatura enxuta como estratégia de produção: a chave para a produtividade industrial* (Atlas, 2015), onde vários exemplos práticos são apresentados.

2.3 Tamanho dos lotes e estratégia da manufatura enxuta

Para analisar o efeito do tamanho dos lotes de programação sobre o desempenho de um sistema produtivo, pode-se iniciar com a apresentação de um exemplo prático de um fabricante de máquinas de lavar que estava com problemas de estoques altos e falta de capacidade no setor de injeção de peças plásticas, que abastece sua linha de montagem, eventualmente recorrendo a terceirizações. O setor de injeção trabalhava em três turnos, 30 dias por mês, com disponibilidade líquida de 584 horas por injetora (720 horas totais menos 136 horas de paradas planejadas) e a empresa estava planejando comprar uma nova injetora. O exemplo aqui apresentado é o da injetora de peças grandes (a empresa dispunha de outras três injetoras para as peças pequenas), detalhado na Tabela 5.3. Essa tabela simula o que aconteceria caso o PCP da empresa resolvesse programar em um único mês os até então lotes-padrão de produção para atender à demanda média mensal de 18.629 peças.

> **Objetivo de aprendizagem 6:** Relacionar o tamanho dos lotes com a estratégia da manufatura enxuta.

Acompanhando na Tabela 5.3 a linha da peça *CUBA TW*, pode-se ver que para uma demanda mensal de 2.541 peças, o PCP necessitaria programar dois lotes-padrão (giro) de 2.000 peças, ou seja, 4.000 peças de produção. Dessa forma, sobrariam em estoque 1.460 peças. O tempo total de produção desses dois lotes seria de 97,28 horas, composto por 92,48 horas de produção e 4,8 horas de *setup*, fazendo com que, em média, cada uma das 4.000 peças consumisse um tempo de 0,0243 hora. Para as demais 15 peças produzidas nessa injetora, as quantidades e tempos foram calculados da mesma forma.

Na última linha da Tabela 5.3 podem-se acompanhar os totais que seriam obtidos com a tática de programar em um único mês os até então lotes-padrão de produção para atender à demanda média mensal de 18.629 peças. Da produção total de 31.500 peças, 12.871 peças (41%) ficariam sobrando em estoque, e o tempo total de produção para essas 31.500 peças seria de 646,56 horas, composto de 598,56 horas de produção e 48 horas de *setup* (20 lotes × 2,4 horas por lote). O tempo médio de produção por peça ficaria em 0,0212 hora.

O que se pode concluir dessa simulação? Primeiro, ela é apenas uma simulação, pois como a injetora só dispõe de 584 horas por mês, e se necessitaria de 647 horas para atender a esse programa de produção, essa tática é inviável (daí a necessidade de se comprar uma nova injetora). O segundo ponto é que quase a metade do que se estaria produzindo iria parar no estoque (lucro futuro menos custos atuais), e não no caixa da empresa (lucro atual). A Figura 5.10 ilustra essas duas situações.

Faltando 63 horas (647 horas – 584 horas) de injetora para atender ao programa de produção, como o PCP faz para manter a linha de montagem abastecida? Simples, recorre aos estoques formados nos meses anteriores, ou terceiriza parte da produção. Contudo, existe uma alternativa para a empresa: a estratégia da manufatura enxuta.

Reduzindo os tempos de *setup* de 2,4 horas em média (tinha-se *setup* com mais de 3 horas) para 1,5 hora (o conceito de TRF será apresentado na sequência), pode-se repassar essa redução para os tamanhos dos lotes (de preferência múltiplos das quantidades de máquinas montadas nas linhas), com efeito significativo nos estoques e no carregamento da injetora, conforme apresentado na Tabela 5.4.

Conforme se pode ver na Tabela 5.4, para a peça *CUBA TW*, com uma demanda mensal de 2.541 peças, o PCP necessita programar seis lotes-padrão (giro) de 450 peças, ou seja, 2.700 peças de produção, sobrando em estoque 160 peças (os valores na tabela estão arredondados). O tempo total de produção desses seis lotes é de 71,42 horas, composto por 62,42 horas de produção e 9 horas de *setup*, fazendo com que, em média, cada uma das 2.700 peças consuma um tempo de 0,0265 hora. Para as demais 15 peças produzidas nessa injetora, as quantidades e tempos foram calculados da mesma forma.

TABELA 5.3

Produção convencional (lotes grandes) da injetora.

	Peças	Demanda	Lote	Produção	Sobra	Giro	T/P Prod.	T. Setup	T.T. Prod.	T.T. Setup	T.T.	T. Peça
1	CUBA TW	2.541	2.000	4.000	1.460	2	0,0231	2,4	92,48	4,80	97,28	0,0243
2	TAMPA AZUL SP/FV	557	1.000	1.000	443	1	0,0209	2,4	20,86	2,40	23,26	0,0233
3	TAMPA AZUL TW	1.967	3.000	3.000	1.033	1	0,0156	2,4	46,92	2,40	49,32	0,0164
4	TAMPA BRANCA TW	738	3.000	3.000	2.262	1	0,0156	2,4	46,92	2,40	49,32	0,0164
5	TAMPA MARROM TR	415	1.000	1.000	585	1	0,0155	2,4	15,49	2,40	17,89	0,0179
6	PAINEL MARROM TR	416	1.000	1.000	584	1	0,0160	2,4	15,96	2,40	18,36	0,0184
7	PAINEL BEGE TR	981	1.500	1.500	519	1	0,0160	2,4	23,94	2,40	26,34	0,0176
8	TAMPA BEGE TR	979	2.000	2.000	1.021	1	0,0155	2,4	30,98	2,40	33,38	0,0167
9	CORPO DO CESTO CW	1.727	2.000	2.000	273	1	0,0371	2,4	74,24	2,40	76,64	0,0383
10	CORPO SUPERIOR CW	1.576	2.000	2.000	424	1	0,0203	2,4	40,54	2,40	42,94	0,0215
11	SAIA CW	1.541	2.000	2.000	459	1	0,0183	2,4	36,56	2,40	38,96	0,0195
12	SAIA SP	356	1.000	1.000	644	1	0,0228	2,4	22,83	2,40	25,23	0,0252
13	PAINEL BRANCO SP/FV	570	1.000	1.000	430	1	0,0203	2,4	20,27	2,40	22,67	0,0227
14	TANQUE S/ABA C/ BUCH/RET AG	588	500	1.000	413	2	0,0206	2,4	20,55	4,80	25,35	0,0254
15	TANQUE C/ABA-C/ BUC E RET TR	1.404	1.000	2.000	596	2	0,0206	2,4	41,10	4,80	45,90	0,0230
16	RODAPÉ TW	2.274	2.000	4.000	1.726	2	0,0122	2,4	48,92	4,80	53,72	0,0134
	TOTAL	18.629		31.500	12.871	20			598,56	48,00	646,56	0,0212

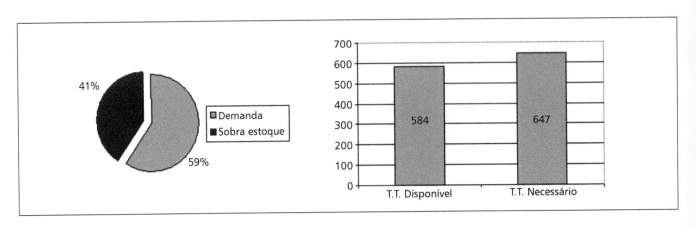

FIGURA 5.10

Efeito dos lotes grandes em produções convencionais.

Comparando com a situação anterior, qual o efeito de se reduzir os tamanhos dos lotes e *setups* para a injetora? Primeiro, a produção de peças que irá para máquinas montadas e vendidas (lucro atual) aumentou de 59% para 83%, e as sobras que serão armazenadas (lucro futuro – custo atual) caíram para 17%. Ao mesmo tempo, onde não se tinha capacidade de produção para acompanhar a demanda (*just in time*), agora não só se tem capacidade para acompanhar a demanda, como está sobrando 74 horas (584 horas – 510 horas) para futuras ampliações da produção. A Figura 5.11 ilustra essa situação.

TABELA 5.4

Produção enxuta (lotes pequenos) da injetora.

	Peças	Demanda	Lote	Produção	Sobra	Giro	T/P Prod.	T. Setup	T.T. Prod.	T.T. Setup	T.T.	T. Peça
1	CUBA TW	2.541	450	2.700	160	6	0,0231	1,5	62,42	9,00	71,42	0,0265
2	TAMPA AZUL SP/FV	557	600	600	43	1	0,0209	1,5	12,52	1,50	14,02	0,0234
3	TAMPA AZUL TW	1.967	495	1.980	13	4	0,0156	1,5	30,97	6,00	36,97	0,0187
4	TAMPA BRANCA TW	738	495	990	252	2	0,0156	1,5	15,48	3,00	18,48	0,0187
5	TAMPA MARROM TR	415	480	480	65	1	0,0155	1,5	7,44	1,50	8,94	0,0186
6	PAINEL MARROM TR	416	480	480	64	1	0,0160	1,5	7,66	1,50	9,16	0,0191
7	PAINEL BEGE TR	981	480	1.440	459	3	0,0160	1,5	22,98	4,50	27,48	0,0191
8	TAMPA BEGE TR	979	480	1.440	461	3	0,0155	1,5	22,31	4,50	26,81	0,0186
9	CORPO DO CESTO CW	1.727	480	1.920	193	4	0,0371	1,5	71,27	6,00	77,27	0,0402
10	CORPO SUPERIOR CW	1.576	480	1.920	344	4	0,0203	1,5	38,92	6,00	44,92	0,0234
11	SAIA CW	1.541	400	1.600	59	4	0,0183	1,5	29,25	6,00	35,25	0,0220
12	SAIA SP	356	560	560	204	1	0,0228	1,5	12,78	1,50	14,28	0,0255
13	PAINEL BRANCO SP/FV	570	1.120	1.120	550	2	0,0203	1,5	22,70	3,00	25,70	0,0229
14	TANQUE S/ABA C/ BUCH/RET AG	588	1.000	1.000	413	2	0,0206	1,5	20,55	3,00	23,55	0,0236
15	TANQUE C/ABA-C/BUC E RET TR	1.404	1.440	1.440	36	3	0,0206	1,5	29,59	4,50	34,09	0,0237
16	RODAPÉ TW	2.274	2.770	2.700	426	6	0,0122	1,5	33,02	9,00	42,02	0,0156
	TOTAL	18.629	22.370	22.370	3.741	47			439,86	70,550	510,36	0,0225

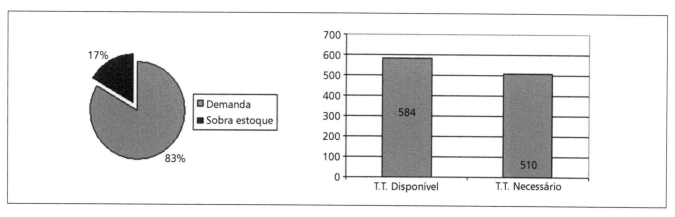

FIGURA 5.11

Efeito dos lotes pequenos em produções enxutas.

Se são tão óbvios os benefícios resultantes da redução dos tamanhos dos lotes, por que as empresas não trabalham com afinco na busca por lotes econômicos pequenos?

O exemplo da injetora também ajuda a responder essa questão. Basta reparar na coluna de tempo médio de produção por peça. Com lotes grandes se consegue produzir peças com tempos unitários médios de 0,0212 hora, enquanto com lotes pequenos esses tempos sobem para 0,0225 hora por peça. Como o sistema de custos-padrão dessas empresas está atrelado aos tempos médios de produção, parece (só parece) ser mais econômico obter tempos de 0,0212 hora por peça para distribuir custos fixos (diretos e indiretos) e mão de obra do setor. Na realidade, se fosse possível aumentar ainda mais os lotes de produção para reduzir mais esses tempos, o sistema de custos acharia uma boa ideia. É a síndrome da eficiência setorial, em detrimento da eficácia da produção em fluxo da estratégia da manufatura enxuta.

A origem da produção em fluxo com programações de lotes econômicos tão pequenos quanto possíveis passa pelo nivelamento do plano-mestre à demanda de curto prazo, gerando o já apresentado *ciclo virtuoso* da Figura 5.12. Com lotes de montagem (OM) pequenos e nivelados à demanda de curto prazo, a explosão do produto acabado irá gerar por toda a fábrica lotes de fabricação (OF) e de compra (OC) também pequenos, que poderão ser controlados com base na programação puxada de supermercados colocados entre clientes e fornecedores. Estando os itens em supermercados, os *lead times* de reposição são encurtados e a flexibilidade de curto prazo pode ser exercida, permitindo o atendimento rápido das demandas de curto prazo e o nivelamento da produção à demanda (fechando o círculo). E no meio estão as pessoas trabalhando com base na gestão à vista.

FIGURA 5.12

Ciclo virtuoso do nivelamento da PMP à demanda e a redução do tamanho dos lotes.

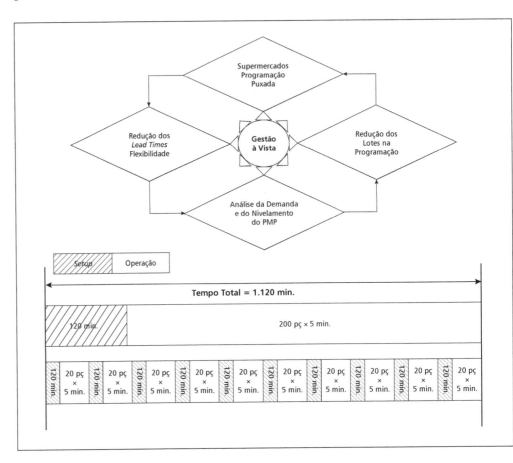

Como ilustrado na Figura 5.12, para reduzir os tamanhos dos lotes de 200 peças para 20 peças e manter a capacidade produtiva do sistema (1.120 minutos), deve-se reduzir na mesma proporção o tempo de preparação (*setups*) de 120 minutos para 12 minutos. Antes de apresentar como a estratégia da manufatura enxuta transforma *setups* (internos ou externos) de 120 minutos em 12 minutos, vale a pena equacionar melhor a teoria do lote econômico e mostrar como essas transformações são motivadas pela redução dos custos totais do sistema.

Aproveitando-se os dados do Exemplo 5.1, pode-se calcular de quanto seria o custo de preparação para se chegar a lotes econômicos de 20 unidades.

D = 600 unidades por ano;
C = $ 50 por unidade;
I = 0,78 ao ano;
A = $ 1.300 por ordem.

$$Q^* = \sqrt{\frac{2 \cdot D \cdot A}{C \cdot I}} = \sqrt{\frac{2 \cdot 600 \cdot 1.300}{50 \cdot 0,78}} = 200 \text{ unid. por reposição}$$

$$Q^* = \sqrt{\frac{2 \cdot 600 \cdot A}{50 \cdot 0,78}} = 20 \text{ unid. por reposição}$$

A = $ 13 por ordem

Ou seja, para se trabalhar com lotes econômicos de 20 unidades, o custo de preparação deve ser de $ 13 por ordem. Com lotes de 20 unidades, os estoques médios cairiam de 100 unidades para 10 unidades, conforme ilustrado na Figura 5.13, e os custos totais passariam de $ 37.800 por ano para $ 30.780 por ano, com um ganho de $ 7.020 por ano.

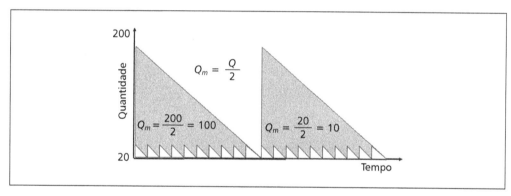

FIGURA 5.13

Estoque médio e redução dos lotes de programação.

$$CT = D \cdot C + \frac{D}{Q} \cdot A + \frac{Q}{2} \cdot C \cdot I$$

$$CT = 600 \cdot 50 + \frac{600}{200} \cdot 1.300 + \frac{200}{2} \cdot 50 \cdot 0,78 = \$ 37.800 \text{ por ano}$$

$$CT = 600 \cdot 50 + \frac{600}{20} \cdot 13 + \frac{20}{2} \cdot 50 \cdot 0,78 = \$ 30.780 \text{ por ano}$$

Se for levada em conta que a redução dos estoques médios dentro da fábrica em dez vezes irá reduzir também as sete perdas (superprodução, espera, transporte, processamento, estoque, movimentos desnecessários e produtos defeituosos) atreladas a eles, baixando o valor da taxa de armazenagem (I), essa redução de $ 7.020 por ano tende a aumentar. Considerando, ainda, que uma empresa trabalha com alguns milhares de itens, uns 2.000 itens, por exemplo, se tem o valor ($ 7.020 por item por ano × 2.000 itens = $ 14.040.000 por ano) da motivação das empresas para buscar a estratégia da manufatura enxuta e usufruir do ciclo virtuoso da Figura 5.12.

Apresentados esses números, com objetivo apenas de ilustrar a questão, pode-se voltar ao ponto fundamental de se obter lotes econômicos pequenos: como a estratégia da manufatura enxuta transforma *setups* (internos ou externos) de 120 minutos em 12 minutos? Felizmente, a resposta a essa pergunta já foi encontrada pelo sistema produtivo da Toyota há algum tempo, e é:

1. para itens produzidos internamente, aplicar a troca rápida de ferramentas (TRF);
2. para itens comprados, desenvolver relacionamentos eficientes de longo prazo com a cadeia de fornecimento.

Troca Rápida de Ferramentas (TRF)

Objetivo de aprendizagem 7: Discutir as quatro etapas da TRF.

A teoria da TRF foi desenvolvida por Shigeo Shingo na década de 1970 após vários anos de experiência em empresas japonesas, especialmente na Toyota, onde foi contratado para estudar como se davam os *setups* de máquinas e achar a resposta para a pergunta acima. Não só Shingo conseguiu reduzir os *setups* de prensas de 120 minutos para três minutos (bem menos do que os 12 minutos do exemplo anterior), como brindou a administração da produção com uma nova ferramenta de análise em seu livro de 1985: *A revolution in manufacturing: the S.M.E.D. system*. Um bom exemplo de como Shingo conseguiu esse feito pode ser conferido semanalmente nas corridas de Fórmula 1, onde uma troca de pneus, que no nosso carro dura em torno de 10 minutos (600 segundos), é realizada em 4 segundos.

Inicialmente, ao estudar o problema das prensas da Toyota, Shingo classificou em quatro grupos de funções as atividades desenvolvidas durante os *setups*, distribuídas proporcionalmente no tempo conforme ilustrado na Figura 5.14. Conforme se pode ver na figura, apenas 5% do tempo gasto com essas funções eram referentes à remoção e fixação das matrizes e ferramentas, e o restante do tempo, segundo Shingo, poderia ser reduzido, ou até eliminado, desde que a questão fosse analisada sob essa ótica.

FIGURA 5.14

Distribuição dos tempos das funções durante os *setups*.

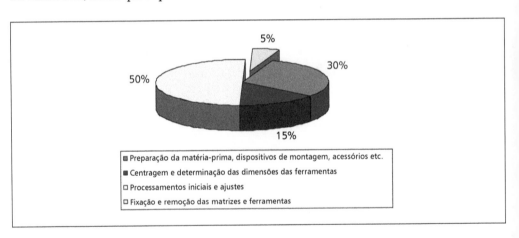

Nesse sentido, Shingo desenvolveu sua teoria para a TRF, que pode ser resumida em quatro passos sequenciais:

1. identificar e separar as atividades de *setup* interno e externo e eliminar as desnecessárias;
2. converter as atividades de *setup* interno em externo;
3. simplificar e melhorar pontos relevantes para o *setup*;
4. eliminar sempre que possível o *setup*.

Passo 1: Identificar e separar as atividades de *setup* interno e externo e eliminar as desnecessárias

O primeiro passo na TRF consiste em formar um grupo de trabalho dentro da empresa responsável pela redução dos tempos de *setup*, que inclua de preferência os operadores que o executam. Esse grupo irá identificar como o *setup* está sendo feito atualmente, registrando-o em uma planilha, normalmente através de uma filmagem para comparações posteriores, de forma que se possa descrever o conjunto de atividades desenvolvidas durante o *setup*. Classificar as atividades desenvolvidas no *setup* em três categorias:

1. *setup* interno: atividade de *setup* realizada com a máquina parada;
2. *setup* externo: atividade de *setup* realizada com a máquina operando;
3. desnecessária: atividade executada sem relação com o *setup*.

Inicialmente, as atividades classificadas como desnecessárias, como, por exemplo, a espera para que a empilhadeira traga o molde a ser trocado (quando ele já deveria estar ao lado da máquina em posição para troca) ou a busca por uma chave que não está disponível ao lado da máquina, devem ser mapeadas e ações devem ser implantadas para que elas sejam eliminadas.

Eliminadas as desnecessárias, devem-se separar criteriosamente as atividades de *setup* interno das atividades de *setup* externo, de forma que, quando a máquina estiver parada, apenas as atividades de *setup* interno devem ser desenvolvidas. Todas as atividades de *setup* externo, como preparação e transporte das matrizes, gabaritos, ferramentas e dispositivos de fixação, já devem ter sido providenciadas.

Identificadas e separadas as atividades internas e externas e eliminadas as desnecessárias, uma rotina de operações-padrão deve ser elaborada para o *setup* analisado, e os operadores responsáveis devem ser treinados para que seja sempre seguida. Esse primeiro passo da TRF, apesar de simples, é o que traz o ganho mais rápido no processo, pois é basicamente uma limpeza e organização do *setup*, e os investimentos são pequenos.

Passo 2: Converter as atividades de *setup* interno em externo

O segundo passo na TRF para reduzir os tempos consiste em analisar com a equipe como se podem levar as atividades consideradas internas, executadas com a máquina parada, para atividades externas, ou seja, com a máquina em funcionamento.

Um exemplo típico é o de padronizar as alturas das matrizes com o uso de placas espaçadoras, de forma a evitar que a máquina necessite regular sua abertura para o encaixe da matriz. Outro exemplo é o do aquecimento externo das matrizes em fundição e forjamento, de forma que ao entrar em operação ela já esteja na temperatura indicada para gerar uma peça boa.

Também o ajuste do ferramental, que normalmente é feito com a máquina parada (interno), deve ser analisado para verificar se esse ajuste não pode ser feito com a máquina em funcionamento. Uma forma de fazer isso consiste em desenvolver uma ferramenta de suporte suplementar onde a matriz é fixada e regulada como uma atividade externa e, quando a máquina para, o conjunto "matriz-dispostivo auxiliar" é encaixado de forma padrão (e rápida) na máquina.

Passo 3: Simplificar e melhorar pontos relevantes para o *setup*

Uma vez separadas e padronizadas as atividades internas das externas e transferidas tanto quanto possível as internas para as externas, o terceiro passo na teoria da TRF de Shingo consiste em simplificar e melhorar alguns pontos adicionais relevantes para a redução ainda maior dos tempos, quais sejam:

- *usar operações paralelas*: máquinas grandes que exigem muito deslocamento do operador no *setup* devem receber a colaboração de operadores adicionais na hora do *setup*.

Por exemplo, em uma injetora, enquanto um operador fixa a matriz, outro pode estar limpando o canhão de injeção;
- *usar sistemas de colocações finitas:* apesar de as regulagens das máquinas serem possíveis de fornecer qualquer posição de ajuste, uma vez que elas são focadas a uma família de produtos, elas devem ter suas regulagens customizadas aos produtos nela fabricados, o que reduz o nível de regulagens necessárias;
- *empregar fixadores rápidos:* dimensionar corretamente, padronizar e, na medida do possível, substituir os dispositivos de fixação por fixadores rápidos, como, por exemplo, trocar a fixação das mangueiras de refrigeração de braçadeiras para engate rápido;
- *eliminar a tentativa e erro:* padronizar e treinar com a equipe de *setup* as atividades, de forma que a primeira peça produzida já esteja dentro do padrão.

Passo 4: Eliminar sempre que possível o *setup*

Eliminar as atividades de *setup* deve ser o objetivo principal da equipe de TRF, que deve buscar sempre a resposta à seguinte pergunta: como produzir itens diferentes sem promover *setups* nas máquinas? Ao se eliminar o *setup*, a produção pode ser feita em fluxo unitário, ou seja, com lotes econômicos de uma unidade. Para se eliminar o *setup*, pode-se agir em cima de três pontos:

- *projeto do produto inteligente:* padronizando e reduzindo a quantidade de itens componentes de um produto, elimina-se a necessidade de *setup* na produção de componentes para diferentes produtos;
- *produção focalizada:* focalizar a produção em células, ou linhas, onde os equipamentos têm apenas a função necessária para a operação exigida pela família do produto. Evitar o uso de grandes máquinas;
- *produção em grupos:* desenvolver ferramentas que conformem em um único *setup* diferentes itens ao mesmo tempo, de preferência itens que entrem em um mesmo produto, ou, então, ferramentas que podem ser utilizadas para conformar diferentes itens de acordo com sua regulagem, sem a necessidade de sua retirada.

Uma visão mais abrangente da TRF dentro da estratégia da manufatura enxuta com vários exemplos práticos de cada um desses passos pode ser vista no Capítulo 8 do nosso livro *Manufatura enxuta como estratégia de produção: a chave para a produtividade industrial* (Atlas, 2015).

Relacionamentos de longo prazo com fornecedores

Para itens fabricados internamente, a solução da estratégia da manufatura enxuta para a produção de lotes econômicos pequenos passa pela implantação dos conceitos de TRF já discutidos. Já para itens comprados de terceiros, como baixar o custo de reposição desses itens de forma a tornar econômicos lotes tão pequenos quanto os necessários?

Isso passa por transformar os relacionamentos convencionais de curto prazo com a cadeia de fornecimento, conhecidos como "soma zero", ou seja, para alguém ganhar, alguém tem que perder, em relacionamentos de longo prazo do tipo "ganha-ganha", ou seja, a ação conjunta de cliente e fornecedor gerando benefícios para ambos. Essa visão moderna de logística é chamada de gestão da cadeia de suprimentos ou *supply chain management*.

Objetivo de aprendizagem 8: Entender o relacionamento ganha-ganha com fornecedores.

Para entender a importância dessa mudança estratégica de conceito, cabe aqui listar as principais características de um relacionamento convencional com fornecedores, onde não existem confiança mútua e cooperação na solução de problemas:

- múltiplos fornecedores para um mesmo item;
- emprego do processo de concorrência na escolha do fornecedor atual;

- excessivas atividades de controle nas operações de fornecimento;
- manutenção de estoques altos tanto no cliente como nos fornecedores;
- não compartilhamento de informações como forma de estratégica competitiva;
- qualidade não assegurada devido a diferentes fontes.

Essas características fazem com que as empresas se cerquem de controles e burocracias que jogam o custo de preparação para a reposição dos itens para cima. Por exemplo, em uma compra convencional se tem todo um processo no fornecedor de expedição da documentação e da carga, e um processo inverso de recepção no cliente, que pode facilmente chegar a vários dias de espera, além de empregar um grande grupo de pessoas, gerando altos custos que devem ser diluídos pela quantidade comprada.

Dentro da visão moderna de gestão da cadeia de suprimento, a busca pela redução de tempos e custos do processo de reposição envolve o desenvolvimento de relacionamentos de longo prazo com fornecedores que passam a ter exclusividade de fornecimento e garantia de demanda. A substituição do foco na redução do custo do item comprado, via concorrência, pela redução nos custos do processo logístico como um todo, com a diminuição da base de fornecedores, apresenta uma série de vantagens, dentre as quais:

- ganhos de escala com o aumento do volume produzido;
- garantia do retorno dos investimentos;
- difusão dos conhecimentos e transferência de tecnologia;
- processos focalizados mais enxutos junto aos clientes;
- coordenação de entregas em pequenos lotes de diferentes itens.

Um ponto importante nesse relacionamento de longo prazo, objeto de estudo desse livro, com reduções significativas de desperdícios na logística de fornecimento, é o emprego de um sistema de planejamento e controle da produção conjunto ou integrado da cadeia produtiva, como realizado pela Toyota e hoje padrão na indústria automobilística em geral, com reflexo em todos os três níveis de decisões, como ilustrado na Figura 5.15.

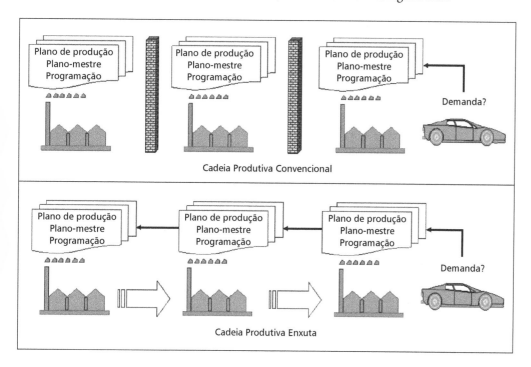

FIGURA 5.15

O PCP nas cadeias produtivas.

Começando pelo planejamento estratégico do negócio, em que o plano de produção do fornecedor é montado para atender à previsão de demanda de longo prazo prevista no plano do cliente, e não raro o fornecedor monta seu negócio perto do cliente, focado para atender à capacidade prevista, potencializando o retorno dos investimentos do negócio.

No médio prazo, quando o cliente roda seu planejamento-mestre da produção, os ajustes de capacidade e de estoques necessários para atender à demanda esperada na fábrica do cliente e do fornecedor podem ser tomados em sincronia, reduzindo ao máximo os desperdícios de recursos produtivos. E, finalmente, a programação da produção de curto prazo para atender à demanda real pode ser disparada com o mínimo de burocracias (de preferência puxada pelo sistema de retiradas *kanban*) e o mais perto possível de sua realização, buscando o *just in time*.

Algumas ferramentas adicionais ajudam na implementação do PCP conjunto, como o Intercâmbio Eletrônico de Dados (*EDI*) para a troca de documentos; o uso de Pedidos em Aberto com a negociação apenas de quantidades, o estoque gerenciado pelo fornecedor, a contabilidade de portas fechadas ou pagamento conforme a produção, a liberação de entregas diretamente na linha do cliente, entre outras.

Em resumo, a gestão da cadeia de suprimentos dentro da estratégia da manufatura enxuta, assim como a TRF, leva o custo de preparação das ordens de reposição para valores muito abaixo dos encontrados nas burocráticas e morosas compras feitas dentro de um sistema convencional, o que permite o uso de lotes econômicos pequenos de reposição, de preferência apenas para suprir as necessárias imediatas do cliente final.

2.4 Estoques de segurança

Objetivo de aprendizagem 9: Calcular os estoques de segurança.

Dentro da função de administração de materiais, os estoques de segurança, quando empregados, são projetados para absorver as variações na demanda durante o tempo de ressuprimento, ou variações no próprio tempo de ressuprimento, dado que é apenas durante este período que os estoques podem acabar e causar problemas ao fluxo produtivo. A Figura 5.16 ilustra essas duas situações. No primeiro caso, uma variação da demanda esperada de d para d' faz com que os estoques entrem na faixa de segurança antes de o tempo de ressuprimento (t) se completar. No segundo caso, mantendo-se a demanda d, o tempo esperado de ressuprimento t passa para t', fazendo com que haja necessidade de utilizar os estoques de segurança para manter o fluxo produtivo.

FIGURA 5.16

Aplicação do estoque de segurança.

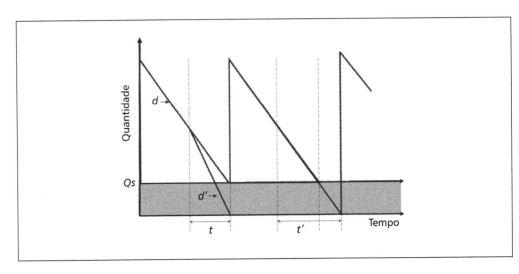

Dessa forma, quanto maiores forem as variações na demanda prevista e/ou variações nos tempos previstos de ressuprimento, maiores deverão ser os estoques de segurança do sistema para garantir o abastecimento contínuo. Na realidade, os estoques de segurança agem como amortecedores para os erros do sistema produtivo associados ao abastecimento interno ou externo dos itens. Estes erros fazem com que os tempos de ressuprimento e as demandas variem, impossibilitando o bom funcionamento do modelo de controle de estoques sem uma segurança. O acompanhamento dos erros de previsão da demanda já foi tratado no Capítulo 2.

Dentro da estratégia da manufatura enxuta, a variabilidade nos tempos de ressuprimento ou na demanda deve ser entendida como um problema (uma perda) do sistema e, como tal, a proposta é de redução da segurança entre os processos no sentido de identificação desses problemas que devem ser solucionados com melhoramentos contínuos no sistema produtivo. A ênfase é na prevenção dos erros, e não na correção e convivência com eles através dos estoques de segurança.

O efeito chicote e reflexo nos estoques de segurança

O efeito chicote ocorre em uma cadeia produtiva convencional (tipo soma zero) como resultado da discrepância entre a demanda real e a prevista na ponta da cadeia, unida à intenção das empresas desta cadeia de alinharem sua oferta a essa demanda, sem deixar de atendê-la. Sendo assim, as empresas, por não possuírem a informação correta de seus clientes na cadeia (múltiplos fornecedores/concorrência nas compras), buscam se proteger e garantir o nível de atendimento através do aumento do nível de estoques de segurança para uma possível variação nesta demanda.

Em geral se atribuem quatro ações na ponta da cadeia que, isoladamente ou em conjunto, levam a esse efeito, que são:

1. Reposição dos estoques acima da média devido a um aumento de vendas.
2. Agrupamento de pedidos periódicos em grandes lotes econômicos para redução de custos.
3. Expectativa de racionamento levando a uma reposição muito acima da demanda.
4. Promoções esporádicas que resultam em grandes compras sem repetição.

A solução para o efeito chicote está baseada em alinhar as estratégias dentro da cadeia produtiva com base no sistema "ganha-ganha" da gestão da cadeia de suprimentos, apresentada anteriormente, de forma a compartilhar corretamente as informações da demanda para formação dos estoques de segurança na cadeia produtiva.

Na prática, as empresas tendem a conviver com esses problemas e colocar estoques de segurança nos modelos de controle de estoques para amortecê-los, pelo menos enquanto os problemas não forem tratados como tal e eliminados. Geralmente, a colocação dos estoques de segurança não precisa ser feita em todos os itens administrados pelo sistema de controle, devendo-se considerar nesse aspecto a dependência entre itens e os gargalos produtivos do sistema.

Em modelos baseados na lógica de explosão das necessidades (MRP), a demanda prevista para os produtos acabados é passada para os demais itens componentes da estrutura do produto, de forma que se for colocada segurança na ponta da cadeia produtiva, ou seja, na montagem do plano-mestre dos produtos acabados, essa segurança já cobriria as possíveis variações da demanda dos componentes do produto. Por exemplo, colocando segurança na malha acabada, já se estaria colocando segurança na malha crua, visto que a quantidade de segurança da malha acabada incluída no PMP entraria no cálculo das necessidades brutas de malha crua.

Outro aspecto considerado na escolha do ponto onde se colocaria estoque de segurança está relacionado ao fato de se terem recursos-gargalos no roteiro de fabricação do produto. Um recurso-gargalo é um recurso cuja capacidade limita a capacidade total do roteiro, e, portanto, não deve ficar parado, pois uma parada nele não pode ser recuperada pelo sistema. Nos pontos do roteiro de fabricação onde houvesse recursos-gargalos, a programação desses recursos deveria ser protegida com uma quantidade adicional de segurança para evitar paradas.

No que se refere ao dimensionamento dos estoques de segurança, assim como na teoria do lote econômico, a determinação deles deve levar em consideração dois fatores a serem equilibrados: os custos decorrentes do esgotamento do item e os custos de manutenção dos estoques de segurança. Quanto maiores forem os custos de falta atribuídos ao item, maiores serão os níveis de estoques de segurança que se dispõe a manter, e vice-versa.

Podem-se calcular os custos de manutenção de certo nível de estoque de segurança atribuindo-lhe uma taxa de encargos financeiros (I); contudo, o custo de falta na prática não é facilmente determinável, o que faz com que as decisões gerenciais para o dimensionamento sejam tomadas em cima de determinado risco que se quer assumir, o que indiretamente significa imputar um custo de falta ao item.

A determinação do risco a correr, ou em outras palavras do nível de serviço do item, é função de quantas faltas se admite durante o período de planejamento como suportáveis para este item. Por exemplo, ao se admitir que um item com frequência de reposição semanal (52 reposições) possa ter quatro faltas, se estará imputando um nível de serviço de 92%. Ou seja:

$$\text{Nível de serviço} = 1 - \frac{4}{52} = 0{,}92 = 92\%$$

Considerando que a demanda durante o tempo de ressuprimento segue uma distribuição normal, podem-se relacionar os níveis de serviço com o número de desvios-padrão a serem cobertos pelos estoques de segurança. Em outras palavras, o estoque de segurança (Q_s) é a parcela adicional (Z), expressa em termos de desvios-padrão (σ) associado a determinado risco, que se deve manter de itens em estoque para suportar uma demanda máxima ($d_{máx}$) superior à demanda média (d), conforme ilustrado na Figura 5.17. Logo:

$$Q_s = Z \cdot \sigma \tag{5.15}$$

Onde:
Q_s = estoque de segurança;
Z = número de desvios-padrão;
σ = desvio-padrão.

FIGURA 5.17

Dimensionamento do estoque de segurança.

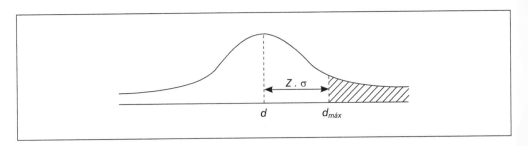

Da tabela da distribuição normal padronizada, podem-se obter os níveis de serviço desejados para o item em termos de um número de desvios-padrão a considerar, conforme apresentado na Tabela 5.5.

TABELA 5.5

Nível de serviço relacionado ao número de desvios-padrão.

Nível de Serviço	Z
80%	0,84
85%	1,03
90%	1,28
95%	1,64
99%	2,32
99,99%	3,09

Como discutido no Capítulo 2, Previsão da demanda, em sistemas computacionais é mais simples trabalhar com o valor do desvio médio absoluto (MAD) do que com o desvio-padrão. O valor do MAD é de aproximadamente 1,25 desvio-padrão. Como exemplo do seu uso, para se montar o estoque de segurança para a malha prevista no Exemplo 2.6, do Capítulo 2, que apresenta um MAD de 113 kg, caso se pretenda dar um nível de serviço de 85%, o estoque de segurança seria:

$$Q_s = Z \cdot 1{,}25 \cdot MAD \tag{5.16}$$

$Q_s = 1{,}03 \cdot 1{,}25 \cdot 113 = 146$ kg

Caso o nível de serviço seja elevado para 99%, o estoque de segurança se ampliaria para:

$Q_s = 2{,}32 \cdot 1{,}25 \cdot 113 = 328$ kg

Existem outras formas mais simples de cálculo dos estoques de segurança, como, por exemplo, considerá-lo como uma porcentagem da demanda durante o tempo de ressuprimento. Pode-se também, ao invés de considerar a segurança em unidades, considerá-la como tempo, ou seja, planejar o recebimento do item com um tempo de segurança, também chamado de *timer buffer*, como forma de garantir que o item chegará a tempo para seu consumo. Essa abordagem é utilizada dentro da chamada teoria das restrições para manter os gargalos abastecidos. Desta forma não se produz acima das necessidades, porém se mantêm os estoques por mais tempo, o que em termos de custos é equivalente.

Uma vantagem do uso do *timer buffer* seria em situações em que o item tem vida útil limitada, como, por exemplo, em coleções de vestuário, onde após o lançamento de nova coleção, a antiga perde a validade. Por outro lado, produzir antes do necessário, como forma de segurança, exige um bom sistema de previsão de demanda para se acertar nas quantidades.

Estudo de Caso 4 – TRF e a troca de pneus

Objetivo: vamos abandonar momentaneamente nossa fábrica de malhas para trabalhar um estudo de caso focado no método desenvolvido por Shingo para redução dos tempos de preparação dos lotes nas máquinas. Como objeto de análise, vamos comparar como se processa a troca de pneus em uma situação convencional, ou seja, onde podemos perder um bom tempo, com uma situação onde o tempo gasto na troca faz toda a diferença, por exemplo, uma corrida de Fórmula 1 (F1), em que um segundo define o ganhador.

Passos sugeridos:

1. Utilizando vídeos disponíveis na internet, monte uma planilha listando a sequência de atividades da equipe de F1 na troca de pneus, seus tempos e a classificação destas atividades em interna, externa ou desnecessária.

Questões sugeridas:

1. Cite pelo menos três atividades desnecessárias que as equipes de F1 eliminaram na troca de pneus.
2. Cite uma atividade em que o *setup* interno foi transferido para o externo.
3. Descreva as atividades que foram desenvolvidas pelas equipes de F1 para simplificar e melhorar a troca de pneus, descritas no Passo 3, apresentado neste Capítulo, do método desenvolvido por Shingo.

RESUMO

O Capítulo 5 apresentou algumas das funções de curto prazo executadas dentro da programação da produção. Discutiu-se a complexidade associada a essas funções, quando executadas dentro dos diferentes tipos de sistemas produtivos. Conceitos de programação empurrada e programação puxada foram apresentados. Dividida, para efeito de estudo, a programação da produção em três grupos de funções: a administração dos estoques, o sequenciamento, e a emissão e liberação das ordens, este capítulo se dedicou, dentro da função de administração dos estoques, às questões relacionadas à definição do tamanho do lote de reposição e do estoque de segurança. O tamanho dos lotes a serem programados, chamado de lote econômico, foi relacionado aos custos envolvidos com a reposição e manutenção dos estoques no sistema produtivo. Na discussão do tamanho dos lotes, apresentou-se o conceito de lote econômico dentro da estratégia da manufatura enxuta e a forma como ela trata a questão de redução dos custos de reposição internos ou externos, de maneira a permitir uma programação de lotes econômicos tão pequenos quanto os necessários no momento. Nesse sentido, apresentaram-se a troca rápida de ferramenta (TRF) e a gestão da cadeia de suprimentos ou *supply chain management*. Ao final deste capítulo, o tamanho dos estoques de segurança, que está relacionado com os erros de previsão e com o nível de serviço previsto para o item, foi discutido. Exemplos ilustrativos foram apresentados para ajudar a esclarecer os temas. No próximo capítulo, para complementar as funções de administração de estoques, serão apresentados os modelos de controle de estoques ditos convencionais ou empurrados: ponto de pedido, revisões periódicas e planejamento das necessidades de materiais (MRP).

EXERCÍCIOS

1. Um planejador está estabelecendo os parâmetros dos produtos para a realização do plano-mestre da produção de sua empresa, e gostaria de definir o Estoque de Segurança para o Produto XYZ. Para este produto tem-se o histórico das demandas real e prevista dados a seguir. Ajude o planejador e calcule o estoque de segurança para o produto referido, considerando um nível de serviço de 90%.

	Período									
	1	2	3	4	5	6	7	8	9	10
Demanda prevista (und.)	4.546	4.494	5.837	5.630	5.062	4.442	5.785	5.940	5.217	5.889
Demanda real (und.)	4.850	4.712	5.430	5.784	4.794	4.107	5.572	6.280	5.573	5.545

2. O mesmo planejador do Exercício nº 1 também está definindo os parâmetros para compra das principais matérias-primas da empresa, e deseja estabelecer o melhor lote de compra destas. O Polipropileno (PP) é a principal matéria-prima, com um consumo médio anual de 100 toneladas. Seu preço de compra é de $ 6,50/kg e o custo em emitir uma ordem de compra deste material é de $ 1.000/ordem. A taxa de encargos financeiros sobre o estoque de matéria-prima é de 15% ao ano. Com os dados do problema, calcule:

a) O lote econômico de compra e custo total de Polipropileno, considerando que o fornecedor entrega os lotes todos de uma única vez.

b) O lote econômico de compra e custo total de Polipropileno, considerando que o fornecedor entrega de forma fracionada a uma taxa de 2 toneladas por semana. Considere que o ano tem 52 semanas.

3. Qual a diferença em termos de programação da produção (nível operacional) para os diferentes tipos de sistemas produtivos (em massa, contínuo, lotes, sob encomenda)? Explique o que acontece na programação em cada um deles.

4. Marque "V" se a sentença for VERDADEIRA, e "F" se a sentença for FALSA.

( ) A programação da produção trata do dimensionamento de capacidade produtiva, sequenciamento e liberação das ordens de produção.

( ) Quanto maior o custo unitário de preparação e o custo unitário de fabricação do item, maior será o lote econômico de produção.

( ) As ferramentas PERT e CPM são mais indicadas para programação da produção de sistemas de produção repetitivos em lote.

( ) Na programação puxada, as atividades de previsão de demanda, planejamento-mestre e planejamento das necessidades de materiais, não são necessárias.

( ) Na programação puxada, o sequenciamento das ordens de produção é viabilizado através de um sistema com capacidade finita.

( ) O sistema de entrega total tende a apresentar estoques maiores que o sistema de entrega parcelada.

( ) A troca rápida de ferramentas é um método utilizado para reduzir os tempos de *setup*, e, por consequência, a taxa de encargos financeiros sobre estoque, o que possibilita reduzir o tamanho do lote econômico.

( ) Parcerias na cadeia de suprimentos possibilitam a redução dos lotes de itens fornecidos por terceiros.

( ) Os estoques de segurança são dimensionados para atender a variações no consumo e no tempo de ressuprimento dos itens.

ATIVIDADES PARA SALA DE AULA

Com base nas Figuras 5.2 e 5.3, que relacionam a abrangência e o tipo de programação da produção com os sistemas produtivos e suas demandas, discuta com os alunos as seguintes questões:

1. Por que nos processos contínuos, como uma fábrica de cerveja ou de tintas, uma programação empurrada não difere muito de uma programação puxada?
2. O que faz com que nos sistemas sob encomenda, como na fabricação de máquinas, por exemplo, a programação puxada não possa ser utilizada em sua plenitude, a não ser para materiais básicos, como chapas e parafusos, quando muito?
3. Por que nos sistemas repetitivos em lotes a função de sequenciamento é tão importante? E que características fazem com que a programação puxada seja recomendável nesses casos?
4. É possível se fazer uma programação empurrada para a linha de montagem dos produtos acabados e uma programação puxada para a fabricação dos componentes? Que característica da estrutura dos produtos seria necessária?

CAPÍTULO 6

Modelos de Controle de Estoques

Objetivos de aprendizagem

Ao final deste capítulo, o aluno deverá ser capaz de:

1. Entender como se faz uma classificação ABC de estoques.
2. Relacionar os modelos de controle de estoques com a frequência e volume da demanda.
3. Aplicar o controle de estoques por ponto de pedido.
4. Dimensionar o controle de estoques por revisões periódicas.
5. Identificar os dados de entrada do sistema MRP.
6. Organizar as tabelas de controle do sistema MRP.
7. Desenvolver a dinâmica entre as tabelas do sistema MRP.

1 INTRODUÇÃO

O Capítulo 6 se propõe a apresentar os modelos de controle de estoques disponíveis para a administração de materiais dentro da lógica empurrada para a função de programação da produção. Inicialmente, são discutidas as premissas que levam à escolha do modelo de controle a ser utilizado dentre os disponíveis para a programação da produção, com foco no tipo de sistema produtivo, na classificação ABC (Pareto) da demanda e na sua frequência de ocorrência. Uma sugestão das alternativas de modelos de controle de estoques a serem utilizados, com base na posição do item dentro da classificação ABC-VF, é realizada. Na sequência, são detalhados os modelos de controle de estoques por ponto de pedido, por revisões periódicas e pelo planejamento das necessidades de materiais (MRP). Durante todo o capítulo exemplos ilustrativos são colocados para permitir maior visualização da dinâmica dos modelos apresentados.

Estoque zero: é possível trabalhar sem estoques na fábrica?

Não! Não é possível, nem para produtos acabados nem para matérias-primas e componentes.

A não ser que seu mercado consumidor seja de produtos unitários sob encomenda (por projeto), você vai precisar de certo estoque de produtos acabados para atender aos clientes. No mercado globalizado, mesmo que você confie muito em sua previsão de demanda, falar em estoque zero na fábrica é comprar briga com o Comercial. E eles têm toda a razão, se o cliente não encontra o produto que quer disponível naquele momento, vai procurar em outro lugar, quem sabe até na China.

Já internamente, com as matérias-primas e peças componentes, os estoques têm um papel regulador muito importante no sincronismo entre as etapas produtivas, seja por problemas de qualidade, de *setup* (lotes econômicos), ritmos ou tempos de ciclos diferentes etc. Não conheço fábrica que funcione sem estoques reguladores. Agora, conheço fábricas que só funcionam com semanas, talvez meses, de estoques reguladores e fábricas que funcionam com dias apenas. A diferença está em considerar que "estoque zero" é uma meta a ser perseguida na estratégia de produção, mesmo que não alcançada.

De qualquer forma, precisamos de modelos de controle de estoques para geri-los, objeto de estudo deste capítulo.

2 CONCEITOS

Com base no plano-mestre de produção e nos registros de controle de estoques, a programação da produção está encarregada de definir quanto e quando comprar, fabricar ou montar de cada item necessário à composição dos produtos acabados propostos pelo plano. Para efeito de estudo, as funções de programação da produção foram divididas em três grupos: administração de estoques, sequenciamento, e emissão e liberação das ordens. No capítulo anterior foi discutida, dentro da administração de estoques, a questão da quantidade a ser reposta, com ênfase no conceito de lote econômico, e a quantidade a ser colocada como segurança no sistema de reposição.

Neste capítulo, como complemento da função de administração de estoques, serão apresentados os modelos de controle de estoques. Um modelo de controle de estoques tem a função de definir para um item um conjunto de regras que estabeleça o momento no qual a ordem desse item deve ser autorizada para a reposição. A partir daí, elas serão sequenciadas, emitidas e liberadas. Normalmente, em função do grande número de itens a serem programados e das atuais facilidades computacionais, esse conjunto de regras é colocado em um pacote computacional e integrado ao sistema de informações da empresa (ERP), no sentido de agilizar as tomadas de decisões pelo PCP.

Como introduzido no capítulo anterior, a programação da produção pode ser puxada ou empurrada, com diferenças tanto no uso das informações disponíveis para planejamento do sistema, como na sua posterior operacionalização. Os modelos baseados na lógica de empurrar um programa de produção, que serão apresentados neste capítulo, são o de ponto de pedido, de revisões periódicas e o de planejamento das necessidades de materiais (MRP). Já o modelo de puxar a produção, conhecido como sistema *kanban*, será apresentado em capítulo próprio posterior.

A decisão de qual sistema de programação empregar, e o modelo de controle para tal, passa pela análise de dois pontos fundamentais interligados: a característica da demanda e o sistema produtivo para atender a essa demanda. A princípio, como já dito, quando a demanda puder ser prevista, pode-se trabalhar com supermercados, assim como, em sistemas repetitivos em lotes (montados para atender a essas demandas previsíveis), pode-se trabalhar com flexibilidade para abastecer os supermercados lote a lote.

Contudo, a maioria das empresas possui sistemas de produção mistos (linhas de montagem, departamentos com máquinas pequenas e grandes, células de fabricação etc.) para atender demandas previsíveis (algumas altas, outras baixas) e demandas especiais (geralmente altas e pontuais), o que faz com que a decisão não seja da escolha de um ou de outro tipo de programação, mas de como montar uma dinâmica de programação da produção que inclua os dois tipos de sistemas com diferentes modelos de controle para gerenciá-los.

Como trabalhar um sistema de produção misto

Uma empresa do setor de eletroferragens implantou um sistema de produção misto para atender à demanda da família de braçadeiras circulares de ¼" com 63 itens que seguem a classificação ABC, conforme apresentado na Figura 6.1. O roteiro de produção de braçadeiras segue as operações de cortar, alojar, dobrar e furar, indo depois para galvanização e montagem dos *kits* com parafusos e porcas.

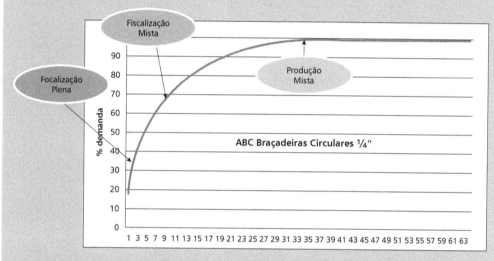

Figura 6.1 Focalização da família de braçadeiras de ¼".

Para a produção das duas braçadeiras mais vendidas, a classe A, foi desenvolvida uma ferramenta progressiva que permite a fabricação das mesmas em uma célula com apenas uma prensa que corta, aloja, dobra e fura, de forma praticamente contínua em pequenos lotes econômicos, visto que suas demandas são regulares.

Para as braçadeiras da classe B de demanda foi desenvolvida uma focalização mista com duas ferramentas semiprogressivas colocadas em duas prensas. Uma corta e aloja e a outra prensa, dobra e fura as braçadeiras. Já para os itens da classe C (com menos de 30% da demanda) se fabricam as braçadeiras em uma célula com quatro máquinas, cada uma com a sua função específica. As braçadeiras das classes A e B são controladas de forma puxada por supermercados; já as da classe C, que possuem demandas muito baixas, são programadas de forma empurrada contra a carteira de pedidos.

2.1 Classificação ABC ou curva de Pareto

Uma ferramenta útil para diagnóstico das características de demanda que se tem para administrar e a decisão dos tipos de modelos a serem empregados é a classificação ABC dos itens, ou curva de Pareto, que está baseada no seguinte princípio (chamado de lei de Pareto): poucos itens são responsáveis pela maioria dos eventos analisados. Esses eventos podem ser problemas em um sistema de produção, investimentos de clientes de um banco, ou, como interessa aqui, demandas que precisam ser atendidas pela programação da produção.

> **Objetivo de aprendizagem 1:** Entender como se faz uma classificação ABC de estoques.

Como exemplo, na Tabela 6.1 é apresentada a classificação ABC da demanda acumulada de oito meses de uma fábrica de peças cerâmicas. Conforme se pode ver nessa tabela, menos de 1% das peças, ou seja, 20 peças em um total de 2.067 peças vendidas nos oito meses de análise, representam mais de 35% da demanda total de 9.221.967 peças cerâmicas. Indo além, para se chegar em 80,04% da demanda, há apenas 15,67% das peças, ou seja, 324 peças.

TABELA 6.1

Dados da demanda de uma fábrica de peças cerâmicas.

Peças	% Peças	Demanda (Unid.)	% Relativa	% Acumulada
1	0,05%	517.380	5,61%	5,61%
2	0,10%	448.860	4,87%	10,48%
3	0,15%	350.460	3,80%	14,28%
4	0,19%	326.147	3,54%	17,81%
5	0,24%	224.624	2,44%	20,25%
6	0,29%	177.580	1,93%	22,18%
7	0,34%	124.740	1,35%	23,53%
8	0,39%	110.736	1,20%	24,73%
9	0,44%	110.124	1,19%	25,92%
10	0,48%	104.472	1,13%	27,06%
11	0,53%	84.816	0,92%	27,98%
12	0,58%	82.368	0,89%	28,87%
13	0,63%	77.400	0,84%	29,71%
14	0,68%	77.370	0,84%	30,55%
15	0,73%	77.070	0,84%	31,38%
16	0,77%	75.240	0,82%	32,20%
17	0,82%	74.700	0,81%	33,01%
18	0,87%	70.330	0,76%	33,77%
19	0,92%	69.930	0,76%	34,53%
20	0,97%	61.848	0,67%	35,20%
2.067	100,00%	9.221.967		100,00%

Na Figura 6.2 está ilustrada a curva ABC para a demanda da fábrica de peças cerâmicas. Conforme se pode ver nessa figura, existe forte crescimento de demanda com poucos itens iniciais (chamados de classe A) e um baixo crescimento final com a inclusão da grande maioria dos itens (chamados de classe C). Entre esses dois extremos há um crescimento médio da demanda, com um número médio de itens, chamados de classe B.

Um segundo exemplo prático mostrando a validade do princípio de Pareto pode ser observado na Tabela 6.2, onde estão apresentados os dados da demanda de uma malharia em uma de suas coleções, que normalmente duram quatro meses. Nessa coleção em particular, a empresa trabalhou com 573 tipos diferentes de malhas e teve uma demanda total de 1.805.614 quilos. Como pode ser visto na Tabela 6.2, as seis primeiras malhas (1,05% do total) de maiores demandas representam mais de 60% da demanda, ou, ainda, as 20 primeiras malhas (3,5% do total) representam quase 80% da demanda total.

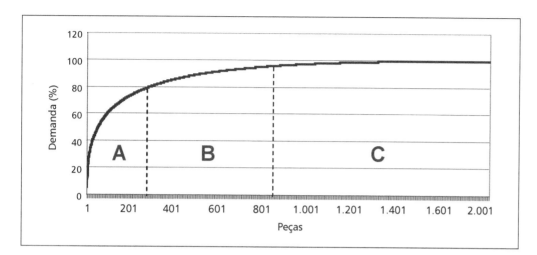

FIGURA 6.2

Curva ABC da demanda de uma fábrica de peças cerâmicas.

TABELA 6.2

Dados da demanda de uma malharia.

Malha	% Malhas	Demanda (Kg)	% Relativa	% Acumulada
1	0,17%	438.518	24,29%	24,29%
2	0,35%	240.537	13,32%	37,61%
3	0,52%	162.801	9,02%	46,62%
4	0,70%	131.529	7,28%	53,91%
5	0,87%	82.932	4,59%	58,50%
6	1,05%	51.959	2,88%	61,38%
7	1,22%	49.530	2,74%	64,12%
8	1,40%	44.616	2,47%	66,59%
9	1,57%	29.381	1,63%	68,22%
10	1,75%	21.845	1,21%	69,43%
11	1,92%	20.966	1,16%	70,59%
12	2,09%	20.678	1,15%	71,74%
13	2,27%	19.768	1,09%	72,83%
14	2,44%	19.046	1,05%	73,89%
15	2,62%	18.610	1,03%	74,92%
16	2,79%	18.602	1,03%	75,95%
17	2,97%	17.139	0,95%	76,90%
18	3,14%	17.127	0,95%	77,85%
19	3,32%	17.056	0,94%	78,79%
20	3,49%	16.507	0,91%	79,70%
573	100,00%	1.805.614		100,00%

Na Figura 6.3 está ilustrada a curva ABC para a demanda da malharia. Comparando a curva ABC da malharia com a da fábrica de peças cerâmicas, pode-se constatar que o crescimento da demanda é mais acentuado para a malharia, ou seja, enquanto para se controlar 80% da demanda na fábrica de peças tem-se que administrar 15,67% das peças, o que já é uma boa concentração, na malharia esse mesmo resultado é obtido com um controle focado apenas em cima de 3,7% das malhas. Em termos de administração de estoques, quanto mais concentrada a demanda, melhor (no limite há sistemas de produção contínuos ou repetitivos em massa para poucos itens de grande volume).

FIGURA 6.3

Curva ABC da demanda de uma malharia.

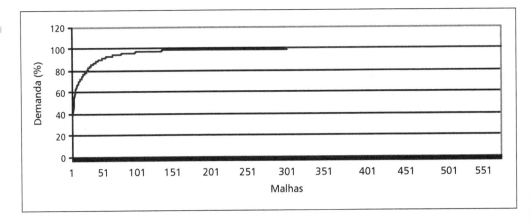

Os dois exemplos reais apresentados (dentre vários outros já realizados) confirmam a validade do princípio de Pareto, ou seja, quando se tem uma grande variedade de itens, alguns itens serão mais importantes que outros. A partir dessa constatação, a lógica dentro da programação da produção consiste em não se gastar muito com controles complexos para gerenciar itens que darão um retorno pequeno, ou, olhando pelo outro lado, investir em modelos de controles mais confiáveis é importante para manter em níveis baixos os estoques dos itens que representam 80% da demanda.

> **PARA REFLETIR**
>
> Apenas constatar que a demanda do item é grande ou pequena não é suficiente para a definição de qual deve ser o modelo de controle de estoque a ser empregado.

Outra variável importante na decisão por qual modelo de controle de estoque adotar é a frequência de ocorrência da demanda. Itens cuja frequência de ocorrência da demanda é alta, que possuem históricos confiáveis das mesmas e que podem ser previstos com certa margem de erro, podendo-se, por exemplo, pensar em colocar estoques reguladores no sistema produtivo para gerenciar sua demanda. Já itens cuja frequência de ocorrência da demanda é muito irregular, ou, ainda, como no caso de um pedido especial de grande porte, totalmente imprevisível, não tem sentido programar com antecedência sua produção nem, muito menos, manter estoques reguladores dos mesmos.

Objetivo de aprendizagem 2: Relacionar os modelos de controle de estoques com a frequência e volume da demanda.

Dessa forma, a sugestão das alternativas de modelos de controle de estoques a serem utilizados passa pela ampliação da classificação ABC por volume de demanda, com a inclusão da frequência de sua ocorrência, podendo-se chamar de classificação ABC-VF. A Figura 6.4 apresenta uma divisão em quatro quadrantes, considerando volumes altos e baixos e frequências altas e baixas, que são: Classe A, Pedidos Especiais, Classe B e Classe C; e a sugestão dos modelos de controle de estoques para cada um deles, ressaltando que esta é uma visão particular dos autores com base em experiências próprias e que, principalmente, cada sistema produtivo tem suas especificidades físicas e humanas que o individualizam como tal.

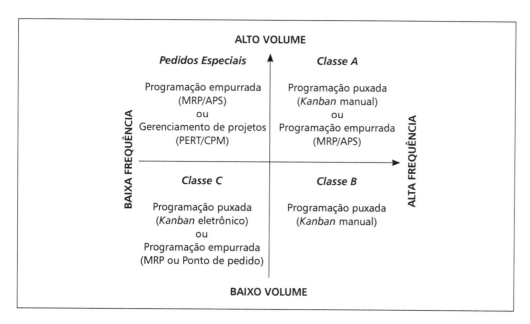

FIGURA 6.4

Classificação ABC-VF e modelos de controles de estoques.

No quadrante Classe A, há poucos itens cujos volumes de demanda são altos e as frequências também. Para esses itens, a sugestão é de se aplicar o sistema de programação puxada manual, ou, então, o sistema de programação empurrada via MRP com um sequenciador de capacidade finita (APS). Como esses itens irão girar com alta frequência, desde que o sistema produtivo seja confiável, os dois tipos de programação terão resultados equivalentes. Caso o sistema produtivo não consiga reproduzir os tempos-padrão e/ou as taxas de produção parametrizadas no MRP/APS, a produção puxada com controle visual da fábrica terá larga vantagem em ser utilizada.

No quadrante Pedidos Especiais, há poucos itens que, apesar de gerarem altos volumes, só aparecem esporadicamente, quando algum grande cliente negocia uma encomenda especial. Esses itens devem ser identificados e deslocados da Classe A da classificação ABC de Pareto para esse quadrante. Nesse caso, o sistema de programação da produção recomendado é o empurrado via MRP com um sequenciador de capacidade finita (APS), que irá ser acionado assim que o cliente fechar o pedido. No caso limite de sistemas produtivos que trabalham sob encomenda, ou seja, toda a sua demanda tem essa característica de imprevisibilidade, esse é o modelo de controle de estoques recomendado.

Em particular, quando a demanda for unitária por grandes projetos, como a construção de uma usina hidroelétrica, de uma rodovia, ou de um navio, em que os tempos das atividades são relativamente altos, o modelo de controle de estoques deve estar baseado na técnica de gerenciamento de projetos conhecida como PERT/CPM, que será apresentada dentro do próximo capítulo.

No quadrante Classe B, estão os itens que possuem volume baixo e frequência alta de reposição, passíveis de uma boa previsão de demanda. Para esses itens, talvez uns 15% a 20% do total, a sugestão é aplicar o sistema de programação puxada manual, visto que os estoques colocados nos supermercados irão girar com frequência e poderão ser mantidos baixos a partir de correções de curto prazo no chão de fábrica. Dessa forma, caso sejam incluídos os itens do quadrante Classe A e Classe B no sistema de programação puxada com controle visual da fábrica, praticamente 80% da demanda (mas 20% dos itens, ou bem menos como no caso da malharia) estará sendo controlada dentro da estratégia da manufatura enxuta.

Finalmente, no quadrante Classe C está a maioria dos itens (de 70% a 90% deles) que possuem baixo volume e baixa frequência, mas que representam pouco em termos econômicos e que, por isso, devem ter seu sistema de programação da produção (empurrado ou puxado) simplificado. Convencionalmente, dentro dos sistemas empurrados, pode-se aplicar o modelo de controle MRP, com parâmetros de segurança mais folgados e sem necessidade de um sequenciador de capacidade finita, ou, até mesmo, em empresas menores, o modelo de ponto de pedido via uma planilha de Excel.

Como no quadrante Classe C há necessidade de gerenciar muitos itens, caso se queira uniformizar o sistema de programação dentro da lógica puxada, provavelmente não será viável utilizar um modelo com controle visual, havendo necessidade de se automatizar o sistema *kanban* e levar sua lógica de decisão para relatórios e/ou telas do sistema. Apenas como referência, no caso da malharia foi possível colocar todos os 500 itens num sistema de controle manual que se renovava a cada quatro meses; já para o caso da fábrica de peças cerâmicas houve necessidade de se desenvolver um sistema informatizado para gerenciamento da programação puxada das mais de 2.000 peças.

Feitas essas sugestões quanto à aplicação dos diferentes modelos de controle de estoques, na sequência do capítulo serão apresentados os modelos de controle por ponto de pedido, por revisões periódicas e pelo planejamento das necessidades de materiais (MRP). Já o modelo de puxar a produção, conhecido como sistema *kanban*, e o modelo por PERT/CPM serão apresentados nos capítulos posteriores. Como forma de exercitar esses conceitos, serão empregados os jogos LSSP_PCP2 (programação empurrada) e LSSP_PCP3 (programação puxada), que irão permitir uma interação maior com os conceitos associados a esses dois sistemas de programação. Uma vez que todos os modelos de controle de estoques sejam entendidos, e operados via jogos de empresas, recomenda-se retornar a essa introdução e rever as sugestões apresentadas, relativas à Figura 6.4.

2.2 Modelo baseado no ponto de pedido

Objetivo de aprendizagem 3: Aplicar o controle de estoques por ponto de pedido.

O modelo de controle de estoques por ponto de pedido consiste em estabelecer uma quantidade de itens em estoque, chamada de ponto de pedido ou de reposição, que quando atingida dá partida ao processo de reposição do item em uma quantidade preestabelecida. Conforme se pode ver na Figura 6.5, o estoque fica separado em duas partes pelo ponto de pedido (PP): uma superior usada para atender à demanda até a data da programação de um lote de reposição (Q), e uma inferior usada entre a data da programação e a data de recebimento do lote, ou seja, dentro do tempo de ressuprimento (t). O modelo por ponto de pedido não está necessariamente vinculado ao uso do lote econômico, porém, já que se vão repor os estoques em determinada quantidade, esta pode ser a quantidade do lote econômico.

FIGURA 6.5

Modelo baseado no ponto de pedido.

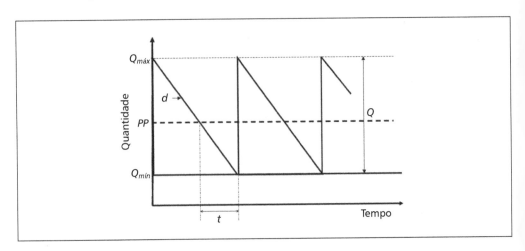

A separação do estoque nessas duas partes é feita apenas nos registros, porém algumas empresas, para facilitar a identificação do ponto de pedido, podem separar fisicamente o estoque em duas partes, sendo, por causa disso, o modelo chamado também de "duas gavetas".

A determinação da quantidade de estoque mantida no ponto de pedido deve ser suficiente para atender à demanda pelo item durante seu tempo de ressuprimento (t), mais um nível de estoque de segurança ou reserva (Q_s), que serve para absorver variações na demanda durante o tempo de ressuprimento e/ou variações no próprio tempo de ressuprimento, conforme já apresentado no capítulo anterior. A Fórmula 6.1 define a quantidade do ponto de pedido.

$$PP = d \cdot t + Q_s \qquad (6.1)$$

Onde:
PP = Ponto de pedido;
d = Demanda por unidade de tempo;
t = Tempo de ressuprimento;
Q_s = Estoque de segurança.

O tempo de ressuprimento deve ser considerado como o espaço de tempo que transcorre desde o momento da constatação da necessidade de repor o item até a efetiva entrada do item em estoque, e resulta da soma de quatro tempos parciais: o tempo de preparação da ordem de reposição, o tempo de preparação da operação de compra ou fabricação, o prazo de entrega da fabricação interna ou externa, e o tempo gasto com o transporte e recepção do lote. Quanto mais demorado for este tempo, maior o nível do ponto de pedido e maiores os estoques médios mantidos pelo sistema.

Com a finalidade de se manter certo controle sobre o desempenho do modelo, podem-se estabelecer duas faixas limites, uma superior e uma inferior, ilustradas na Figura 6.5, que, quando frequentemente ultrapassadas, indicam que houve mudanças nas variáveis do sistema, ou seja, na demanda ou no tempo de ressuprimento. O limite superior ($Q_{máx}$) é formado pela soma do estoque de segurança (Q_s) com o lote de reposição (Q), e o limite inferior ($Q_{mín}$) é o próprio estoque de segurança (Q_s).

Como exemplo da dinâmica de aplicação do modelo de controle de estoques por ponto de pedido tem-se a tela, apresentada na Figura 6.6, do jogo *LSSP_PCP2*. Nesse jogo, o modelo de controle de estoques empregado para a programação das compras dos corantes branco, azul e verde é o de ponto de pedido. A demanda média semanal (d) de cada corante é obtida fazendo-se a média das demandas das próximas quatro semanas das malhas acabadas, segundo cada cor, geradas pela previsão de liberação de ordens do sistema MRP, considerando-se que os corantes entram na proporção de 2% por quilo de malha. Assim, tem-se para o corante branco a seguinte previsão de demanda semanal:

$$Q_m = \frac{(1.200 + 1.440 + 1.320 + 1.440)}{4} \cdot 0{,}02 = 27 \text{ kg}$$

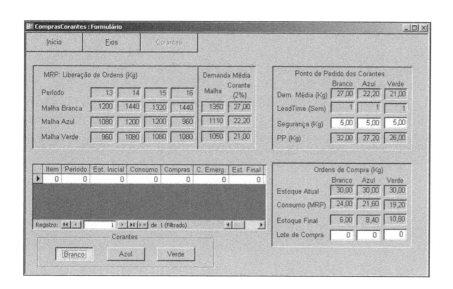

FIGURA 6.6

Modelo baseado no ponto de pedido do Jogo *LSSP_PCP2*.

Como o tempo de ressuprimento (ou *lead time*) dos corantes é de uma semana, e está-se admitindo um estoque de segurança de cinco quilos, o ponto de pedido do corante branco, segundo a fórmula 6.1, fica sendo:

$$PP = d \cdot t + Q_s = 27{,}00 \cdot 1 + 5{,}00 = 32{,}00 \text{ kg}$$

De forma similar são calculados os pontos de pedido dos corantes azul (27,20 kg) e verde (26,00 kg). Uma vez determinados os pontos de pedido dos corantes, a dinâmica desse modelo de controle de estoques exige que se fique monitorando seus níveis atuais de estoques e comprando-os com os respectivos pontos de pedido para identificar o momento da sua ultrapassagem, quando deverá ser disparada a reposição do corante.

No exemplo da Figura 6.6, que os estoques em mãos (no início do período 13) para o corante branco são de 30,00 quilos. Com a liberação pelo MRP de 1.200 quilos de malhas brancas nessa semana, haverá um consumo de 24,00 quilos (2%) de corante branco, resultando num estoque ao final do período de 6,00 quilos. Logo, como o ponto de pedido do corante branco é de 32,00 quilos e o estoque no final do período estará em 6,00 quilos, é necessário fazer um pedido de compra para posicionar o seu nível acima do ponto de pedido, de maneira a não vir a faltar corante branco na próxima semana de programação. Da mesma forma, pode-se notar que os pontos de pedido dos corantes azul e verde também foram atingidos.

Como dito, a definição do tamanho do lote de reposição não está atrelada ao modelo de controle de estoque empregado, mas como se deve definir um lote de reposição, por que não repor um lote econômico? Para o cálculo do lote econômico do corante branco (com entrega total), conforme a fórmula 5.10 apresentada no capítulo anterior, além da demanda média semanal de 27,00 quilos, as demais variáveis (C, A e I) podem ser obtidas no módulo *Engenharia* do jogo, na tela de *Custos*. Logo, se tem que:

$D = 27{,}00$ quilos por semana;
$C = \$\ 50{,}00$ por quilo;
$I = 0{,}06$ a semana;
$A = \$\ 500{,}00$ por ordem de compra.

$$Q^* = \sqrt{\frac{2 \cdot D \cdot A}{C \cdot I}} = \sqrt{\frac{2 \cdot 27{,}00 \cdot 500{,}00}{50{,}00 \cdot 0{,}06}} = 94{,}86 \text{ kg}$$

Como no jogo *LSSP_PCP2* os lotes de compra dos corantes devem ser múltiplos de 10 quilos (em função das embalagens, por exemplo), pode-se emitir uma ordem de compra para o corante branco de 100 quilos. De forma análoga, aplicando a mesma fórmula, podem-se calcular os lotes econômicos para o corante azul (60 quilos) e para o verde (40 quilos). A Figura 6.7 mostra a tela de compra dos corantes pelo modelo do ponto de pedido do Jogo *LSSP_PCP2* com os valores dos lotes econômicos de compra preenchidos.

Como visto na Figura 6.7, na medida em que se emitirá uma compra de 100 quilos de corante branco, com tempo de ressuprimento de uma semana, ao final dessa semana de programação os estoques estarão em 106,00 quilos (30,00 – 24,00 + 100,00). Mantida a demanda média de 27,00 quilos, esses estoques serão suficientes para atender a três semanas de programação (81,00 quilos), quando novamente o ponto de pedido será atingido.

Modelos de Controle de Estoques **143**

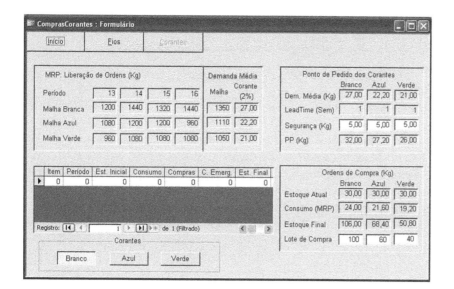

FIGURA 6.7

Modelo baseado no ponto de pedido com lotes de compra do *Jogo LSSP_PCP2*.

2.3 Modelo baseado nas revisões periódicas

Enquanto o modelo de controle por ponto de pedido trabalha no eixo das quantidades, propondo a reposição dos estoques quando o seu nível ultrapassa determinada quantidade, o modelo por revisões periódicas trabalha no eixo dos tempos, estabelecendo datas nas quais serão analisadas a demanda e as demais condições dos estoques, para decidir pela reposição dos mesmos, como ilustrado na Figura 6.8. Sempre que o nível de estoques "passar" pela linha pontilhada que limita os períodos entre revisões (tr), deverá ser providenciada uma reposição (Q) que levará determinado tempo de ressuprimento (t) para chegar e recompor os níveis de estoques.

■ **Objetivo de aprendizagem 4:**
Dimensionar o controle de estoques por revisões periódicas.

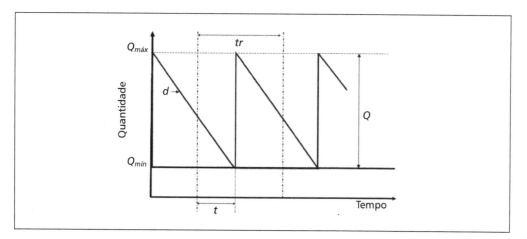

FIGURA 6.8

Modelo baseado nas revisões periódicas.

O tempo entre cada revisão (tr) pode ser escolhido através da periodicidade econômica ou por outro fator qualquer, como, por exemplo, a data em que é realizado o inventário periódico dos estoques, ou, ainda, no sentido de consolidar a data de entrega de vários itens por um mesmo fornecedor para aproveitar os descontos obtidos no preço ou no transporte dos mesmos. No caso de se usar a periodicidade econômica, o tempo entre cada revisão (tr^*) será:

$$tr^* = \frac{t_{ano}}{N^*} = \frac{Q^* \cdot t_{ano}}{D} \qquad (6.2)$$

Onde:
tr^* = Tempo ótimo entre revisões;
t_{ano} = Número de dias no ano;
N^* = Periodicidade econômica;
Q^* = Lote econômico;
D = Demanda do item para o período.

Nesse caso, a quantidade a ser reposta tenderá a se aproximar do valor do lote econômico. Porém, de forma geral, a quantidade a ser reposta dependerá do desempenho da demanda e dos níveis de estoques durante o período entre cada revisão. Admitindo que não haja saldo em estoque no momento da revisão, a quantidade do lote de reposição deve ser suficiente para garantir a demanda até a próxima revisão mais um tempo de ressuprimento, que é o ponto em que o lote encomendado chegará ao estoque, ou seja:

$$Q = d \cdot (tr + t)$$

Como no momento da revisão existirá uma quantidade de saldo final em estoque (Q_f), ela deverá ser retirada do lote de reposição, pois já se tem essa quantidade de itens para atender à demanda, ou seja:

$$Q = d \cdot (tr + t) - Q_f$$

Por outro lado, caso o tempo entre revisões seja menor do que o tempo de ressuprimento, ocorrerão entregas de lotes anteriores, ou quantidades pendentes (Q_p), durante o período analisado, aumentando o saldo em estoque neste período. Consequentemente, deve-se subtrair da demanda total necessária estas quantidades pendentes, ou seja:

$$Q = d \cdot (tr + t) - Q_f - Q_p$$

Admitindo-se ainda que em sistemas de informações o saldo final em estoque não pode ter registros negativos, caso os usuários solicitem itens e não haja disponibilidade em estoque (nesse caso $Q_f = 0$), ocorrerá uma demanda reprimida (Q_r), ou quantidade solicitada ao estoque e não atendida, que deverá ser adicionada ao tamanho do lote. Desta maneira, a fórmula genérica do tamanho do lote de ressuprimento fica:

$$Q = d \cdot (tr + t) - Q_f - Q_p + Q_r$$

Finalmente, não se pode esquecer o estoque de segurança (Q_s) que, via de regra, no sistema de informações está embutido dentro do Q_f inicialmente retirado e, portanto, deve ser acrescentado novamente à demanda a ser atendida pelo lote de reposição, ou seja:

$$Q = d \cdot (tr + t) - Q_f - Q_p + Q_r + Q_s \qquad (6.3)$$

Logicamente, se o tempo entre as revisões foi obtido a partir da periodicidade econômica, e as variáveis iniciais não sofrerem grandes alterações, o lote de ressuprimento resultante da aplicação da fórmula 6.3 deverá estar dentro da faixa econômica de reposição discutida no capítulo anterior.

Como apresentado, a operacionalização do modelo de controle de estoques por revisões periódicas não é tão simples quanto a por ponto de pedido, exigindo a coleta de inúmeras variáveis e cálculos elaborados na definição das quantidades a serem repostas de forma a evitar o desabastecimento, ou a sobra, dos itens em estoque. Atualmente, com o advento e a expansão dos modelos informatizados de planejamento das necessidades de materiais (MRP), esse modelo de controle de estoques passou a ter pouca utilidade, visto que o sistema de programação via MRP, que será apresentado a seguir, não só permite a ampliação do período de análise, como também considera em simultâneo as dependências entre os vários itens que compõem um produto, superando em muito o modelo estático de revisões periódicas. Assim, o modelo de controle de estoques por revisões periódicas é utilizado apenas quando não se dispõem de alternativas de controle, associando a exigência de inventários periódicos dos níveis de estoques com a reposição dos itens.

2.4 Modelo baseado no MRP

O modelo de controle de estoques baseado no cálculo das necessidades de materiais, ou MRP (*Material Requirements Planning*), foi originalmente desenvolvido na década de 1960 com objetivo de aproveitar a capacidade de armazenagem e de processamento de dados (demanda, produção, estoques, estrutura de produtos etc.), que surgiu com a introdução da informática nas empresas, para exercer as funções de programação da produção. À medida que os recursos computacionais evoluíam, desdobramentos acrescentados às rotinas básicas do MRP, nos anos 1980, levaram à ampliação de funções do sistema para as demais áreas da empresa (engenharia, marketing, finanças, recursos humanos etc.), gerando sistemas de informações gerenciais (SIG) amplos, chamados de MRP-II (*Manufacturing Resource Planning*, ou planejamento dos recursos de manufatura).

Mais recentemente, no final do século passado, com revoluções tanto nos equipamentos (troca de grandes computadores centralizados por redes de microcomputadores interligados) como na forma de comunicação (Internet, redes sem fios, VOIP etc.), os sistemas de informações gerenciais foram remodelados para absorver essas novas tecnologias e passaram a ser chamados de ERP (*Enterprise Resource Planning*, ou planejamento dos recursos da empresa ou negócios). Esta evolução dos sistemas de informações gerenciais foi decorrente da própria evolução no tratamento de dados informatizados; contudo, rotinas básicas como, por exemplo, a previsão da demanda, o planejamento-mestre e o cálculo de capacidade (apresentados em capítulos anteriores) e o planejamento das necessidades de materiais, que será aqui apresentado, permanecem e são a base do PCP dos sistemas atuais de ERP.

O modelo de controle de estoques pelo MRP considera a dependência da demanda que existe entre itens componentes de produtos acabados no tempo. Ou seja, partindo-se das quantidades de produtos acabados a serem produzidas período a período, determinadas no plano-mestre, o sistema passa a calcular as necessidades brutas dos demais itens dependentes de acordo com a estrutura (ou árvore) do produto e o roteiro de fabricação e compras. Começa-se pelos componentes de nível superior e se desce de nível até chegar às matérias-primas.

Objetivo de aprendizagem 5: Identificar os dados de entrada do sistema MRP.

Como exemplo, nas Figuras 6.9, 6.10 e 6.11 são apresentadas as estruturas das famílias de malhas Colmeia, Piquet e Maxim, respectivamente, e nas Tabelas 6.3, 6.4 e 6.5 são apresentados os roteiros de fabricação e compras dessas mesmas famílias empregados para a montagem do sistema MRP no jogo *LSSP_PCP2*, que servirá de exemplo para explicação da dinâmica de planejamento das necessidades de materiais.

A estrutura do produto fornece a dependência entre itens e sua proporção de uso, chamada de relação pai-filho. Por exemplo, conforme se pode ver na Figura 6.9, a malha crua Colmeia (pai) utiliza para sua produção 100% de Fio de Algodão (filho), já a malha crua Piquet, conforme a estrutura da Figura 6.10, utiliza para sua produção 50% de Fio de Algodão e 50% de Fio Sintético.

FIGURA 6.9

Estrutura (árvore) do produto da família de malhas Colmeia.

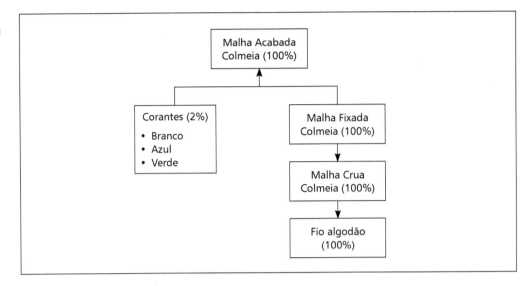

FIGURA 6.10

Estrutura (árvore) do produto da família de malhas Piquet.

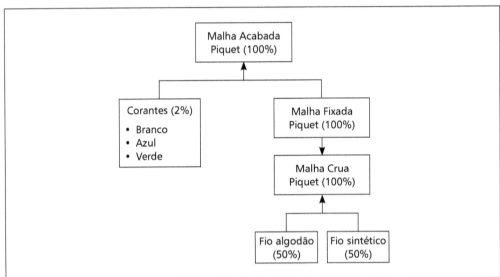

FIGURA 6.11

Estrutura (árvore) do produto da família de malhas Maxim.

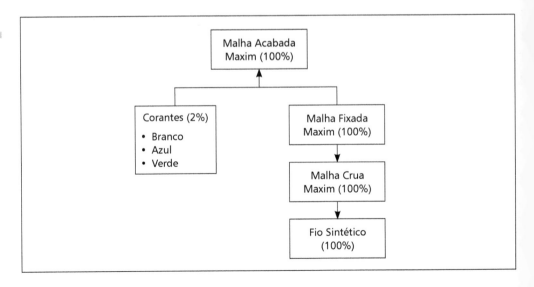

TABELA 6.3

Roteiro de fabricação e compras da família de malhas Colmeia.

Item	Fases	Recursos	Taxa de Produção/Compras	Lead Time de Programação
Malha acabada	Acabamento	Rama	0,003 h/kg	1 semana
	Tinturaria	Jets	3 h/lote	
Malha fixada	Fixação	Rama	0,002 h/kg	
	Purga	Jets	1 h/lote	
Malha crua	Malharia	Teares	0,09 h/kg	1 semana
Fio algodão	Compra MP	Compras	1 kg/kg	2 semanas
Corantes	Compra MP	Compras	0,02 kg/kg	1 semana

TABELA 6.4

Roteiro de fabricação e compras da família de malhas Piquet.

Item	Fases	Recursos	Taxa de Produção/Compras	Lead Time de Programação
Malha acabada	Acabamento	Rama	0,003 h/kg	1 semana
	Tinturaria	Jets	3,5 h/lote	
Malha fixada	Fixação	Rama	0,002 h/kg	
	Purga	Jets	1 h/lote	
Malha crua	Malharia	Teares	0,1 h/kg	1 semana
Fio de algodão	Compra MP	Compras	0,5 kg/kg	2 semanas
Fio sintético	Compra MP	Compras	0,5 kg/kg	2 semanas
Corantes	Compra MP	Compras	0,02 kg/kg	1 semana

TABELA 6.5

Roteiro de fabricação e compras da família de malhas Maxim.

Item	Fases	Recursos	Taxa de Produção/Compras	Lead Time de Programação
Malha acabada	Acabamento	Rama	0,004 h/kg	1 semana
	Tinturaria	Jets	4 h/lote	
Malha fixada	Fixação	Rama	0,003 h/kg	
	Purga	Jets	1,5 h/lote	
Malha crua	Malharia	Teares	0,11 h/kg	1 semana
Fio sintético	Compra MP	Compras	1 kg/kg	2 semanas
Corantes	Compra MP	Compras	0,02 kg/kg	1 semana

Por sua vez, o roteiro de fabricação dos itens informa para cada fase de reposição (fabricação ou compras) qual o *lead time* (tempo de ressuprimento) que se deve considerar para liberar ordens no sistema MRP quando surgirem as necessidades líquidas. Por exemplo, conforme se pode ver na Tabela 6.3, para a fase de malharia se devem liberar ordens de malharia com uma semana de antecedência; já para a compra de fios devem-se liberar ordens de compra com duas semanas de antecedência.

Olhando-se para um item em particular, a dinâmica de cálculo das necessidades líquidas e da liberação de ordens para supri-la passa por obter a necessidade bruta do item em cada período, oriunda das liberações de ordens dos itens do nível superior (pai), descontar dela a quantidade em estoque e a quantidade já programada para chegar a este período, de forma a se obter o valor do estoque projetado do item no final do período. Caso o estoque projetado no final do período fique abaixo do nível de segurança estabelecido, surge uma necessidade líquida do item nesse período, ou seja, uma quantidade que deve ser programada, normalmente em múltiplos de lotes-padrão, para recolocar os estoques no nível de segurança nesse período. Para definir o momento em que se deve liberar uma ordem para cobrir essa necessidade líquida, leva-se em consideração o tempo de ressuprimento (ou *lead time*) da fase.

No caso de itens que possuem tanto demanda dependente como independente, como, por exemplo, itens componentes que são vendidos também ao mercado como reposição, a parte da demanda independente destes itens deve ser calculada com base em modelos de previsão da demanda e somada à demanda dependente obtida pelo MRP. Já no caso dos itens acabados, por não se ter nível superior, ocorrem apenas demandas independentes, oriundas da previsão de demanda do item, conforme apresentado no PMP. A Figura 6.12 ilustra essa dinâmica de cálculo.

FIGURA 6.12

Dinâmica de cálculo da necessidade líquida e liberação de ordens.

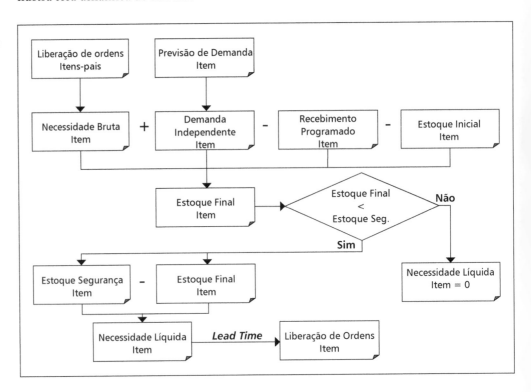

Como para a liberação dessas ordens de reposição há necessidade de empregar os itens de nível imediatamente inferior, geram-se então as demandas dependentes desses itens, ou seja, suas necessidades brutas. Agindo assim, o sistema obtém às necessidades de liberação de ordens, período a período, de todos os itens componentes do produto acabado que estejam sendo controlados pelo MRP.

Logicamente, com um sistema computacional que faça todos estes cálculos rapidamente, não há necessidade de emitir todas as ordens planejadas ao mesmo tempo, pois alguns eventos futuros poderão atuar sobre a demanda, a produção e os estoques dos itens, alterando suas necessidades, de forma que se libera para a etapa seguinte de programação (sequenciamento, emissão do documento e liberação para a fábrica) apenas as ordens que não apresentarem mais folga nos seus tempos de ressuprimento, ou seja, que entrarem no chamado "momento de ação". Já as ordens a serem liberadas nos períodos futuros serão utilizadas para o planejamento e ajustes de médio prazo do sistema produtivo.

Na sequência, um exemplo numérico baseado no Jogo *LSSP_PCP2* será utilizado para exemplificar tanto o uso da tabela de controle para o planejamento das necessidades de materiais, como para demonstrar a dinâmica da passagem das liberações de ordens de itens-pais para necessidades brutas dos itens-filhos.

Tabela de controle do MRP

Assim como foi apresentado para o planejamento-mestre da produção no Capítulo 4, para facilitar o tratamento das informações e informatizar o sistema de cálculo das operações referentes à elaboração do MRP empregam-se tabelas de dados com informações detalhadas, período a período, por item que será planejado. Nessas tabelas constam informações sobre a necessidade bruta, o recebimento programado, os estoques em mãos e projetados, a necessidade líquida e a liberação de ordens desse item para cada período futuro analisado. A tabela da Figura 6.13 ilustra essa situação.

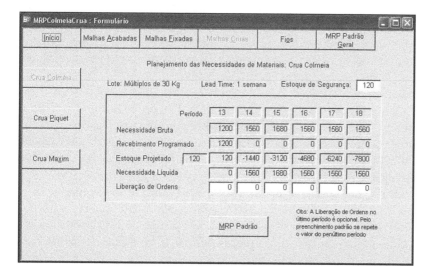

FIGURA 6.13

Dinâmica de cálculo das necessidades líquidas do item.

Conforme se pode ver na Figura 6.13, essa tabela de planejamento das necessidades de materiais é da malha crua Colmeia para as próximas seis semanas (na prática, podem-se ir alguns meses à frente). Existem três parâmetros gerais que precisam ser definidos para que o MRP faça seus cálculos. Um deles é o tempo de ressuprimento (*lead time*), que informa quantos períodos se deve retroceder para a liberação de uma ordem visando sua chegada no momento oportuno, que no caso dessa malha crua, conforme o roteiro de fabricação da Tabela 6.3, é de uma semana. Outro é o valor do estoque de segurança, que indicará qual o nível mínimo que se admite ter em estoque em cada período. Para essa malha foi definido um estoque de segurança de 120 quilos, ou seja, caso o estoque fique abaixo desse nível em um determinado período, gera-se uma necessidade líquida para reposição.

O terceiro parâmetro necessário ao MRP é a regra de definição do tamanho do lote a ser reposto. Existem três regras básicas: lote fixo, lote a lote e períodos fixos. No lote fixo, que é o caso da malha crua Colmeia produzida em múltiplos de 30 quilos nos teares, sempre que se necessita repor o item, repõe-se nesta quantidade. No lote a lote, conhecido como L4L (*lot-for-lot*), sempre que houver necessidade de reposição, ela será feita apenas na quantidade líquida necessária do item. Essa alternativa é normalmente empregada quando a demanda do item for muito espaçada e não se projetar manter estoques. Já na alternativa de períodos

Objetivo de aprendizagem 6: Organizar as tabelas de controle do sistema MRP.

fixos, conhecida como QPP (quantidade pedida no período), o tamanho do lote é projetado para atender a um determinado número de períodos à frente. Essa alternativa dá ênfase à redução dos custos de preparação da ordem.

Definidos os três parâmetros, pode-se passar para a explicação da dinâmica de cálculo do MRP. Na primeira linha da tabela de cálculo estão apresentados os períodos de planejamento. Normalmente, os *softwares* de MRP empregam períodos semanais, porém, teoricamente, esses períodos poderiam ser diários ou outro qualquer. Tudo depende da velocidade de processamento das informações (que está aumentando) e da aplicação prática dessas informações na programação da produção (que exige certo período congelado). Normalmente, limitações físicas de chão de fábrica, como, por exemplo, a necessidade de inspecionar, registrar e movimentar lotes entre etapas produtivas, ou, ainda, a fabricação em paralelo de componentes planejados em conjunto, inviabilizam a ideia de implementar períodos muito curtos de programações. À medida que um período de planejamento é concluído, os dados de produção e estoques deste período são atualizados e se passa a planejar um novo conjunto de períodos à frente, conhecido como horizonte de planejamento do MRP.

A segunda linha da tabela de cálculo da Figura 6.13 refere-se às necessidades brutas do item, ou seja, a quantidade esperada por período desse item (filho) para atender à demanda (liberações de ordens) proveniente dos itens de nível superior (pais). No exemplo, na semana 13 a malha fixada Colmeia irá precisar de 1.200 quilos de malhas cruas Colmeia para sua produção. Como um item componente, ou matéria-prima, pode servir a diferentes itens de nível superior, só se chega ao valor das necessidades brutas de um item após planejar a liberação de ordens de todos os itens-pais deste item. A necessidade bruta do item de nível mais alto, normalmente o produto acabado, é obtida do PMP. Desta forma, a programação da produção baseada no MRP parte do PMP e vai calculando, nível por nível, as necessidades brutas de cada item componente do produto acabado.

De maneira geral, conforme já foi comentado, além das necessidades brutas decorrentes do atendimento aos pais, pode acontecer de o item ser colocado diretamente no mercado (para reposição, por exemplo), sendo que o valor previsto com base em um modelo de previsão da demanda deve ser informado em uma linha própria, chamada "Reposição" ou "Demanda Independente", que terá sua quantidade somada às necessidades brutas para gerar a necessidade total do item.

Na terceira linha da tabela de cálculo do MRP entram os recebimentos programados para os períodos planejados, que são as ordens desse item que já foram liberadas em períodos anteriores, para as quais está correndo o tempo de ressuprimento. No exemplo da Figura 6.13, há um recebimento programado de 1.200 quilos de malha crua Colmeia na semana 13, que provavelmente (caso não tenha atrasado) foi liberado como ordem na semana 12.

A próxima linha da tabela refere-se aos níveis de estoques projetados para os períodos futuros a partir do valor dos estoques em mãos. Em cada período esse valor é calculado, como já ilustrado na Figura 6.12, levando-se em conta o saldo dos estoques projetados no período anterior, mais os recebimentos programados para chegar neste período, menos a soma das necessidades brutas com as reposições (demanda independente) nesse período, conforme a seguinte fórmula:

$$EPf = (EPi + RP) - (NB + RE) \tag{6.4}$$

Onde:
EPf = Estoque projetado final;
EPi = Estoque projetado inicial;
RP = Recebimento programado;
NB = Necessidade Bruta;
RE = Reposição.

No exemplo da malha crua da Figura 6.13, no período 13 o valor de 120 quilos projetados para o estoque é resultado da soma de 120 quilos no estoque final do período 12, mais 1.200 quilos programados para chegar neste período, menos 1.200 quilos de necessidade bruta para o período (no caso não há reposições de malhas). Nos períodos futuros, como não se têm mais recebimentos programados (*lead time* de uma semana), os estoques projetados vão se reduzindo na medida das necessidades brutas.

Uma vez projetados os estoques, ou a falta deles, para os períodos futuros, há condições de calcular as necessidades líquidas de cada período, as quais servirão de base para o planejamento da liberação de ordens. O cálculo das necessidades líquidas necessárias em cada período passa pela análise dos estoques projetados e do valor atribuído ao estoque de segurança. A primeira necessidade líquida surgirá no período em que o valor do estoque projetado ficar negativo, ou abaixo do valor do estoque de segurança. A partir deste ponto, as necessidades líquidas dos demais períodos serão as faltas de estoques projetados atribuíveis a cada período, ou seja, igual à soma das necessidades brutas com as reposições de cada período.

No exemplo seguido, a primeira necessidade líquida surge no período 14 quando os estoques projetados são de menos 1.440 quilos. Como se deve repor o estoque de segurança em 120 quilos, a necessidade líquida fica em 1.560 quilos. Nos demais períodos posteriores, as necessidades líquidas serão os incrementos negativos nos estoques projetados decorrentes das necessidades brutas nesses períodos, ou seja, 1.680 quilos no período 15, e 1.560 quilos nos períodos 16, 17 e 18.

Em cima dos valores das necessidades líquidas planejam-se as liberações de ordens, considerando os *lead times* dos itens e a regra de definição do tamanho de lote. Irá se planejar a liberação, com a devida antecedência, de tantos lotes quanto forem necessários para cobrir as necessidades líquidas do período. A Figura 6.14 apresenta a tabela do MRP da malha crua Colmeia com a liberação de ordens planejada. Por exemplo, está-se planejando liberar uma ordem de 1.560 quilos (52 lotes de 30 quilos) na semana 13, que, uma vez emitida e liberada, irá cobrir as necessidades líquidas de 1.560 quilos da semana 14, recolocando os estoques nessa semana em 120 quilos.

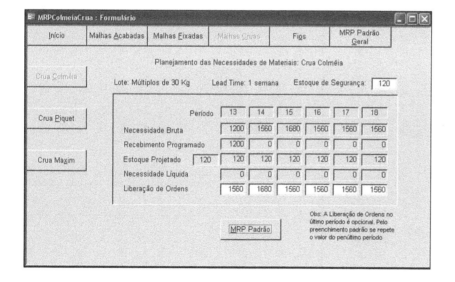

FIGURA 6.14

Dinâmica de cálculo das liberações de ordens do item.

A linha final de liberação planejada de ordens, como seu nome indica, é apenas um planejamento das liberações; não se deve emiti-las até que o período em que os valores se encontram chegue ao chamado de "momento de ação". Não há necessidade, por exemplo, de liberar uma ordem adicional de 1.680 quilos nesse momento (planejamento da semana 13), pois se pode esperar o planejamento da semana 14 para efetivá-la. Por seu turno, as ordens a serem liberadas nos períodos futuros serão utilizadas para o cálculo dos itens-filhos desse item e para o planejamento e ajustes de médio prazo do sistema produtivo.

Um ponto de controle, para verificar se há algum problema com o planejamento dos itens nos sistemas baseados na lógica do MRP, consiste em verificar a existência de necessidades líquidas em algum período uma vez planejadas as liberações de ordens. Caso ainda existam necessidades líquidas a serem cobertas, novos lotes devem ser liberados; contudo, quando essas necessidades líquidas estiverem dentro do período considerado como *lead time*, nada pode ser feito (pelo menos de forma organizada), pois as ordens correspondentes já deveriam ter sido liberadas em algum ponto do passado.

Visando fixar esta dinâmica de cálculo dos modelos baseados na lógica do MRP, incluindo a passagem de informações de um nível para outro, o próximo tópico apresenta um exemplo completo dessa programação baseada no Jogo *LSSP_PCP2*.

Dinâmica do modelo baseado no MRP

Como já apresentado, a dinâmica de cálculo do modelo de controle de estoques baseado na lógica do MRP parte das quantidades de produtos acabados a serem produzidas período a período, determinadas no plano-mestre, e passa a calcular as necessidades brutas dos demais itens dependentes de acordo com a estrutura (ou árvore) do produto e o roteiro de fabricação e compras. Começa-se pelos componentes de nível superior e se desce de nível até chegar às matérias-primas.

Objetivo de aprendizagem 7: Desenvolver a dinâmica entre as tabelas do sistema MRP.

A Figura 6.15 apresenta um conjunto de tabelas para o planejamento das necessidades de materiais da família de malhas Piquet, iniciando pelas malhas acabadas (branca, azul e verde), passando pela malha fixada e chegando à malha crua. A relação de consumo entre esses três níveis de itens, de acordo com o roteiro de fabricação, é de 100%, ou seja, para cada quilo do item-pai há necessidade de se programar um quilo do item-filho.

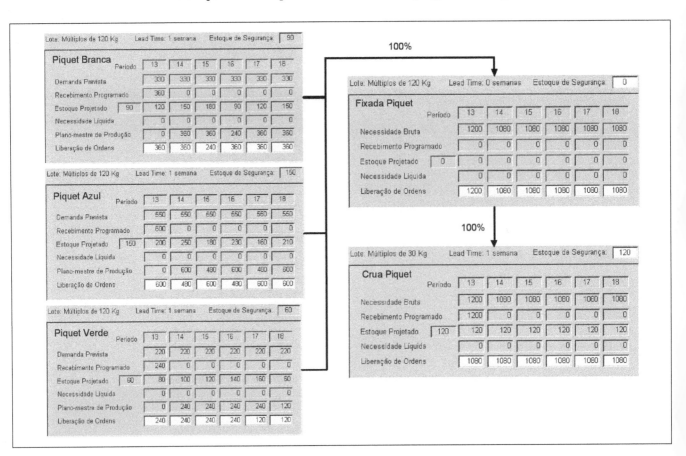

FIGURA 6.15

Relação entre malhas acabadas, fixadas e cruas da família Piquet.

Conforme se pode ver nessa figura, as tabelas das malhas acabadas derivam das tabelas utilizadas no PMP (função de médio prazo) com a inclusão de uma linha adicional para o planejamento da liberação de ordens (função de curto prazo) segundo as regras apresentadas no tópico anterior. Por exemplo, na tabela da malha Piquet branca está-se planejando uma liberação de ordem de 360 quilos para o período 13 de forma a cobrir o plano-mestre do período 14, visto que o *lead time* da malha acabada é de uma semana.

A partir do planejamento de liberação de ordens para as próximas seis semanas das três malhas que compõem a família Piquet, podem-se obter as necessidades brutas da malha fixada Piquet para esses períodos. Por exemplo, como se pode ver na Figura 6.15, a necessidade bruta da malha fixada Piquet na semana 13 é de 1.200 quilos, oriundos da soma das liberações de ordens das malhas acabadas (360 + 600 + 240), mantendo a relação de um por um (100%).

Da mesma forma, tendo-se chegado ao planejamento de liberações de ordens para as próximas seis semanas da malha fixada Piquet, se pode descer um nível na estrutura do produto e obter as necessidades brutas da malha crua Piquet para esses períodos, na proporção de um para um. Por exemplo, conforme se pode ver na Figura 6.15, a necessidade bruta da malha crua Piquet na semana 13 é de 1.200 quilos, decorrente da liberação planejada de ordens de 1.200 quilos da malha fixada Piquet nessa semana.

A partir da malha crua, para se descer mais um nível na estrutura do produto e obter o planejamento das necessidades de fios (algodão e sintético), é necessário incluir na análise as malhas cruas das outras duas famílias de malhas, visto que suas liberações planejadas de ordens irão também consumir os fios. A Figura 6.16 acrescenta as tabelas das malhas cruas Colmeia e Maxim na dinâmica do MRP que se está seguindo, de forma a permitir o cálculo das necessidades brutas dos fios.

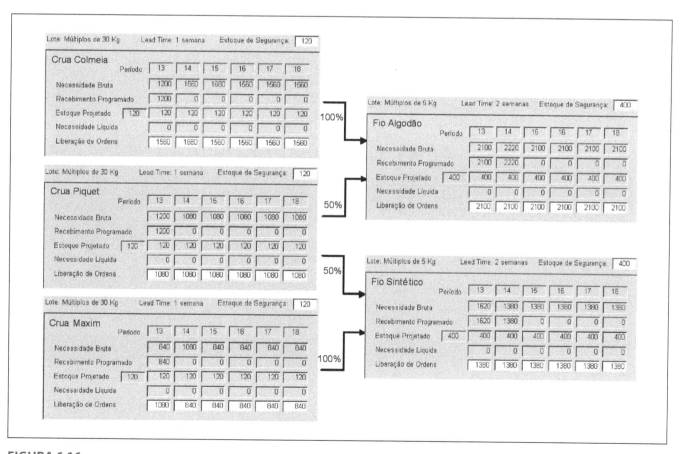

FIGURA 6.16

Relação entre malhas cruas e fios.

Como se pode ver na tabela de cálculo das necessidades do Fio Algodão da Figura 6.16, no período 13, a necessidade bruta é de 2.100 quilos, decorrentes da soma das liberações de ordens planejadas para o período 13 da malha crua Colmeia (1.560 × 1) com as liberações planejadas da malha crua Piquet (1.080 × 0,5). Da mesma forma, a necessidade bruta para o período 13 do Fio Sintético, de 1.620 quilos, é resultante da soma das liberações de ordens planejadas para o período 13 da malha crua Piquet (1.080 × 0,5) com as liberações planejadas da malha crua Maxim (1.080 × 1).

Cabe salientar que, como no caso dos fios, o *lead time* para ressuprimento é de duas semanas, as liberações de ordens da semana 13 estão cobrindo as necessidades líquidas da semana 15, sendo que para as semanas 13 e 14 as ordens já foram liberadas em períodos anteriores e são agora recebimentos programados com previsão de entrada em estoque nas próximas duas semanas.

Uma vez rodado o sistema de controle de estoques baseado no MRP, o PCP obtém uma lista dos itens incluídos nesse sistema de controle, com as respectivas quantidades que entraram no momento de ação e necessitam ser sequenciadas, emitidas e liberadas no sentido de complementar a função de programação da produção e configurar as ordens que acionarão o sistema produtivo. Por exemplo, na Tabela 6.6 estão relacionados os itens das Figuras 6.15 e 6.16 com as respectivas quantidades a serem sequenciadas, emitidas e liberadas para a semana 13 de programação.

TABELA 6.6

Relação das ordens a serem sequenciadas, emitidas e liberadas para a semana 13.

Item	Lote-padrão	Número de Lotes	Quantidade Total
Piquet Branca	120	3	360
Piquet Azul	120	5	600
Piquet Verde	120	2	240
Fixada Piquet	120	10	1.200
Crua Colmeia	30	52	1.560
Crua Piquet	30	36	1.080
Crua Maxim	30	36	1.080
Fio Algodão	5	420	2.100
Fio Sintético	5	276	1.380

No próximo capítulo, essas funções que complementam a programação da produção serão apresentadas, assim como a função de sequenciamento, que complementa a programação da produção, sob a ótica das linhas de montagem, dos processos de produção em lotes e dos processos que trabalham com projetos.

ESTUDO DE CASO

Estudo de Caso 5 – Planejamento das necessidades de materiais

Objetivo: Retornando ao estudo de caso da Malharia no Excel, monte a dinâmica de planejamento das necessidades de materiais (MRP) para os períodos 37, 38 e 39, abertos em quatro semanas cada, utilizando o planejamento-mestre da produção desenvolvido em EC3 e a estrutura dos produtos e roteiros de fabricação, conforme apresentado neste capítulo e ilustrado na planilha "Estudo_Caso_PCP_Exemplo.xlsx". Manter todas as variáveis interligadas entre as tabelas de forma que a mudança em uma das variáveis de entrada, por exemplo, estoque de segurança do item, promova mudanças nos cálculos simultaneamente.

Passos sugeridos:

1. Montar as tabelas do MRP para cada um dos 17 itens da estrutura dos produtos (menos os corantes), começando pelas malhas com cor e indo até os dois tipos de fios. Ver a planilha de exemplo como referência.

2. Utilizar a dinâmica de cálculo da necessidade líquida e liberação de ordens apresentada na Figura 6.12 deste capítulo, com os respectivos *lead times* de programação apresentados nas Tabelas 6.3, 6.4 e 6.5. Os estoques em mãos, recebimentos programados e estoques de segurança são fornecidos na guia "Dados de Entrada". Ver a planilha de exemplo como referência.

Questões sugeridas:

1. Com as condições iniciais aplicadas nas tabelas do MRP, algum item está com as necessidades líquidas sem cobertura no período que irá entrar?

2. Se sim, qual a origem do problema e o que você poderia sugerir como solução?

3. Monte uma tabela com os itens que serão liberados para produção e compra no próximo período.

4. Se formos fazer um contrato para os próximos três meses com os fornecedores de fios de algodão e sintético, de quantos quilos de fios será o contrato?

RESUMO

O Capítulo 6 apresentou os modelos de controle de estoques disponíveis para a administração de materiais dentro da lógica empurrada para a função de programação da produção. Discutiram-se como introdução os pontos que levam à escolha do modelo de controle a ser utilizado e sugeriram-se alternativas com base na posição do item a ser programado dentro da classificação ABC-VF. Em seguida, foram detalhados os modelos de controle de estoques por ponto de pedido, por revisões periódicas e pelo planejamento das necessidades de materiais (MRP). O próximo capítulo apresentará a função de sequenciamento, que complementa a programação da produção, sob a ótica das linhas de montagem, dos processos de produção em lotes e dos processos que trabalham com projetos.

EXERCÍCIOS

1. Com relação aos tipos de modelos de controle de estoques, relacione as frases a seguir ao tipo de modelo mais adequado, atribuindo as letras "PP" para Ponto de Pedido, "RP" para Revisões Periódicas, e "MRP" para *Material Requirements Planning*.

( ) Normalmente é utilizado quando não se dispõe de alternativas de controle, ou na realização de inventários.

( ) Considera que existem ordens já emitidas no sistema (recebimento programado), necessidades líquidas a serem atendidas, e estoques de segurança mínimos a serem respeitados.

( ) A quantidade do lote de reposição é fixa e o momento de pedir pode variar.

( ) Modelo usado, geralmente, para itens pouco representativos.

( ) Leva em consideração a dependência da demanda que existe em itens componentes de produtos acabados no tempo.

( ) O período entre as reposições é fixo e a quantidade de reposição pode variar.

( ) Historicamente serviu como base para os sistemas de informações gerenciais.

2. Analise o gráfico de Classificação ABC-VF para os cinco produtos identificados na tabela a seguir. Identifique as características de demanda de cada um e sugira um tipo de modelo de controle de estoque para eles, justificando sua escolha.

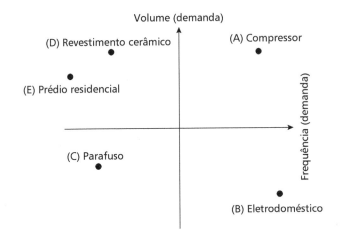

	Produto	Características de demanda	Modelo de controle de estoque	Justificativa
A	Compressor			
B	Eletrodoméstico			
C	Parafuso			
D	Revestimento cerâmico			
E	Prédio residencial			

3. Um planejador deseja programar a reposição de itens componentes do produto "PA", cuja estrutura de produto e plano-mestre de produção para as próximas seis semanas encontram-se identificados a seguir. Sabe-se que o item "C" é administrado por MRP, e que o estoque de segurança desse item é de 1.500 unidades. O estoque projetado para o primeiro período é de 2.000 unidades, e o recebimento programado é de 9.000 unidades. Este componente tem um *lead time* de programação de uma semana, e deve ser programado em lotes econômicos múltiplos de 3.000 unidades. Ajude o planejador a estabelecer a Liberação de Ordens para o item "C" para as próximas seis semanas.

Período (semana)	1	2	3	4	5	6
Plano-mestre (un.)	1.700	2.200	1.800	2.100	2.300	1.900

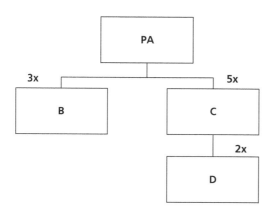

4. Ainda considerando a estrutura do produto e o plano-mestre do "PA", apresentado no exercício anterior, e sabendo-se que o item "B" é administrado através do modelo de controle por ponto de pedido e o item "D" através do modelo de revisões periódicas, ajude o planejador a arquitetar a reposição destes itens, respondendo às seguintes questões:

a) Atualmente, têm-se em estoque 12.000 unidades do item "B". Será necessário pedir reposição deste item? Considere que o estoque de segurança do item é de 500 unidades, e que o fornecedor leva duas semanas para a reposição deste.

b) Para o item "D" vamos admitir que, dentro do modelo por revisões periódicas, chegou o momento de pedir a reposição. Quanto deverá ser pedido para este item? Considere que as revisões são feitas a cada quatro semanas e que o fornecedor leva uma semana para entregar o pedido. Considere também que existem 60.000 unidades em estoque e que há uma quantidade pendente de 20.000 unidades a chegar. O estoque de segurança deste item está dimensionado em 10.000 unidades.

ATIVIDADES PARA SALA DE AULA

Uma empresa que produz equipamentos para aplicações na construção civil está apresentando dificuldades em atender seus clientes no prazo e, ao mesmo tempo, apresenta elevados níveis de estoque de produtos acabados. Ou seja, tem muito estoque dos produtos que não precisa, e pouco dos itens que precisa. Esta empresa possui uma variedade muito grande de produtos acabados, constituindo um portfólio com 13 famílias de produtos e aproximadamente 1.500 produtos acabados no total. O seu PCP adota o mesmo critério de reposição dos estoques para todos os itens: o sistema por ponto de pedido.

Nesse contexto, discuta em sala de aula uma forma de reestruturar o Planejamento e Controle da Produção da empresa com base na teoria apresentada no início do capítulo, que relaciona a classificação ABC-VF com os modelos de controle de estoques (Figura 6.4). Para tanto, há necessidade de se entender melhor as características de demanda de seus produtos, que está apresentada na planilha de Excel "Histórico_Demanda_Cap6.xlsx" (disponível no *site* da Editora).

Roteiro sugerido para atividade:

- Montar histórico da demanda para as famílias de produto.
- Fazer a Curva ABC das famílias de produtos e classificar cada família (A, B ou C).
- Montar histórico da demanda dos produtos para a família com maior representatividade.
- Desenvolver gráfico ABC-VF para a família escolhida.
- Definir modelo de controle de estoque para cada produto acabado dentro da família.

Dica: Utilizar o recurso "planilha dinâmica" do Excel.

CAPÍTULO 7

Sequenciamento da Programação da Produção

Objetivos de aprendizagem

Ao final deste capítulo, o aluno deverá ser capaz de:

1. Entender as diferenças dos problemas de sequenciamento nos sistemas produtivos.
2. Relacionar as variáveis envolvidas no balanceamento de linhas de montagem.
3. Dimensionar os tempos de ciclos com base nas rotinas de operações-padrão.
4. Organizar as rotinas de operações-padrão.
5. Propor formas de acionamento de linhas e *layouts*.
6. Identificar as atividades que geram os *lead times* produtivos.
7. Gerar regras de sequenciamento.
8. Entender o que é APS e capacidade finita.
9. Aplicar o conceito de redes com PERT/CPM.
10. Identificar o caminho crítico em uma rede.
11. Utilizar tempos probabilísticos na montagem da rede.
12. Acelerar uma rede PERT/CPM.

1 INTRODUÇÃO

O Capítulo 7 apresenta o desenvolvimento da função de sequenciamento dentro da dinâmica de programação da produção. Como existem grandes diferenças nos processos produtivos, tanto na demanda como na própria organização física dos recursos a serem sequenciados, o assunto é dividido em três grandes tópicos. O sequenciamento nas linhas de montagem, conhecido como balanceamento de linha, o sequenciamento em processos repetitivos em lotes e o sequenciamento em projetos. No balanceamento de linhas de montagem, os conceitos de tempo de ciclo, rotina de operações-padrão, polivalência e *layout* da linha são discutidos com base em um exemplo detalhado da montagem de um motor elétrico. Para o sequenciamento da produção em lotes, regras de decisão para a escolha do lote e escolha do recurso, e a importância do sequenciamento na formação dos *lead times* produtivos são discutidas. O conceito de sistema de programação avançada (APS) com capacidade finita, e onde as regras são aplicadas, são definidos e exemplificados dentro da dinâmica do Jogo *LSSP_PCP2*. Na parte final do capítulo, o sequenciamento em projetos é apresentado com base na montagem de redes de atividades via técnica PERT/CPM, também chamada de gerenciamento de projetos.

Podemos ter um ERP na empresa sem instalar nada?

Hoje em dia podemos. É o sistema de ERP na nuvem, ou *cloud*, onde a empresa não precisa instalar o sistema ou ter um espaço físico para guardar todos os documentos, fichas e relatórios eletrônicos que são gerados diariamente pelo ERP, pois eles ficarão guardados em servidores externos que estão dispostos ao redor do mundo. Por exemplo, o sistema Seed APS (http://www.seed.com.br/) está alojado na estrutura Microsoft Azure, que é, segundo a Microsoft, "uma coleção crescente de serviços de nuvem integrados que os desenvolvedores e os profissionais de TI usam para criar, implantar e gerenciar aplicativos por toda a nossa rede global de *datacenters*". Através do ERP na nuvem é possível acompanhar todos os dados e relatórios da empresa pelo celular ou *tablet*, permitindo ao gestor estar presente nas decisões de produção mesmo durante viagens de negócios. Como muitas empresas têm altos custos para manter seus sistemas na fábrica, especialmente as de pequeno e médio porte, como custos com infraestrutura de TI, despesas mensais com manutenção de equipamentos, licenças de *softwares*, gastos com energia, *links* de Internet, refrigeração, atualizações de *software* e honorários de equipe técnica especializada e disponível 24 horas por dia, estes podem ser reduzidos, ou até evitados, colocando o ERP na nuvem. Em resumo, segundo os fornecedores destes sistemas de ERP na nuvem, ao utilizá-los tem-se redução de custos, disponibilidade das informações independentemente do local e segurança maior no sistema protegido por uma empresa especializada.

2 CONCEITOS

As atividades de curto prazo de programação da produção, realizadas pelo PCP, buscam implementar um programa de produção que atenda ao PMP gerado para os produtos acabados. Estas atividades, para efeito de estudo, foram divididas em três grupos hierarquicamente relacionados, ilustrados na Figura 7.1, que são a administração dos estoques, o sequenciamento, e a emissão e liberação das ordens.

A administração dos estoques, detalhada nos dois capítulos anteriores, está encarregada de planejar e controlar os estoques do sistema produtivo, definindo tamanhos de lotes, modelos de reposição e estoques de segurança para os itens. Escolhida e aplicada uma sistemática de administração dos estoques, serão geradas a cada período de programação as necessidades de compras, fabricação e montagem dos itens para atender ao PMP. Convencionalmente, as ordens de compras, uma vez geradas, são encaminhadas para o setor encarregado das compras e saem da esfera de ação do PCP. Já as necessidades de fabricação e de montagem precisam normalmente passar por um sistema produtivo com limitações de capacidade. A adequação do programa gerado aos recursos disponíveis (máquinas, homens, instalações etc.) é função do sequenciamento, objeto principal de estudo deste capítulo.

Objetivo de aprendizagem 1: Entender as diferenças dos problemas de sequenciamento nos sistemas produtivos.

Como discutido anteriormente, a intensidade e detalhamento com que são executadas as funções de programação da produção pelo PCP em geral, e a função de sequenciamento em particular, dependem do tipo de sistema produtivo que se está programando. A Figura 7.2, resgatada do Capítulo 5, ilustra essa diferenciação. Nos sistemas de produção contínuos, como a demanda é concentrada em grandes volumes em uma pequena variedade de produtos acabados com o sistema produtivo focado no roteiro desses produtos, a função de programação da produção, incluindo o sequenciamento, se dá apenas no nível do

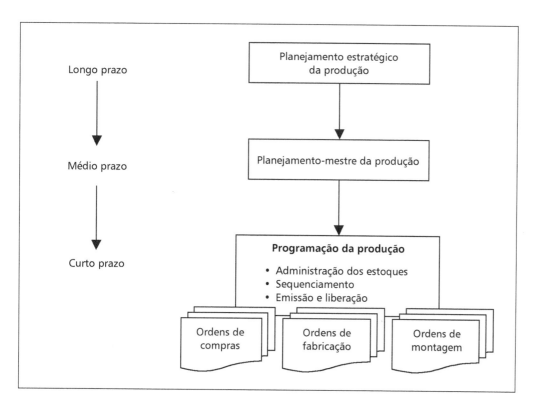

FIGURA 7.1

Programação da produção e horizontes de planejamento.

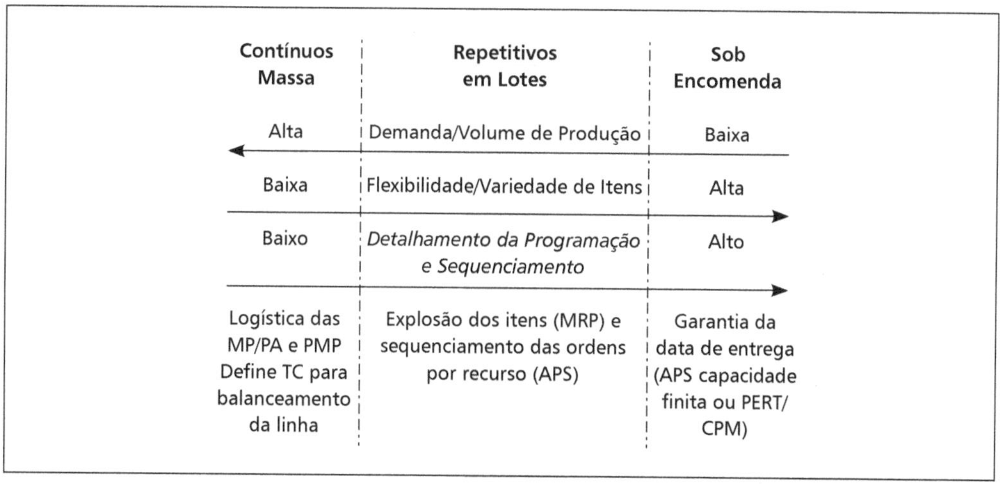

FIGURA 7.2

Programação e sequenciamento da produção e sistemas produtivos.

produto acabado (PMP), definindo seus volumes de produção, normalmente em lotes únicos para o período, e seus estoques de abastecimento (MP) e distribuição (PA). Ou seja, o foco é na função de administração de estoques ou logística e não no sequenciamento em si.

De forma semelhante, em função da baixa variedade e alto volume de produção, os sistemas de produção em massa também têm seu foco na logística de abastecimento e distribuição, bem como na utilização do PMP para a definição dos ritmos de trabalho, ou tempos de ciclo (TC), que serão implantados nas linhas de montagem. A partir da definição dos TC se faz o chamado balanceamento da linha, ou balanceamento das rotinas de operações-padrão (ROP), que pode ser entendido como o sequenciamento dos postos de trabalho, assunto a ser discutido no próximo tópico. Como esses sistemas estão focados na montagem de produtos acabados, a função da programação da produção não precisa se preocupar com o detalhamento (sequenciamento, emissão e liberação) de ordens de produção de componentes para cada posto de trabalho.

Nos sistemas de produção repetitivos em lotes, visto que a variedade de produtos acabados é maior, e a demanda desses produtos não justifica uma focalização da produção deles, a competição por espaço nos recursos produtivos é grande, fazendo com que a programação da produção necessite desmembrar o produto acabado (PMP) em seus diferentes níveis componentes, geralmente via cálculo das necessidades (MRP), de forma a gerar ordens detalhadas (compras, fabricação e montagem). Essas ordens devem ser sequenciadas via sistema de programação avançada (APS), recurso a recurso, visando garantir certa fluidez no processo produtivo. Quando são montadas células de fabricação, dentro da estratégia de manufatura enxuta, a produção passa a ser em fluxo unitário dentro delas, reduzindo a complexidade do sequenciamento individual.

No caso de o sistema produtivo estar voltado para atender sob encomenda, o foco da programação da produção deixa de ser a administração dos materiais (que fluem de forma mais lenta) e passa a ser a administração da capacidade produtiva, via um sistema APS de capacidade finita para sequenciamento e um acompanhamento das ordens emitidas, de forma a garantir ao cliente que seu pedido especial seja atendido no prazo acordado. Normalmente, devido à exclusividade do produto, junto com as ordens de fabricação e montagem, a programação da produção deve providenciar a rotina de operações-padrão para cada posto de trabalho. Quando o produto a ser fabricado possui tempos operacionais altos, como semanas ou até meses, como no caso da indústria da construção civil, o PCP é realizado através do conceito de rede, aplicando-se a técnica de PERT/CPM, que permite identificar o chamado caminho crítico, que deve ser acompanhado no detalhe para evitar atrasos na data de entrega negociada com o cliente.

Rediscutida essa diferenciação na função de programação e sequenciamento segundo os tipos básicos de sistema de produção, e dado que em situações reais as empresas trabalham com sistemas produtivos mistos, geralmente com linhas de montagem (massa) abastecidas por componentes provindos de sistemas de produção em lotes (departamentos ou células), eventualmente aceitando até pedidos especiais para cobrir sua capacidade de produção ociosa e reduzir os custos fixos, na continuação do capítulo será inicialmente apresentado o chamado balanceamento, ou sequenciamento, de linha de montagem (que também pode ser aplicado às células de fabricação) com base em um tempo de ciclo, em seguida se irá discutir o sequenciamento em processos de produção em lotes com foco no sistema de programação avançada (APS), utilizado pela programação empurrada, incluindo a questão da capacidade finita. Ao final do capítulo serão apresentados ainda os conceitos básicos relacionados à montagem de redes, com base no PERT/CPM, para o gerenciamento de projetos.

2.1 Balanceamento em linhas de montagem

O sequenciamento em linhas de montagem tem por objetivo fazer com que os diferentes centros de trabalho encarregados da montagem das partes componentes do produto acabado tenham o mesmo ritmo, e que esse ritmo seja associado à demanda proveniente do PMP, razão pela qual é chamado de balanceamento de linha. A Figura 7.3 ilustra essa situação. O balanceamento de células de fabricação, entendidas como pequenas linhas de montagem focalizadas, segue a mesma lógica aqui descrita.

Objetivo de aprendizagem 2: Relacionar as variáveis envolvidas no balanceamento de linhas de montagem.

Conforme se pode ver na Figura 7.3, os montadores, colocados em postos de trabalho, seguem um conjunto de operações-padrão necessário para montar o produto, chamado de rotina de operações-padrão (ROP), limitado a um tempo de ciclo (TC), de forma que a cada TC um produto acabado seja montado. Ao final do tempo disponível de trabalho (TD), seguindo o ritmo do TC, uma quantidade de produtos acabados será finalizada para atender à demanda (D).

De forma geral, uma linha de montagem pode ser composta de vários centros de trabalho (CT), que podem ser submontagens ou até máquinas para conformações específicas, como, por exemplo, uma estação de pintura ou uma prensa, encarregados de montar ou fabricar partes do produto que abastecerão a linha principal através de supermercados de componentes, colocados junto à linha a ser abastecida. Logo, o balanceamento de uma linha de montagem deve não só sincronizar os ritmos (TC) dos diferentes centros de

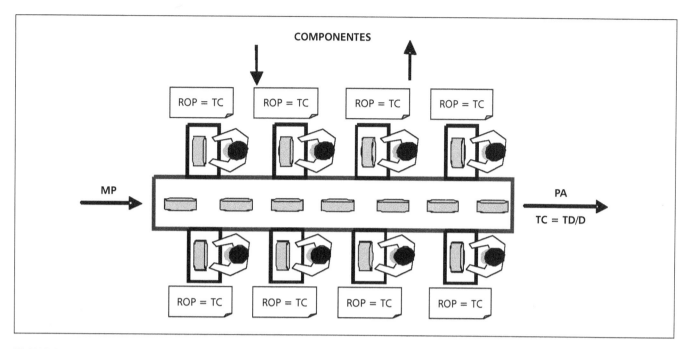

FIGURA 7.3

O balanceamento de linhas de montagem.

trabalho na execução de suas ROP como também dimensionar os supermercados abastecedores da linha, conforme o esquema geral ilustrado na Figura 7.4.

A garantia de que os diferentes centros de trabalho da linha de montagem estarão balanceados entre si se dará pelo emprego da mesma demanda gerada no PMP (no caso dos PA) ou no MRP (no caso de componentes) tanto para dimensionar os supermercados abastecedores entre os centros de trabalho, como para gerar o TC que irá balizar as diferentes ROP de cada centro de trabalho. Esse balanceamento é executado pelo PCP em conjunto com a gerência da linha, visto que muitas das decisões tomadas dependem do conhecimento do chão de fábrica. Normalmente, a equipe encarregada do balanceamento das linhas já irá dispor de diferentes ROP, elaboradas e testadas previamente, para diferentes TC, que serão acionadas com as mudanças da demanda.

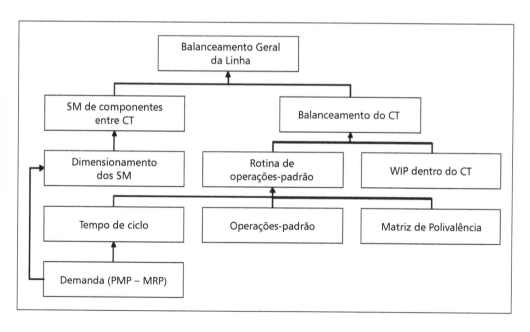

FIGURA 7.4

Esquema geral do balanceamento de linhas de montagem.

Conforme já foi colocado na introdução deste livro, os autores que apresentam os conceitos básicos da estratégia da manufatura enxuta preferem dividir o tempo de ciclo (TC) em dois. Um seria o TC do mercado, chamado de *Takt Time* (TK), em que a demanda da fórmula seria a do cliente externo, e outro seria o TC dos centros de trabalho ou processos produtivos, chamado então de tempo de ciclo do processo. Considerando que um sistema produtivo é uma cadeia de centros de trabalho fornecedores e clientes, e que cada centro de trabalho fornecedor deve atender às necessidades (demandas) dos clientes, neste livro, sobre planejamento e controle da produção, não se fará distinção entre demanda externa e demanda interna, e se usará simplesmente o termo *tempo de ciclo* (TC) para determinar ritmos de atendimento da demanda do cliente, seja ela interna ou externa.

No sentido de ilustrar o balanceamento de uma linha de montagem, na Figura 7.5 estão apresentados os diferentes centros de trabalho necessários para a montagem de motores elétricos, adaptados de uma situação real. Inicialmente, são executadas duas atividades de preparação nas peças colocadas no supermercado para abastecer a montagem dos motores. Uma é a lavação de peças do motor elétrico (tampas, carcaças, caixa de ligação etc.), que tem como objetivo retirar resíduos de usinagem e excesso de óleo das peças para que a tinta possa ser aplicada ao final da montagem sem o comprometimento da aderência. A outra, para que seja possível montar a tampa do motor elétrico na carcaça, é uma operação que usina o interstício da carcaça onde será acoplada a tampa.

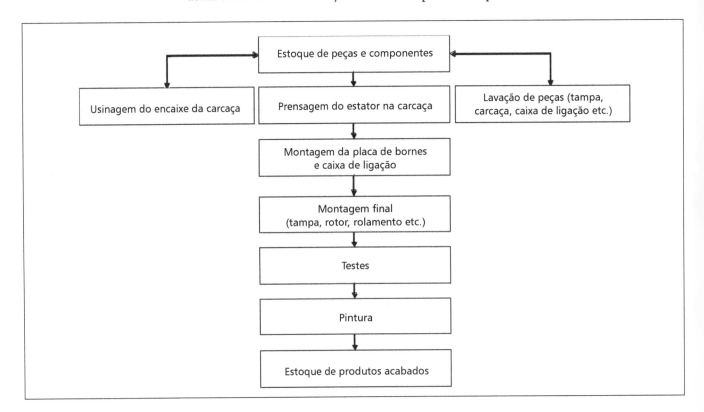

FIGURA 7.5

Centros de trabalho de uma linha de montagem de motores elétricos.

A montagem do motor propriamente dita, conforme se pode ver na Figura 7.5, se inicia com a prensagem do estator na carcaça, onde estatores já bobinados e carcaças já lavadas são unidas por uma prensa hidráulica que força verticalmente o estator através do diâmetro interno da carcaça. Em seguida é montada uma placa de bornes com uma caixa de ligação na carcaça do motor que tem por objetivo permitir a conexão dos fios de saída do motor com uma ligação externa. Para esse processo existe uma bancada onde estão instaladas parafusadeiras pneumáticas que são manuseadas pelos operadores que montam e unem a placa de bornes à carcaça do motor através de parafusos. Na sequência, ao longo de linhas com deslocamentos via roletes, os componentes como tampas, rotores completos, rolamentos, caixas de ligação etc. vão sendo incorporados à carcaça até que finalmente o motor esteja pronto para ser testado e pintado.

Lista de operações-padrão e tempo de ciclo

A Tabela 7.1 apresenta a lista de operações-padrão com os tempos-padrão para o centro de trabalho de montagem da placa de bornes e caixa de ligação. Cabe ressaltar que atualmente os tempos-padrão são obtidos em cima de operações mais agregadas, evitando levantamentos por micro-operações, para atender a tempos de ciclo mais longos, dado que o enfoque é de se usar operadores polivalentes e ajuda mútua, o que faz com que a interface entre as operações-padrão não seja tão rígida. Outro enfoque atual, com base na estratégia da manufatura enxuta, é de que o próprio grupo de operadores que irá executar esse conjunto de operações participe da definição dos tempos-padrão, tornando-os mais reais.

Conforme se pode ver na Tabela 7.1, o tempo-padrão total para se montar a placa de bornes e a caixa de ligação na carcaça do motor é de 6,374 minutos, sendo que a operação 16, de conectar cabos do termostato no conector, é a mais demorada (gargalo), consumindo 1,030 minuto. Esse tempo da operação gargalo é importante, pois define para o PCP o limite de capacidade de produção (CP) do centro de trabalho, de acordo com a fórmula 7.1. Nesse exemplo, para simplificar, está-se admitindo que a linha é focada a uma família de motores, ou seja, não há *setups*, e que todas as operações-padrão são operações manuais, ou seja, exigem a presença do operador para executá-las.

TABELA 7.1

Lista de operações-padrão da montagem da placa de bornes e caixa de ligação.

Ordem	Operações-padrão	Tempo (min.)
1	Soltar cabos	0,132
2	Fazer ligação na placa de bornes	0,648
3	Colocar ponte de ligação e porcas com arruelas	0,527
4	Pegar parafusadeira e fixar porcas na placa de bornes	0,156
5	Dobrar cabos com terminais	0,196
6	Pegar caixa de ligação e posicionar na bancada	0,102
7	Posicionar e prensar aterramento na caixa de ligação	0,074
8	Posicionar parafusos na caixa de ligação	0,351
9	Pegar caixa de ligação e posicionar sobre motor	0,345
10	Pegar parafusadeira e fixar caixa de ligação	0,370
11	Enrolar duas pontas do cabo da resistência	0,207
12	Pegar estanhador e estanhar cabo da resistência	0,415
13	Cortar conector e retirar rebarba	0,593
14	Conectar cabos da resistência no conector	0,611
15	Parafusar conector na caixa de ligação	0,590
16	Conectar cabos do termostato no conector	1,030
Tempo Total		6,347

$$CP = \frac{TD}{TC} \qquad (7.1)$$

Onde:
CP = capacidade de produção em unidades por dia;
TD = tempo disponível para produção em minutos por dia;
TC = tempo de ciclo em minutos por unidade.

Objetivo de aprendizagem 3: Dimensionar os tempos de ciclos com base nas rotinas de operações-padrão.

Considerando-se que a linha trabalha em um turno de oito horas líquidas por dia, ou 480 minutos por dia, e que se está colocando vários operadores na linha, sendo que um deles dedicado apenas à operação 16, admitindo-se ainda que esse operador precise pegar e devolver o item a bancada, consumindo mais 0,100 minutos, o TC desse posto gargalo ficaria em 1,130 minuto por unidade, e sua capacidade de produção máxima em 424 unidades por dia.

$$CP = \frac{480 \ min/dia}{1,130 \ min/unid} \approx 424 \ unid/dia$$

Esse exemplo que está sendo seguido é uma simplificação didática para situações reais, com objetivo apenas de explorar os conceitos de balanceamento de linha, pois no caso de uma linha de montagem mista com a ocorrência de tempos de *setup* entre famílias de produtos diferentes, o cálculo de capacidade não é tão simples assim, devendo-se levar em conta o *mix* de produção que será programado no período. Da mesma forma, caso haja operações mecânicas, onde o operador possa colocar a peça na máquina e se afastar para executar sua ROP, a capacidade de produção dependerá da forma como se está montando a própria ROP, como será explicado na sequência.

Ciente do limite da linha, seguindo com o exemplo do esquema geral de balanceamento de linhas de montagem apresentado na Figura 7.4, o PCP precisa definir qual o TC que a linha irá operar do período. A fórmula 7.2 apresenta o cálculo do tempo de ciclo; e a fórmula 7.3, o cálculo da chamada taxa de produção (TX).

$$TC = \frac{TD}{D} \qquad (7.2)$$

$$TX = \frac{D}{TD} \qquad (7.3)$$

Onde:
TC = tempo de ciclo em minutos por unidade;
TX = taxa de produção em unidades por minuto;
TP = tempo disponível para produção em minutos por dia;
D = demanda média em unidades por dia.

Admitindo-se que a demanda média esperada por dia seja de 200 unidades desses motores, a linha de montagem tem que ser balanceada para um TC de 2,40 minutos por unidade, o que equivale a uma TX de 0,416 unidades por minuto.

$$TC = \frac{480 \ min/dia}{200 \ unid/dia} \approx 2,40 \ min/unid$$

$$TX = \frac{200 \ unid/dia}{480 \ min/dia} \approx 0,416 \ unid/min$$

A TX é utilizada convencionalmente para definir o ritmo de processos de fabricação em lotes (em estruturas departamentais) ligados à linha de montagem; contudo, como utiliza o valor de uma quantidade por tempo, nada impede que esses processos acabem produzindo seus itens na quantidade adequada, mas sem sincronização com os clientes (linha de montagem). Por exemplo, a usinagem da carcaça do motor elétrico pode estar sendo feita em um torno automático que usina carcaças para outras linhas também, e, em função da velocidade da máquina e dos custos de *setup*, a tendência é produzir em 10 minutos lotes de 25 unidades a cada intervalo de uma hora, ou, ainda, o que é mais comum, produzir as 200 unidades de demanda em um único lote por dia (o que manteria a TX em 0,416 unidades por minuto). O problema é que, como o ritmo da linha é de 2,40 minutos por unidade, as unidades restantes ficarão no supermercado de componentes da linha até serem consumidas.

Para evitar esse estoque de componentes, o conceito de produção em fluxo unitário da estratégia da manufatura enxuta buscaria um torno menor, talvez manual, colocado próximo da linha e focado nessa família (sem *setup*) para produzir apenas uma unidade a cada 2,40 minutos, ou seja, com a produção casada com o TC da linha. Essa é a razão também da transformação de processos departamentais, controlados por TX, para processos focados a famílias de itens em células de fabricação que podem ser controladas em cima do TC, ou seja, do ritmo da demanda.

Montagem das rotinas de operações-padrão

Definida a demanda do período a ser atendida, e o correspondente TC, o próximo passo no balanceamento da linha consiste em determinar o número de postos de trabalho e a correspondente rotina de operações-padrão (ROP) para cada um desses postos. Na montagem da ROP para cada um desses postos, conforme ilustrado no esquema geral da Figura 7.4, deve-se levar em conta a chamada matriz de polivalência. A matriz de polivalência é uma ferramenta que fornece à gerência da fábrica a visão da relação de operações-padrão que o grupo de operadores disponíveis no centro de trabalho está apto a realizar. Quanto maior o nível de polivalência do grupo, mais fácil será montar as ROP dentro de um centro de trabalho, bem como promover o rodízio de postos e a ajuda mútua entre eles.

> **Objetivo de aprendizagem 4:**
> Organizar as rotinas de operações-padrão.

Por exemplo, na Figura 7.6 está representada a matriz de polivalência para o grupo de sete operadores que podem ser alocados ao centro de trabalho de montagem da placa de bornes e caixa de ligação. Essa matriz, dentro do conceito de gerenciamento visual da fábrica, usa um sistema de cores para facilitar o acesso à informação e é colocada junto à linha. Nesse exemplo, os operadores 1 e 2 são os mais experientes e, além de dominarem todas as operações do centro de trabalho, estão capacitados, ainda, a treinar seus companheiros. Já os operadores 6 e 7 são novatos e estão em treinamento no primeiro grupo de cinco operações, ligadas à conexão da placa de bornes, o que exigiria que um dos três primeiros operadores fosse colocado no posto ao seu lado para permitir um acompanhamento do treinamento e um eventual esquema de ajuda mútua, ou seja, caso eles não consigam acompanhar o TC, o operador mais experiente passaria a ajudá-lo a manter o ritmo.

De posse da lista de operações-padrão do TC e das limitações técnicas dos operadores em assumir tais operações, é possível montar as rotinas de operações-padrão (ROP) e definir o número de postos necessários. Por definição, a ROP é o conjunto de atividades que um posto de trabalho deve seguir dentro do TC planejado no sentido de executar a lista de operações-padrão para montar ou fabricar um item. De maneira geral, essas atividades são divididas em atividades manuais, mecânicas e de deslocamento, sendo que:

- **atividades manuais:** são aquelas que exigem que o operador esteja presente em contato com o item montado ou fabricado, como, por exemplo, a colocação de uma peça em um torno e o seu acionamento, ou, ainda, a retirada da peça da máquina (normalmente essa atividade pode ser automatizada por gravidade, liberando o operador);
- **atividades mecânicas:** são aquelas que não exigem que o operador esteja em contato com o item montado ou fabricado, como, por exemplo, o que ocorre durante uma operação de usinagem automática, liberando o operador para executar outras atividades;

168 PLANEJAMENTO E CONTROLE DA PRODUÇÃO

Nome	Conectar Placa de Bornes					Posicionar Caixa de Ligação					Conectar Caixa de Ligação					
	OP1	OP2	OP3	OP4	OP5	OP6	OP7	OP8	OP9	OP10	OP11	OP12	OP13	OP14	OP15	OP16
Oper.1																
Oper.2																
Oper.3																
Oper.4																
Oper.5																
Oper.6																
Oper.7																

Legenda: Domina e Treina | Domina | Em Treinamento | Sem Treinamento

FIGURA 7.6

Exemplo de matriz de polivalência.

- **deslocamentos:** são os movimentos que o operador precisa fazer para ir de um ponto ao outro do posto de trabalho para a execução das operações-padrão e depende do *layout* da linha de montagem ou da célula de fabricação, como, por exemplo, buscar peças dentro do contenedor, deslocar-se entre máquinas etc.

Uma alternativa para a distribuição das ROP para o TC de 2,40 minutos com três postos na linha de montagem da placa de bornes e caixa de ligação na carcaça do motor elétrico pode ser vista nas Figuras 7.7, 7.8 e 7.9. Nesse exemplo simples, a lista de operações-padrão para a montagem possui apenas operações manuais, que exigem a presença do operador para sua execução. Além disso, como o *layout* da linha é retilíneo, conforme ilustrado na Figura 7.10, a sequência de operações-padrão dentro das três rotinas deve seguir a ordem sequencial da lista de operações-padrão.

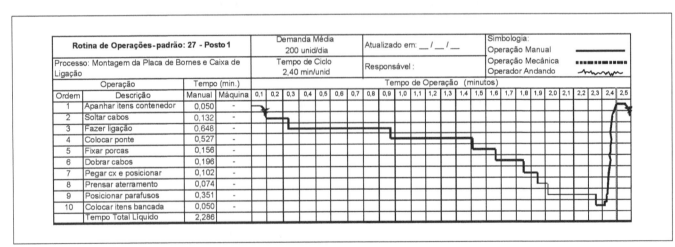

FIGURA 7.7

Rotina de operações-padrão para o posto 1.

Rotina de Operações-padrão: 27 - Posto 2				Demanda Média 200 unid/dia	Atualizado em: __/__/__	Simbologia: Operação Manual; Operação Mecânica; Operador Andando
Processo: Montagem da Placa de Bornes e Caixa de Ligação				Tempo de Ciclo 2,40 min/unid	Responsável:	
Operação		Tempo (min.)		Tempo de Operação (minutos)		
Ordem	Descrição	Manual	Máquina			
1	Apanhar itens bancada	0,050	-			
2	Pegar cx e posicionar	0,345	-			
3	Fixar cx	0,370	-			
4	Enrolar pontas do cabo	0,207	-			
5	Estanhar pontas do cabo	0,415	-			
6	Cortar conector	0,593	-			
7	Colocar itens bancada	0,050	-			
	Tempo Total Líquido	2,030				

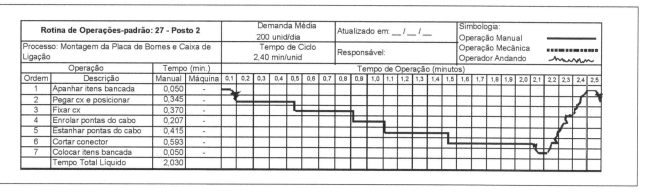

FIGURA 7.8

Rotina de operações-padrão para o posto 2.

Rotina de Operações-padrão: 27 - Posto 3				Demanda Média 200 unid/dia	Atualizado em: __/__/__	Simbologia: Operação Manual; Operação Mecânica; Operador Andando
Processo: Montagem da Placa de Bornes e Caixa de Ligação				Tempo de Ciclo 2,40 min/unid	Responsável:	
Operação		Tempo (min.)		Tempo de Operação (minutos)		
Ordem	Descrição	Manual	Máquina			
1	Apanhar itens bancada	0,050	-			
2	Conectar resistência	0,611	-			
3	Parafusar conector	0,590	-			
4	Conectar termostato	1,030	-			
5	Colocar itens contenedor	0,050	-			
	Tempo Total Líquido	2,331				

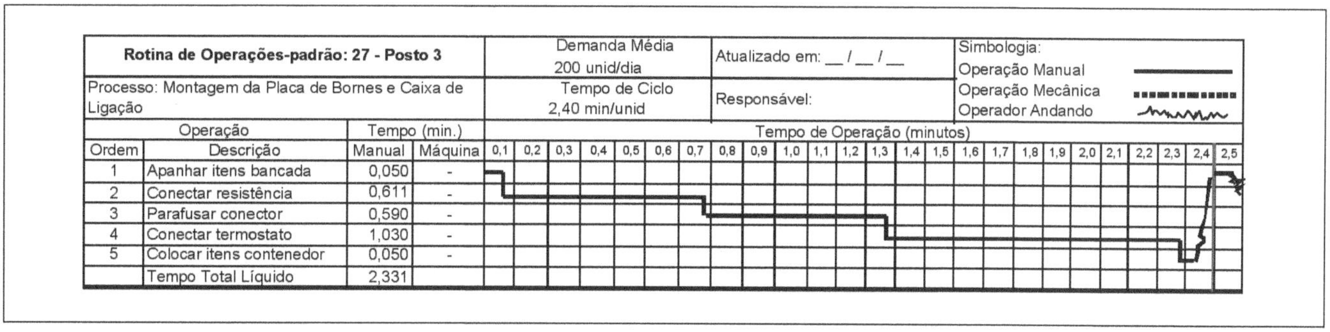

FIGURA 7.9

Rotina de operações-padrão para o posto 3.

Por exemplo, como apresentado na Figura 7.7, a ROP para o posto 1 se inicia com o operador apanhando no contenedor na entrada da linha os itens a serem montados (0,050 minutos) e se deslocando (0,050 minutos) até a bancada. Em seguida, ele inicia um conjunto de oito operações-padrão, todas de caráter manual, e com posicionamento fixo na bancada, sem deslocamentos; ao final, ele disponibiliza a carcaça pré-montada para o segundo posto de trabalho (0,050 minutos) e se desloca novamente até o contenedor (0,050 minutos) para apanhar um novo conjunto de itens a serem montados, fechando seu conjunto de atividades dentro do TC de 2,400 minutos. Com um tempo total líquido de operações manual de 2,286 minutos e um tempo de deslocamento total de 0,100 minutos, o tempo total dessa ROP é de 2,386.

A ROP para o posto 2, apresentada na Figura 7.8, tem seu início com o operador apanhando a carcaça pré-montada (0,050 minutos) deixada na bancada pelo posto 1 e se deslocando (0,050 minutos) até seu posto de trabalho. Em seguida, ele desenvolve um conjunto de cinco operações-padrão sequenciais, todas de caráter manual, e com posicionamento fixo na bancada. Ao final dessas operações de montagem, ele se desloca (0,050 minutos) até junto ao posto 3 e disponibiliza a carcaça pré-montada para esse posto de trabalho (0,050 minutos), retornando (0,050 minutos) para iniciar um novo ciclo de montagem, e fechando seu conjunto de atividades dentro do TC de 2,400.

Neste segundo posto de trabalho, o tempo total líquido de operações manual é de 2,030 minutos e o tempo total de deslocamento de 0,150 minutos, perfazendo um tempo total de 2,180 minutos. Apesar da folga de 0,120 minutos, como a próxima operação-padrão na sequência de montagem dos itens é de 0,611 minutos, não se pode incluí-la na ROP desse posto, pois ultrapassaria o TC. Uma alternativa para o uso desse tempo de folga seria permitir que o operador do posto 2 possa praticar a chamada ajuda mútua, interagindo com os operadores dos outros dois postos caso eles tenham alguma dificuldade em cumprir suas ROP dentro do TC estabelecido.

Já a ROP para o posto 3, ilustrada na Figura 7.9, como apresenta um tempo total líquido de operações manual de 2,331 minutos, irá apanhar a carcaça pré-montada na bancada sem deslocamento (realizado pelo operador do posto 2) e executar em sequência as três últimas operações-padrão da montagem da placa de bornes e caixa de ligação na carcaça, colocando-a no contenedor (0,050 minutos) ao final da linha e retornando ao seu posto (0,050 minutos) para iniciar um novo ciclo de trabalho. Dessa forma, o tempo total da terceira ROP ficaria em 2,381 minutos.

Dentro do conceito de gerenciamento visual da fábrica, uma das bases da estratégia da manufatura enxuta, é importante que o conjunto de ROP esteja afixado junto às linhas de montagem ou células de fabricação, conforme ilustrado na Figura 7.10, de forma que cada operador ao assumir seu posto de trabalho dentro do rodízio de atividades, que pode chegar a ser feito a cada meia hora, tenha um documento para se guiar. Nesse documento junto ao chão de fábrica podem ser incluídas outras informações úteis como pontos de atenção com a segurança, quantidade-padrão de material permitida dentro do posto (WIP), ferramentas necessárias etc.

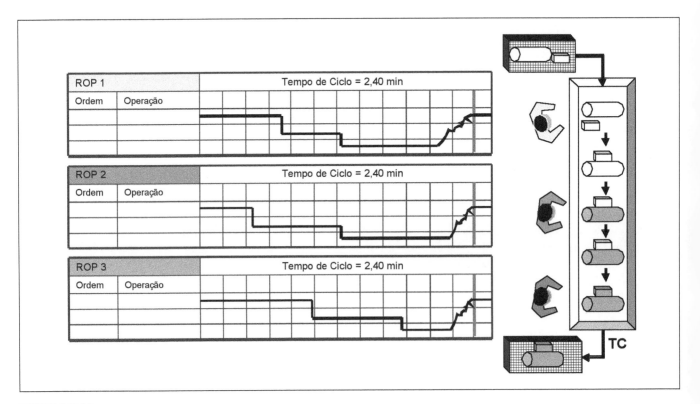

FIGURA 7.10

Visão geral das rotinas de operações-padrão para a linha.

Formas de acionamento e *layout* das linhas

Definidas as ROP para cada posto de trabalho, o último passo para se obter o balanceamento dos centros de trabalhos, conforme o esquema geral da Figura 7.4, consiste em analisar qual a quantidade-padrão de material que deve ser colocada dentro do centro de trabalho, chamada de *work in process* (WIP), de forma a permitir que os operadores sincronizem e cumpram as suas ROP dentro do TC estabelecido. A definição da quantidade de WIP entre os postos de trabalho depende da forma como esses postos estão interligados e do acionamento da linha, que pode ser de acionamento contínuo ou de velocidade controlada (*stop and go*), conforme ilustrado na Figura 7.11.

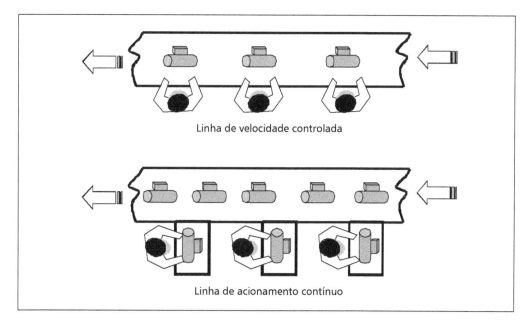

FIGURA 7.11

Acionamento das linhas de montagem.

As linhas de montagem que empregam o acionamento contínuo têm como princípio buscar um incremento de produtividade pelo isolamento e multiplicação da ação individual dos montadores. Ou seja, conforme pode ser visto na Figura 7.11, os montadores são dispostos "fora" da linha de montagem que, por sua vez, segue um ritmo contínuo de acordo com o TC necessário para atender à demanda do produto que está sendo montado. Cada montador possui como WIP um estoque amortecedor (chamado de pulmão ou *buffer*) junto ao seu posto de trabalho e exerce obrigatoriamente um conjunto fixo de atividades na sua ROP. Sempre que o operador completa sua ROP, coloca o produto que está sendo montado na linha e busca novo produto junto ao seu *buffer* para executar nova ROP. Como operadores nos sistemas de produção convencionais são vistos apenas como mais um recurso produtivo a ser maximizado, os *buffers* são projetados para absorver diferenças de ritmos de trabalho e problemas de forma geral.

Caso a demanda do produto montado se altere, acelera-se, ou reduz-se, a velocidade da linha para se adequar ao novo TC exigido, colocando-se, ou retirando-se, postos de trabalho com ROP idênticas de forma a manter a linha abastecida. Nessas linhas é mais fácil fazer o balanceamento das atividades em função das mudanças de demanda pela adição, ou subtração, dos montadores que não precisam que suas rotinas se limitem ao TC da linha, nem que elas sejam alteradas com a mudança no TC. Também é mais fácil manter a linha operando pelo emprego dos *buffers*, mesmo que algum problema venha a acontecer com algum montador, outros montadores com a mesma ROP abastecerão os *buffers*. Linhas convencionais de montagem desse tipo estão mais preocupadas em manter o nível de produção final de acordo com o previsto do que buscar alternativas para uma montagem eficiente, não só em termos de quantidade, mas principalmente quanto à qualidade e custo do produto.

Essas linhas convencionais estão com seus dias contados, visto que as linhas de montagem voltadas para a estratégia da manufatura enxuta atingem níveis superiores de eficácia com o uso de velocidades controláveis pelos próprios montadores, dentro da lógica de puxar a produção. A linha de velocidade controlada, como pode ser vista na Figura 7.11, posiciona os montadores dentro da linha, obrigando-os a trabalharem suas ROP em sincronia com o TC da linha. Caso a demanda (e o TC) pelo produto montado se altere, acelera-se, ou reduz-se, a velocidade da linha pela adição, ou redução, do número de montadores que passarão a executar novas ROP dentro do novo TC estabelecido. A capacidade de produção da linha com velocidade controlada é administrada pela mudança na ROP distribuída entre os montadores, limitando dessa forma o tamanho viável que a linha pode atingir. Caso seja necessário, replicam-se as linhas para aumentar a capacidade de produção. Por outro lado, a linha convencional de

Objetivo de aprendizagem 5: Propor formas de acionamento de linhas e *layouts*.

As linhas de montagem são as geradoras dos estoques pela fábrica

Quando temos grandes linhas de montagem na fábrica, os custos de *setup* das linhas para mudança de produto é muito alto, o que leva a empresa a programar grandes lotes de produtos acabados no plano-mestre de produção (PMP). Este fato, por si só, dificulta o nivelamento da linha de montagem com a demanda no período, gerando aumento dos estoques de produtos acabados. Além disso, ao se explodir estes grandes lotes de acabados em seus componentes, via MRP em geral, geramos também grandes lotes de fabricação por toda a cadeia produtiva, fonte primária dos famosos desperdícios da estratégia da ME, como ilustrado na Figura 7.12, onde se pode ver como eram a montagem convencional (subdivisão de tarefas e TC curtos) e os estoques pela fábrica do saudoso Fusca, que ficou na história.

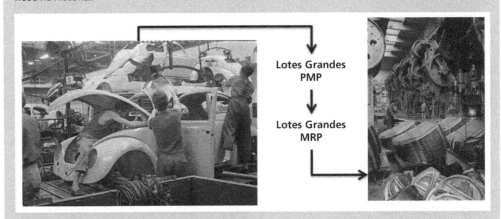

Figura 7.12 Efeito dos grandes lotes de montagem.

acionamento contínuo pode crescer teoricamente de forma ilimitada, pois sempre se pode adicionar novos operadores e duplicar as ROP para se obter TC mais curtos.

O ideal em uma linha de velocidade controlada é não manter *buffers* entre os montadores, de forma que cada montador, ao completar sua ROP dentro do TC, passe o produto que está sendo montado diretamente ao próximo montador. Isso garante a produção puxada, fazendo com que só se exerçam atividades em cima de produtos que realmente estejam sendo solicitados pelos clientes, bem como garante que qualquer problema de ritmo ou qualidade irá prontamente aparecer e parar a linha. Com a produção em fluxo unitário dentro da linha há necessidade de se manter uma quantidade-padrão de materiais (WIP) apenas nas seguintes situações:

- *conectar dois operadores:* quando a ROP dos operadores não seguir a lista de operações-padrão do item montado, geralmente nos *layouts* não lineares, nos pontos dentro da linha onde os dois operadores interagem, para que o segundo, ao chegar a esse ponto, tenha um item disponível para processar na sua ROP;
- *esperas técnicas do processo:* alguns processos não permitem que o item trabalhado possa ser imediatamente manuseado para ser transferido para a próxima operação. Situações nas quais a temperatura de saída da peça é alta, ou onde deve ocorrer um processo de "cura" ou secagem, são exemplos que exigem a colocação de um item adicional entre as operações.

Uma questão importante para permitir a montagem de ROP mais ajustadas ao TC, com menos tempos ociosos, está relacionada ao formato da linha. Em linhas convencionais retilíneas, conforme o exemplo que está se seguindo da montagem da placa de bornes e caixa de ligação do motor elétrico, as operações-padrão escolhidas para montar a rotina dos postos devem seguir obrigatoriamente a sequência de montagem do produto. Por exemplo, na Tabela 7.2 são apresentadas de forma simplificada as ROP para os seis postos que seriam necessários para atender a um TC de 1,5 minuto por unidade, ou seja, para uma demanda de 320 unidades por dia. Está-se admitindo que cada posto de trabalho tenha que pegar a carcaça do motor (0,050 minutos) na bancada e, após as operações-padrão, recolocá-la (0,050 minutos) para o próximo operador.

TABELA 7.2

Distribuição das ROP em linha retilínea para TC de 1,5 minuto.

Operação-padrão		Linha Retilínea			
Ordem	T. min.	ROP	T. op.	T. mov.	Total
1	0,132	Posto 1	1,307	0,100	1,407
2	0,648				
3	0,527				
4	0,156	Posto 2	1,224	0,100	1,324
5	0,196				
6	0,102				
7	0,074				
8	0,351				
9	0,345				
10	0,370	Posto 3	0,992	0,100	1,092
11	0,207				
12	0,415				
13	0,593	Posto 4	1,204	0,100	1,304
14	0,611				
15	0,590	Posto 5	0,590	0,100	0,690
16	1,030	Posto 6	1,030	0,100	1,130

Conforme se pode ver na Tabela 7.2, em função da obrigatoriedade em distribuir as operações-padrão na sequência da montagem do item, os postos 3, 5 e 6 estão com ROP muito curtas e poderiam, caso o *layout* da linha permitisse, absorver as operações-padrão de outros postos de forma a eliminar um ou mais postos. A solução convencional para esse descompasso, como já discutido antes, consiste em ampliar a linha e duplicar postos de trabalho (ROP) na busca pelo equilíbrio entre eles.

Contudo, uma alternativa para o problema, dentro da estratégia da manufatura enxuta, consiste em desenvolver linhas (bem como células de fabricação) em formato de "L", "U" ou em serpentina, como ilustrado na Figura 7.13, que permitem que as ROP possam ser montadas combinando operações-padrão independentes da sequência de montagem do item, casando-as melhor com o TC e otimizando o número de operadores por linha. Nesse tipo de *layout*, a polivalência e a ajuda mútua entre os operadores podem ser desenvolvidas mais facilmente.

Além do potencial de melhoria nas ROP, as linhas com esses formatos reduzem as distâncias (e custos) de retorno dos contenedores e plataformas de montagens vazias, bem como favorecem a distribuição e movimentação dos supermercados que abastecem a linha, reduzindo o espaço físico necessário.

Resumindo o que foi visto neste tópico, o balanceamento de linhas de montagem consiste em equilibrar interna e externamente os diferentes centros de trabalho que compõem

FIGURA 7.13

Linha de montagem em serpentina.

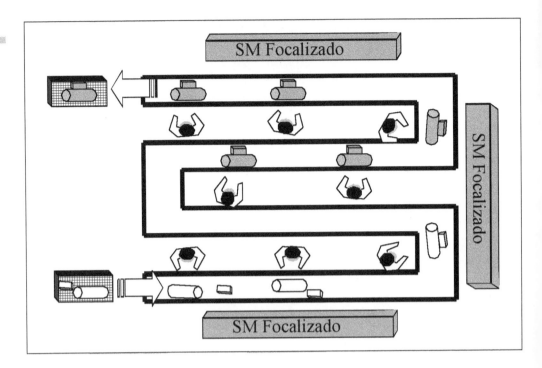

uma linha. Internamente, os centros de trabalho são balanceados via montagem de ROP para cada posto de trabalho, rotinas essas atreladas ao TC disponível para atender à demanda. Externamente, os centros de trabalho são equilibrados entre si com a colocação de supermercados de peças componentes e submontagens dimensionados também a partir da mesma demanda. A administração desses supermercados de abastecimento pode ser feita segundo a lógica empurrada, já apresentada no capítulo anterior; contudo, esses supermercados de abastecimento de linhas de montagem, cuja demanda tende a ser grande e focada (produção em massa), são locais propícios para se implantar o sistema *kanban* de programação puxada, objeto de discussão no capítulo seguinte.

Uma visão mais abrangente das linhas de montagem dentro da estratégia da manufatura enxuta com vários exemplos práticos pode ser vista nos Capítulos 4 (Produção em fluxo) e 5 (Balanceamento dos centros de trabalho e polivalência) do nosso livro *Manufatura enxuta como estratégia de produção: a chave para a produtividade industrial* (Atlas, 2015).

2.2 Sequenciamento na produção de lotes

Os processos repetitivos em lotes, diferentemente das linhas de montagem, caracterizam-se pela produção de um volume médio de itens padronizados produzidos em lotes. Cada lote de itens, ou ordem de fabricação, segue seu roteiro de operações-padrão a ser executado em diferentes centros de trabalho, sendo que, ao chegar ao centro de trabalho, o lote necessita ser priorizado, com base em regras predefinidas, de forma a estabelecer a sequência em que os recursos serão carregados. O foco não é tanto no equilíbrio e ritmo da mão de obra, mas no carregamento das máquinas, convencionalmente gerenciado segundo uma taxa de produção (fórmula 7.3) ligada à demanda.

Estes sistemas produtivos são relativamente flexíveis, empregando equipamentos menos especializados agrupados em centros de trabalho (ou departamentos), que permitem, em conjunto com funcionários polivalentes, atender a diferentes volumes e variedades de pedidos dos clientes internos, como linhas de montagem da própria empresa, ou dos clientes externos (mercado).

Uma vez que o PCP, através da aplicação de um dos modelos de controle de estoques, tenha em mãos um conjunto de ordens de fabricação a serem produzidas no período, ele deve decidir pelo sequenciamento dessas ordens em cima de duas questões centrais, conforme esquematizado na Figura 7.14:

1. a escolha da ordem a ser processada dentre uma lista de ordens de fabricação planejadas; e
2. a escolha do recurso a ser usado dentre uma lista de recursos disponíveis no centro de trabalho.

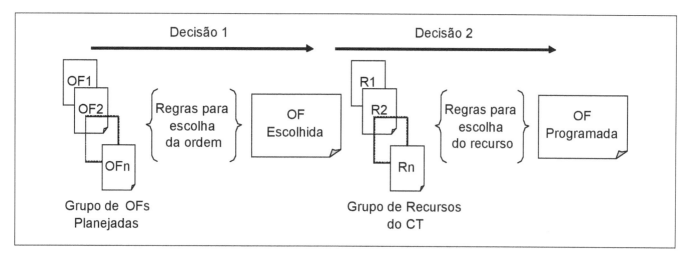

FIGURA 7.14

Decisões do sequenciamento na produção em lotes.

A primeira decisão, quanto à escolha da ordem a ser processada dentre um grupo de ordens planejadas, consiste em aplicar um conjunto de regras, normalmente baseadas nas características do item ou lote a ser produzido, como, por exemplo, tempo da operação-padrão, cobertura do estoque, importância do cliente etc., no sentido de se escolher a ordem de fabricação prioritária dentro do grupo. Já a segunda decisão diz respeito à escolha do recurso a ser utilizado dentre um grupo de recursos disponíveis no centro de trabalho para executar a ordem escolhida. Nessa segunda decisão, o foco das regras de sequenciamento é o recurso, como, por exemplo, tempo de *setup*, taxa de produção, capacidade disponível etc.

Conforme os objetivos que se pretendam atingir (velocidade de entrega, redução dos estoques, atendimento ao cliente etc.), regras de decisões diferentes podem ser utilizadas em períodos diferentes. Por exemplo, no início do mês, o PCP pode estar sequenciando suas ordens de fabricação buscando a redução de estoques e a maior eficiência nas taxas de produção dos recursos; contudo, à medida que o final do mês vai chegando, ele pode mudar as regras para priorizar ordens que gerem faturamento, e carregar recursos que não sejam tão eficientes, mas que estejam disponíveis para terminar rapidamente o lote e gerar fluxo de caixa.

Sequenciamento e formação dos *lead times*

Para se entender a importância da função de sequenciamento nesse tipo de sistema produtivo, deve-se entender primeiro como são formados os *lead times* da cadeia de valor desse sistema. Conforme ilustrado na Figura 7.15, enquanto nos processos contínuos e nas linhas de montagem os itens fluem rapidamente, nos processos em lotes os *lead times* são formados por uma sequência, para cada centro de trabalho por onde passe o lote, de quatro tempos distintos:

■ **Objetivo de aprendizagem 6:** Identificar as atividades que geram os *lead times* produtivos.

1. **tempo de espera:** é o tempo consumido pelos lotes para aguardarem sua vez para serem processados no centro de trabalho;

2. **tempo de processamento:** é o tempo gasto com a transformação do item, sendo o único que realmente agrega valor ao cliente;
3. **tempo de inspeção:** é o tempo despendido para verificar se o item produzido está de acordo com as especificações exigidas, podendo ser realizado em sistemas convencionais apenas uma vez ao final;
4. **tempo de transporte:** é o tempo empregado para movimentar o item, segundo seu roteiro de fabricação, até o próximo centro de trabalho.

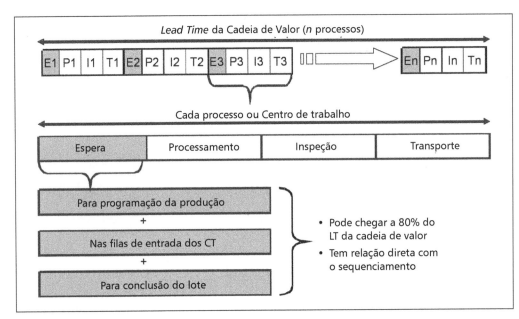

FIGURA 7.15

O sequenciamento e a formação dos *lead times* produtivos.

A função de sequenciamento é crítica para o desempenho do sistema produtivo em lotes, pois, via de regra, a maior parcela do *lead time* de um produto fabricado em lotes compreende o tempo em que o lote desse produto espera para ser trabalhado em um recurso, sendo que, caso essa função não seja adequadamente estruturada, esse tempo pode chegar facilmente a 80% do tempo total.

O tempo de espera existe e é grande em processos repetitivos em lotes, sendo considerado o maior gerador de desperdícios na estratégia da manufatura enxuta, em função de três fatores básicos:

1. Esperas para se executar uma programação da produção, liberando-a para a fabricação. Essa função é tão mais demorada quanto maior for a complexidade e o ciclo de programação. Em sistemas convencionais de programação empurrada, esses tempos são normalmente baseados em *softwares* de ciclos semanais, ou seja, mesmo que o cliente faça uma solicitação durante a semana, ela só será incluída na programação da semana seguinte. Já em sistemas de programação puxada, conforme será explicado no próximo capítulo, ela é imediata ao consumo pelo cliente (interno ou externo).
2. Esperas na fila de entrada do recurso escolhido. Quanto maiores forem as filas de espera na frente dos recursos, maiores serão esses tempos. Essas filas são formadas geralmente em função de três situações potencializadas em sistemas convencionais:
   a. desbalanceamento entre a carga exigida pela programação e capacidade disponível do recurso, principalmente quando não se trabalha com sistemas de programação e sequenciamento (APS) de capacidade finita, gerando gargalos e grandes filas na frente deles.

b. altos tempos de *setup* e de processamento dos lotes com prioridades superiores na fila. Para minimizar o problema, deve-se aplicar a TRF e reduzir os tamanhos dos lotes, já discutido no Capítulo 5, que passarão a andar mais rápido na fila de espera, reduzindo-a;

c. problemas de qualidade (no cumprimento das rotinas de operações-padrão, nas matérias-primas processadas, na manutenção das máquinas etc.) que fazem com que o PCP programe lotes maiores do que os necessários para absorver esses problemas, aumentando a fila de espera para entrada na máquina.

3. Esperas para conclusão do próprio lote, pois um item só pode ser liberado para atender às necessidades de seu cliente quando seu lote for liberado. Aqui também se deve aplicar a TRF e reduzir os tamanhos dos lotes, que serão concluídos mais rapidamente, liberando logo os itens. No limite se deve buscar a produção em fluxo unitário, em que o *lead time* do lote é o próprio *lead time* do item.

Com base na discussão da formação dos *lead times* produtivos e de como fazer para reduzi-los, principalmente no que tange aos tempos de espera (que são desperdícios puros), foi gerada a ideia, a partir da experiência do Sistema Toyota de Produção, de transformar a estrutura departamental convencional, controlada via taxa de produção, em uma estrutura de produção focalizada com *layout* celular, conforme ilustrado na Figura 7.16, com operadores polivalentes trabalhando dentro de um tempo de ciclo determinado pela demanda do centro de trabalho cliente, seguindo um conjunto de operações-padrão (ROP), como se fossem uma pequena linha de montagem, de forma que se pode produzir dentro da célula em fluxo unitário, sem estoques e filas de espera entre as máquinas.

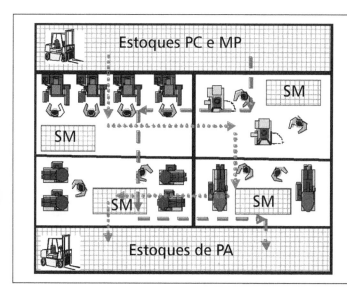
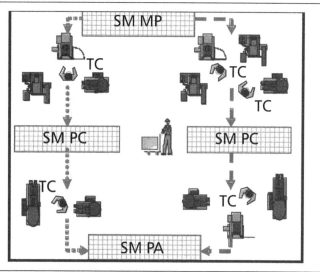

FIGURA 7.16

Sequenciamento por máquina *versus* por célula.

Com as células focadas a famílias de produtos, os *setups* são minimizados, ou até eliminados, fazendo com que os lotes econômicos de produção sejam pequenos e o tempo de conclusão deles acelerado. Com lotes pequenos girando rápido, os estoques no sistema produtivo são reduzidos e os problemas de qualidade identificados de imediato. Ao se ligar o tempo de ciclo das células (e não a taxa de produção) ao tempo de ciclo da linha de montagem final, e se aplicar o nivelamento do Plano-mestre à demanda, se tem um balanceamento amplificado por toda a fábrica e a produção *Just in Time*, essência da estratégia da manufatura enxuta.

Onde o PCP precisava planejar, programar e sequenciar ordens individuais para cada uma das operações realizadas em diferentes departamentos, com o *layout* celular a programação passa a ser feita para a célula como um todo, pois a célula age como uma pequena linha de montagem, com necessidade de controle apenas na entrada e saída. Apesar de não haver uma dependência conceitual entre a produção focalizada com células de fabricação e o sistema puxado de produção, é neste ambiente, muito propriamente identificado como estratégia da manufatura enxuta, que há um ganho adicional de produtividade, pois estes dois sistemas se complementam.

Dessa forma, com a focalização da produção, direcionando famílias de itens a grupos de recursos ou células, a decisão 2, de escolha do recurso a ser usado dentre uma lista de recursos disponíveis no centro de trabalho, deixa de ser uma decisão de curto prazo, tomada no momento do sequenciamento, via um sistema APS, por exemplo, e passa a ser uma decisão de médio prazo tomada quando se planeja o uso do sistema produtivo e se definem os roteiros de fabricação focalizados.

De forma geral, sejam puxadas ou empurradas, as ordens de fabricação no sistema de produção em lotes necessitam ser sequenciadas em cima de regras que permitam a escolha da ordem e a escolha do recurso onde essa ordem será executada. Os sistemas puxados possuem regras próprias que serão discutidas no próximo capítulo; já para os sistemas de programação empurrados, serão apresentadas na continuação deste capítulo as principais regras utilizadas e, em seguida, o chamado sistema de programação avançada (APS), em que se dará o sequenciamento das ordens, segundo essas regras.

Regras de sequenciamento

Objetivo de aprendizagem 7: Gerar regras de sequenciamento.

As regras de sequenciamento, conforme visto na Figura 7.14, são heurísticas usadas para selecionar, a partir de informações sobre características dos itens ou lotes e/ou sobre o estado do sistema produtivo, qual dos lotes esperando na fila de um grupo de recursos terá prioridade de processamento, bem como qual recurso deste grupo será carregado com essa ordem. Geralmente, as informações mais importantes estão relacionadas com o tempo de processamento (custos) e com a data de entrega (atendimento ao cliente), que podem ser estabelecidos tendo por base as informações dos produtos finais para os quais se destinam ou dos lotes programados individualmente.

Soluções otimizadas para o problema de sequenciamento, empregando técnicas de Pesquisa Operacional (programação linear, inteira, grafos etc.), são viáveis matematicamente e podem ser desenvolvidas para soluções particulares. Contudo, a natureza combinatória do problema, que cresce a cada vez que novos produtos e roteiros são lançados, faz com que na prática seja difícil conciliar a variabilidade, não só dos dados de produção, como também do próprio sistema produtivo, com a dinâmica de atualização dos parâmetros do algoritmo otimizador. Por esta razão, as empresas nesse segmento de mercado em lotes preferem trabalhar com regras simplificadas que, se não garantem o atendimento da solução ótima no momento, procuram chegar a uma solução boa e rápida diante da constante mudança da dinâmica de produção.

As regras de sequenciamento podem ser classificadas segundo várias óticas. Uma consiste em dividi-las em regras estáticas e regras dinâmicas. As regras estáticas são aquelas que não alteram as prioridades quando ocorrem mudanças no sistema produtivo, enquanto as regras dinâmicas acompanham estas mudanças, alterando as prioridades. Outra classificação seria a de regras locais *versus* regras globais. As regras locais consideram apenas a situação da fila de trabalho de um recurso, ao passo que as regras globais consideram as informações dos outros recursos, principalmente do antecessor e do sucessor, na definição das prioridades.

Outra classificação associada à complexidade das regras consiste em separá-las em regras de prioridades simples, combinação de regras de prioridades simples, regras com índices ponderados e regras heurísticas sofisticadas. As regras de prioridades simples baseiam-se em uma característica específica do trabalho a ser executado, como a data de entrega, tempo de

VOCÊ SABIA?

Regras dinâmicas para fabricação de porcelanatos

A sequência produtiva de porcelanatos começa com a preparação da matéria-prima, feita de material argiloso, que é moída e misturada com água, recebendo o nome de barbotina. Esta barbotina fica estocada e, conforme a programação é gerada, ela é bombeada até um atomizador, que retira a água em excesso, gerando um pó. Este pó, por sua vez, é armazenado em grandes silos. Ao serem programados os porcelanatos no PMP, os pós da receita são transferidos dos silos individuais para silos menores que abastecem as prensas, sendo submetidos a uma pressão específica, recebendo então sua forma definitiva, denominada "bolacha cerâmica". Na sequência, a bolacha passa por uma estufa para eliminar praticamente toda a água restante nas peças após a prensagem. As peças finais, dependendo do PMP, podem então ser polidas ou esmaltadas. O polimento é feito depois da queima, e a esmaltação, antes. A queima é realizada em fornos, em temperaturas acima de 1.200 °C, onde o produto adquire suas características finais.

Neste fluxo produtivo existem dois processos críticos, a armazenagem nos silos e a escolha da prensa, que devem ser levados em conta simultaneamente no sequenciamento das ordens, como se pode ver no fluxograma resumido da lógica utilizada por uma fábrica de porcelanato. Ela emprega simulação no seu APS com regras dinâmicas para os silos e prensas, conforme apresentado na Figura 7.17.

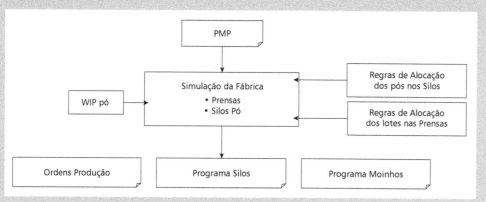

Figura 7.17 Regras dinâmicas para sequenciamento do porcelanato.

Quanto aos silos, as regras estão ligadas a problemas de prazos de validade dos pós ali colocados e de limitação física dos mesmos, pois uma vez colocado determinado pó em um silo, ele deve ser programado até o final do lote para a liberação do silo, que é limitado em número. Temos também problemas de contaminação por *setups* com cores diferentes, por exemplo, nunca trocar do escuro para o claro, usar sempre que possível uma programação em degradê, além do que cores puras como branco ou preto devem ter um tempo de limpeza maior no *setup*. Já nas prensas se utiliza a focalização da produção por tamanho de famílias, se evitando, ou pelo menos se minimizando, os tempos de *setup* das matrizes, além, é claro, da limpeza das mesmas para evitar a contaminação. Estas regras para alocação dos pós nos silos e dos lotes nas prensas, via simulação, são trabalhadas de forma dinâmica para a escolha de uma solução, a partir de uma situação inicial de pós nos silos (WIP pó). Uma vez alterada a escolha do pó que entra no silo, fatalmente terá que ser alterada também a programação das prensas.

folga restante, tempo de processamento restante etc. A combinação de regras de prioridades simples, como o próprio nome está dizendo, consiste em aplicar diferentes regras de prioridades simples conforme o conjunto de lotes que se pretende sequenciar em um dado momento. Por exemplo, pode-se aplicar a regra de menor tempo de processamento no recurso, exceto para as ordens que não possuam folga ou estejam atrasadas, as quais terão prioridade sobre as outras.

As regras com índices ponderados adotam pesos para diferentes regras simples, formando um índice composto que define as prioridades. Já as regras heurísticas mais sofisticadas determinam as prioridades incorporando informações não associadas ao trabalho específico, como a possibilidade de carregar antecipadamente o recurso, o emprego de rotas alternativas, a existência de gargalos no sistema etc. Pesquisas acadêmicas em sequenciamento têm obtido bons resultados com o emprego de heurísticas complexas que procuram simular as decisões dos especialistas compondo técnicas de inteligência artificial, algoritmos genéticos e simulação. Alguns *softwares* (APS) comerciais exploram esse caminho.

De forma geral, as regras de sequenciamento mais empregadas na prática estão apresentadas na Tabela 7.3. Cada uma delas tem sua aplicabilidade restrita à determinada situação de fábrica, pois não existem regras de sequenciamento que sejam eficientes em todas as situações; contudo, elas serão tão eficientes quanto forem o planejamento-mestre da produção e a utilização equilibrada dos recursos produtivos, via análise da capacidade de produção de médio prazo (RCCP). Sem a visão e o planejamento de médio prazo da capacidade de produção, não será uma regra de decisão que resolverá o problema de atendimento aos clientes. Além do mais, estudos comprovam que a eficiência de uma regra dependerá da variedade dos lotes, do tamanhos destes lotes e da participação relativa de cada tipo de peça, o que faz com que uma boa regra numa situação não seja necessariamente boa em outra.

TABELA 7.3

Regras de sequenciamento em processos em lotes.

Sigla	Especificação	Definição
PEPS	Primeira que entra, primeira que sai	Os lotes serão processados de acordo com sua chegada no recurso.
MTP	Menor tempo de processamento	Os lotes serão processados de acordo com os menores tempos de processamento no recurso.
MDE	Menor data de entrega	Os lotes serão processados de acordo com as menores datas de entrega.
IPI	Índice de prioridade	Os lotes serão processados de acordo com o valor da prioridade atribuída ao cliente ou ao produto.
ICR	Índice crítico	Os lotes serão processados de acordo com o menor valor de: $$\frac{\text{(data de entrega} - \text{data atual)}}{\text{Tempo de processamento}}$$
IFO	Índice de folga	Os lotes serão processados de acordo com o menor valor de: $$\frac{\text{data de entrega} - \Sigma \text{ tempo de processamento restante}}{\text{número de operações restantes}}$$
IFA	Índice de falta	Os lotes serão processados de acordo com o menor valor de: $$\frac{\text{quantidade em estoque}}{\text{taxa de demanda}}$$

A regra PEPS é a mais simples delas, sendo empregada normalmente em sistemas de serviços onde o cliente esteja presente e percebe a sua posição em relação à fila de espera. Esta regra faz com que lotes com tempos longos retardem toda a sequência de produção, gerando tempo ocioso nos processos à frente, fazendo com que o tempo de espera médio dos lotes seja elevado. A regra MTP obtém um *lead time* médio baixo, reduzindo os estoques em processo, agilizando o carregamento das máquinas à frente e melhorando o nível de atendimento ao cliente. Como ponto negativo, a regra MTP faz com que ordens com tempos longos de processamento sejam sempre preteridas, principalmente se for grande a dinâmica de chegada de novas ordens com tempos menores. Uma solução para este caso seria associar uma regra complementar que possibilitasse a uma ordem que fosse preterida determinado número de vezes, ou, após determinado tempo de espera, avançar para o topo da lista.

A regra MDE, como prioriza as datas de entrega dos lotes, faz com que os atrasos se reduzam, o que é conveniente em processos que trabalham sob encomenda. Porém, como não leva em consideração o tempo de processamento, pode fazer com que lotes com potencial de conclusão rápido fiquem aguardando. Nos processos repetitivos em lotes, onde se trabalha com estoques, as vantagens em priorizar apenas as datas de entrega não são muito claras. Da mesma forma, a regra IPI, baseada em atribuir um índice de prioridade a cada ordem, apresenta a mesma característica da MDE, sendo conveniente empregá-la apenas como critério de desempate para outra regra que leve em consideração a situação ou custos do sistema produtivo.

As demais regras (ICR, IFO, IFA) baseadas em cálculo de índices são normalmente empregadas em sistemas informatizados de sequenciamento (APS), dentro de ERP corporativos, que se encarregam de gerar prioridades para as ordens calculadas pelo módulo MRP. As regras ICR e IFO estão baseadas no conceito de folga entre a data de entrega do lote e o tempo de processamento, sendo que a regra IFO considera não só a operação imediata, como também todas as demais à frente. Estas duas regras privilegiam o atendimento ao cliente. Por outro lado, a regra IFA, que relaciona os estoques atuais com a demanda, busca evitar que os estoques se esgotem, causando prejuízo ao fluxo produtivo, e é mais empregada para os itens intermediários que compõem os produtos acabados.

No que se refere às regras de sequenciamento em processos repetitivos em lotes, um conceito importante é o de gargalo. Gargalo é um ponto do sistema produtivo que limita sua atuação, sendo que todos os sistemas produtivos têm limitações (internas ou externas). De forma geral, se o sistema produtivo tem capacidade de produção imediata para atender à demanda, o gargalo está no mercado. Por outro lado, se a demanda não está sendo atendida de forma imediata, as limitações são internas (máquinas, homens, espaço, transporte etc.). Grande parte da existência dos estoques decorre da necessidade de antecipar a demanda em função de gargalos produtivos que não permitirão atender à demanda de forma imediata no futuro.

Teoria das Restrições (TOC) e sua interface com a contabilidade

A Contabilidade de Ganhos (CG), proposta por Goldratt, é uma técnica de contabilidade de gestão utilizada como medida de desempenho da TOC. Segundo seu idealizador, ela pretende fornecer aos gerentes informações de apoio à decisão para a melhoria da rentabilidade da empresa, visando maximizar os lucros e, ao contrário da contabilidade de custos, que se concentra principalmente em cortar os custos e reduzir as despesas para aumentar o lucro, a CG se concentra em aumentar o ganho, aumentando a velocidade ou taxa na qual o ganho é gerado por produtos e serviços ligados à restrição da empresa, podendo esta restrição ser interna ou externa à organização.

A chamada teoria das restrições, difundida por Goldratt e Fox a partir do final da década de 1970, foi pioneira em explorar o conceito de gargalo, aplicando-o em regras de sequenciamento dentro de um *software* comercialmente conhecido como OPT (*Optimized Production Technology*), na época uma alternativa para o sequenciamento convencional, então de capacidade infinita, baseado na lógica de planejamento e programação da produção via MRP. Esse conjunto de regras usado para direcionar as questões relativas ao sequenciamento com foco no gargalo pode ser resumido pelas seguintes regras:

- *A taxa de utilização de um recurso não gargalo não é determinada por sua capacidade de produção, mas por alguma outra restrição do sistema*: o fluxo produtivo sempre estará limitado por um recurso (interno ou externo) gargalo, de nada adiantando programar um recurso não gargalo para produzir 100% de sua capacidade, pois se está apenas gerando estoques intermediários e despesas operacionais.

- *Uma hora perdida num recurso gargalo é uma hora perdida em todo o sistema produtivo:* como os recursos gargalos não possuem tempos ociosos, caso algum problema venha a acontecer com estes recursos, a perda de produção se repercutirá em todo o sistema, reduzindo o fluxo. Da mesma forma, ao se transformar tempo improdutivo (como paradas para *setup* ou manutenção corretiva) em tempos produtivos nos recursos gargalos, todo o sistema estará ganhando, pois se aumentará a capacidade do fluxo produtivo.

- *Os lotes de processamento devem ser variáveis e não fixos:* o tamanho dos lotes de processamento deve variar conforme o tipo de recurso pelo qual estão passando. Em um recurso gargalo, os lotes devem ser grandes para diluir os tempos de preparação, transformando-os em tempos produtivos. Já nos recursos não gargalos, os lotes devem ser pequenos para reduzir os custos dos estoques em processo e agilizar o fluxo de produção dos gargalos.

- *Os lotes de processamento e de transferência não necessitam ser iguais:* convencionalmente, os lotes de produção só são movimentados quando totalmente concluídos. Isto simplifica o fluxo de informações dentro do sistema, mas gera um aumento no *lead time* médio dos itens (pois o primeiro item terá que esperar o último para ser transferido) e nos estoques em processo dentro do sistema. Para evitar estes problemas, os lotes de transferência devem ser considerados segundo a ótica do fluxo, enquanto os lotes de processamento segundo a ótica do recurso no qual será trabalhado.

- *Os gargalos governam tanto o fluxo como os estoques do sistema:* no sentido de garantir a máxima utilização dos recursos gargalos, deve-se não só sequenciar o programa de produção de acordo com suas restrições de capacidade, como também projetar estoques de segurança na frente dos mesmos buscando evitar interrupções no fluxo. Os estoques de segurança dentro da teoria das restrições são conhecidos como *time buffer*, pois se procura antecipar no tempo a entrega dos lotes que irão abastecer os gargalos, dando-se tempo para corrigir eventuais problemas antes que os mesmos afetem o fluxo dos gargalos.

Apesar de essas regras serem incontestáveis quanto ao seu foco na melhoria do fluxo produtivo, na prática, principalmente em função da mudança constante dos pontos gargalos, característica básica dos sistemas de produção em lotes, não é fácil de aplicá-las. Porém, existindo certa constância dos pontos limitantes do sistema, pode-se empregar uma heurística de cinco passos como forma de direcionar as ações da programação da produção dentro destas regras, qual seja:

1. identificar os gargalos restritivos do sistema;
2. programar estes gargalos de forma a obter o máximo de benefícios (lucro, atendimento de entrega, redução dos WIP etc.);
3. programar os demais recursos em função da programação anterior;
4. investir prioritariamente no aumento da capacidade dos gargalos restritivos do sistema;
5. alterando-se os pontos gargalos restritivos, voltar ao passo 1.

Atualmente, com a facilidade em se desenvolver os chamados sistemas de programação avançados com capacidade finita, ou seja, só se permite a programação e liberação de ordens se houver capacidade, a interação entre gargalos e fluxos produtivos pode ser facilmente visualizada quando da definição e programação das regras a serem escolhidas. A seguir esses dois importantes conceitos serão apresentados com base no que foi desenvolvido no Jogo *LSSP_PCP2*.

APS e capacidade finita

Discutidas as regras de sequenciamento mais usuais, cabe agora apresentar o ambiente onde essas regras são normalmente implementadas para gerar a sequência de ordens de produção, conhecidos atualmente como sistemas APS (*Advanced Planning and Scheduling*), chamado aqui de sistema de programação avançada, por serem *softwares* que normalmente serão operados pelo pessoal de programação dos próprios setores responsáveis pela produção das ordens, identificados como PCP setoriais.

Apesar de os sistemas APS poderem ser utilizados de forma independente de um ERP corporativo, visto que muitos deles possuem a opção de se cadastrar a entrada de pedidos dos clientes para serem utilizados em ambientes de produção sob encomenda, na maioria das vezes, em processos repetitivos em lotes, os APS estarão ligados ao sistema de planejamento das necessidades de materiais (MRP), que se encarrega de obter a lista dos itens, com as respectivas quantidades, que entraram no momento de ação e necessitam ser sequenciados, emitidos e liberados. De posse dessa lista, o APS gera a sequência de produção para o setor aplicando regras pré-formatadas.

■ **Objetivo de aprendizagem 8:** Entender o que é APS e capacidade finita.

Uma das características desses sistemas APS é trabalhar em cima de um calendário real de disponibilidade de produção nos recursos, sequenciando ordem por ordem, segundo suas regras, até o limite de tempo disponível no recurso, sendo por isso chamado de sistema de programação de capacidade finita. Para permitir a visualização do que foi sequenciado, esses sistemas utilizam normalmente um calendário de forma gráfica, chamada de gráfico de Gantt, como ferramenta de auxílio à programação. Em alguns *softwares* mais sofisticados, a partir desses gráficos de Gantt podem-se arrastar os ícones das ordens programadas nos recursos para se gerar automaticamente uma nova solução de sequenciamento.

Como forma de ilustrar esses conceitos, desenvolveu-se dentro do Jogo *LSSP_PCP2* um sistema de programação avançada (APS) para o sequenciamento das ordens de malharia (OM), de fixação (OF) e de acabamento (OA) oriundas das liberações de ordens geradas pelo MRP para o período a ser simulado. A Figura 7.18 apresenta a tela do APS para as ordens de acabamento. Conforme se pode ver nessa tela, existe uma listagem de quantos lotes-padrão de 120 quilos deve-se sequenciar para atender às liberações planejadas do MRP nesse período e, ao lado, uma listagem de quantas ordens de 120 quilos já foram sequenciadas. Nesse exemplo, o planejamento das necessidades de materiais solicita o sequenciamento e emissão no período de cinco ordens de acabamento da MA1, sendo que uma delas já foi sequenciada.

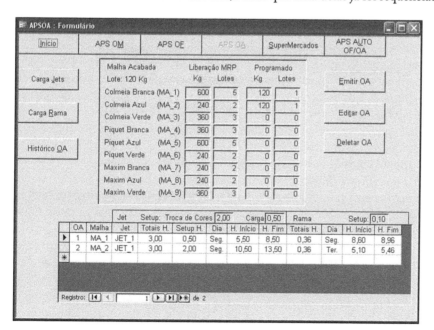

FIGURA 7.18

APS para sequenciamento das OA do Jogo *LSSP_PCP2*.

Gantt foi assistente de Taylor

O diagrama de Gantt é um gráfico usado para ilustrar o avanço das diferentes etapas de um projeto. Os intervalos de tempo representando o início e o fim de cada atividade aparecem como barras coloridas sobre o eixo horizontal do gráfico. Este tipo de representação foi desenvolvido em 1917 pelo engenheiro mecânico Henry Gantt, que em 1887 foi trabalhar para Midvale Steel e se tornou assistente no departamento de engenharia, onde Frederick Taylor era o engenheiro-chefe de produção, e no ano seguinte se tornou seu assistente direto. Esse gráfico é utilizado como uma ferramenta de controle de produção; nele podem ser visualizadas as tarefas, bem como o tempo utilizado para cumpri-las. Essa forma de representação gráfica das atividades de um projeto permite também avaliar os seus custos, resultantes do consumo de recursos necessários à conclusão de cada uma de suas tarefas. Na Figura 7.19 é apresentada uma versão moderna do gráfico de Gantt utilizado em um *software* de APS comercial, no caso o Seed APS (http://www.seed.com.br/).

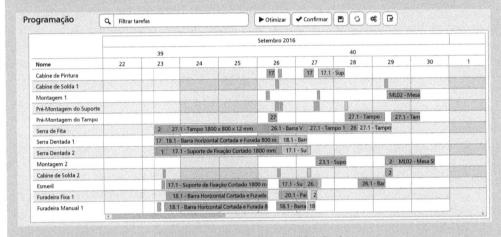

Figura 7.19 Gráfico de Gantt do APS da Seed.

Na parte inferior da tela da Figura 7.18 estão detalhadas as duas ordens já sequenciadas, uma da MA1 (OA1) e outra da MA2 (OA2), ambas para o JET1. Segundo a taxa de produção fornecida pela Engenharia, um lote de 120 quilos da malha Colmeia consome 3,00 horas para tingimento nos *Jets* e 0,36 horas para acabamento na Rama. Por sua vez, o *setup* nos *Jets* pode ser de 0,50 horas para carga e descarga ou de 2,00 horas quando ocorrer troca de cores exigindo a limpeza do mesmo. Na Rama, o *setup* será sempre de 0,10 horas para carga e descarga. Por ser um sistema APS de capacidade finita, o sistema utiliza o calendário semanal de disponibilidade dos recursos, considerando que a tinturaria (*Jets*) trabalha em dois turnos de segunda a sábado, das 5,00 horas até as 19,00 horas, e a Rama trabalha em um turno de segunda a sábado, das 5,00 horas até as 12,00 horas.

A OA1, por ser a primeira da semana (o JET1 já ficou limpo no final da programação da semana passada), tem um *setup* de 0,50 horas para seu carregamento, ocupando o JET1 das 5,50 horas às 8,50 horas de segunda-feira. Liberado o JET1 às 8,50 horas de segunda pela OA1, ele sofre um *setup* de 2,00 horas pela mudança da cor branca da OA1 para azul da OA2, e fica carregado das 10,50 horas às 13,50 horas de segunda-feira com o tingimento da OA2. Ao se olhar para o carregamento da Rama com essas duas ordens de acabamento, se tem uma visão clara de como funciona o conceito de capacidade finita. A OA1 deu entrada na Rama, após o *setup* de 0,10 horas, às 8,60 horas de segunda-feira e ficou pronta às 8,96 horas do mesmo dia, liberando a Rama. Contudo, como a OA2 só foi liberada do JET1 às 13,50 horas de segunda, portanto fora do horário de trabalho da Rama, ela só pôde ser carregada na manhã de terça-feira, às 5,10 horas.

Esse é apenas um exemplo, com uma solução ruim que precisa ser corrigida, para ilustrar o conceito de capacidade finita. Para permitir uma dinâmica de sequenciamento, o APS do Jogo *LSSP_PCP2* permite através de rotinas (botões) emitir, editar ou deletar ordens de acabamento individualmente, ou, então, acionar uma rotina de sequenciamento automática (APS AUTO OF/OA) que irá sequenciar, segundo algumas regras preestabelecidas, todas as OA e OF liberadas pelo MRP. Como as OA e as OF concorrem pelos mesmos recursos (*Jets* e Rama), elas são sequenciadas em simultâneo na rotina automática.

A Figura 7.20 apresenta a tela que aparece quando se opta por emitir individualmente uma OA que será incluída no final da lista de ordens já emitidas. Conforme se pode ver nessa tela, deve-se escolher uma das nove malhas acabadas (decisão 1) para ser programada em um dos três *Jets* (decisão 2) disponíveis. Como a empresa só possui uma Rama, independentemente das escolhas feitas, ela é sempre carregada na programação em sequência ao *Jet* escolhido. Caso se queira emitir a ordem de acabamento entre outras duas ordens (OA ou OF) já emitidas, se deve passar para a tela da Figura 7.21 e indicar o número da OF ou OA antes da qual a ordem deve entrar.

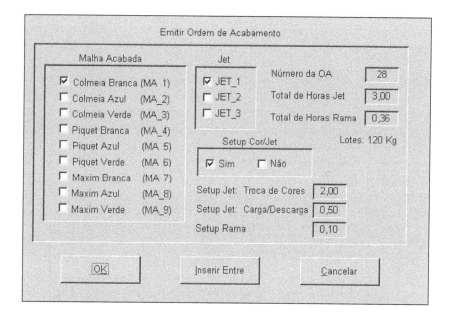

FIGURA 7.20

Tela de emissão individual das ordens de acabamento.

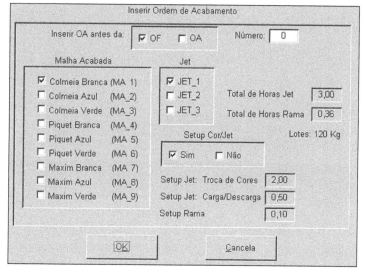

FIGURA 7.21

Tela de emissão individual das ordens de acabamento entre outras ordens.

De forma similar, as telas de APS do Jogo *LSSP_PCP2* permitem que se edite uma ordem específica já emitida ou se apague uma ordem, ou um conjunto de ordens, já emitida, no sentido de organizar segundo regras próprias do programador o sequenciamento de ordens para o período. Como o objetivo dos jogos desenvolvidos é o de explorar de forma dinâmica as funções do PCP, foram programadas duas heurísticas, uma para as OM e outra para as OA e OF, com foco na redução dos *setups* e na capacidade finita dos recursos, para fazer a função de um APS automático.

Na tela APS OM, ao se acionar o botão APS AUTO OM, a rotina padrão desenvolvida para o sequenciamento das OM na tecelagem, que trabalha em dois turnos de sete horas, de segunda a sábado, segue os seguintes passos:

1. aloca as quantidades liberadas pelo MRP de malha crua Colmeia no tear 1, as de malha crua Piquet no tear 2 e as de malha crua Maxim no tear 3, até a capacidade limite semanal dos teares de 84 horas;
2. havendo quantidades liberadas pelo MRP em descoberto das malhas, aloca essas quantidades nos teares 4 e 5, respeitando a capacidade limite semanal, contudo sem dividir as quantidades entre os teares, que, caso necessário, deverá ser feito pelo método manual.

A tela da Figura 7.22 apresenta o resultado da aplicação dessa heurística para um conjunto de lotes-padrão de 30 quilos liberados pelo MRP, sendo 52 lotes da MC1, 36 lotes da MC2 e 36 lotes da MC3. Segundo a taxa de produção fornecida pela Engenharia, um lote de MC1 consome 0,09 horas por quilo nos teares, um lote da MC2 consome 0,10 horas por quilo, e um lote da MC3 consome 0,11 horas por quilo. Quanto aos tempos de *setup* na mudança de malhas nos teares, entre a MC1 e a MC2 o tempo é de 0,25 horas, enquanto entre a MC3 e as outras duas malhas é de 2 horas. O setor de tecelagem trabalha em dois turnos, 14 horas por dia, de segunda a sábado.

FIGURA 7.22

Sequenciamento automático das OM do Jogo *LSSP_PCP2*.

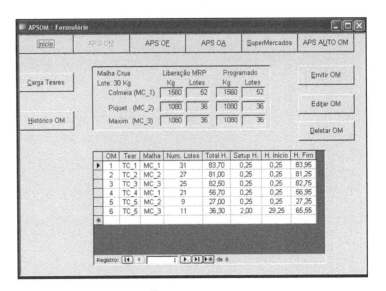

Conforme se pode ver na Figura 7.22, com esses dados técnicos da Engenharia e aplicação da heurística na rotina automática foi gerada uma OM1 para o TC1 com 31 lotes de 30 quilos da MC1, consumindo 83,70 horas de tear, de forma que o TC1 ficará carregado das 0,25 horas da semana, na segunda-feira, até as 83,95 horas, no sábado, para tecer os 31 lotes da MC1. Como a liberação planejada da MC1 pelo MRP solicita 52 lotes, e foram programados apenas 31 lotes na OM1 em função das limitações de capacidade do tear, a rotina automática programa na OM4 os restantes 21 lotes da MC1 no TC4, que fica carregado até as 56,95 horas da semana, uma sexta-feira.

De forma similar, a rotina-padrão gera o carregamento para os teares 2 e 3, com as malhas cruas Piquet (27 lotes) e Maxim (25 lotes), respectivamente, mantendo o limite de 84 horas por tear. O restante dessas malhas, 9 lotes para a MC2 e 11 lotes para a MC3, necessários para completar as liberações do MRP, não cabem no tempo disponível do TC4, fazendo com que seja aberto o carregamento do TC5 com esses dois lotes.

Uma facilidade, em geral incluída nos modernos APS, é a possibilidade de visualizar o efeito do sequenciamento sob a ótica dos recursos, nos chamados gráficos de Gantt. A Figura 7.23 ilustra a tela com o gráfico de Gantt para o carregamento semanal dos teares no Jogo *LSSP_PCP2*. Além do gráfico que dá uma visão geral do carregamento, na parte superior da tela pode-se, ao entrar em cada um dos teares, analisar a programação que se está planejando liberar por tear. Um resumo do carregamento do setor também é informado no canto inferior direito da tela. Nele se pode ver que 94,50% do tempo disponível dos teares foi programado, sendo que desses, 0,83% serão consumidos com *setup*.

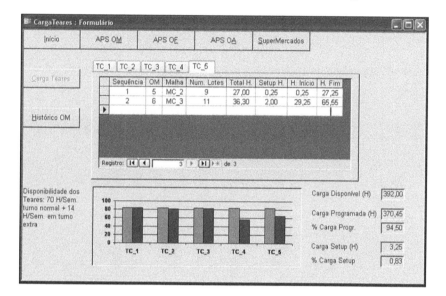

FIGURA 7.23

Gráfico de Gantt dos teares do Jogo *LSSP_PCP2*.

Por ser um jogo de caráter educacional, as rotinas-padrão de sequenciamento do APS do *LSSP_PCP2* são simplistas. Como essas rotinas de sequenciamento privilegiam apenas a redução dos tempos de *setup*, não foi dada atenção ao fato de que nos sábados a fábrica opera com custos extras, ou seja, toda a programação que passar das 70 horas terá um adicional de custos fixos por turno extra. A heurística não levou em conta que pode ser que haja espaço nos teares 4 e 5 para absorver uma redução do carregamento dos teares 1, 2 ou 3 para 70 horas, de forma a não pagar os custos fixos do turno extra. Assim como também o sequenciamento-padrão não considerou que caso se consiga liberar um tear da programação semanal, ele será alugado (terceirizado), trazendo uma receita extra para a empresa. Em uma situação real, a heurística embutida no APS da tecelagem deveria considerar o efeito desses custos e receitas.

Da mesma forma que no APS da tecelagem, o botão *APS AUTO OF/OA* dispara uma rotina automática de sequenciamento simultâneo das ordens de fixação (OF) e de acabamento (OA) com foco na redução de *setups*. Como as ordens de fixação e de acabamento competem pelos mesmos recursos (*Jets* e Rama), a rotina automática sequencia ambas as ordens em simultâneo, seguindo os passos:

1. como para se emitir uma OA há necessidade de se ter em estoque a malha fixada correspondente, aloca inicialmente as ordens de fixação em lotes de 120 kg, programando de forma alternada as de malha fixada Colmeia no JET1, as de malha fixada Piquet no JET2 e as de malha fixada Maxim no JET3, até completar as quantidades liberadas pelo MRP. Dos *Jets* as ordens seguem diretamente para programação na Rama;

2. após a programação das ordens de fixação, são disparadas as ordens de acabamento. Para as ordens de acabamento, visando reduzir os *setups* nas mudanças de cores nos *Jets*, a rotina faz a programação das cores brancas no JET1, das cores azuis no JET2 e das cores verdes no JET3, programando alternadamente uma malha acabada branca, uma azul e uma verde, até completar as quantidades liberadas pelo MRP. Dos *Jets* as ordens seguem diretamente para programação na Rama.

A tela da Figura 7.24 apresenta o resultado da aplicação dessa heurística para um conjunto de lotes-padrão de 120 quilos de malhas fixadas liberados pelo MRP, sendo 10 lotes da MF1, 10 lotes da MF2 e 7 lotes da MF3. Conforme se pode ver nessa tela, todas as ordens das MF1 foram carregadas no JET1, as da MF2 no JET2 e as da MF3 no JET3, alternadamente. Para o carregamento dos *Jets* e da Rama foram empregadas as taxas de produção fornecidas pela Engenharia, onde um lote de MF1 ou da MF2 consome na purga 1,00 hora de *Jet* e na fixação na Rama 0,24 horas, enquanto um lote da MF3 consome 1,50 hora de *Jet* e 0,36 horas de Rama. Quanto aos tempos de *setups*, na carga e descarga da purga nos *Jets*, ele é de 0,50 horas, e na carga e descarga da fixação na Rama ele é de 0,10 horas, independentemente do tipo de malha. Como já apresentado, os *Jets* trabalham em dois turnos de segunda a sábado, das 5,00 horas até as 19,00 horas, e a Rama trabalha em um turno de segunda a sábado, das 5,00 horas até as 12,00 horas.

FIGURA 7.24

Sequenciamento automático das OF do Jogo *LSSP_PCP2*.

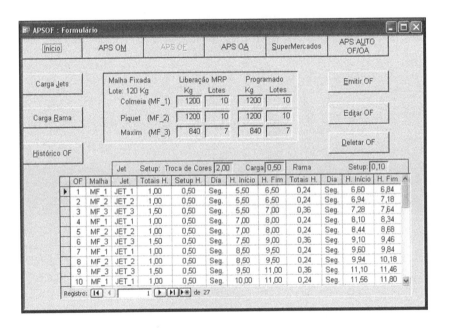

Já a tela da Figura 7.25 apresenta o sequenciamento gerado com a aplicação da rotina-padrão nas ordens de acabamento (OA) para atender às quantidades liberadas pelo MRP. Elas só começaram a ser programadas após o término da programação das malhas fixadas, que se deu na terça-feira. Para o carregamento dos *Jets* e da Rama foram empregadas as taxas de produção fornecidas pela Engenharia, onde um lote de 120 quilos da MA1 consome 3,00 horas no *Jet* para tingimento e 0,36 horas para acabamento na Rama, um lote de MA2 consome 3,50 horas no *Jet* e 0,36 horas na Rama, e um lote da MA3 emprega 4,00 horas no *Jet* e 0,48 horas na Rama. Como tempos de *setups* foram considerados 0,50 horas para carga e descarga de malhas da mesma cor nos *Jets* ou 2,00 horas quando ocorrerem trocas de cores, e 0,10 horas para carga e descarga na Rama.

A Figura 7.26 ilustra a tela com o gráfico de Gantt para o carregamento semanal dos *Jets*, uma vez aplicada a rotina-padrão de sequenciamento. No caso dos *Jets* e da Rama, o gráfico de Gantt é por recurso e por dia, e, conforme se pode ver nessa figura, a programação do JET1 foi até a sexta-feira às 8,50 horas e não precisou entrar no sábado em hora extra.

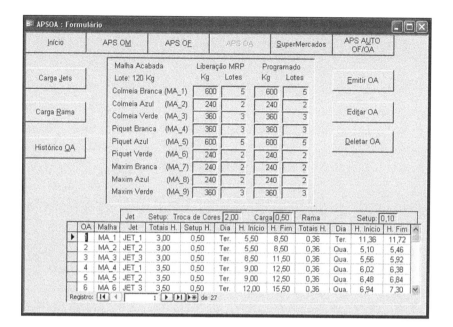

FIGURA 7.25

Sequenciamento automático das OA do Jogo *LSSP_PCP2*.

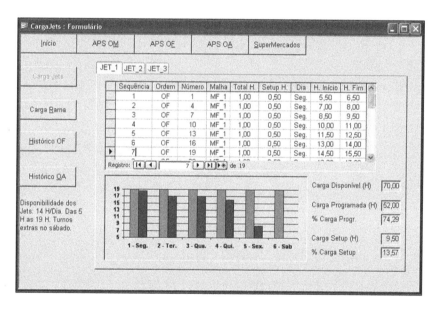

FIGURA 7.26

Gráfico de Gantt dos *Jets* do Jogo *LSSP_PCP2*.

De uma carga disponível de 70,00 horas (sem o sábado), foram efetivamente programadas 52,00 horas, ou 74,29%, no restante do tempo o JET1 ficou ocioso, sendo que das 52,00 horas de carregamento, 9,50 horas foram de *setup*, correspondendo a 13,57% da carga disponível. Ao se mudar a opção para os JET2 ou JET3, na parte superior da tela, há os valores correspondentes à programação desses *Jets*. De forma semelhante, na Figura 7.27 está apresentada a tela com o gráfico de Gantt da Rama para a mesma programação.

A partir do momento em que se tem um sequenciador com carregamento de capacidade finita, dentro do APS pode-se montar também um simulador para mostrar como ficarão os estoques dentro do sistema produtivo caso essa programação seja liberada e os tempos reais de produção ocorram de acordo com os padrões cadastrados. Como para produzir um item-pai é necessário retirar do estoque um item-filho em quantidades equivalentes, com essa simulação é possível evitar a liberação de um programa de produção que gere estoques negativos, ou seja, a princípio é inviável.

A Figura 7.28 apresenta a tela do APS do Jogo *LSSP_PCP2* onde são simulados, dia a dia, os níveis de estoques (supermercados) de malhas cruas (SMC), de malhas fixadas (SMP) e de malhas acabadas (SMA) segundo a programação sequenciada. Por exemplo, a

FIGURA 7.27

Gráfico de Gantt da Rama do Jogo *LSSP_PCP2*.

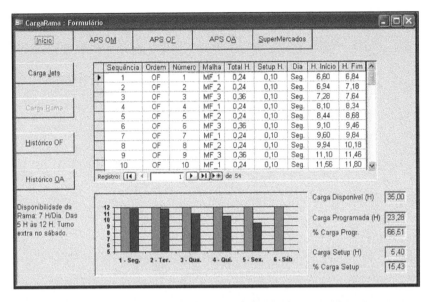

FIGURA 7.28

Simulador dos níveis de estoques do Jogo *LSSP_PCP2*.

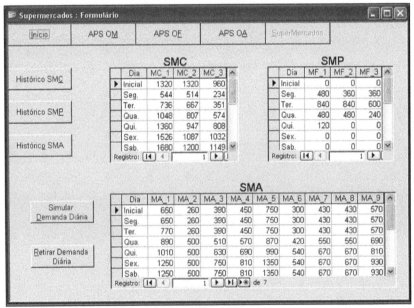

MC1 tem no início da semana um estoque em mãos de 1.320 quilos. Essa malha está sendo programada no início da semana em dois teares (TC1 e TC4) a uma taxa de produção de 0,09 horas por quilo, o que faz com que ao final de segunda-feira (14 horas por tear menos 0,25 do *setup*) se tenha produzido 304 quilos (2 × (13,75 horas / 0,09 horas por quilo)) que entrarão no SMC. Ao mesmo tempo em que se está produzindo a MC1, se está programando a fixação de nove lotes-padrão de 120 quilos da MF1, todos dando entrada no JET1 na segunda-feira, o que retira do SMC 1.080 quilos (9 lotes × 120 quilos por lote) da MC1. Dessa forma, ao final da segunda-feira, os estoques da MC1 no SMC ficarão em 544 quilos (1.320 + 304 − 1.080). Conforme se pode ver nessa tela, o APS possui também uma rotina para simular a saída diária das malhas acabadas do estoque (SMA) segundo a previsão de demanda empregada para disparar programação desde o PMP.

De forma geral, o exemplo do Jogo *LSSP_PCP2* forneceu as principais características e possibilidades de aplicação do sistema de programação avançada (APS), com base em regras, para o sequenciamento dos processos de produção repetitivos em lotes dentro do conceito de programação empurrada com capacidade finita. No âmbito da programação computacional, muitas outras facilidades podem ser inseridas nesses sistemas, como, por exemplo, ligá-los diretamente a máquinas de CNC, de forma que a liberação e o controle de produção sejam *on-line*, ou torná-los disponíveis para clientes e fornecedores externos etc., contudo a experiência prática tem mostrado que nos processos repetitivos em lotes a simplificação e padronização das atividades devem preceder a automatização dos processos, principalmente os decisórios.

Por outro lado, conforme discutido no início do capítulo, no caso de o sistema produtivo estar voltado para atender sob encomenda, o foco da programação da produção passa a ser a administração da capacidade produtiva, via um sistema APS de capacidade finita, como o apresentado aqui, para sequenciamento e acompanhamento das ordens emitidas, de forma a garantir ao cliente que seu pedido especial seja atendido no prazo acordado. Já quando o produto a ser fabricado possui tempos operacionais altos, como semanas ou até meses, como no caso da indústria da construção civil ou de máquinas, o PCP passa a ser realizado através do conceito de rede, aplicando-se a técnica de PERT/COM para gerenciamento do projeto, que permite identificar o chamado caminho crítico, que deve ser acompanhado no detalhe para evitar atrasos na data de entrega negociada com o cliente. Essa técnica será apresentada no próximo tópico.

2.3 Sequenciamento de projetos

Nos processos típicos por projetos, a principal questão a ser resolvida pelo PCP, em particular pelo sequenciamento das tarefas, está ligada à alocação dos recursos disponíveis no sentido de garantir a data de conclusão do projeto. Esta data de conclusão é, junto com o custo e as aptidões técnicas do executor, um fator determinante na escolha pelo cliente da empresa executora do projeto, havendo inclusive multas e restrições contratuais que buscam evitar atrasos no cumprimento dos contratos.

Desta forma, o PCP de processos por projetos busca sequenciar as diferentes atividades do projeto, de forma que cada uma delas tenha seu início e conclusão encadeados com as demais atividades que estarão ocorrendo em sequência e/ou paralelo com a mesma. A técnica mais empregada para planejar, sequenciar e acompanhar projetos é a técnica conhecida como PERT/CPM. Vários *softwares* comerciais utilizam seus conceitos como base de programação.

Objetivo de aprendizagem 9: Aplicar o conceito de redes com PERT/CPM.

O PERT (*Program Evaluation and Review Technique*) e o CPM (*Critical Path Method*) são na realidade duas técnicas, desenvolvidas independentemente na década de 1950, que buscaram solucionar problemas de gerenciamento de projetos de grande porte. Devido às soluções semelhantes encontradas, atualmente são conhecidas, simplesmente, como técnica PERT/CPM. Esta técnica, conforme será visto, permite que os administradores do projeto, em particular o PCP, tenham:

- uma visão gráfica das atividades que compõem o projeto;
- uma estimativa de quanto tempo o projeto consumirá;
- uma visão de quais atividades são críticas para o atendimento do prazo de conclusão do projeto;
- uma visão de quanto tempo de folga se dispõe dentro das atividades não críticas, o qual pode ser negociado no sentido de reduzir a aplicação de recursos, e consequentemente custos.

Para facilitar o entendimento desta técnica, o assunto será subdividido em quatro tópicos: a montagem da rede PERT/CPM, o cálculo dos tempos e determinação do *caminho crítico*, o emprego de tempos probabilísticos e a adequação da rede aos fatores de custo.

Um míssil no PCP

O UGM-27 Polaris é um míssil mar-terra balístico-estratégico lançado a partir de submarinos. Foi construído pela Lockheed durante a guerra fria para a Marinha dos EUA e a Marinha Real Britânica. O projeto iniciou-se em 1955 e a primeira versão entrou em serviço a 20 de julho de 1960 a bordo do primeiro submarino nuclear de mísseis balísticos americano, o USS George Washington.

Um projeto anterior da marinha norte-americana, chamado projeto Júpiter, foi abandonado porque os submarinos tinham de emergir para lançar os mísseis e o combustível líquido tinha de ser abastecido antes de cada lançamento, o que era uma operação perigosa a bordo de um submarino. Desta forma, a Lockheed foi encarregada de desenvolver um míssil menor e de combustível sólido. Ela desenvolveu então um método de lançamento a frio, onde o míssil era lançado através de gás comprimido, antes de seu motor ser acionado. O primeiro lançamento com sucesso teve lugar em abril de 1959, após seis fracassos. Ao mesmo tempo, a marinha dos EUA construía o submarino USS George Washington, que fez o seu primeiro disparo submerso do Polaris em 20 de junho de 1960. Como resultado deste projeto, em 1958 a empresa de consultoria Booz, Allen & Hamilton desenvolveu um método novo, o PERT, para conseguir gerenciar a rede de atividades que envolvia aproximadamente 10 mil empresas neste projeto.

A montagem da rede PERT/CPM

A primeira providência para utilizar a técnica PERT/CPM consiste em elaborar uma rede, ou diagrama, que represente as dependências entre todas as atividades que compõem o projeto. A partir da montagem da rede, pode-se trabalhar com os tempos e a distribuição de recursos necessários para atingir a previsão de conclusão. Neste sentido, especial atenção deve ser dada a esta primeira etapa, pois a validade das conclusões obtidas dependerá da correta montagem deste diagrama de precedências, como o apresentado na Tabela 7.4.

Uma rede PERT/CPM é formada por um conjunto interligado de setas e nós, conforme pode ser visto na Figura 7.29. As setas representam as atividades do projeto que consomem determinados recursos (mão de obra, máquinas etc.) e/ou tempo, já os nós representam o momento de início e fim das atividades, os quais são chamados de eventos. Existe outra forma de montar a rede PERT/CPM na qual se assume que as atividades são os nós e as setas caracterizam as dependências. Os eventos, por sua vez, são pontos no tempo que demarcam o projeto e, diferentemente das atividades, não consomem recursos nem tempo. Os nós são numerados da esquerda para a direita e de cima para baixo. O nome da atividade aparece em cima da seta e sua duração em baixo. A direção da seta caracteriza o sentido de execução da atividade.

TABELA 7.4

Lista de atividades e dependências.

Atividade	Dependência	Nós	Duração
A	-	1-2	10
B	-	1-3	6
C	A	2-4	7
D	B	3-4	5
E	B	3-5	9
F	C e D	4-6	5
G	E	5-6	4

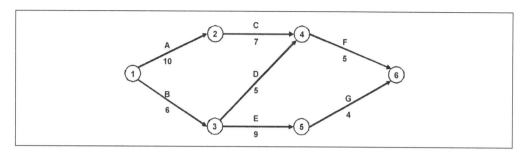

FIGURA 7.29

Rede PERT/CPM.

Uma atividade pode ser referenciada de duas maneiras: pelo seu nome (por exemplo, atividade E) ou por seus nós de início e fim (por exemplo, atividade "3-4"). Em sistemas computacionais emprega-se a segunda simbologia, pois dessa forma já se estará referenciando a relação de dependência entre as atividades. Conforme se pode ver na rede da Figura 7.29, existe um único evento que caracteriza o início do projeto, o nó 1, e um único evento que caracteriza o fim do projeto, o nó 6. As atividades A e B são atividades que, por não terem dependência, iniciam o projeto e têm seus pontos de início nesse nó inicial. As atividades G e F, ao serem concluídas simultaneamente, caracterizam o fim do projeto, tendo seus pontos de finalizações no nó 6.

Existem algumas convenções que são empregadas para montar uma rede de forma a representar as dependências entre as atividades. No exemplo apresentado, a atividade C depende apenas da atividade A, logo o nó de conclusão da atividade A é o mesmo nó de início da atividade C. Já a atividade F depende da conclusão das atividades C e D, desta forma no nó 4 chegam as setas das atividades C e D, e parte a seta da atividade F. Por outro lado, as atividades D e E para serem iniciadas necessitam da conclusão da mesma atividade, a atividade B, logo seus pontos de início são comuns, o nó 3.

Quando duas atividades possuem o mesmo nó de início e de fim, seria impossível identificá-las pelos números dos nós, em especial em sistemas computacionais. Neste caso, cria-se uma atividade que não consome tempo nem recursos, chamada de atividade *fantasma*. Na Figura 7.30 se pode ver um exemplo dessa situação. Como as atividades X e Y possuem os mesmos pontos de início e fim, foi criada uma atividade fantasma K, com a finalidade de separar os nós de conclusão das atividades X e Y e manter suas precedências sobre a atividade W.

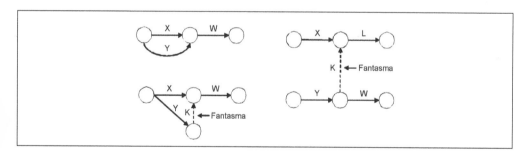

FIGURA 7.30

Atividades fantasmas.

Outra situação comum no relacionamento entre atividades de um projeto que requer o uso de atividade fantasma, ilustrada também na Figura 7.30, é o caso de as atividades X e Y precederem a atividade L; porém, como a atividade W depende apenas da atividade Y para seu início, é colocada uma atividade fantasma K para separar os nós de conclusão das atividades X e Y, apesar de na prática serem o mesmo momento no tempo.

Cada ligação que existe entre o nó inicial e o nó final do projeto é chamada de *caminho*. No exemplo da rede da Figura 7.29 há três caminhos diferentes: (1-2-4-6), (1-3-4-6) e (1-3-5-6). O período de tempo para percorrer cada um destes caminhos é o somatório dos tempos individuais de cada atividade pertencente ao caminho. O caminho que tem o maior tempo, e portanto estabelece o tempo total de conclusão do projeto, é conhecido como *caminho crítico*, e suas atividades são chamadas de atividades *críticas*. Qualquer atraso na execução das atividades críticas (semelhante à questão dos recursos gargalos discutida anteriormente) repercute de forma direta no tempo total de conclusão do projeto. Em uma rede podem existir mais de um caminho crítico. As atividades que não fazem parte do caminho crítico apresentam folgas, e um eventual atraso em suas conclusões, desde que não ultrapasse os tempos do caminho crítico, não afetam o tempo total de conclusão do projeto. Para identificar o caminho crítico e a existência de folgas, ou não, em uma rede, devem-se calcular os tempos internos dessa rede com a introdução dos conceitos cedo e tarde de um evento.

Cálculo dos tempos da rede PERT/CPM

Para cada nó ou evento de uma rede que representa um projeto podem-se calcular dois tempos que definirão os limites no tempo que as atividades que partem deste evento dispõem para serem iniciadas. Estes valores são conhecidos como *Cedo* (*Early*) e *Tarde* (*Late*) de um evento. Graficamente, são representados os *Cedos* e os *Tardes* dos eventos em uma rede como uma fração, colocada junto aos nós, onde o numerador é o *Cedo* e o denominador é o *Tarde*.

O *Cedo* de um evento é o tempo necessário para que o evento seja atingido desde que não haja atrasos imprevistos nas atividades antecedentes deste evento. Desta forma, pode-se calcular o *Cedo* de um evento como o valor máximo entre todos os valores dos tempos de conclusão das atividades que chegam a este evento, calculado, para cada atividade, como o resultado da soma do *Cedo* do evento inicial desta atividade mais o valor do seu tempo de execução.

Exemplificando o cálculo dos *Cedos* com os valores da rede da Figura 7.31. O primeiro evento (nó 1) tem seu $Cedo_1 = 0$, pois é o início do projeto. O segundo evento (nó 2), como provém apenas da atividade A, tem seu $Cedo_2 = 0 + 10 = 10$. Da mesma forma o nó 3, que depende apenas da conclusão da atividade B, possui seu $Cedo_3 = 0 + 6 = 6$. Já o nó 4, como possui duas atividades que necessitam estar concluídas, as atividades C e D, tem seu $Cedo_4 = 17$, que é o maior valor entre $(10 + 7 = 17)$ e $(6 + 5 = 11)$. No nó 5, o valor do $Cedo_5 = 6 + 9 = 15$ é calculado de forma simples. Finalmente, o nó 6 tem seu $Cedo_6 = 22$, resultado do maior valor entre $(17 + 5 = 22)$ e $(15 + 4 = 19)$.

FIGURA 7.31

Cálculo dos *Cedos* e *Tardes* das atividades.

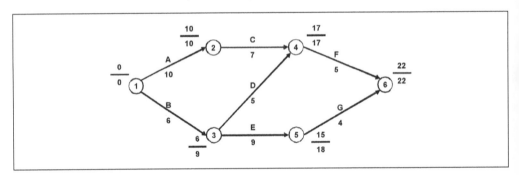

Por sua vez, o *Tarde* de um evento é a última data de início das atividades que partem deste evento de forma a não atrasar a conclusão do projeto. Desta forma, podem-se calcular os *Tardes* dos eventos como o valor mínimo entre todos os valores dos tempos de início das atividades que partem deste evento, calculado, para cada atividade, como o resultado da subtração do *Tarde* do evento aonde esta atividade chega, menos o valor do seu tempo de execução.

Exemplificando o cálculo dos *Tardes* com os valores da rede da Figura 7.31. Partindo do princípio de que o $Tarde_6$ do evento final (nó 6) é igual ao seu $Cedo_6 = 22$, ou seja, pretende-se terminar o projeto na primeira oportunidade disponível. Existem alternativas de conclusão para o projeto (*Cedo* > *Tarde* e *Cedo* < *Tarde*), discutidas mais tarde. A lógica de cálculo dos *Tardes* é ir do final (nó 6) para o início (nó 1) da rede. Desta forma, fixado o valor de 22 para o $Tarde_6$ do nó 6, no nó 5 o valor do $Tarde_5$ é de 18, obtido fazendo-se o cálculo de $(22 - 4 = 18)$, ou seja subtraindo-se do $Tarde_6$ do evento final da atividade G, a sua duração de 4 unidades de tempo. Para o nó 4 se procede da mesma forma, ou seja, o $Tarde_4 = 22 - 5 = 17$. No nó 3 há uma situação em que duas atividades partem deste nó; logo, o $Tarde_3$ será o menor valor entre $(18 - 9 = 9)$ e $(17 - 5 = 12)$, ou seja, 9. Para o nó 2, a situação é novamente simples, o $Tarde_2 = 17 - 7 = 10$. Finalmente, para o nó inicial, como seria esperado, dado que se convencionou que o $Cedo_6 = Tarde_6$, o $Tarde_1 = 0$, sendo o menor valor entre $(10 - 10 = 0)$ e $(9 - 6 = 3)$.

Olhando a rede sob a ótica das atividades, podem-se definir para cada atividade integrante de um projeto quatro tempos que se referem às datas de início e término da atividade, quais sejam:

1. *PDI* – Primeira data de início: é a data mais cedo que uma atividade pode iniciar, assumindo-se que todas as suas atividades precedentes iniciaram-se nas suas datas mais cedo;
2. *PDT* – Primeira data de término: é a data mais cedo que uma atividade pode ser concluída;
3. *UDI* – Última data de início: é a data mais tarde que uma atividade pode ser iniciada, sem contudo atrasar a data final de conclusão do projeto;
4. *UDT* – Última data de término: é a data mais tarde que uma atividade pode ser concluída, sem contudo atrasar a data final de conclusão do projeto.

Por exemplo, a atividade *D* da rede da Figura 7.31 possui os seguintes valores:

$PDI = Cedo_3 = 6$;

$PDT = Cedo_3 + t = 6 + 5 = 11$;

$UDI = Tarde_4 - t = 17 - 5 = 12$;

$UDT = Tarde_4 = 17$.

A partir da definição dessas datas pode-se calcular um conjunto de folgas para cada atividade. Antes, porém, cabe definir o que seja *tempo disponível*, ou *TD*, de uma atividade. O *TD* é o intervalo de tempo que existe entre a *PDI* e a *UDT* de uma atividade, ou seja, é o maior intervalo de tempo que uma atividade dispõe para ser realizada, sem alterar o *Cedo* do evento inicial nem o *Tarde* do evento final. No exemplo da atividade *D*, $TD = 17 - 6 = 9$.

Para cada atividade constante de um projeto podem-se definir quatro tipos de folgas, sendo que a primeira, a folga total, é a mais importante:

1. $FT = TD - t$ [Folga total]: é o atraso máximo que uma atividade pode ter sem alterar a data final de sua conclusão;
2. $FL = (Cedo_f - Cedo_i) - t$ [Folga livre]: é o atraso máximo que uma atividade pode ter sem alterar a data estabelecida como *Cedo* do seu evento final;
3. $FD = (Tarde_f - Tarde_i) - t$ [Folga dependente]: é o período que se dispõe para a realização da atividade, iniciando-a no *Tarde* do evento inicial e não ultrapassando o *Tarde* do evento final;
4. $FI = (Cedo_f - Tarde_i) - t$ [Folga independente]: é o período que se dispõe para a realização da atividade, iniciando-a no *Tarde* do evento inicial e não ultrapassando o *Cedo* do evento final.

A Tabela 7.5 apresenta o cálculo dessas folgas para a rede da Figura 7.31, que se está usando como exemplo.

TABELA 7.5

Cálculos das folgas.

Atividade	t	Cedo i	Cedo f	Tarde i	Tarde f	FT	FL	FD	FI
A	10	0	10	0	10	0	0	0	0
B	6	0	6	0	9	3	0	3	0
C	7	10	17	10	17	0	0	0	0
D	5	6	17	9	17	6	6	3	3
E	9	6	15	9	18	3	0	0	0
F	5	17	22	17	22	0	0	0	0
G	4	15	22	18	22	3	3	0	0

Objetivo de aprendizagem 10: Identificar o caminho crítico em uma rede.

Com as folgas calculadas, pode-se definir claramente o caminho crítico do projeto, que no exemplo seguido é o caminho *A-C-F*. O caminho crítico é a sequência de atividades que possuem folga total nula (consequentemente, as demais folgas também são nulas) e que determina o tempo total de duração do projeto. As atividades pertencentes ao caminho crítico são chamadas de atividades críticas, visto que elas não podem sofrer atrasos, pois caso tal fato ocorra, o projeto como um todo sofrerá este atraso.

A identificação do caminho crítico de um projeto é de fundamental importância para seu gerenciamento, pois o PCP pode concentrar seus esforços para que estas atividades tenham prioridade na alocação dos recursos produtivos. Já as atividades não críticas, como possuem folgas, permitem certa margem de manobra pelo PCP, porém, se uma delas consumir sua folga total, passará a gerar um novo caminho crítico, que merecerá atenção. Existem situações em que toda a rede é crítica, e qualquer desvio do planejado refletirá no prazo de conclusão do projeto.

A identificação do *caminho crítico* em uma rede onde o *Cedo* e o *Tarde* do evento final forem diferentes (*Cedo* > *Tarde* ou *Cedo* < *Tarde*) é feita de forma análoga à desenvolvida acima, calculando-se as folgas; contudo, o *caminho crítico* será aquele em que as folgas forem todas iguais e forem as menores existentes.

Definidos os conceitos básicos para a montagem das redes PERT/CPM, podem-se acrescentar duas considerações importantes: uma diz respeito à aleatoriedade nos tempos de execução das atividades; outra, no que tange às questões de aceleração e desaceleração destes tempos pela administração dos recursos injetados no projeto.

Tempos probabilísticos na rede PERT/CPM

Cada atividade possui um tempo previsto de conclusão que está associado ao nível de recursos alocados para sua realização. Quando esse tempo pode ser previsto com alto grau de confiabilidade, se diz que as estimativas são determinísticas. Por outro lado, quando as estimativas estão sujeitas a variações aleatórias, se diz que as estimativas são probabilísticas. As estimativas probabilísticas devem incluir uma indicação do grau de variabilidade das previsões.

Por conveniência emprega-se a distribuição Beta para representar a aleatoriedade nos tempos. Essa distribuição tem a vantagem de permitir o cálculo fácil da média e da variância (ou do desvio-padrão) dos tempos probabilísticos de uma rede. O tempo médio esperado (t_e) de cada atividade é obtido segundo a equação 7.4.

$$t_e = \frac{t_p + 4 \cdot t_m + t_o}{6} \quad (7.4)$$

Onde:

t_p = tempo pessimista: é o tempo previsto para condições desfavoráveis quando da realização da atividade;

t_m = tempo mais provável: é o tempo que a atividade levaria se tudo correr normalmente;

t_o = tempo otimista: é o tempo previsto para condições favoráveis quando da realização da atividade.

A variância (σ^2), que fornece o grau de incerteza associado à previsão, é estimada como a sexta parte da diferença entre as previsões otimista e pessimista, como apresentado na equação 7.5.

Objetivo de aprendizagem 11: Utilizar tempos probabilísticos na montagem da rede.

$$\sigma^2 = \left[\frac{t_p - t_o}{6}\right]^2 \quad (7.5)$$

De posse do tempo médio esperado e da variância de cada atividade, pode-se montar a rede e proceder aos cálculos dos *Cedos*, *Tardes*, *folgas* e *caminho crítico*, da mesma forma como foi feito no tópico anterior para os tempos determinísticos, considerando que o tempo médio esperado é o tempo da atividade. Por outro lado, dado que a média da soma de variáveis aleatórias é igual à soma das médias destas variáveis, pode-se considerar como a variância total do projeto a soma das variâncias das atividades que compõem o *caminho crítico*. Caso ocorram dois ou mais *caminhos críticos*, adota-se como variância total do projeto aquela que for menor. Também se considera que o tempo esperado total (t_{total}) do projeto é a soma dos tempos médios esperados das atividades do *caminho crítico*.

Para exemplificar o emprego de tempos probabilísticos na análise da rede PERT/CPM, pode-se seguir o exemplo anterior, admitindo-se que os tempos das atividades foram estimados segundo os tempos probabilísticos apresentados na Tabela 7.6. Aplicando esses tempos médios esperados, pode-se montar a rede mostrada na Figura 7.32.

TABELA 7.6

Tempos probabilísticos da rede.

Atividade	Dependência	Nós	t_o	t_m	t_p	t_e	σ^2
A	-	1-2	8	10	11	9,83	0,25
B	-	1-3	4	6	7	5,83	0,25
C	A	2-4	5	7	7,5	6,75	0,17
D	B	3-4	4,5	5	6	5,08	0,06
E	B	3-5	8	9	11	9,16	0,25
F	C e D	4-6	4,5	5	6,5	5,16	0,11
G	E	5-6	2	4	5	3,83	0,25

Com os *Cedos* e *Tardes* de cada evento calculados, pode-se proceder à identificação do *caminho crítico* e das folgas de cada atividade, da mesma forma como foi efetuada na rede com tempos determinísticos. O resultado é apresentado na Tabela 7.7.

Logo, o *caminho crítico* do exemplo acima continua sendo **A-C-F**, com um tempo esperado total (t_{total}) de 21,74 e uma variância de 0,53 (0,25 + 0,17 + 0,11). Como os tempos de realização das atividades são probabilísticos, é importante estimar qual a probabilidade de o projeto ficar concluído em determinado prazo. Para tanto, empregando-se o tempo esperado total e a variância (ou desvio-padrão) do *caminho crítico*, pode-se obter um fator de probabilidade (K) associado a determinado tempo preestabelecido (t), que corresponde em uma tabela da curva normal a uma probabilidade de conclusão do projeto nesta data. Para se obter o fator de probabilidade (K) deve-se aplicar a equação 7.6.

FIGURA 7.32

Rede com tempos probabilísticos.

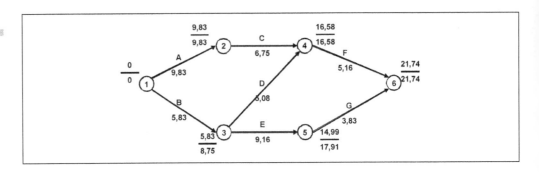

TABELA 7.7

Cálculo das folgas com tempos probabilísticos.

Atividade	t	Cedo i	Cedo f	Tarde i	Tarde f	FT	FL	FD	FI
A	9,83	0	9,83	0	9,83	0	0	0	0
B	5,83	0	5,83	0	8,75	2,92	0	2,92	0
C	6,75	9,83	16,58	9,83	16,58	0	0	0	0
D	5,08	5,83	16,58	8,75	16,58	5,67	5,67	2,75	2,75
E	9,16	5,83	14,99	8,75	17,91	2,82	0	0	0
F	5,16	16,58	21,74	16,58	21,74	0	0	0	0
G	3,83	14,99	21,74	17,91	21,74	2,92	2,92	0	0

$$K = \frac{t - t_{total}}{\sigma} \qquad (7.6)$$

Por exemplo, caso se queira saber qual a probabilidade de esse projeto ser concluído em 23 unidades de tempo, aplicando a equação (7.6), acha-se o valor de $K = 1,73$. Entrando com este valor na tabela da função de distribuição da curva normal, verifica-se que existe uma probabilidade de 95,6% de o projeto ser concluído neste prazo.

$$K = \frac{23 - 21,74}{\sqrt{0,53}} = 1,73$$

Aceleração de uma rede PERT/CPM

As estimativas de tempo das atividades de um projeto estão relacionadas à quantidade de recursos (homens, equipamentos, dinheiro etc.) alocados para cada atividade. Geralmente, é possível adicionar, ou retirar, recursos alocados a uma atividade de forma a acelerar, ou desacelerar, seu prazo de conclusão. Desta forma, uma vez montada a rede e identificado o *caminho crítico*, duas análises de custos podem ser realizadas:

1. a análise das folgas das atividades não críticas para verificar a possibilidade de reduzir os recursos, e consequentemente os custos alocados a elas;
2. a análise das atividades do *caminho crítico* para verificar a possibilidade de reduzir ou aumentar o prazo de conclusão do projeto.

Objetivo de aprendizagem 12: Acelerar uma rede PERT/CPM.

Com relação à primeira análise, com base nos dados da Tabela 7.5, onde aparecem as folgas da rede do exemplo que se está seguindo, pode-se estudar a possibilidade de ressequenciar os recursos alocados às atividades não críticas, dado que isto não afetaria o prazo de conclusão do projeto. Logo, a atividade B teoricamente poderia ser desacelerada em 3 unidades de tempo, a atividade D em 6, a atividade E em 3, e a atividade G em 3. Deve-se prestar atenção que ao se ir retirando as folgas das atividades não críticas, novos *caminhos críticos* surgirão, pois um aumento de tempo em uma atividade representa um aumento de tempo em todo o caminho que passa por essa atividade.

O segundo tipo de análise, aceleração ou desaceleração do prazo de conclusão do projeto é mais trabalhoso, pois envolve a relação custo-benefício que se tem ao alterar os prazos das atividades do *caminho crítico*, bem como a possibilidade de, em dado momento, outros caminhos se tornarem também críticos e entrarem nessa análise. Normalmente, as empresas estão interessadas em acelerar o prazo de entrega dos projetos, pois evitam-se penalidades por atrasos, liberam-se os recursos para investir em novos projetos, reduzem-se os custos indiretos de supervisão, ganha-se vantagem competitiva quanto ao prazo de entrega etc. Dessa forma, apesar de o processo de desaceleração empregar a mesma rotina, um exemplo de aceleração da data de conclusão para a rede da Figura 7.31, de 22 para 18 unidades de tempo, é apresentado a seguir.

Inicialmente, há necessidade de levantar os custos por unidade de tempo de cada atividade do projeto, bem como quantas unidades de tempo podem ser reduzidas sem afetar a parte técnica da atividade. A Tabela 7.8 fornece esses dados para o exemplo de aceleração da data de conclusão da rede.

TABELA 7.8

Tempos e custos de aceleração.

Atividade	Tempo Normal	Tempo Acelerado	Custo por Unidade de Tempo Reduzida
A	10	8	$ 100
B	6	5	$ 600
C	7	6	$ 500
D	5	5	-
E	9	7	$ 300
F	5	2	$ 300
G	4	3	$ 500

Como o *caminho crítico* da rede é A-C-F, deve-se procurar dentre estas atividades qual oferece o menor custo por unidade de tempo reduzida. Encontra-se a atividade *A*, com valor de $ 100, que pode ser reduzida em no máximo duas unidades, sem afetar o *caminho crítico*. Com essa redução, chega-se agora a 20 unidades de tempo de prazo de conclusão com um acréscimo de custo da ordem de $ 200.

A próxima redução no caminho A-C-F é de uma unidade, com valor de $ 300, na atividade *F*, dado que a atividade *A* não pode ser mais acelerada. Com isto, o prazo de conclusão do projeto passa para 19 unidades e um novo *caminho crítico* adiciona-se ao anterior. Agora se tem o caminho A-C-F e o caminho B-E-G como críticos, e para acelerar mais uma unidade de tempo no projeto há necessidade de se reduzir uma unidade de tempo em cada um dos *caminhos críticos*.

Dessa forma, escolhe-se reduzir no caminho A-C-F uma unidade na atividade *F*, com acréscimo de $ 300, e uma unidade na atividade *E*, também com acréscimo de $ 300, o que garante uma redução do prazo de conclusão do projeto para 18 unidades de tempo, alcançando a proposta inicial, com um aumento total nos custos de $ 1.100 ($ 100 + $ 100 + $ 300 + $ 300 + $ 300).

Ao invés de ser uma redução de tempo impositiva, como a apresentada no exemplo anterior, outra forma de encarar essa questão da redução de prazos poderia ser comparando o custo da aceleração com os benefícios decorrentes da mesma, como a redução dos custos indiretos por unidade de tempo. Por exemplo, caso uma redução inicial de duas unidades de tempo da rede resultasse em uma economia de $ 300, e como ao se reduzir de 22 para 20 unidades de tempo na atividade *A* os custos decorrentes são de $ 200, compensa fazer essa redução. Agora, se para reduzir de 20 para 19 unidades de tempo a economia fosse de $ 150, como uma redução de uma unidade na atividade *F* consome $ 300, ela não seria recomendável sob a ótica dos custos-benefícios apenas.

Estudo de Caso 6 – Sequenciamento de capacidade finita

Objetivo: Montar uma dinâmica de tabelas de sequenciamento de capacidade finita (APS) e respectivos gráficos para os *Jets* e Ramas definidos no Plano de Produção no EC2 com o carregamento das ordens de fixação e acabamento obtidas no MRP no EC5, conforme apresentado neste capítulo e ilustrado na planilha "Estudo_Caso_PCP_Exemplo.xlsx". Manter todas as variáveis interligadas entre as tabelas e gráficos de forma que a mudança em uma das variáveis de entrada, por exemplo, sequência da ordem, promova mudanças nos cálculos simultaneamente.

Passos sugeridos:

1. Montar tabelas para cada um dos *Jets* e Ramas definidos no EC2 com a sequência das ordens, tipo de ordem, código da malha, tempo do lote, tempo de *setup*, dia de produção, hora de início e hora de fim. Os horários de funcionamento das máquinas e tempos de *setup* são fornecidos no topo da guia. Ver a planilha de exemplo como referência.

2. Empregar como regras de sequenciamento iniciais:

    a. aplicar o menor tempo de processamento (MTP) como regra geral;

    b. para reduzir *setups*, focalizar as malhas acabadas (cores) por *Jet*;

    c. dos *Jets* as ordens seguem para programação na Rama FIFO; para desempate, seguir sequência "Colmeia-Piquet-Maxim";

    d. as OF/OA (MRP do EC5) são sempre de 120 kg. Nos *Jets* de 480 kg programar quatro ordens do mesmo item em sequência. Nos *Jets* de 30 kg, ao programar uma ordem, gerar quatro carregamentos de 30 kg do mesmo item;

    e. a programação é de capacidade finita, só abrir o turno de sábado quando os recursos da semana se esgotarem.

Questões sugeridas:

1. Com as regras iniciais sugeridas foi possível programar todas as ordens liberadas? Que recursos entram no sábado?

2. É possível vender horas de programação (terceirizar serviços) nos *Jets* e Ramas, em múltiplos de dias, caso em algum dia eles fiquem livres. Com as regras iniciais pôde-se terceirizar algum recurso? Em que dias?

3. Você pode sugerir um conjunto de regras alternativas para melhorar o sequenciamento e liberar esses dias? Desenvolva esse novo sequenciamento. Com esse novo sequenciamento, que recursos e dias foram liberados para venda de capacidade?

RESUMO

O Capítulo 7 desenvolveu as principais questões relacionadas à função de sequenciamento dentro da dinâmica de programação da produção. Diferenças nos processos produtivos, tanto na demanda como na própria organização física dos recursos a serem sequenciados, levaram a divisão do assunto em três partes: o balanceamento de linhas de montagem, o sequenciamento em processos repetitivos em lotes e o sequenciamento em projetos. Dentro do balanceamento de linhas de montagem, conceitos como tempo de ciclo, rotina de operações-padrão, polivalência e *layout* da linha foram discutidos e exemplificados. Na parte referente ao sequenciamento da produção em lotes, regras de decisão para a escolha do lote e escolha do recurso e a relação direta entre sequenciamento e formação dos *lead times* produtivos foram discutidas. O conceito de sistema de programação avançada (APS) com capacidade finita foi definido e exemplificado a partir da dinâmica do Jogo *LSSP_PCP2*. Ao final do capítulo, o sequenciamento dentro de processos por projeto, caracterizado por possuir atividades que demandam grandes tempos produtivos, foi apresentado com base na técnica PERT/CPM, que possibilita a montagem de redes em que tempos e folgas das atividades são dimensionadas, permitindo seu gerenciamento.

EXERCÍCIOS

1. Como o arranjo físico influencia no tempo de espera e *lead time* das ordens de produção nos sistemas de produção em lotes? Quais os tipos de espera existentes? Detalhe sua resposta.

2. Um planejador precisa estabelecer o sequenciamento da produção dos lotes gerados pelo MRP para três diferentes produtos utilizando a regra MTP. Sua empresa conta com três máquinas diferentes, que funcionam 8 horas por dia, das 8h às 16h, de segunda-feira a sexta-feira. Ajude o planejador a estabelecer o programa de produção utilizando o gráfico de Gantt e o conceito de capacidade finita. A quantidade de lotes, o roteiro de produção e tempos de processo encontram-se detalhados a seguir:

Produto	Número de lotes	Etapa 1 Recurso	Etapa 1 Tempo (h)	Etapa 2 Recurso	Etapa 2 Tempo (h)	Etapa 3 Recurso	Etapa 3 Tempo (h)
A	5	Máquina 1	4	Máquina 2	3	Máquina 3	2
B	3	Máquina 3	3	Máquina 1	3	Máquina 2	2
C	3	Máquina 2	4	Máquina 3	4	–	–

3. O gerente de projetos está atuando em um empreendimento e foi informado pelo setor comercial que um novo projeto foi vendido, e que este deveria iniciar em 13 meses impreterivelmente. Para que isto seja possível, o empreendimento atual deve ser concluído em no máximo 12 meses. Com os dados do projeto fornecidos, ajude o gerente de projetos a replanejar o empreendimento em curso, respondendo às seguintes perguntas:

a) Qual o prazo final para o projeto sem alterações nas durações das atividades? Faça a rede PERT/CPM para responder à pergunta.
b) Quais alterações devem ser realizadas para que o projeto atenda ao prazo máximo estipulado e qual seria o custo para acelerar a duração do projeto? Demonstre as redes PERT/CPM para cada aceleração.
c) Qual(is) o(s) caminho(s) crítico(s) a ser(em) controlado(s) para o projeto acelerado?

Dados para o exercício:

Atividade	Dependência	Duração (meses)	Duração mínima (meses)	Custo de aceleração ($/mês)
A	–	5	3	300.000
B	–	2	1	500.000
C	–	5	2	100.000
D	A, B	4	3	200.000
E	C	6	4	300.000
F	D	6	4	400.000
G	E	2	2	400.000

4. O planejador de uma empresa está definindo quantas pessoas e postos de trabalho serão necessários para a linha de montagem que produz seu principal produto. Trata-se de uma linha dedicada a este produto com demanda mensal de 2.000 unidades por mês. Sabe-se que esta linha trabalha em média 20 dias por mês, em um turno de 8,8 horas por dia. São realizadas paradas planejadas: 1 hora para almoço, e duas paradas de 15 minutos para café e ginástica laboral. Ajude o planejador, e defina o número de postos de trabalho necessários para esta linha. Defina também qual seria a capacidade máxima de produção desta linha, considerando que nenhum dos postos de trabalho deve ser duplicado para a mesma tarefa.

Dados para o exercício:

Ordem	Operações-padrão	Tempo (min.)
1	Operação 1	1,5
2	Operação 2	0,8
3	Operação 3	1,1
4	Operação 4	0,3
5	Operação 5	2,3
6	Operação 6	1,6
7	Operação 7	0,5
8	Operação 8	0,9
9	Operação 9	2,3
10	Operação 10	1,3

ATIVIDADES PARA SALA DE AULA

Neste capítulo sobre sequenciamento, alguns conceitos relacionados à capacidade produtiva e fluxo de produção foram definidos, entre eles estão:

- Tempo de ciclo (TC): ritmo de trabalho para as rotinas de operações-padrão (ROP) de uma linha que define em quanto tempo um produto será completado (conjunto de atividades). No caso da linha de produtos acabados, hoje em dia, pode-se chamá-lo de *Takt Time* (TK).
- Gargalo: um ponto do sistema produtivo (conjunto de atividades) que limita sua atuação, podendo ser interno (uma máquina, por exemplo) ou externo (o mercado consumidor, por exemplo). Utilizado na Teoria das Restrições (TOC).
- Caminho crítico: sequência de atividades em uma rede que não possuem folgas e que determina o tempo total de duração de um projeto (conjunto de atividades). Utilizado nas redes PERT/CPM.

Na história da administração da produção pode-se afirmar que primeiro foi criado o TC para linhas de montagem, depois o PERT/CPM com seu caminho crítico, e, por fim, a TOC com seu gargalo. Todos os três conceitos estão relacionados com a organização de um conjunto de atividades. Discuta com os alunos se eles são conceitos genéricos e intercambiáveis, ou não, como, por exemplo:

- Posso organizar uma linha de montagem utilizando a teoria das restrições (TOC) e o conceito de gargalo? E montando uma rede que represente as diferentes ROP dos operadores para definir um caminho crítico?
- Posso considerar que um fluxo produtivo de um produto com máquinas, cada uma com sua ROP, é uma linha que deve seguir um TC limitante (ou o TK do mercado)? Este fluxo produtivo não pode ser tratado como um projeto com seu caminho crítico?
- Posso, ainda, considerar um projeto (como a construção de um navio) uma linha de produção com suas ROP ligadas a um TC? Ou aplicar a este projeto a TOC para controlar seus gargalos?

CAPÍTULO 8

Programação Puxada da Produção – Sistema *Kanban*

Objetivos de aprendizagem

Ao final deste capítulo, o aluno deverá ser capaz de:

1. Entender as duas formas básicas de programação da produção.
2. Relacionar a flexibilidade com as duas formas de programação.
3. Simular os dois sistemas de programação.
4. Identificar os dispositivos necessários para a programação puxada.
5. Construir e utilizar um cartão *kanban*.
6. Montar um quadro *porta-kanban*.
7. Organizar o supermercado com contenedores.
8. Definir outras formas de funcionamento do sistema *kanban*.
9. Aplicar uma fórmula para o dimensionamento do número de cartões.
10. Entender o dimensionamento no Jogo *LSSP_PCP3*.
11. Analisar as variáveis de dimensionamento em uma situação prática.
12. Interligar a estratégia da manufatura enxuta com o sistema *kanban*.

1 INTRODUÇÃO

O Capítulo 8 apresenta a programação puxada da produção. Como introdução é discutido onde a programação puxada se diferencia da programação empurrada, focando suas diferenças tanto no nível de planejamento das informações como no nível operacional. No sentido de permitir uma visualização mais fácil dessas diferenças, propõe-se uma simulação de um sistema produtivo simples, analisando os efeitos da programação no nível de estoques e de atendimento ao cliente. Discutidas essas diferenças, o sistema *kanban* e seus dispositivos operacionais são apresentados: cartão, quadro, supermercado e contenedor. Vários exemplos de aplicações práticas são utilizados para ilustrar esses dispositivos e sua dinâmica de uso. A segunda parte do capítulo é dedicada ao dimensionamento do sistema com a apresentação da fórmula básica de cálculo do número de cartões e a discussão detalhada sobre cada uma das variáveis que entram na fórmula. O Jogo *LSSP_PCP3* é empregado para explicar essa dinâmica e uma aplicação prática da fórmula introduz uma análise mais ampla do problema de dimensionamento quando confrontado a situações reais. Ao final do capítulo é feita uma discussão sobre a contribuição do sistema puxado de programação para a implantação efetiva da estratégia da manufatura enxuta.

WMS e *crossdocking* nos supermercados: finalmente o *just in time*?

Chama-se de *crossdocking* o sistema logístico no qual os itens recebidos num supermercado ou centro de distribuição não são estocados, mas sim preparados para o carregamento e distribuição ou expedição a fim de serem entregues ao cliente ou consumidor o mais rápido possível. É utilizado hoje em dia por todas as cadeias automobilísticas para o abastecimento de linhas de montagem. A grande diferença entre o modelo tradicional de armazenagem de itens e o *crossdocking* é que, no sistema tradicional, os itens chegam e são armazenados em supermercados à espera de serem solicitados pelos clientes, enquanto no *crossdocking* os itens chegam à medida que o cliente os solicita (ou está em vias de), sendo imediatamente processados e enviados sem a necessidade de armazenagem.

O *crossdocking* é operado com base em sistemas de informações do tipo WMS (*Warehouse Management System*), que fornece também uma base para o giro dos estoques por família de itens e diretivas inteligentes de separação e preparação de pedidos (*picking*) para reposição, além de otimização de posicionamento e *layout* dos itens no armazém, baseado em informações de tempo real sobre o *status* de ocupação das prateleiras. Os modernos sistemas WMS utilizam tecnologia de código de barras com dispositivos móveis, redes locais sem fio e RFID para monitorar de forma rápida o fluxo de produtos. Uma vez que os dados tenham sido coletados, é feita uma sincronização com uma base de dados centralizada, na maioria das vezes por transmissão em tempo real, através de redes sem fio. O WMS está, em geral, ligado por uma interface com o ERP, permitindo uma integração com todas as outras funções gerenciais da empresa. É o *just in time* cada vez mais *just in time*.

2 CONCEITOS

Conforme discutido no Capítulo 6, existem duas formas básicas para se executar a função de programação da produção: a *programação empurrada* e a *programação puxada*. A decisão de qual sistema de programação empregar, e o modelo de controle para tal, passa pela análise de dois pontos fundamentais interligados: um é a característica da demanda e outro é o tipo de sistema produtivo montado para atender a essa demanda. No Capítulo 6 foi apresentada a classificação ABC-VF (volume e frequência) para a demanda e discutiram-se os modelos de controle de estoques sugeridos para cada quadrante.

2.1 Programação: empurrada *versus* puxada

Como a maioria das empresas possui sistemas de produção mistos (linhas de montagem, departamentos com máquinas pequenas e grandes, células de fabricação etc.) para atender a demandas previsíveis (algumas altas, outras baixas) e demandas especiais (geralmente altas e pontuais), isso faz com que a decisão não seja da escolha de um ou de outro tipo de programação, mas de como montar uma dinâmica de programação da produção que inclua os dois tipos de sistemas com os diferentes modelos de controle para gerenciá-los. O jogo *LSSP_PCP3* será utilizado neste capítulo para exemplificar essa dinâmica ampla (empurrada e puxada) de PCP que a maioria das empresas necessita para operar dentro dessas características mistas.

A programação empurrada, como função de curto prazo do PCP, já foi discutida nos três capítulos anteriores, cabendo agora detalhar a programação puxada, com foco inicial na diferenciação entre elas. Essa diferenciação se dá tanto na forma como se planeja a programação da produção (médio prazo) como na forma como se opera fisicamente (curto prazo) o sistema escolhido. A programação puxada é a forma preferida dentro da estratégia da manufatura enxuta para ligar a demanda de um cliente ao processo de reposição do fornecedor.

Objetivo de aprendizagem 1: Entender as duas formas básicas de programação da produção.

Em termos de planejamento, como colocado na Figura 8.1, na *programação empurrada* típica as necessidades de compras e produção são obtidas inicialmente a partir da inclusão da previsão da demanda dos diferentes produtos acabados no planejamento-mestre da produção (PMP), que em sua rotina gera as necessidades de produtos acabados (PA) no tempo. Estas necessidades são passadas para o sistema de planejamento das necessidades de materiais (MRP) calcular, de acordo com a estrutura dos produtos e os tempos das rotinas de operações-padrão cadastrados no banco de dados do ERP, as quantidades a serem compradas, via ordens de compra (OC), a serem fabricadas internamente, via ordens de fabricação (OF), e a serem montadas em produtos acabados, via ordens de montagem (OM). Uma vez dimensionadas essas quantidades, as necessidades de OF e OM que entrarem no momento de ação passam, ainda, por um sistema de sequenciamento (APS), conforme discutido no capítulo anterior e aplicado no Jogo *LSSP_PCP2*, para gerar suas prioridades. Essas ordens ficam disponíveis para a emissão e liberação aos setores produtivos responsáveis, que durante o período de programação as executarão na sequência planejada.

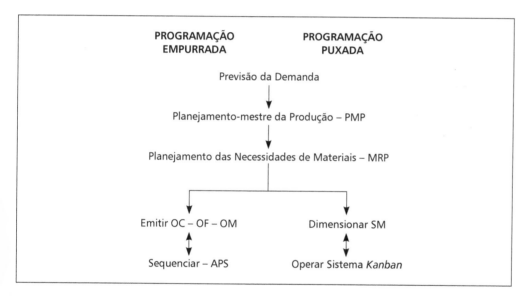

FIGURA 8.1

Programação empurrada *versus* programação puxada.

Para implementar a dinâmica de planejamento da *programação empurrada*, durante o período dito congelado de programação, normalmente semanal, um conjunto de ordens sequenciadas é liberado para os postos de trabalho (fornecedores) para execução. Essa programação é chamada de empurrada porque cada posto de trabalho fornecedor, ao concluir uma ordem desse conjunto, está autorizado a "empurrar" a mesma para o posto cliente seguinte, independentemente do que esteja acontecendo nos postos subsequentes, e pegar a próxima ordem da lista para nova execução, conforme ilustrado na Figura 8.2. E assim, sucessivamente, a ordem vai seguindo a sua rotina de operações-padrão em cada posto de trabalho, até ficar pronta.

Por outro lado, em termos de planejamento, como indicado na Figura 8.1, na programação puxada se roda, a partir da previsão da demanda, a rotina de planejamento-mestre da produção e, na sequência, a de planejamento das necessidades de materiais (MRP) para calcular, de acordo com a estrutura dos produtos e os tempos das rotinas de operações-padrão cadastrados no banco de dados do ERP, as necessidades futuras que serão utilizadas como previsão de demanda para o dimensionamento dos níveis de estoques nos

FIGURA 8.2

Dinâmica da programação empurrada.

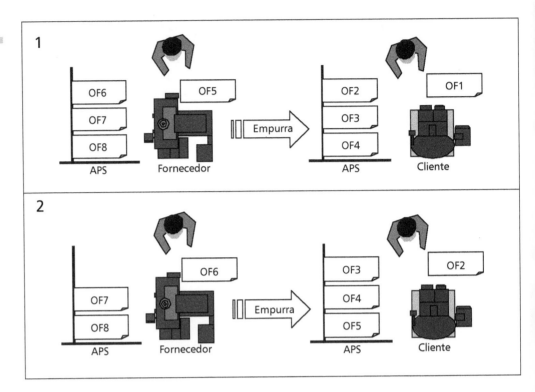

chamados supermercados, que ficam à disposição dos postos clientes dentro da fábrica. Nesse momento, caso os níveis dos supermercados projetados tenham seus valores alterados em relação aos existentes, para mais ou para menos, o PCP deve promover seus reposicionamentos emitindo ordens adicionais (cartões) para ampliá-los ou retirando ordens (cartões) para reduzi-los. Normalmente, nessa etapa de planejamento, o reposicionamento dos recursos produtivos frente à demanda futura, de forma a permitir uma correta reposição dos supermercados, deve também ser providenciado.

Em termos operacionais, como ilustrado na Figura 8.3, uma vez balanceadas as capacidades produtivas e montados os supermercados para determinada demanda prevista, quando os clientes necessitam de itens para trabalhar, eles recorrem diretamente a esses supermercados para se abastecer, gerando um disparo de uma ordem-padrão (cartão *kanban*, por exemplo) para o fornecedor desse supermercado, que está autorizado a produzi-la. Essa regra do sistema puxado garante a função de sequenciamento dentro do conceito *just in time* da estratégia da manufatura enxuta. A programação é chamada de "puxada" porque quem autoriza a produção é o cliente (interno ou externo), que, ao retirar suas necessidades imediatas do supermercado, puxa um novo lote do fornecedor.

Antes de se entrar em detalhes do modo como se planeja e opera o sistema puxado de programação, cabe esclarecer qual a característica principal que faz com que esse sistema de programação, quando aplicável, se diferencie e seja mais eficiente do que o sistema empurrado. Essa análise pode ser feita sob a ótica do critério estratégico de flexibilidade do sistema produtivo em atender variações de demanda, critério esse atualmente considerado como ganhador de pedidos. A Figura 8.4 ajuda na contextualização dessa diferença.

Objetivo de aprendizagem 2: Relacionar a flexibilidade com as duas formas de programação.

Em um primeiro momento, quando a empresa está fazendo seu planejamento estratégico da produção para o longo prazo, ela pode propor qualquer sistema produtivo que deseje, via montagem de um plano de produção que irá equacionar os recursos físicos e financeiros para tal. Nesse ponto, a empresa possui flexibilidade total de planejamento, podendo aumentar, reduzir, diversificar e, inclusive, mudar o ramo de seu negócio. Em um segundo momento de planejamento se entra no chamado médio prazo, em que se planeja o uso do sistema produtivo. Nesse ponto, o sistema produtivo já foi montado para um ou vários tipos de famílias de produtos e o planejamento-mestre da produção, com base na previsão da demanda dessas famílias, pode planejar alterações de volume, com jornadas flexíveis de trabalho ou horas extras, por exemplo, e de variedade (*mix*) entre as famílias.

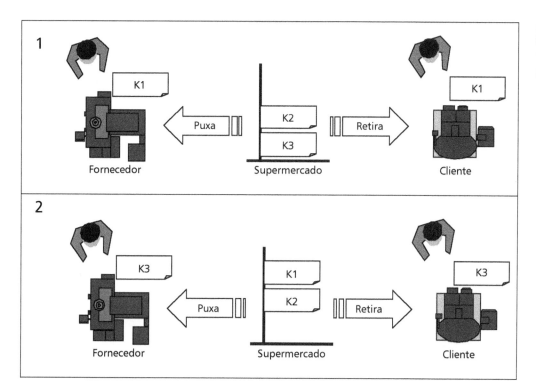

FIGURA 8.3

Dinâmica da programação puxada.

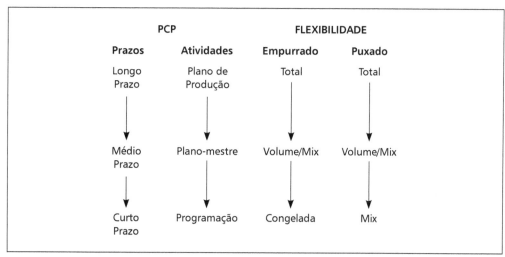

FIGURA 8.4

Dinâmica do PCP e flexibilidade.

Até esse ponto, o planejamento de longo e de médio prazo, os sistemas empurrados e puxados são equivalentes em termos de potencial de flexibilidade. Contudo, quando se entra na esfera de programação de curto prazo, e da transformação da previsão da demanda em demanda efetiva, e dos tempos-padrão da rotina de operações-padrão em tempos reais de execução, eles se diferenciam. Como os sistemas empurrados fixam um conjunto de ordens em sua programação, não há espaço para qualquer flexibilização, de *mix* ou de volume, do programa para atender a variações da demanda real em relação à prevista no curto prazo, nem atender a alterações nos tempos reais de conclusão das operações. Mesmo que se pense em automatizações (caras) do sistema de programação, integrando o APS com o chão de fábrica, as variações aleatórias da demanda e a complexidade dos roteiros nos sistemas produtivos em lotes farão com que o executado seja diferente do planejado.

Já nos sistemas de programação puxados, como a determinação do que realmente produzir não é definida a não ser quando do consumo dos itens pelo cliente, existe ainda no curto prazo a flexibilidade de *mix*, ou seja, tendo-se planejado em cima de previsões a capacidade da máquina, a disponibilidade de matéria-prima e de mão de obra, tanto faz produzir o item A ou B de uma família de itens. Também haveria um pequeno espaço para a flexibilidade de volume quando se pensa que o sistema puxado permite que se identifique a qualquer momento uma mudança no patamar da demanda, possibilitando correções diárias durante a semana, de forma a evitar o acúmulo de atrasos na sexta-feira, característico do sistema empurrado.

Em teoria, se o sistema produtivo consegue reproduzir os tempos das rotinas de operações-padrão, conforme cadastrado no banco de dados do ERP, e a demanda se comportar conforme o previsto no PMP, condições essas difíceis de serem encontradas na prática, tanto faz empurrar ou puxar uma programação da produção. Nesse caso se tem uma manufatura realmente enxuta, ou seja, o planejado para a demanda e para o sistema produtivo acontece no dia a dia. Como forma de exemplificar e visualizar o potencial de resposta dos dois sistemas de programação frente a situações com variabilidades, no próximo tópico será proposto um exercício prático que simula de forma simples um sistema produtivo em lotes com demandas variáveis (mas previsíveis), para tanto, deve-se conseguir antes os seguintes recursos:

1. oito canetas com tampas vermelhas e oito com tampas azuis;
2. seis caixinhas de luz, identificadas, duas a duas, por etiquetas coladas (ou por cores diferentes) como tampa azul, tampa vermelha e corpo, para servirem de contenedores das peças;
3. um dado para simular a demanda;
4. três colaboradores (pessoas), um para operar a injetora, um para montar as canetas e outro para gerar a demanda com o dado.

2.2 Minha fábrica de canetas

O sistema produtivo proposto nesse exercício prático monta e vende canetas azuis e vermelhas a partir de dois componentes: uma tampa (azul ou vermelha) e um corpo, conforme ilustrado na Figura 8.5. A montagem das canetas (juntando-se uma tampa com um corpo) se dá segundo um tempo-padrão (uma jogada do dado) de uma caneta por unidade de tempo, e sua venda ocorre de forma nivelada com a montagem, também de uma caneta por unidade de tempo. A princípio, a previsão da demanda aponta para 50% de canetas azuis e 50% vermelhas. Para a fabricação dos componentes (tampa azul, tampa vermelha e corpo), o sistema possui uma injetora, abastecida por um estoque de matérias-primas, que injeta duas unidades de cada componente por unidade de tempo. Dada a aplicação da TRF, os tempos de *setup* da injetora serão desconsiderados, bem como os tempos de movimentação entre estoques.

Objetivo de aprendizagem 3: Simular os dois sistemas de programação.

A simulação do sistema tem por objetivo avaliar como se comportam as programações empurradas e puxadas no atendimento de um cliente por seu fornecedor. Nesse caso, deve-se centrar a atenção aos níveis de estoque de peças e ao atendimento da montagem de canetas (cliente) pela injetora de peças (fornecedor), ou seja, o ponto circundado na Figura 8.5. Nos dois sistemas de programação a serem simulados para a injetora, o cliente monta as canetas, uma a uma (*just in time*), retirando do estoque de peças um corpo e uma tampa (azul ou vermelha) de acordo com a demanda que é sorteada com o dado, a cada unidade de tempo. Se der 1, 2 ou 3 (50%), será uma demanda por caneta azul, e se der 4, 5 ou 6 (50%), será por caneta vermelha.

Admitindo-se que na programação empurrada o PCP irá programar lotes de 4 peças para a injetora e que já exista no estoque para atender à montagem um lote de 4 peças de cada um dos componentes, para iniciar a simulação deve-se montar a fábrica (em cima de uma mesa) conforme ilustrado na Figura 8.6. Da mesma forma, como a programação é empurrada, para iniciar a simulação deve-se definir como se dará o sequenciamento das ordens da injetora. Pode-se aplicar qualquer regra, como, por exemplo, definir a sequência de lotes de 4 peças para a injeção como (corpo – tampa azul – tampa vermelha) ou, ainda, como (corpo – tampa azul – corpo – tampa vermelha).

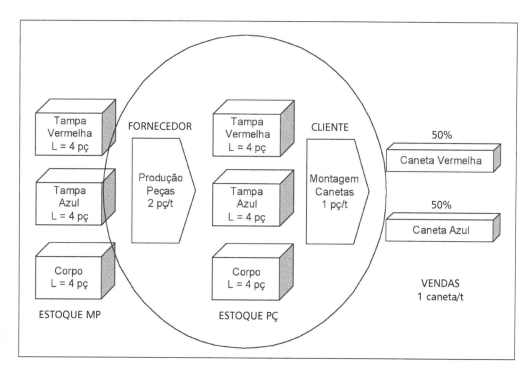

FIGURA 8.5

Minha fábrica de canetas.

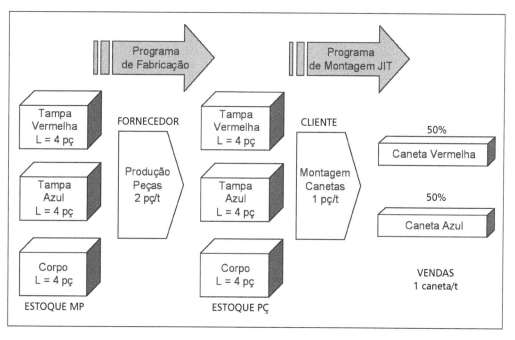

FIGURA 8.6

Programação empurrada da minha fábrica de canetas.

Montada a fábrica (posicionadas as pessoas e o estoque inicial) e definida a sequência da programação de lotes de peças da injetora, pode-se começar a simulação do sistema. O tempo na simulação será definido pela jogada do dado. A cada jogada do dado, uma demanda por caneta (azul ou vermelha) é solicitada à montagem, que retira dos estoques as peças necessárias (um corpo e uma tampa azul ou vermelha) e monta uma caneta, entregando ao mercado. Ao mesmo tempo, a injetora está tendo sua sequência de produção, injetando duas peças de cada vez, até completar o lote de 4 peças em duas rodadas, que é então colocado em um contenedor e transferido para os estoques de peças. Como o número de peças é pequeno, depois de certo tempo as canetas montadas devem ser desmontadas para abastecer o estoque de matérias-primas, em um circuito fechado.

Deve-se simular o sistema até que ocorra uma falta de abastecimento na montagem. E ela vai ocorrer, pois a programação da injetora com base na previsão da demanda tem uma sequência fixa, empurrada para o estoque de peças, independentemente do que se está montando. Ao mesmo tempo, deve-se verificar o nível de estoque das duas outras peças que estarão acima da quantidade necessária para abastecimento da linha.

Considerando um sistema produtivo operando nessas condições, o que você faria para resolver o problema?

Algumas soluções seriam:

1. postergar a entrega ao cliente até que o estoque se normalize;
2. correr até a injetora e pegar as peças (quebrar o tamanho do lote) necessárias para atender à falta;
3. aumentar o nível inicial de estoques de peças para evitar a falta ou montar um estoque de produtos acabados como segurança para atender ao cliente final.

Essas três alternativas, todas elas usadas na prática por empresas que empurram sua programação, aumentam os custos do sistema produtivo, tornando-o menos eficiente. Outra solução para o problema seria montar um sistema puxado de programação para ligar o fornecedor (injetora) ao cliente (montagem). Nesse caso, conforme ilustrado na Figura 8.7, a fábrica de canetas deve ser remodelada com a montagem de um supermercado de peças entre a injeção e a montagem. Nesse supermercado devem-se colocar dois contenedores, com duas peças cada, de cada tipo de peça, de forma que os estoques iniciais sejam os mesmos dos simulados na programação empurrada.

FIGURA 8.7

Programação puxada da minha fábrica de canetas.

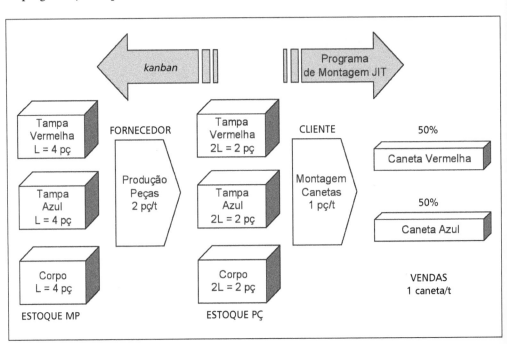

Na simulação da programação puxada, sempre que a montagem esvaziar um lote de duas peças, ela deve colocar o contenedor vazio, que está etiquetado com o nome de uma das peças, em uma fila de contenedores vazios perto da injetora para que ela providencie sua reposição e devolva o contenedor cheio ao supermercado. A montagem deve retirar sempre as peças de um contenedor já aberto, de forma a evitar que os dois contenedores fiquem cada um com uma peça.

A injeção nesse caso trabalha com a produção e entrega de lotes de duas peças por unidade de tempo, olhando para a sequência de contenedores vazios em sua fila de programação, dando prioridade ao corpo sempre que ele aparecer na fila, dado que sua demanda é maior do que a das tampas, pois em qualquer caneta montada sempre irá um corpo. Definidas essas regras, pode-se reiniciar a simulação para cada unidade de tempo, com o sorteio da demanda, a montagem da caneta com a retirada das peças do supermercado e a injeção dos lotes de duas peças sempre que um contendor aparecer na fila de programação.

Logo na primeira rodada ocorre uma situação importante de ser discutida nessa lógica de programação, que diferencia a programação empurrada da puxada. Como no supermercado foram dimensionados inicialmente dois lotes de duas peças para cada uma das peças, e na primeira montagem de canetas, independentemente da cor, se retira uma tampa e um corpo desse estoque, nenhum contenedor se esvazia, o que significa que a injetora não precisa injetar nada nessa primeira rodada. Em resumo, a programação puxada opera de forma que, se o cliente está abastecido, o fornecedor não deve produzir mais nada. Essa regra básica garante que o nível máximo de estoques no supermercado não irá passar da quantidade projetada pelo PCP para dar cobertura à demanda prevista.

Em situações práticas de implantação da programação puxada em sistemas produtivos onde estão sendo usados grandes equipamentos (custos fixos altos), ou em equipamentos tidos como gargalos em picos sazonais (falta de capacidade), há dificuldade em se aplicar (e explicar) essa regra, pois a gerência tem medo de que os custos produtivos aumentem (produção menor, custos fixos maiores) ou que venha a faltar capacidade no futuro (gargalo). Ações no sentido de obter reduções nos tamanhos dos lotes, via TRF, e um dimensionamento correto dos supermercados, com um nível razoável de segurança inicial, são requisitos para aplicação dessa regra com sucesso nesses casos.

Retornando a simulação da demanda por canetas, a partir da primeira rodada sempre se terá um contenedor, às vezes dois, se esvaziando e indo para a fila de programação da injetora, o que significa que a injetora não irá mais ficar ociosa. Além disso, como a produção do fornecedor está nivelada com o consumo do cliente (duas peças por unidade de tempo), e foram dimensionados dois contenedores por tipo de peça para cobertura da demanda, sempre haverá tempo para um contenedor da peça que foi para a injetora retornar cheio ao supermercado antes que o cliente fique desabastecido dessa peça. Podem-se simular algumas rodadas para confirmar esses dois pontos antes de parar novamente para discutir os resultados (nível de estoques e atendimento do cliente) com o grupo.

Em resumo, independentemente da demanda que ocorrer (vermelha ou azul), nunca faltarão peças para a montagem, bem como nunca os estoques serão superiores a quatro peças. Esse é o resultado de se ter flexibilidade de *mix* de curto prazo na programação puxada, ou seja, uma vez planejado e balanceado o sistema no médio prazo, o cliente será sempre abastecido com estoques controlados em patamares planejados para dar essa cobertura.

Caso se queira aproximar a demanda simulada de uma situação real, onde eventos inesperados acontecem no curto prazo, como sugestão, devem-se repetir as duas simulações, de forma que após algumas rodadas o *mix* da demanda sorteada seja alterado para, por exemplo, 83,33% de azul (ou seja, 1, 2, 3, 4, 5) e 16,67% de vermelhas (ou seja, apenas 6). Pode-se ver que no sistema empurrado, com a programação da injetora congelada em 50% de cada cor, os problemas logo apareceram, enquanto no sistema puxado, com flexibilidade de *mix*, nada se alterou, pois tendo se planejado em cima de previsões a capacidade da injetora, a disponibilidade de matéria-prima e de mão de obra, tanto faz o cliente montar canetas azuis ou vermelhas que o fornecedor reabastece o cliente a tempo.

Feita essa apresentação inicial da programação puxada e discutida sua diferenciação básica em relação aos sistemas empurrados, na sequência do capítulo a programação puxada será detalhada, inicialmente se apresentando os dispositivos básicos necessários para sua operacionalização, via sistema *kanban*, para, na sequência, formalizar o dimensionamento dos supermercados e discutir como o sistema puxado deve conviver com o sistema empurrado e com a lógica do MRP nas empresas. O Jogo *LSSP_PCP3* será empregado para exemplificar o dimensionamento e operacionalização do sistema puxado e uma implantação prática de um sistema equivalente será discutida.

Uma leitura complementar sobre estes temas, com vários exemplos práticos, pode ser feita no nosso livro *Manufatura enxuta como estratégia de produção: a chave para a produtividade industrial* (Atlas, 2015), no Capítulo 6 (Programação puxada pelo cliente).

2.3 Dispositivos do sistema *kanban*

A lógica de programação puxada é normalmente operacionalizada com o sistema *kanban*. Esse sistema de programação foi inicialmente pensado por Taiichi Ohno, na década de 1960, então gerente de um setor da montadora Toyota no Japão, com base no sistema de atendimento ao cliente e na reposição de estoques das prateleiras dos supermercados que, na época, estavam sendo implantados em substituição aos antigos armazéns.

VOCÊ SABIA?

Ohno era chinês e admirava a linha de montagem Ford!

Taiichi Ohno, considerado o idealizador do Sistema Toyota de Produção (STP), em especial do sistema *kanban*, nasceu de pais japoneses em Dairen, cidade da região da Manchúria, na China, em 1912. Formou-se em Engenharia Mecânica no Instituto de Tecnologia de Nagoya, entrando para o Grupo Toyota em 1932, onde chegou a Vice-Presidente Executivo na Toyota Motor Company em 1975, mais alto cargo para quem não tinha Toyoda no sobrenome.

Em seu único livro (*Toyota production system: beyond large-scale production*, de 1988), Ohno relata sua experiência no desenvolvimento do STP, com foco na ideia de que deveria passar o ritmo de trabalho (TC) das linhas de montagem, inovação desenvolvida por Ford e muito elogiada por Ohno em seu livro, para dentro da fábrica, sincronizando os ritmos da montagem com o da produção de peças. Surgem daí as ideias de produção em pequenos lotes em células de produção e *just in time* na logística que iria levar ao sistema *kanban*. Cabe ressaltar também, a bem da história contada pelo próprio Ohno em seu livro, que ele pensou na programação puxada não a partir de viagens aos EUA (os americanos gostam desta versão), mas sim analisando a dinâmica de operação dos supermercados de modelo americano que estava se disseminando pelo Japão no pós-Segunda Guerra.

Onde antes um cliente demorava 20 minutos para comprar, por exemplo, 2,5 quilos de açúcar em um armazém, dado que toda a operação de busca do produto, pesagem, empacotamento, entrega e cobrança era feita na presença do cliente, envolvendo algumas pessoas, em um supermercado o cliente sozinho pega quantos sacos de açúcar forem necessários, limitado a uma quantidade de lotes-padrão disponíveis na prateleira, de um ou cinco quilos, e rapidamente completa a operação de compra.

Objetivo de aprendizagem 4: Identificar os dispositivos necessários para a programação puxada.

Dada a sua origem, os dispositivos utilizados para operar o sistema *kanban* têm seus nomes relacionados à dinâmica de operação dos supermercados, bem como à língua japonesa. *Kanban*, por exemplo, significa sinalização visual, ou cartão, em japonês. Existem várias formas de se trabalhar a programação puxada via sistema *kanban*, sendo que na forma-padrão os dispositivos normalmente empregados, ilustrados na Figura 8.8, são:

- cartão *kanban*;
- painel ou quadro *kanban*;

- contenedor;
- supermercado.

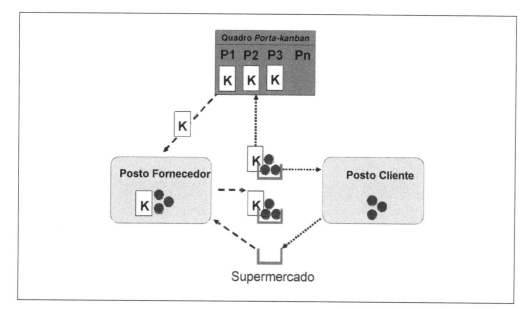

FIGURA 8.8

Dispositivos do sistema *kanban*.

De maneira geral, como ilustrado na Figura 8.8 e simulado na fábrica de canetas, o sistema *kanban* funciona com a montagem prévia pelo PCP de um estoque intermediário (supermercado) entre o fornecedor e o cliente, onde os itens são colocados em lotes-padrão dentro de contenedores com sinalizações (cartões *kanban*). Uma vez que o cliente retire os itens de um contenedor para consumo, esvaziando-o, ele coloca o cartão *kanban* na devida posição no quadro *porta-kanban* e disponibiliza o contenedor vazio para reposição. Por seu turno, o fornecedor está autorizado a sempre que houver cartões no quadro, segundo regras de prioridade, pegar um cartão e providenciar sua reposição, recolocando o contenedor com o lote-padrão e o cartão de volta no supermercado.

Existem diferentes formas para operar o sistema puxado decorrentes de adaptações desses dispositivos básicos para situações práticas específicas encontradas nas empresas. Algumas delas serão discutidas e exemplificadas na sequência, à medida que se forem detalhando esses dispositivos básicos.

Cartão *kanban*

Em um sistema puxado, os cartões *kanban* têm a função, conforme a finalidade para que se destinam, de substituir as ordens de produção, de montagem, de compra ou de movimentação. Em cada uma dessas situações há necessidade de colocar as informações indispensáveis específicas para a produção, montagem, movimentação ou compra dos itens a que se destinam.

O cartão *kanban* terá sempre sua área de atuação restrita à relação entre o cliente e o fornecedor, que podem ser internos ou externos. De forma geral, os cartões *kanban* convencionais são confeccionados de material durável para suportar o manuseio decorrente do giro constante entre os estoques do cliente e do fornecedor do item. Eventualmente, quando se empregam sistemas informatizados para gerenciar o sistema *kanban*, em situações em que há uma variedade de itens muito grande para a operacionalização manual, o cliente pode destruir o cartão quando do uso dos itens e o fornecedor pode emitir um novo cartão em substituição ao mesmo.

■ **Objetivo de aprendizagem 5:** Construir e utilizar um cartão *kanban*.

O cartão *kanban* de produção ou de montagem, também chamado de *kanban* em processo, é empregado para autorizar a fabricação ou montagem de determinado lote de itens. A Figura 8.9 apresenta uma ilustração de um cartão *kanban* de produção com as informações básicas que esse tipo de cartão *kanban* normalmente necessita para operar, quais sejam:

- especificação do processo e do centro de trabalho fornecedor onde este item é produzido;
- descrição do item, com seu código e especificação;
- local onde o lote deve ser armazenado após a produção;
- tamanho-padrão do lote que será fabricado;
- tipo de contenedor para este item;
- número de emissão deste cartão em relação ao número total de cartões de produção para este item;
- relação dos materiais necessários para a produção desse item e local onde se deve buscá-los;
- código de barras que, ao ser lido, agilizará o fluxo de informações do banco de dados do ERP.

FIGURA 8.9

Cartão *kanban* de produção.

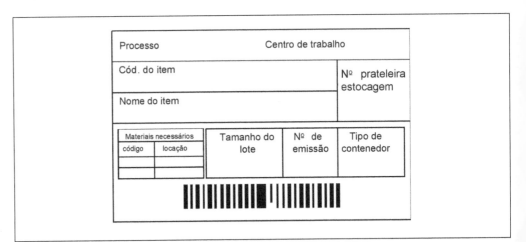

Cada empresa, ao implantar seu sistema *kanban*, confecciona seus próprios cartões de acordo com suas necessidades de informações. A Figura 8.10 apresenta quatro exemplos de cartões *kanban* empregados em sistemas implantados em uma malharia, em uma tecelagem, em uma fábrica de peças cerâmicas e em um setor de injeção de peças plásticas. Em situações limites de simplificação, quando os recursos são focalizados a famílias de itens, como no caso do sistema implantado na malharia, apenas o número da malha no cartão *kanban* já é suficiente para programar a produção, visto que a produção está direcionada para um grupo específico de teares (focalização) e o lote-padrão é predefinido e obtido por uma balança de controle automático no próprio tear.

Como esses cartões *kanban* serão afixados em um quadro *porta-kanban*, recomenda-se o uso de um envelope plástico com um furo para sua fixação no quadro, de fácil aquisição no comércio, como os dos exemplos apresentados na Figura 8.10. Além disso, o envelope plástico permite que sejam colocados dentro dele outros documentos que, apesar de não serem necessários para a programação do sistema *kanban*, são necessários para a produção ou montagem dos itens.

Um segundo tipo de cartão *kanban* é o de movimentação, também chamado de cartão *kanban* de transporte, retirada ou requisição, que permite que as movimentações de itens dentro da fábrica sejam incluídas na lógica do sistema puxado. Desta forma, o fluxo de informações para a movimentação, assim como para a produção, se dá sem a interferência do pessoal do PCP.

Assim como no cartão *kanban* de produção, no cartão *kanban* de movimentação, exemplificado na Figura 8.11, devem constar apenas informações indispensáveis para a movimentação dos itens entre os dois supermercados, ou seja:

Programação Puxada da Produção – Sistema *Kanban* 215

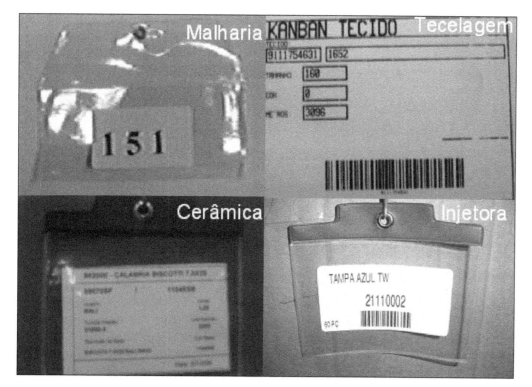

FIGURA 8.10

Exemplos de cartões *kanban* de produção.

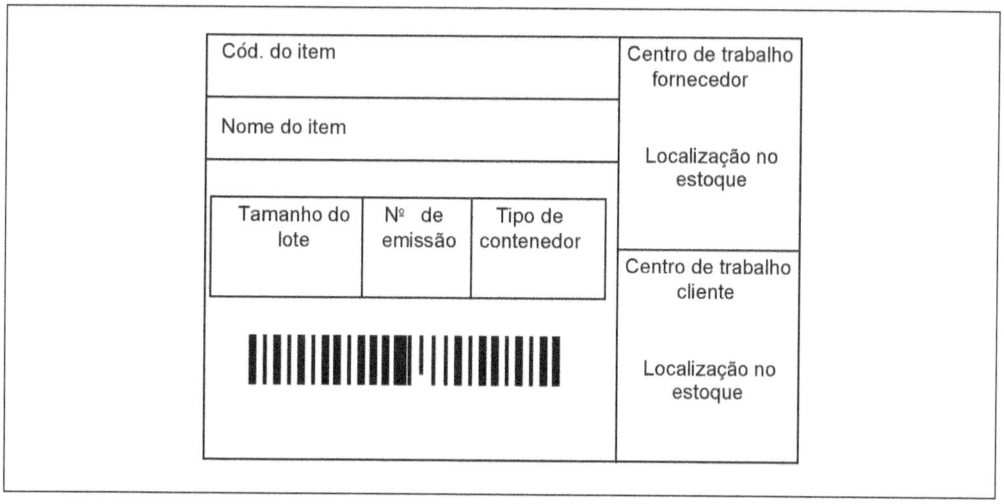

FIGURA 8.11

Cartão *kanban* de movimentação.

- descrição do item, com seu código e especificação;
- especificação do centro de trabalho fornecedor onde o item é produzido, e o local no supermercado onde se encontra armazenado o lote a ser movimentado;
- especificação do centro de trabalho cliente onde o item será consumido, e o local onde se deve depositar o lote requisitado;
- tamanho do lote que será movimentado;
- tipo de contenedor para este item;
- número de emissão deste cartão em relação ao número total de cartões de movimentação para este item;
- código de barras que, ao ser lido, agilizará o fluxo de informações do banco de dados do ERP.

Esse cartão funciona como uma requisição de materiais, autorizando o fluxo de itens entre dois supermercados do sistema produtivo que foram projetados para armazenar o mesmo tipo de item. Por princípio, deve-se evitar ao máximo a duplicação de pontos de estoques (supermercados) no sistema produtivo; contudo, existem determinadas situações em que eles são inevitáveis, como, por exemplo, para conectar o almoxarifado (supermercado) central, que recebe os itens em grandes lotes dos fornecedores externos, com os supermercados locais junto aos centros de trabalho consumidores desses itens em lotes menores. Também pode ser empregado para movimentar os itens entre o supermercado de saída do fornecedor interno e o supermercado de abastecimento do cliente (ou clientes) que, por alguma limitação técnica, são obrigados a ficar distantes um do outro, como, por exemplo, uma fundição que abastece com a mesma peça duas ou três linhas de montagem.

A Figura 8.12 ajuda a entender a lógica de funcionamento do sistema *kanban* nessa situação. Como pode ser visto nessa figura, no supermercado que fica junto ao posto cliente, os cartões *kanban* são de movimentação, de forma que quando o cliente consome um lote, ele coloca o cartão correspondente em um coletor (ou em um painel *porta-kanban*) de cartões de movimentação. Periodicamente, um transportador (antigo almoxarife) passa por esse supermercado e recolhe os cartões do coletor e os contenedores vazios, se encaminhando para o supermercado do posto fornecedor de reabastecimento. Ao chegar ao supermercado fornecedor, o transportador retira os lotes correspondentes aos cartões de movimentação que está levando, coloca os cartões de produção que estavam nos lotes no quadro *porta-kanban* de produção e retorna com os contenedores cheios e os cartões *kanban* de movimentação para reabastecer o supermercado do posto cliente. À medida que o quadro *porta-kanban* do fornecedor for recebendo os cartões de produção, ele está autorizado a produzi-los.

FIGURA 8.12

Dinâmica do cartão *kanban* de movimentação.

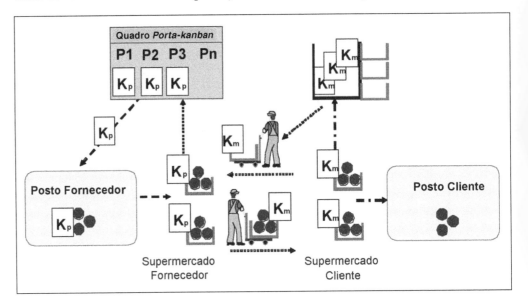

Quando se consegue desenvolver em parceria com os fornecedores externos o sistema puxado para acionar as reposições de itens comprados, usa-se o chamado cartão *kanban* de fornecedores, ilustrado na Figura 8.13. O uso do sistema puxado com os fornecedores simplifica e racionaliza todas as atividades logísticas de reposição dos itens comprados, visto que os fornecedores parceiros ficam previamente autorizados a repor os lotes-padrão, na maioria das vezes diretamente na linha de produção do cliente, a partir do recebimento dos cartões *kanban*.

Desta forma, além das informações usuais a um cartão *kanban* de movimentação, o cartão *kanban* de fornecedor, exemplificado na Figura 8.13, possui informações detalhadas quanto à forma e ao momento em que o fornecedor terá acesso às instalações do cliente para promover a entrega do lote. As informações básicas de um cartão *kanban* de fornecedor são as seguintes:

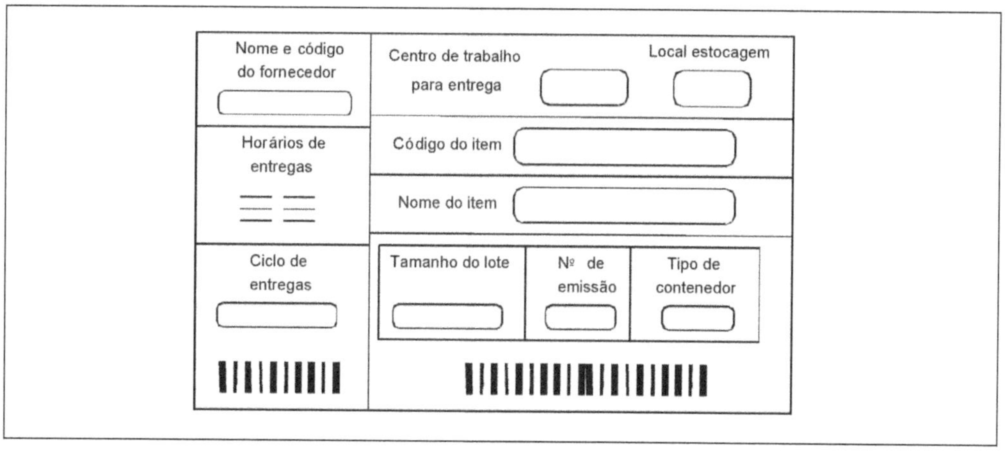

FIGURA 8.13

Cartão *kanban* de fornecedor.

- nome e código do fornecedor autorizado a fazer a entrega;
- descrição do item a ser entregue, com seu código e especificação;
- especificação do centro de trabalho onde o lote do item deve ser entregue, e local onde se deve depositar o lote requisitado;
- lista de horários, ou ciclos diários, em que se devem fazer as entregas dos lotes;
- tamanho do lote que será entregue;
- tipo de contenedor para este item;
- número de emissão deste cartão em relação ao número total de cartões de fornecedor para este item;
- código de barras que, ao ser lido, agilizará o fluxo de informações, inclusive o financeiro para registro e pagamento do fornecimento, do banco de dados do ERP.

A operacionalização do sistema *kanban* com fornecedores é semelhante às apresentadas para o sistema interno, sendo que os fornecedores terão um ponto de coleta dentro da fábrica, um coletor ou um quadro *porta-kanban*, onde recolherão os seus cartões e contenedores vazios e, dentro de períodos preestabelecidos, retornarão com os cartões e os contenedores cheios para depositá-los nos respectivos supermercados. Com o avanço nas tecnologias de comunicação à distância e no desenvolvimento de *softwares* voltados para administrar a logística da cadeia de suprimentos, o cartão *kanban* de fornecedor vem sendo substituído por sistemas informatizados que disparam automaticamente a ordem de reposição na fábrica do fornecedor.

Contudo, cabe ressaltar que o sistema puxado de programação da produção (interna ou externa) requer certa ordem em sua execução no curto prazo, dentro dos limites estabelecidos no planejamento do sistema no médio prazo. Os fornecedores só poderão responder de forma enxuta às solicitações dos clientes se estes cumprirem com os acordos de volumes firmados na etapa de planejamento.

Painel ou quadro *porta-kanban*

O painel ou quadro *porta-kanban* é utilizado em conjunto com o cartão *kanban* dentro do sistema de programação puxado para sinalizar e sequenciar as necessidades de reposições dos supermercados. No quadro *porta-kanban*, conforme ilustrado na Figura 8.14, projeta-se uma coluna para cada item existente no respectivo supermercado. Estas colunas são subdivididas em linhas, ou células, onde os cartões *kanban* são fixados. Dependendo da quantidade de cartões planejados, pode-se colocar um cartão *kanban* por célula ou, em situações em que se utilizam muitos cartões por item, estabelecer um número-padrão de cartões por célula. Geralmente, como o dimensionamento do número de *kanbans* no

Objetivo de aprendizagem 6: Montar um quadro *porta-kanban*.

FIGURA 8.14

Painel ou quadro *porta-kanban*.

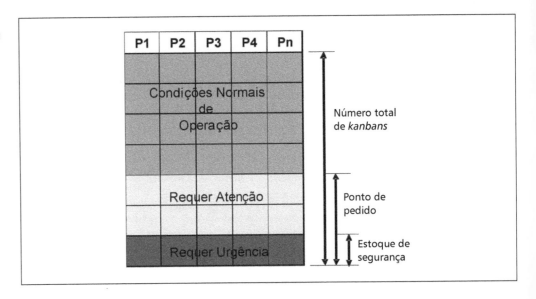

sistema é um processo dinâmico, algumas dessas células, ou até mesmo colunas, podem no momento não estarem sendo usadas.

O quadro *porta-kanban* é sinalizado com três faixas de cores: verde, amarela e vermelha. A faixa vermelha reserva espaço para os cartões que compõem o estoque de segurança do sistema. A faixa amarela permite afixar os cartões referentes à quantidade de itens suficientes para abastecer a demanda do cliente durante o tempo necessário para uma produção em ritmo normal desse item (*lead time* de reposição), ou seja, essa quantidade somada aos estoques de segurança compõe o ponto de pedido. Já na faixa verde disponibiliza-se espaço para colocar os demais cartões dimensionados para esse item.

Essas três faixas são utilizadas para sequenciar de forma visual a reposição dos supermercados, à medida que quanto mais perto da faixa vermelha os cartões de um item estiverem, mais urgente é a sua reposição. Para administrar esse sequenciamento, sempre que os clientes desse supermercado forem retirando os contenedores com os lotes dos itens, os cartões *kanban* correspondentes devem ser afixados da faixa verde para a vermelha. O importante é evitar que os cartões cheguem na faixa vermelha, e, caso cheguem, agir rapidamente para que o estoque desse item seja reposto no supermercado antes de o cliente retornar para se abastecer.

Nem sempre o lote de produção do fornecedor para repor o supermercado é unitário, ou seja, cartão a cartão, pois em algumas situações, em função do tamanho do lote econômico ou do tamanho mínimo de carregamento, pode-se esperar pelo acúmulo de um número determinado de cartões *kanban* para se disparar uma reposição. Por exemplo, no sistema *kanban* montado para programar a injeção de peças plásticas, o lote do cartão *kanban* da *Tampa Azul TW*, ilustrado na Figura 8.10, foi estabelecido como 60 peças, proporcional a um lote de montagem do produto final na linha, enquanto o lote de injeção, em função dos tempos *setup*, foi estabelecido em 840 peças, ou seja, o operador da injetora espera acumular pelo menos 14 cartões no quadro para disparar uma produção.

A Figura 8.15 apresenta os quadros *porta-kanban* desenvolvidos para os quatro exemplos práticos de sistema *kanban* implantados em uma malharia, em uma tecelagem, em uma fábrica de peças cerâmicas e em um setor de injeção de peças plásticas. Em cada um deles, especificidades dos sistemas produtivos foram consideradas pelos grupos que os projetaram. Por exemplo, na malharia decidiu-se trabalhar com apenas duas cores, o verde (situação normal) e o vermelho (situação de urgência), e em função do grande número de malhas cruas na implantação do sistema (mais de 500 malhas), dividiu-se a coluna em quatro conjuntos de faixas verde/vermelha.

Tanto no quadro da produção de peças especiais cerâmicas como no quadro da injetora foram utilizadas linhas adicionais para informações, como o tamanho do lote de disparo da produção (diferente do lote do cartão *kanban*), o número total de cartões do item, lotes para produção de pedidos especiais acima do projetado, entre outras. Já no sistema *kanban* implantado na tecelagem, além do quadro *porta-kanban* apresentado na Figura 8.15, para onde retornam os cartões uma vez consumidos no supermercado, foi desenvolvido outro quadro *porta-kanban* para dar suporte à programação dos teares planos, de forma a organizar melhor os altos tempos de *setups* e a preparação dos urdumes de fios, com duas faixas de cores: verde para o cartão do tecido que está batendo no tear e vermelha para o cartão do tecido que entrará na sequência, conforme apresentado na Figura 8.16. Dessa forma, sempre que um tear é carregado com um cartão *kanban*, outro cartão é selecionado e retirado do quadro *porta-kanban* e colocado na faixa vermelha do quadro de programação dos teares para que as atividades de preparação desse tear para receber o novo lote sejam disparadas.

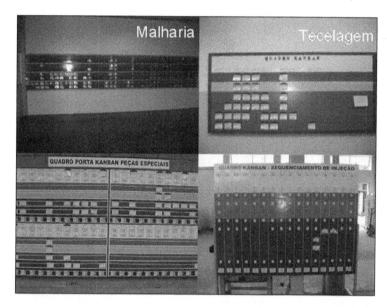

FIGURA 8.15

Exemplos de quadros *porta-kanban*.

FIGURA 8.16

Quadro *porta-kanban* de programação dos teares planos.

Supermercado e contenedores

Além do cartão *kanban* e do quadro *porta-kanban*, o sistema *kanban* utiliza como dispositivo de controle um local predeterminado de armazenagem, chamado de supermercado, onde os contenedores com os lotes-padrão e os cartões *kanban* dos itens são colocados à disposição dos clientes. Como a implantação do sistema *kanban* tende a diminuir a quantidade de itens estocados, pela redução do tamanho e pelo aumento do giro dos lotes, os supermercados podem ser posicionados dentro do chão de fábrica, o mais perto possível dos fornecedores e clientes, evitando-se os almoxarifados centrais, com a vantagem de se acelerarem os tempos de movimentação na entrega e no consumo dos lotes, que por si só levam à nova redução dos estoques, num ciclo de melhoramentos contínuos pregado pela estratégia da manufatura enxuta.

▪ **Objetivo de aprendizagem 7:**
Organizar o supermercado com contenedores.

A Figura 8.17 apresenta os supermercados e contenedores utilizados nos quatro exemplos práticos de sistema *kanban* implantados em uma malharia, em uma tecelagem, em uma fábrica de peças cerâmicas e em um setor de injeção de peças plásticas. É importante nessas situações, em que se está implantando o sistema *kanban* em substituição a um sistema logístico já existente, procurar mudar o mínimo possível a situação atual, adaptando os atuais contenedores e locais de armazenagem, evitando assim resistências iniciais e demoras desnecessárias na implantação, até porque, na maioria das vezes, o sistema antigo continuará a valer para determinado grupo de itens em que não se aplica a programação puxada.

FIGURA 8.17

Exemplos de supermercados e contenedores.

No caso do sistema implantado na malharia, como foi projetado para que cada rolo (de 16 a 37 quilos) de malha fosse um lote com seu próprio cartão *kanban*, os contenedores são usados no supermercado apenas para sustentar a estrutura de movimentação e armazenagem dos rolos. Da mesma forma, no sistema *kanban* implantado na tecelagem não se empregaram contenedores, dado o grande volume dos rolos de 500 metros, em média, de tecido, que também foram projetados para serem eles próprios um lote *kanban* com seu respectivo cartão.

Já na aplicação do sistema *kanban* no setor de injeção de peças plásticas, como os lotes de produção foram reduzidos de 2.000 a 3.000 peças para lotes de 480 a 840 peças, em contenedores padronizados, desenvolvidos pelo grupo de implantação, de 60 peças por cartão, os supermercados foram transferidos da área de injeção para próximo da linha de montagem das peças, onde antes não havia espaço suficiente.

Como o sistema *kanban* planeja com antecedência uma quantidade de contenedores, ou lotes, padrão para cada item no período de programação, bem como padroniza o próprio lote de produção e armazenagem, apesar de não ser exclusividade do sistema *kanban*, fica mais fácil aplicar os conceitos de organização, limpeza, padronização e disciplina aos estoques da empresa, conhecidos como os cinco S (*seiri*, *seiton*, *seiso*, *seiketsu* e *shitsuke*) da estratégia da manufatura enxuta.

Por exemplo, quando da implantação do sistema *kanban* na malharia, os estoques de malhas cruas estavam com uma grande quantidade de malhas que sobraram de coleções antigas e foram sendo guardadas para eventuais usos. Essas malhas consumiam espaços e exigiam controles periódicos, mas, principalmente, dificultavam a montagem da carga de malhas para o beneficiamento da coleção atual, visto que o montador era obrigado a percorrer várias vezes os corredores do supermercado até encontrar a malha certa que não possuía endereço definido. Uma vez implantado o sistema *kanban*, e planejados locais fixos para os lotes, além do descarte das malhas que não seriam utilizadas na coleção, houve uma redução de mais de uma hora na operação de montagem das cargas para o beneficiamento (cliente).

VOCÊ SABIA?

O que sua mãe sempre dizia quando entrava em seu quarto: 5S, meu filho!

Os cinco S, ou a metodologia 5S como alguns preferem chamar, se difundiu no mundo empresarial a partir de 1980 quando o foco passou a ser a busca pela melhoria contínua (*kaizen*) embutida nos modelos japoneses de produção, em particular o STP. Foi originalmente estudada como sendo a etapa inicial para a implantação da chamada qualidade total (TQC). Os cinco S consistem em:

1. *Seiri* (Utilização): separar o necessário do desnecessário, com objetivo de ensinar que devemos ter somente o necessário e na quantidade necessária e sem improvisações.
2. *Seiton* (Organização): colocar cada coisa em seu devido lugar, no sentido de organizar o espaço de trabalho e ter locais definidos para cada coisa, identificando os recursos para que possam ter um acesso seguro e rápido.
3. *Seiso* (Limpeza): limpar e cuidar do ambiente de trabalho e instalações, pois ambientes limpos facilitam a detecção de anormalidades.
4. *Seiketsu* (Higiene): criar o senso de higiene e saúde que tem ligação com normas claras para triagem/arrumação/limpeza.
5. *Shitsuke* (Autodisciplina): trabalhar a disciplina onde padrões da empresa devem ser criteriosamente cumpridos.

Não era isto que sua mãe sempre dizia quando entrava em seu quarto?

Outras formas de funcionamento

Como visto, o sistema *kanban* funciona baseado no uso de sinalizações para ativar a produção, a compra ou a movimentação dos itens pela fábrica. Estas sinalizações são convencionalmente feitas com base nos cartões *kanban* e nos quadros *porta-kanban*, porém se podem utilizar outros meios, que não cartões, para passar estas informações, como, por exemplo, na simulação da fábrica de canetas foi usado o próprio contenedor vazio para sinalizar a necessidade de produção. Entre as formas alternativas mais utilizadas para puxar a programação da produção estão:

▪ *Kanban contenedor:* em situações em que existem contenedores específicos para cada tipo de item, pode-se substituir o cartão *kanban* por um cartão afixado diretamente no contenedor com todas as informações necessárias a sua movimentação ou produção. Ao serem consumidos os itens constantes desse contenedor pelo cliente, o contenedor ficará vazio e, de imediato, informará e autorizará ao fornecedor a sua reposição. Uma variante do *kanban* contenedor consiste em empregar um carrinho como sinal de *kanban*, visando facilitar a movimentação das peças, particularmente, para peças de grande porte. A Figura 8.18 ilustra um sistema *kanban* onde se empregam carrinhos para o abastecimento das linhas de montagem de eletrodomésticos.

▪ *Quadrado kanban:* esse sistema consiste em identificar no chão da fábrica um espaço predefinido, ao lado do centro de trabalho, geralmente linhas de montagem, com capacidade para um número predeterminado de itens. A reposição se dará no momento em que esse quadrado *kanban* ficar vazio, sendo, então, preenchido todo o espaço do quadrado *kanban* com novos itens. Essa sistemática é geralmente útil para peças grandes com formatos irregulares, como, por exemplo, quadros de motocicleta, de difícil colocação em um contenedor. A Figura 8.18 ilustra uma aplicação do quadrado *kanban* para uma tinturaria de fios, e que a rotina operacional implantada está descrita na Figura 8.19.

> ▪ **Objetivo de aprendizagem 8:**
> Definir outras formas de funcionamento do sistema *kanban*.

FIGURA 8.18

Exemplos de outras formas de funcionamento do sistema *kanban*.

FIGURA 8.19

Exemplo de rotina operacional para o quadrado *kanban*.

O QUÊ?	QUEM/ONDE?	QUANDO/COMO?
CONSUMO	TINTUREIROS / BENEFICIAMENTO	Quando houver necessidade, o tintureiro monta a carga do autoclave, consumindo os contenedores de fios crus diretamente no supermercado quadrado *kanban*.
PRODUÇÃO	OPERADORES DAS BOBINADEIRAS / BENEFICIAMENTO	Orientados pelo número de espaços vazios no chão do supermercado quadrado *kanban*, os operadores das bobinadeiras executam a produção de acordo com o sequenciamento definido pela liberação de espaços. Estando o supermercado quadrado *kanban* cheio, para-se a produção.
REPOSIÇÃO	OPERADORES DAS BOBINADEIRAS / BENEFICIAMENTO	Uma vez produzido o contenedor com o fio correspondente, o mesmo é transportado e armazenado no seu espaço predefinido por título no supermercado quadrado *kanban*.

- *Painel eletrônico:* o uso de painéis eletrônicos com lâmpadas coloridas (verde, amarela e vermelha) para cada tipo de item, junto ao centro de trabalho produtor, pode ser empregado para acelerar o fluxo de informações em relação ao método de cartões *kanban* convencional, principalmente quando o local de consumo for distante do local de reposição. Neste método, um sistema computacional identifica o consumo e a produção dos itens, via coleta de código de barras, e compara o nível de estoques no momento da coleta com os níveis cadastrados referentes a cada faixa de sinalização. À medida que os níveis são atingidos, as luzes correspondentes são acionadas eletronicamente.

- *Kanban informatizado:* em sistemas em que existe uma quantidade muito grande de itens, o *kanban* com sinalização visual no chão de fábrica fica inviável em função dos grandes espaços necessários. A solução consiste em passar toda a lógica de programação puxada, via níveis de prioridades, para dentro do computador. Nesse caso, o quadro *porta-kanban* pode ser virtual, na tela do computador, ou pode-se trabalhar com relatórios filtrados por famílias de produtos ou por centros de trabalho, que representem o quadro, onde a sinalização de prioridades, inclusive com cores, deve ser respeitada.

Na realidade, as opções para implantação do sistema puxado são múltiplas, dependerá da criatividade do grupo que o está implantando e dos recursos disponíveis na empresa, respeitando sempre os princípios básicos de funcionamento do sistema puxado, que podem ser resumidos pelas seguintes regras:

1. planeje e monte um supermercado de forma que ele dê sempre cobertura à demanda prevista (discutido no próximo tópico);
    a. defina junto com o cliente a demanda a ser atendida;

b. monte um sistema de cálculo para acompanhamento periódico;

   c. reorganize os recursos (supermercados e capacidade do fornecedor) sempre que necessário;

2. o cliente só pode retirar do supermercado as quantidades necessárias, no momento em que forem necessárias;

   a. dê preferência a retiradas de múltiplos de lotes-padrão;

   b. limite o consumo imediato às quantidades previstas para o supermercado e negociadas com o cliente;

3. o fornecedor só está autorizado a repor em múltiplos de lotes-padrão às quantidades retiradas do supermercado;

   a. evite a superprodução.

2.4 Dimensionamento do sistema *kanban*

Para o planejamento e a montagem dos supermercados que ficarão à disposição dos clientes no sistema *kanban*, precisa-se definir duas variáveis: o tamanho do lote para cada cartão e o número de lotes, ou cartões, que comporão o supermercado desse item. Em situações em que não é possível produzir lote a lote, deve-se definir também uma terceira variável que é o número de lotes de disparo da produção.

Inicialmente, há necessidade de se estabelecer o tamanho do lote para cada item, pois com base nele é que se dimensionará o número total de lotes ou cartões circulando no sistema. Em teoria, sempre que se decide por tamanhos de lotes de produção ou movimentação, deve-se levar em consideração o conceito de lote econômico, já discutido no Capítulo 5, que busca equilibrar os custos de preparação do lote com os custos de manutenção dos estoques resultantes.

Na estratégia da manufatura enxuta, de forma geral, e no sistema de programação puxada via *kanban*, em particular, onde se monta o supermercado antes do consumo, deve-se procurar trabalhar com lotes menores possíveis, seja pela aplicação da troca rápida de ferramentas (TRF) para lotes de produção interna, seja pelo desenvolvimento de relacionamentos de longo prazo na cadeia de fornecimento externo, de maneira que essa quantidade pré-formatada no supermercado tenha giro. Esses pontos já foram tratados no Capítulo 5.

Na prática, preservando o princípio geral de lotes econômicos os menores possíveis, normalmente existem alguns fatores do chão de fábrica relacionados à logística de armazenagem e fornecimento que irão balizar a definição do tamanho do lote no sistema *kanban*, entre eles o tamanho do contenedor onde serão colocados os itens, o tamanho do lote de produção do equipamento fornecedor, as limitações de peso para movimentações manuais, a dinâmica de consumo pelo cliente, entre outros. Como o sistema *kanban* irá conviver, e muitas vezes ocupar espaços conjuntos, com itens que estão sendo controlados de forma empurrada, na implantação do sistema deve-se inicialmente tentar aproveitar a estrutura física atual disponível na empresa.

Por exemplo, no caso dos sistemas implantados na malharia e na tecelagem, optou-se pelo emprego do próprio tamanho dos rolos de malhas (quilos) e de tecidos (metros) gerados a cada vez pelos teares correspondentes. Como os sistemas de informações (ERP) das empresas já estavam programados para trabalhar dessa forma a logística dos lotes na fábrica, tanto na armazenagem como na movimentação, procurou-se manter essa mesma estrutura na definição do tamanho dos lotes *kanban*. Contudo, onde antes com a programação empurrada se aceitavam variações grandes nas quantidades dos rolos, pois as ordens de produção consistiam de vários rolos, ficou estabelecido que as quantidades-padrão deveriam ser seguidas mais de perto a cada rolo de malha ou tecido produzido nos teares.

Um dos pontos mais importantes na definição do tamanho do lote *kanban* consiste em considerar a forma como o cliente irá consumir esses itens do supermercado. Por exemplo, na indústria automobilística, uma linha de montagem recebe do operador logístico, que está operando o sistema de abastecimento puxado da linha, um contenedor com cinco pneus já montados para cada automóvel na linha, e o fornecedor externo dos pneus montados, os entrega ao operador logístico em lotes múltiplos de cinco para a armazenagem temporária junto à linha.

Na aplicação do sistema *kanban* na injeção de peças plásticas, por exemplo, o lote *kanban* foi definido como 60 peças por cartão, e foram desenvolvidos contenedores apropriados para essa quantidade para cada tipo de peça injetada. No momento da definição do tamanho do lote *kanban*, o grupo que implantou o sistema negociou com o PCP para que os lotes de montagem emitidos a partir de então fossem padronizados também em 60 produtos acabados por ordem, de forma a manter uma proporcionalidade entre a armazenagem e consumo dos itens no supermercado.

Definidos os tamanhos dos lotes por cartão *kanban*, pode-se então projetar quantos desses lotes serão necessários no supermercado para manter sempre o cliente abastecido. Existem várias fórmulas para se projetarem os supermercados, mas mantendo o princípio da simplicidade inerente às ferramentas da estratégia da manufatura enxuta, a fórmula 8.1 apresenta uma das alternativas mais simples para esse cálculo, sendo que refinamentos para cada aplicação específica podem ser feitos em cima de cada uma das variáveis da fórmula. No nosso livro *Manufatura enxuta como estratégia de produção: a chave para a produtividade industrial* (Atlas, 2015), simplificou-se ainda mais a fórmula 8.1, considerando o percentual de segurança (S) embutido no número de dia (Nd).

> **Objetivo de aprendizagem 9:** Aplicar uma fórmula para o dimensionamento do número de cartões.

$$Nk = \frac{D}{Q} \cdot Nd \cdot (1 + S) \tag{8.1}$$

Onde:
Nk = número total de cartões *kanban* no supermercado;
D = demanda média diária do item;
Q = tamanho do lote do cartão *kanban*;
Nd = número de dias de cobertura da demanda no supermercado;
S = segurança no sistema em percentual de cartões.

VOCÊ SABIA?

Kanban e seus dois estoques: produção e movimentação.

A fórmula 8.2 é a fórmula convencional para o dimensionamento do sistema *kanban*, apresentada em geral pela maioria dos livros na área. A primeira parte da fórmula determina o número de cartões *kanban* de produção e a segunda o número de cartões *kanban* de movimentação, atrelados aos *lead times* de produção e de movimentação do lote, respectivamente.

$$Nk = \left[\frac{D}{Q} \cdot T_{prod} \cdot (1 + S)\right] + \left[\frac{D}{Q} \cdot T_{mov} \cdot (1 + S)\right] \tag{8.2}$$

Onde:
Nk = número total de cartões *kanban* no sistema (cartão);
D = demanda média diária do item (itens/dia);
Q = tamanho do lote por contenedor ou cartão (itens/cartão);
Tprod = tempo total para um cartão *kanban* de produção completar um ciclo produtivo, em percentual do dia, na estação de trabalho (dia);
Tmov = tempo total para um cartão *kanban* de movimentação completar um circuito, em percentual do dia, entre os supermercados do produtor e do consumidor (dia);
S = fator de segurança, em percentual do dia.

Como apresentado na fórmula 8.1, além do tamanho do lote do cartão *kanban*, mais três variáveis precisam ser definidas para o dimensionamento do supermercado do item: a demanda média diária, o número de dias de cobertura da demanda e o percentual de segurança que irá se colocar no sistema. O Jogo *LSSP_PCP3* será utilizado como exemplo teórico para a definição dessas variáveis e o detalhamento da aplicação da fórmula de cálculo do número de *kanbans*. Nesse jogo, a programação puxada foi implementada para administrar as malhas acabadas, malhas fixadas e malhas cruas em substituição ao sistema de programação empurrada aplicado no Jogo *LSSP_PCP2*. Para a compra de fios foi mantida a programação empurrada via MRP e para a compra de corantes foi mantido o sistema por ponto de pedido, de forma a demonstrar como operar de forma conjunta os diferentes sistemas. Na sequência, um exemplo real de dimensionamento do supermercado implantado em uma malharia será empregado para mostrar adaptações práticas necessárias em cada caso na fórmula de cálculo.

Dimensionamento no Jogo *LSSP_PCP3*

No Jogo *LSSP_PCP3* o lote do cartão *kanban* para as malhas acabadas e para as fixadas foi definido como tendo 120 quilos, ou seja, quatro rolos de 30 quilos cada, em função da capacidade dos três *Jets* disponíveis na tinturaria. Cada saída de um lote *kanban* do supermercado correspondente gera uma ordem de produção (fixação ou acabamento). Já o lote do cartão *kanban* para as malhas cruas produzidas nos teares foi definido como tendo 30 quilos, ou seja, cada rolo tem seu cartão, sendo que os teares são programados de quatro em quatro *kanbans* (4 × 30 = 120 quilos), no sentido de cobrir a retirada de 120 quilos do supermercado de malhas cruas a cada vez que uma ordem de fixação é programada.

A demanda média diária dos itens para a fórmula de cálculo deve ser prevista. Em geral há uma previsão para o mês, ou para a semana, que se divide pelos dias úteis. Caso o sistema seja montado apenas para itens de demandas independentes, como produtos acabados, essa informação da previsão da demanda vem do mercado, ou do plano-mestre de produção. Para itens de demanda dependente, como os componentes e matérias-primas dentro da fábrica, é conveniente empregar um sistema MRP adaptado para o cálculo das necessidades futuras desses itens, que em geral já está instalado dentro do ERP da empresa para a programação empurrada. Essa adaptação é explicada a seguir.

A Figura 8.20 ilustra a tela do jogo *LSSP_PCP3* com o sistema MRP para a malha fixada Colmeia (MF_1). Como pode ser visto nessa tela, uma primeira adaptação do MRP para uso conjunto com o sistema *kanban* consiste em fazer o *lead time* empregado no dimensionamento das necessidades líquidas ser igual a zero, ou seja, não se precisa retroagir no tempo (um *lead time*) para liberação das ordens de produção, visto que o cliente já as encontrará disponíveis no supermercado, de forma que a reposição das necessidades brutas se dará dentro da própria semana, com o giro dos cartões.

> **Objetivo de aprendizagem 10:** Entender o dimensionamento no Jogo *LSSP_PCP3*.

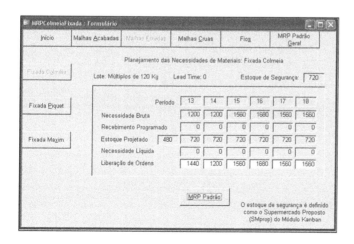

FIGURA 8.20

Tela do Jogo *LSSP_PCP3* com o MRP adaptado ao sistema *kanban*.

Uma segunda adaptação necessária consiste em fazer com que os estoques de segurança sejam do tamanho do supermercado planejado. Assim, o sistema MRP irá sempre planejar a liberação de ordens (demanda futura) do item para cobrir as necessidades brutas (demanda dos pais) e manter o supermercado cheio. Essa adaptação é importante, pois também permitirá que os itens dependentes (abaixo) tenham suas necessidades brutas corretamente calculadas e, eventualmente, possam ser administrados pelo sistema empurrado, como é o caso dos fios de algodão e sintético no Jogo *LSSP_PCP3*.

Tendo as previsões de demanda e os tamanhos dos lotes *kanban*, pode-se definir o período de cobertura dos estoques e o percentual de segurança para se dimensionar os supermercados. Na Figura 8.21 está uma das telas de dimensionamento do sistema *kanban* do jogo *LSSP_PCP3*, no caso a que monta o supermercado de malhas fixadas. Na parte superior da tela aparece a previsão da demanda das três malhas fixadas (Colmeia, Piquet e Maxim), provenientes da liberação de ordens do sistema MRP para as quatro próximas semanas. Como podem ser observadas, as previsões da demanda da malha Colmeia fixada (MF_1) vieram da liberação de ordens do MRP da Figura 8.20. Para se chegar à demanda média diária empregada na fórmula de cálculo do número de *kanban*, se está fazendo uma média semanal, escolhendo-se entre uma, duas ou quatro semanas, e a dividindo por cinco dias úteis. No caso da MF_1, a demanda média diária é de 294 quilos.

A escolha do período de cobertura e do percentual de segurança depende das características do sistema produtivo em termos de tempos médios para repor os lotes *kanban* e da confiabilidade na previsão da demanda e no cumprimento de padrões operacionais. No caso, a demanda e o sistema produtivo do Jogo *LSSP_PCP3* são os mesmos do Jogo *LSSP_PCP2*, que está sendo adaptado para a programação puxada. Sendo assim, pode-se aproveitar a experiência passada com a aplicação do jogo com a programação empurrada para definir esses dois parâmetros.

No exemplo da Figura 8.21 foi definido como dois dias o período de cobertura para os estoques das malhas fixadas, bem como se aplicou 10% de segurança no sistema. Sendo assim, o número de lotes ou cartões *kanban* no supermercado da MF_1 ficou calculado como:

$$Nk = \frac{294}{120} \cdot 2 \cdot (1 + 0{,}10) \approx 6 \text{ cartões}$$

FIGURA 8.21

Tela do Jogo *LSSP_PCP3* para cálculo dos supermercados das malhas fixadas.

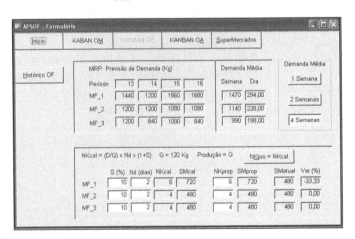

Cabe salientar que, como o lote *kanban* é padrão, no caso 120 quilos de malha, o valor *Nk* foi arredondado para cima, ou seja, seis cartões, e o supermercado calculado (*SMcal*) ficou com 720 quilos dessa malha (6 × 120). Outro ponto a ser salientado no cálculo do número de cartões é que, apesar de o Jogo *LSSP_PCP3* permitir operar o sistema com apenas um cartão, em geral, na maioria das situações práticas, deve-se limitar em dois o número inferior de cartões no sistema, de forma que enquanto um cartão esteja no quadro para ser reposto, o outro estará com os itens no supermercado à disposição do cliente, no sentido de garantir um atendimento 100% das demandas. No caso de se trabalhar com apenas um cartão, para itens com demandas muito baixas, por exemplo, deve-se estabelecer uma regra de disparo do cartão para o quadro *porta-kanban* antes do consumo total do lote-padrão no supermercado.

Como a ação de dimensionamento do sistema *kanban* é uma ação de planejamento de médio prazo (reveja a Figura 8.1), uma vez atualizados os parâmetros do sistema, em geral semanalmente, o PCP deve verificar se o supermercado atual (*SMatual*) está compatível com o supermercado proposto (*SMprop*) para os períodos futuros. Caso haja diferenças, ações preventivas devem ser tomadas retirando ou colocando cartões para adequar o supermercado atual ao proposto. Em situações reais, como a dinâmica operacional do sistema *kanban* permite certa flexibilidade de volume, já discutida no início do capítulo, um percentual de variação, algo entre 10% e 20%, pode ser estabelecido como limite para disparar as retiradas ou colocações de cartões no sistema.

No exemplo que está se seguindo, o supermercado proposto da MF_1 é de 720 quilos (seis cartões) e o supermercado atual é de 480 quilos (quatro cartões), um aumento de 33%, conforme se pode ver na Figura 8.21. Nesse caso, o sistema produtivo simulado no jogo irá programar no início da segunda-feira duas ordens (*kanban*) de fixação dessa malha para colocar o supermercado atual de acordo com o proposto. Se o sentido for de redução dos supermercados, o consumo dos cartões excedentes não irá gerar reposições, sendo esses cartões recolhidos do sistema.

Cabe notar que a parametrização do sistema MRP, Figura 8.20, tem sua dinâmica sincronizada com o planejamento dos supermercados, Figura 8.21. No MRP, o estoque (projetado) em mãos tem o valor do supermercado atual e o estoque de segurança tem o valor do supermercado proposto. Essa é a forma mais simples de trabalhar os sistemas empurrados e puxados em simultâneo dentro de um ERP.

Dimensionamento: uma aplicação prática

Apesar de o Jogo *LSSP_PCP3* permitir uma visão dinâmica do dimensionamento e funcionamento do sistema *kanban*, ele apresenta algumas simplificações no sentido de se tornar uma ferramenta didática para a disciplina de PCP. Uma delas é a pequena quantidade de itens administrados pelo sistema do jogo, que em situações práticas não é normalmente encontrada. Dessa forma, será apresentada a seguir a forma como se deu o dimensionamento do sistema *kanban* em uma situação real, o exemplo da aplicação em uma malharia que faz parte de uma cadeia produtiva têxtil, onde as decisões do grupo de implantação passaram pela análise das características da demanda e do processo produtivo dos itens.

Quando se tem uma grande variedade de itens para serem administrados pelo sistema *kanban*, deve-se procurar aplicar dois conceitos gerenciais básicos no dimensionamento do sistema:

Objetivo de aprendizagem 11: Analisar as variáveis de dimensionamento em uma situação prática.

1. separar os itens segundo sua importância relativa (classificação ABC-VF);
2. focalizar os recursos produtivos.

Segundo a classificação ABC-VF (reveja no Capítulo 6 a discussão sobre a Figura 6.3), em um conjunto grande de itens, alguns poucos itens terão demandas grandes, seja em função da frequência de consumo, seja em função do volume consumido, enquanto outros muitos itens terão demandas pequenas, em função de sua baixa frequência e baixo volume. Com exceção dos itens de pedidos especiais, os itens nos quadrantes A e B são itens em que a implantação do sistema *kanban* é altamente recomendada, podendo-se focalizar-lhes os recursos produtivos. Por outro lado, os itens do quadrante C podem ou não entrar no sistema puxado. Como eles apresentam demandas baixas, irão ocupar apenas uma pequena parte dos recursos produtivos envolvidos em sua fabricação, exigindo normalmente muitos *setups*. A aplicação do sistema *kanban* a esse grupo de itens pode trazer resultados significativos na organização desses *setups*, aumentando a produtividade do setor.

A Figura 8.22 reapresenta a curva ABC da demanda da coleção de malhas que foi utilizada para análise e definição dos parâmetros adotados na implantação do sistema *kanban* na malharia. A empresa em questão só eventualmente aceitava pedidos especiais, se concentrando em atender às malhas de sua própria coleção. Do total das 573 malhas que compunham a coleção estudada, as 17 primeiras malhas concentravam aproximadamente 76% de toda a demanda analisada, os 24% da demanda restante estavam distribuídos entre as 556 malhas que completavam a coleção. Desta forma, optou-se por definir essas 17 primeiras malhas como as malhas classe A. Como malhas classe B identificaram-se as 23 malhas seguintes, que juntas somavam mais 14% da demanda e ocupavam a capacidade de pelo menos um tear, e, por último, as 533 malhas restantes, que somavam os 10% finais da demanda, foram classificadas como malhas classe C.

Como tática, a implantação do sistema *kanban* se dividiu em duas linhas de ação, separando o grupo de malhas de alta representatividade, composto pelos itens classificados como A e B, do grupo de malhas de baixo volume de produção, composto pelos itens C. Inicialmente se buscou implantar um projeto piloto nas malhas da classe A e B, por dois motivos: eram poucos itens (40) e tinham demandas regulares que podiam ser focadas a determinados grupos de teares. Uma vez adquirida experiência na lógica puxada e validados os instrumentos do sistema *kanban* (cartão, quadro, supermercado e lógica de operação), a implantação se estendeu para os demais itens da classe C.

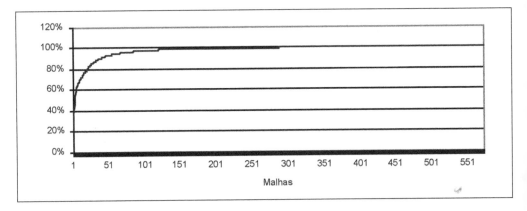

FIGURA 8.22

Curva ABC da demanda da malharia.

A primeira decisão tomada pelo grupo na implantação referiu-se ao tamanho de lote-padrão por cartão *kanban* adotado. Por questões de transporte e armazenagem, optou-se por definir o lote-padrão como sendo unitário, ou seja, um cartão seria equivalente a um único rolo de malha produzido. No entanto, como rolos de diferentes malhas têm pesos distintos, em função dos teares usados e das características da estrutura da malha, os lotes-padrão variavam de 16 a 37 quilos por rolo. Em média um rolo desses ficava pronto a cada 2 horas no tear, sem considerar o *setup*.

A segunda decisão para o dimensionamento do sistema referiu-se à definição do período de cobertura e à segurança que seria empregada para cada classe de malha. Optou-se por trabalhar o quadro *porta-kanban* com apenas duas faixas, a vermelha para a segurança e a verde para o total de cartões. Na realidade, a pergunta que o grupo de implantação do sistema *kanban* teve que responder na definição dessas variáveis foi: dada a focalização da produção pretendida, quanto tempo um cartão *kanban* consumido no supermercado irá consumir para percorrer o ciclo produtivo e retornar como rolo de malha para o supermercado?

Como as malhas da classe A teriam vários teares focados a elas, ficou estabelecido que um dia de cobertura, com 20% de segurança, seria suficiente para sincronizar o ritmo de produção com o de retirada das malhas do supermercado pelo cliente. Para as malhas da classe B, que teriam pelo menos um tear focado a cada uma delas, ficou decidido que a cobertura do estoque seria de uma semana (cinco dias), com meia semana de segurança, ou seja, sete dias e meio. Finalmente, para as malhas da classe C se projetou uma cobertura de duas semanas (10 dias), com 20% de segurança, ou seja, 12 dias totais.

Assim, a definição do período de cobertura dos estoques visava, ao mesmo tempo, aumentar pela focalização (sem *setup*) o giro das malhas de grande volume e permitir que para as malhas de pequeno volume, com o acúmulo dos cartões no quadro durante uma semana, se organizassem os *setups* dos teares que não estavam focados nas malhas das classes A e B.

Definidos os parâmetros por classe de malha, montou-se uma planilha de dimensionamento do número de *kanbans* e de necessidades de teares para cada uma das malhas, como exemplificado na Tabela 8.1. Com essa planilha, desenvolvida no Excel, o PCP setorial da malharia podia todo final de semana, ao receber do PCP central as demandas previstas para as semanas seguintes, obtidas do MRP corporativo, calcular o número de cartões para cada malha e o número de teares correspondentes para operar a semana seguinte, ajustando o sistema produtivo e o número de cartões caso fosse necessário.

TABELA 8.1

Dimensionamento do número de cartões e teares.

Malha	Classe	Cobertura (dias)	Demanda OP (Kg)	Demanda Diária (Kg)	Lote *Kanban* (Kg)	Número de *Kanbans*	Taxa Produção (Kg/h)	Número de Teares
151	A	1,2	19.000	3.800	16	285	18,73	8,45
191	A	1,2	14.000	2.800	37	91	23,87	4,88
1074	B	7,5	2.000	400	35	86	14,40	1,15
511	B	7,5	3.875	775	37	157	29,24	1,10
5346	C	12,0	365	73	16	55	14,60	0,42
1745	C	12,0	250	50	16	38	19,38	0,21

Por exemplo, para a malha 151 da classe A com uma demanda semanal prevista de 19.000 quilos, seria necessário iniciar a semana com 285 cartões de 16 quilos, suficientes para atender à demanda durante 1,2 dia. Para a malha 1.074 da classe B, com uma demanda semanal prevista de 2.000 quilos, seriam necessários 86 cartões de 35 quilos cada para se atender 7,5 dias de demanda. Enquanto para a malha 1.745 da classe C, com uma demanda semanal de 250 quilos, seriam necessários 38 cartões de 16 quilos para cobrir 12 dias de demanda.

Além do dimensionamento do número de cartões, a malharia necessitava também organizar os recursos produtivos para permitir que a produção, uma vez puxada pelo cliente, fosse respondida dentro dos períodos de cobertura projetados. Nesse sentido, a planilha de planejamento também dimensionava o número de teares que seriam focados a determinadas malhas. Conforme já relatado, o grupo de implantação do sistema *kanban* definiu que as malhas da classe A teriam vários teares a sua disposição, as malhas da classe B teriam pelo menos um, enquanto as malhas da classe C seriam reunidas em grupos com familiaridade de *setups* para ocuparem um tear. Para se efetuar o cálculo do número de teares necessários, ilustrados na Tabela 8.1, usou-se a seguinte fórmula:

$$\text{Número de teares} = \frac{\left[\dfrac{\text{Demanda diária}}{24\text{h}}\right]}{\text{Taxa de produção}} \quad (8.3)$$

Aplicando-se essa fórmula, para a malha 151 seriam necessários 8,45 teares, para a malha 1.074 seria necessário 1,15 tear, e para a malha 1.745 seria necessário apenas 0,21 tear. Como o nível de demanda das malhas C não justificava a focalização de equipamentos para a produção de uma única malha, era necessário no começo de cada coleção proceder a uma análise comparativa dos tempos de *setup* entre as malhas classe C da coleção, através da análise da matriz de *setup*, para agrupá-las por afinidade de *setup* de forma a programá-las em conjunto em um tear ou um grupo de teares.

Uma vez implantado o sistema como descrito acima, após algumas coleções, o nível de atendimento do cliente (Beneficiamento), que estava abaixo de 70% com a programação empurrada, passou a ser de 100%, ou seja, toda a programação de montagem de malhas para o beneficiamento passou a ser atendida na semana da programação pelo fato de se ter um supermercado de malhas cruas já montado. Além de melhorar a pontualidade, objetivo inicial da implantação, os estoques médios de malhas cruas, que chegaram a patamares de 150 toneladas para atender a uma demanda média diária de 20 toneladas quando da programação empurrada, caíram para a faixa de 70 toneladas, ou seja, três dias e meio, e ficaram sob controle nesse nível. Essa queda foi decorrente do aumento de giro nas malhas das classes A e B.

Outro indicador que mostra a eficácia da programação puxada quando bem planejada diz respeito à sobra de malhas ao final de uma coleção. Por ano, a empresa trabalhava com pelo menos quatro coleções principais. Na programação empurrada semanal que era praticada, sobravam em média de 20 a 25 toneladas de malhas ao final de uma coleção, que perdiam seu valor de mercado. Com a implantação do sistema *kanban* e com o acompanhamento da demanda futura via planilha de cálculo, foi possível reduzir essas sobras para cinco toneladas em média, com o processo de retirada de cartões do sistema à medida que a demanda prevista ia se reduzindo. Esse momento era aproveitado pelo PCP para ir formando o supermercado de malhas para a próxima coleção.

A explicação desse exemplo prático de dimensionamento do sistema *kanban* teve como objetivo mostrar apenas que, muito mais do que uma fórmula de cálculo, a implantação do sistema *kanban* deve levar em consideração toda a racionalização da dinâmica de consumo, produção, movimentação e armazenagem dos itens no sistema produtivo. De forma ampla, o sistema puxado de programação está inserido no conceito de estratégia da manufatura enxuta e deve ser implantado por um grupo onde os diferentes participantes da cadeia produtiva estejam representados, incluindo obrigatoriamente o cliente, e entendam que paradigmas devem ser quebrados para que o sistema de programação puxada funcione de forma eficiente.

2.5 Estratégia da manufatura enxuta e sistema *kanban*

A manufatura enxuta pode ser definida como uma estratégia de produção focada na diferenciação, baseada em um conjunto de técnicas, ou práticas, oriundas do Sistema Toyota de Produção, cujo objetivo é melhorar continuamente o sistema produtivo por meio da eliminação das atividades que não agregam valor ao cliente, chamadas de desperdícios.

Objetivo de aprendizagem 12: Interligar a estratégia da manufatura enxuta com o sistema *kanban*.

Dentre esse conjunto de técnicas interligadas, grande parte delas já apresentada anteriormente dentro do contexto das funções do PCP, com certeza a programação puxada via sistema *kanban* é a que mais se associa ao conceito de eliminação de desperdícios. Ela traz benefícios não só para a função de planejamento e controle da produção em si, no que se poderia chamar de *kanban* restrito, tornando-a mais eficiente, como também gera benefícios para as demais funções do sistema produtivo, o que poderia ser chamado de *kanban* amplo.

Uma vez planejados os supermercados e os ritmos de trabalho pelo grupo de implantação do sistema, com base na previsão da demanda, o sistema *kanban* atua dentro do PCP no nível operacional de curto prazo, exercendo as atividades de programação, acompanhamento e controle da produção, de forma simples, visual e direta, com a participação de todos os envolvidos nessa relação cliente-fornecedor, contribuindo para a expansão da estratégia da manufatura enxuta nos seguintes pontos:

- as funções de administração dos estoques (o que produzir, quanto produzir, quando produzir e com que segurança trabalhar) estão contidas dentro do próprio sistema de funcionamento do *kanban* e são negociadas e definidas pelo grupo de implantação, gerando compromissos fortes, principalmente quanto ao nível de demanda que o sistema montado tem potencial de atender;
- o sequenciamento do programa de produção segue as regras de prioridades estabelecidas pelas faixas de cores nos quadros *porta-kanban*, sem a interferência do PCP, refletindo mais rapidamente as variações na demanda do posto cliente. Pode-se afirmar que é o sistema APS mais *on-line* que existe no mercado. Desta forma, ao se utilizarem os

recursos produtivos apenas para demandas reais, se reduzem os estoques especulativos e são reduzidos o ciclo de produção acelerado;

- a emissão das ordens pelo PCP se dá em um único momento, quando da confecção dos cartões *kanban*, que são reaproveitados dentro do ciclo de reposição dos itens. Quando conjugado à produção focalizada, os cartões *kanban* contêm apenas um conjunto mínimo de informações, suficientes para a produção e movimentação dos itens no sistema, contribuindo para a simplicidade operacional;

- assim como para o sequenciamento, a liberação das ordens aos postos de trabalho se dá em nível de chão de fábrica, sem interferência do pessoal do PCP, o que simplifica e agiliza essa função. Os cartões *kanban* de reposição e movimentação são ordens de produção, compra e movimentação de itens administradas pelos próprios colaboradores e já liberadas sempre que forem afixadas nos quadros *porta-kanban*;

- o sistema *kanban* permite, de forma simples, o acompanhamento e controle visual do programa de produção, sendo nesse sentido uma das ferramentas do controle visual da fábrica (Andon). O cumprimento das regras de funcionamento do sistema *kanban* garante que não serão formados estoques superiores, ou inferiores, aos projetados para atender a um programa de produção. A gerência, recorrendo visualmente aos quadros *porta-kanban*, sabe de imediato quanto de trabalho é ainda necessário para atender ao programa predeterminado e pode fazer pequenos ajustes diários antes que um atraso maior exija abertura de horas extras nos finais de semana.

Além das vantagens obtidas na forma estrita como se executam as atividades do PCP, o sistema *kanban* desempenha de forma ampla uma série de funções adicionais na lógica de produção, não menos importantes, que fazem dele um sistema catalisador do incremento contínuo da produtividade e da qualidade na estratégia da manufatura enxuta. Estas funções podem ser descritas como:

- por ser operacionalizado pelos próprios colaboradores, o sistema *kanban* estimula a iniciativa e o sentido de propriedade nos mesmos. Os colaboradores agem como, e sentem-se como, donos do processo em que trabalham, seguindo suas próprias decisões;

- ao estabelecer uma relação com regras claras entre o cliente e o fornecedor dos itens, o sistema *kanban* facilita os trabalhos dos grupos de melhorias na identificação e eliminação de problemas que interferem nessa parceria;

- permite a identificação imediata de problemas que inibam o incremento da produtividade, pois sempre se pode, através da redução planejada do número de cartões *kanban* em circulação no sistema, verificar quais são os limites operacionais do sistema produtivo para a produção em fluxo unitário, meta da estratégia da manufatura enxuta. Estes problemas serão os temas a serem tratados pelos grupos de melhoria;

- ao estimular o uso de pequenos lotes, dá apoio à implantação da troca rápida de ferramentas (TRF), reduz a necessidade de equipamentos de movimentação e acusa imediatamente problemas de qualidade nos itens, fechando um círculo de melhorias contínuas;

- implementa efetivamente os conceitos de organização, limpeza, padronização e disciplina nos estoques da empresa, conhecidos como os cinco S (*seiri, seiton, seiso, seiketsu* e *shitsuke*), ao formatá-los como supermercados, com lotes e contenedores-padrão e número de lotes planejados;

- dispensa a necessidade de inventários periódicos nos estoques, visto que a quantidade de cada item é definida pelo seu número de cartões *kanban* em circulação no sistema, ou seja, no máximo se tem a quantidade de um supermercado cheio;

- estimula o emprego do conceito de operador polivalente, pois fomenta nos operadores atividades de programação e controle da produção, antes de responsabilidade exclusiva do pessoal do PCP;

- através dos cartões *kanban*, fornece informações precisas e simples aos operadores para execução de suas atividades, facilitando o cumprimento dos padrões de trabalho e exigindo menos supervisão, importante, por exemplo, quando se tem que trabalhar nos finais de semanas com pessoal de apoio reduzido;
- como divide uma necessidade global de demanda em múltiplos de lotes-padrão (cartão *kanban*), permite que os postos de trabalho possam ser melhor organizados em termos de tempos de ciclo e rotinas de operações-padrão para o balanceamento de linhas de montagem ou células de produção.

Essa lista de benefícios pode ser usada como ponto de referência para comparar e discutir os resultados obtidos, físicos e financeiros, na mudança da dinâmica de programação entre os jogos LSSP_PCP2 e LSSP_PCP3. Já como exemplo prático das vantagens enumeradas acima, a Figura 8.23 apresenta uma relação dos resultados alcançados com a implantação do sistema *kanban* para programar o setor de injeção de peças plásticas de uma montadora de eletrodomésticos. Como se pode ver, os resultados alcançados são bastante amplos, extrapolando em muito a função pura e simples de programação da produção e indo ao encontro do conceito de estratégia da manufatura enxuta.

FIGURA 8.23

Relação de melhorias com a implantação do sistema *kanban*.

SITUAÇÃO ENCONTRADA	RESULTADOS ALCANÇADOS
Sistema de produção empurrado	Sistema de produção puxado
Sobrecarga do setor de PCP da empresa	Autogerenciamento pelo sistema *kanban*
Utilização de lotes grandes – chegando até 3.000 unidades para a Romi e 20.000 para as outras injetoras	Redução dos lotes de injeção – padronizando em aproximadamente 500 unidades para a Romi e de 500 a 1.000 para as outras injetoras
Supermercados elevados – 60% da produção para estoque e apenas 40% para demanda média mensal	Supermercados reduzidos – 16% da produção para estoque e 84% para demanda média mensal
Capacidade de máquinas insuficiente para a injeção dos itens – déficit de 220 horas	Capacidade de máquinas suficiente para injeção dos itens – saldo de 651 horas
Tempo de *setup* muito alto – 2 horas e 40 minutos em média, chegando a 3 horas e 50 minutos para a Romi e 50 minutos para as outras injetoras	Redução dos tempos de *setup* pela TRF – média de 1 hora e meia para a Romi e 30 minutos para as outras injetoras
Alto número de itens refugados no início de injeção	Redução do número de itens refugados no início de injeção, em consequência do sequenciamento ideal de injeção dos itens
Espaço físico insuficiente e com dificuldades de organização na planta	Ganho de espaço físico e melhor organização da planta, tornando viável a implementação de uma linha de montagem no mesmo galpão das linhas dos outros produtos
Transporte demasiado de materiais, mão de obra e gasto de energia desnecessário	Redução de custos com transporte de materiais, mão de obra e energia
Muito tempo de mão de obra despendido na contagem e recontagem dos itens – lotes variáveis	Redução do tempo de mão de obra despendido para contagem e recontagem dos itens – lotes-padrão
Dificuldade e engessamento na programação de injeção dos itens e da linha de montagem	Dinamismo, facilidade e simplicidade na programação de injeção dos itens e na mudança de *mix* na linha de montagem
Dificuldades na troca de informações entre os setores da empresa	Maior entrosamento e facilidade na troca de informações entre os setores da empresa proporcionados pela programação visual
Gerenciamento subjetivo da programação de injeção	Utilização da PLANILHA DE CÁLCULO DOS CARTÕES KANBAN – SETOR DE INJEÇÃO para auxiliar no gerenciamento da programação de injeção

Finalizando este capítulo, apesar de muitos autores na área de estratégia da manufatura enxuta julgarem que o sistema *kanban* só deve ser considerado após a implantação prévia de um conjunto básico de outras ferramentas que tornem o sistema produtivo mais confiável, em função da experiência adquirida no trabalho de montagem, treinamento e apoio a diferentes grupos de implantação do sistema *kanban*, recomenda-se que essa implantação, ao contrário, seja o início da mudança em direção à estratégia da manufatura enxuta, por uma série de razões:

- é simples e fácil de ser entendida;
- os compromissos e limites ficam claros a todos;
- o investimento é baixo, principalmente quando comparado à compra e manutenção de *softwares* de programação;
- estimula e facilita a visualização e quantificação dos resultados que serão conseguidos com a implantação das demais técnicas da estratégia da manufatura enxuta;
- pode ser planejada inicialmente com base nos níveis de estoques atuais e nos itens classe A, e, à medida que as novas rotinas forem sendo validadas, buscar a redução dos estoques e a expansão do sistema.

Recomenda-se novamente a leitura complementar sobre programação puxada, com vários exemplos práticos vivenciados pelo autor, no nosso livro *Manufatura enxuta como estratégia de produção: a chave para a produtividade industrial* (Atlas, 2015) no Capítulo 6 (Programação puxada pelo cliente). O próximo capítulo, finalizando a teoria sobre PCP, apresenta as funções de emissão e liberação das ordens e as de acompanhamento e controle da produção.

ESTUDO DE CASO

Estudo de Caso 7 – Programação puxada

Objetivo: Montar uma dinâmica de tabelas para operacionalizar a programação puxada da fábrica conforme apresentado neste capítulo e ilustrado na planilha "Estudo_Caso_PCP_Exemplo.xlsx". Manter todas as variáveis interligadas entre as tabelas de forma que a mudança em uma das variáveis de entrada, por exemplo, porcentagem de segurança ou *lead time* de produção, promova mudanças nos cálculos simultaneamente.

Passos sugeridos:

1. Montar tabela para o dimensionamento do sistema *kanban*, considerando que as demandas para as próximas 12 semanas são oriundas das Liberações de Ordens do sistema MRP (EC4) e que os demais dados (Lote *Kanban*, LT, ND, %Seg) são fornecidos. Empregar as fórmulas para o número de cartões total (NK = (D/Q) × ND) e para cada faixa (vermelha, amarela e verde) fornecida na guia deste Estudo de Caso. Ver a planilha de exemplo como referência.

2. Montar tabela para representar a situação do estado atual dos cartões no quadro *kanban* por faixa, considerando os estoques em mãos como o supermercado atual e os recebimentos programados como *kanbans* já em produção, fornecidos na guia "Dados de Entrada". Ver a planilha de exemplo como referência.

Questões sugeridas:

1. Caso não fornecêssemos o LT de produção para a malha Colmeia branca (dois dias), explique com base no seu APS do EC6 como você poderia estimá-lo? Apresente os valores.
2. Na planilha da situação atual do quadro *kanban*, algum item está na faixa vermelha? Se sim, cite quais itens.
3. Por que, com os dados iniciais de estoques em mãos e recebimentos programados da programação empurrada semanal via MRP, as malhas acabadas não possuem cartão no quadro?
4. É necessário comprar fios no momento? Se sim, de quanto deveria ser a compra? Qual o fio mais urgente?

RESUMO

O Capítulo 8 apresentou a programação puxada da produção. Na introdução discutiu-se onde e como a programação puxada se diferencia da programação empurrada, seja no nível de planejamento das informações, seja no nível operacional do sistema. Foi proposta uma simulação simples da fábrica de canetas para visualizar de forma dinâmica tais diferenças. Discutidas essas diferenças, o sistema *kanban* e seus dispositivos operacionais foram apresentados (cartão, quadro, supermercado e contenedor) com exemplos de aplicações práticas para ilustrar esses dispositivos e sua dinâmica de uso. Na segunda parte do capítulo foi apresentada a fórmula básica de cálculo do número de cartões e discutida cada uma das variáveis que entram na fórmula. O Jogo LSSP_PCP3 foi empregado para explicar essa dinâmica de cálculo de forma teórica e a descrição de uma aplicação real em uma malharia permitiu introduzir questões práticas no dimensionamento. Concluindo o capítulo, foi aberta uma discussão sobre a contribuição ampla do sistema puxado de programação para a implantação efetiva da estratégia da manufatura enxuta.

EXERCÍCIOS

1. Compare a programação puxada e empurrada em termos de flexibilidade nos três horizontes do Planejamento e Controle de Produção, conforme ilustrado na Figura 8.4.

2. Marque "V" se a sentença for VERDADEIRA, e "F" se a sentença for FALSA.
   ( ) Na programação puxada, as atividades de previsão de demanda, o planejamento-mestre e o planejamento das necessidades de materiais não são necessários.
   ( ) Na programação puxada, o sequenciamento das ordens de produção é viabilizado através de um sistema com capacidade finita.
   ( ) As diferenças entre a programação empurrada e puxada se dão na maneira como se planeja a programação da produção (médio prazo), e na forma como se opera fisicamente o sistema escolhido.
   ( ) No sistema de programação puxada é necessário haver um período congelado, normalmente semanal, para que todos saibam o que deve ser produzido.
   ( ) No sistema *kanban* clássico, os dispositivos normalmente empregados são: cartão *kanban*, painel ou quadro *kanban*, contenedor e supermercado.
   ( ) Os cartões *kanban* devem ser alocados no quadro da faixa vermelha para a verde, e retirados da faixa verde para a faixa vermelha.

3. Um planejador está atualizando o dimensionamento dos supermercados *kanban* de sua empresa. Os itens destes supermercados são compostos por dois produtos acabados (A e B), dois componentes (C e D), e três matérias-primas (E, F e G). Como informações para o dimensionamento, o planejador tem: a estrutura do produto, apresentada na Figura 8.24, a previsão de demanda semanal dos produtos acabados, os *lead times* de reposição e tamanho dos lotes de todos os itens, apresentados na Tabela 8.2. Ajude o planejador a dimensionar os supermercados dos itens mencionados, bem como o número de cartões máximos em cada faixa de cor do quadro (verde, amarela, vermelha). Arbitre os valores dos parâmetros que julgue necessário.

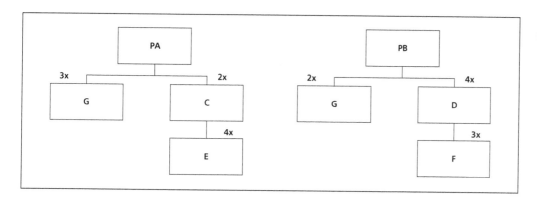

FIGURA 8.24

Estrutura do produto.

TABELA 8.2

Dados do produto.

Item kanban	Lote (unid.)	Lead time (dias)	Previsão demanda (unid.)			
			Sem. 1	Sem. 2	Sem. 3	Sem. 4
Produto A	50	5	200	250	100	300
Produto B	30	3	500	400	350	300
Componente C	200	10				
Componente D	500	15				
Matéria-prima E	5.000	10				
Matéria-prima F	2.000	5				
Matéria-prima G	300	7				

4. Na mesma empresa do Exercício nº 3, o responsável pelo setor de movimentação de materiais e atualização do quadro *kanban* está desconfiado de que existe um número inferior de cartões no quadro que o número correto de cartões. Portanto, esse profissional gostaria de fazer uma auditoria no quadro, e para isso consultou a quantidade de material em estoque de cada um dos itens administrados pelo *kanban*. De posse dessa informação, apresentada na Tabela 8.3, ajude o profissional e calcule o número de cartões *kanban* que deveriam estar em cada faixa de cor do quadro para cada item.

TABELA 8.3

Quantidade de material em estoque.

Item kanban	Estoque atual (unidades)
Produto A	1.800
Produto B	600
Componente C	6.800
Componente D	1.000
Matéria-prima E	25.000
Matéria-prima F	16.000
Matéria-prima G	600

ATIVIDADES PARA SALA DE AULA

Vamos aproveitar que já temos uma fábrica de canetas pronta, apresentada no início do capítulo, para discutir mais alguns pontos de interesse na comparação entre a programação empurrada e a puxada com nossos alunos em sala de aula. Logo, como sugestão remonte nossa fábrica de canetas e discuta com base nos resultados obtidos com a simulação as situações propostas na sequência.

1. Estamos admitindo na simulação original que a injetora não consome tempo de *setup* na troca de itens produzidos no lote. Tanto na programação empurrada (com lotes de 4 peças) como na puxada (com lotes de 2 peças), o tempo de *setup* da injetora é zero, ou seja, assim que se injeta um lote, por exemplo, de tampas azuis, em uma jogada, na próxima jogada do dado (nossa passagem-padrão de tempo) já entramos com um lote de tampas vermelhas, sem *setup*. Vamos então colocar um tempo de *setup* na nossa injetora, fazendo com que sempre que o lote que entra for de produtos diferentes do que sai, paramos com a injetora um ciclo (no caso, ao jogar os dados só vendemos e não injetamos).

   - Quem se prejudica mais com a entrada do *setup* na injetora: a programação empurrada ou a puxada?
   - Quantos lotes a mais de estoques no SM tem que se colocar para evitar a parada da montagem nos dois sistemas?
   - Se aumentarmos o tamanho do lote para quatro peças na programação puxada, o sistema se equilibra novamente?

2. Voltando à situação inicial, sem tempos de *setup*, vamos imaginar agora que a multa por não atendimento do cliente é muito alta e que decidimos estrategicamente atender 100% da demanda. Logo, a diretoria mandou colocar estoque de peças injetadas no SM de forma que a montagem nunca pare de atender aos clientes. Faça simulações com o sistema empurrado original de maneira que, ao ocorrer uma falta de itens na montagem, se adicionem novos lotes no supermercado de forma que toda a demanda seja atendida.

   - Com quanto de estoques foi atingido o ponto de equilíbrio, ou seja, zero de faltas?
   - Se comprarmos mais uma injetora (dois lotes de injeção de cada vez), a fábrica inicial consegue atender 100% da demanda com a programação empurrada?
   - É preciso fazer alguma mudança deste tipo na programação puxada? Se não, por quê?

CAPÍTULO 9

Emissão, Liberação, Acompanhamento e Controle da Produção

Objetivos de aprendizagem

Ao final deste capítulo, o aluno deverá ser capaz de:

1. Diferenciar as funções de emissão, liberação, acompanhamento e controle da produção.
2. Identificar as informações contidas em uma ordem de produção.
3. Definir a velocidade de atualização dos dados de produção.
4. Relacionar desempenho da produção com TQC.
5. Aplicar o ciclo PDCA para controle do PCP.
6. Listar itens de controle para o PCP.

1 INTRODUÇÃO

O Capítulo 9 tem por objetivo apresentar as funções de emissão, liberação, acompanhamento e controle da produção, exercidas normalmente pelo pessoal do PCP instalado junto ao chão de fábrica. Inicialmente serão discutidas as funções de emissão e liberação das ordens, que completam o ciclo de programação da produção. Na sequência serão descritas as funções empregadas para o controle e acompanhamento da produção, com ênfase no emprego dos métodos desenvolvidos pelo *Controle da Qualidade Total* (TQC). Dentro desse aspecto, serão definidos os conceitos de processo e controle como forma de encaminhamento das atividades de acompanhamento e controle da produção por parte do PCP, bem como a utilização do ciclo PDCA para controle de processos, mostrando como ele está relacionado às funções de controle do PCP. Complementando essa visão de TQC, serão apresentadas algumas considerações para o uso da tabela de verificação *5W1H* como apoio ao desenvolvimento de medidas de desempenho necessárias à avaliação dos processos produtivos.

O Sapo e a melhoria contínua

Quantos pulos o sapo tem que dar para alcançar seu almoço, no caso, a mosca da Figura 9.1, dado que ele em cada pulo chega 50% mais perto da parede? A resposta é bem conhecida: o coitado do sapo vai morrer de fome visto que sempre terá uma metade da distância a ser pulada. Para o sapo pode ser ruim, mas para nós, dentro da fábrica, nem tanto, pois em uma fábrica o importante é estarmos sempre pulando para o lugar certo. E o PCP é importante neste processo de acompanhamento e controle da produção através de indicadores de desempenho. Hoje em dia, definir onde a mosca está pousada é chamado de melhoria contínua dentro da estratégia da manufatura enxuta.

Logo, sob a ótica da melhoria contínua, as metas dentro da fábrica enxuta devem ser uma sucessão de zeros: zero de defeitos, zero de estoques, zero de movimentações, zero de tempos de *setups*, lotes unitários, *lead times* iguais aos tempos de operação-padrão etc. Lógico que defeitos sempre irão ocorrer, e estoques serão utilizados na produção, bem como teremos que movimentar os lotes entre os postos de trabalho e fazer *setups* nas máquinas etc. Mas se formos numa feira comprar máquinas novas e voltarmos com uma onde o *setup* é alto (como também será seu lote econômico), ou se decidirmos por uma mudança de *layout* que aumentará a movimentação dos lotes, estaremos pulando para o lado errado do nosso almoço, e todo mundo quer almoçar, certo?

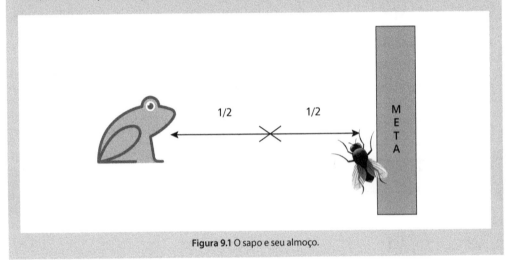

Figura 9.1 O sapo e seu almoço.

2 CONCEITOS

Uma vez que o PCP tenha exercido suas atividades de administração de estoques e sequenciamento, com base nos modelos discutidos nos últimos capítulos, ele tem em mãos um conjunto de ordens de montagem, fabricação e compras que deve ser emitido e liberado para que o sistema produtivo possa atender de forma organizada ao seu planejamento-mestre. Esse é o chamado período, normalmente semanal, de congelamento do programa de produção, ou seja, a partir desse ponto não é recomendável que o programa emitido e liberado seja alterado, visto que as várias atividades ordenadas (montagem, fabricação e compras) estão interligadas em quantidades e tempos e se espera que cada uma delas sendo executada corretamente faça com que o planejamento-mestre seja cumprido. Uma abertura nesse período congelado é dada pelo modelo de programação puxada, em que variações de *mix*, eventualmente de volume, podem ser absorvidas mesmo no curto prazo.

A Figura 9.2 reapresenta o fluxo de informações onde a interligação de longo, médio e curto prazo das funções de PCP é caracterizada. Apesar de a agregação de valor se dar no curto prazo, com as operações de compras, fabricação e montagem, o quanto de valor será agregado dependerá da montagem de uma programação da produção que atenda ao

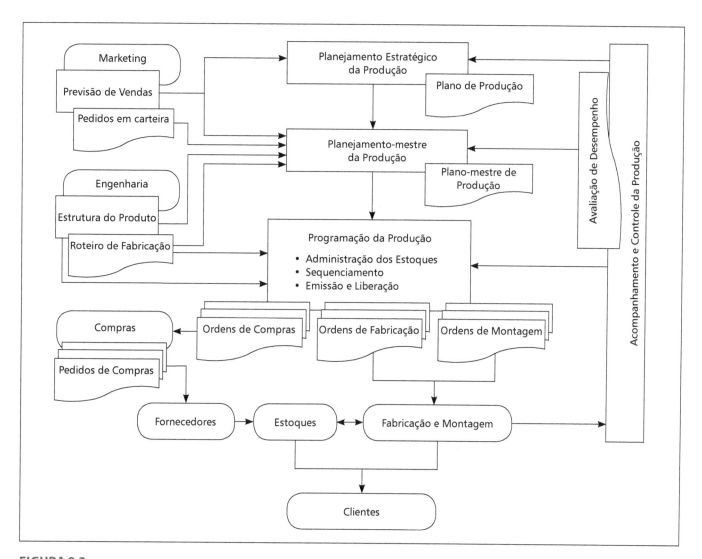

FIGURA 9.2

Fluxo de informações e PCP.

plano-mestre da produção, o qual, por sua vez, deve caber no sistema produtivo estruturado estrategicamente pelo plano de produção. Sempre que um elo dessa cadeia de eventos planejados for quebrado, a empresa corre sério risco de não estar agregando valor aos clientes.

Como funções de curto prazo do PCP, a emissão das ordens de montagem, fabricação e compras, como o nome indica, consiste na geração da documentação necessária para atender a um programa de produção, enquanto a liberação consiste na autorização para os respectivos setores darem início à execução das ordens. As ordens de compras seguem para o setor de compras providenciar os pedidos de compras junto aos fornecedores, enquanto as ordens de montagem e fabricação, uma vez emitidas, são gerenciadas pelo pessoal do PCP localizado junto ao chão de fábrica, e, em geral, vão sendo liberadas à medida que as ordens em produção anteriormente liberadas vão sendo cumpridas.

Como para a liberação das ordens o pessoal do PCP necessita estar junto ao chão de fábrica verificando o andamento da produção, a função de acompanhamento e controle da produção, que fecha o ciclo do fluxo de informações do PCP, é exercida por esse mesmo grupo de pessoas. Em geral, cada setor tem seu representante do PCP, instalado junto ao processo produtivo, encarregado não só da liberação das ordens, mas também das funções de acompanhamento e controle do programa de produção. Este último capítulo se encarrega de detalhar esse conjunto de funções do PCP desempenhado junto ao chão de fábrica.

■ **Objetivo de aprendizagem 1:**
Diferenciar as funções de emissão, liberação, acompanhamento e controle da produção.

2.1 Emissão e liberação de ordens

A última atividade na esfera de programação do PCP, antes do início da produção propriamente dita, consiste na emissão e liberação das ordens de fabricação, montagem e compras, que permitirão aos diversos setores operacionais da empresa executarem suas atividades de forma coordenada no sentido de atender ao período congelado do plano-mestre. Em geral, essas atividades de emissão e liberação são precedidas por uma reunião semanal, eventualmente diária, onde os representantes de cada setor envolvidos no processo produtivo, juntamente com o PCP, discutem e validam o programa a ser efetivado.

Até serem emitidas e liberadas, as ordens são apenas planos que se pretende cumprir. Uma vez formalizada a documentação e encaminhada aos seus executores, estas ordens entram na esfera operacional do processo produtivo, de forma que ações são tomadas e recursos alocados para a sua efetivação, fazendo com que seja difícil e antieconômico mudar essa programação. Assim, é função do PCP nessas reuniões semanais, ou diárias, antes de formalizar uma programação da produção, verificar com os setores envolvidos se todos os recursos necessários para o atendimento das ordens estão disponíveis, evitando que ordens sejam emitidas e, por falta de recursos, não sejam atendidas.

Convencionalmente, as ordens de compra são encaminhadas ao Departamento de Compras que se encarrega de contatar e transmitir essas informações, via pedido de compra, aos fornecedores, saindo assim da alçada do PCP. Já no contexto da manufatura enxuta, ao se desenvolverem parcerias de longo prazo com a cadeia de fornecimento, os fornecedores podem ser acionados diretamente pelo sistema de programação puxado. Por outro lado, as ordens de fabricação e montagem, antes de liberadas, necessitam ser verificadas quanto à disponibilidade de recursos humanos, máquinas e materiais.

A administração e a verificação da disponibilidade de recursos humanos e de máquinas ficam, normalmente, a cargo dos encarregados dos próprios setores produtivos, haja vista que seu dimensionamento foi projetado estrategicamente quando da elaboração do plano de produção e taticamente na montagem do plano-mestre da produção. Como o PCP executou seu programa de produção de curto prazo dentro desses níveis de capacidade produtiva, admite-se que existam máquinas e funcionários treinados e capazes de cumprir as ordens programadas. As reuniões de programação semanal com os setores permitem ajustes finos nessas disponibilidades.

Deixando a administração dos recursos humanos e de máquinas a cargo de cada setor, a verificação da disponibilidade de matérias-primas, peças componentes e eventualmente ferramentas é a função que cabe ao PCP realizar antes da liberação das ordens de fabricação e montagem. A verificação da disponibilidade desses itens é feita com auxílio dos registros de controle de estoques e de ferramentas do sistema de informações do ERP implantado. Pode-se nesse momento proceder à reserva dos itens e emitir requisições de materiais e ferramentas, que, dependendo da sistemática empregada, seguem junto com as ordens para a montagem e fabricação, ou são enviadas diretamente para o almoxarifado e ferramentaria, que estariam autorizados a remeter os itens aos usuários quando da liberação das ordens a esses.

Validado pelo grupo o programa de produção do período, dependendo do nível de automação do sistema de ERP implantado, as ordens podem ser emitidas fisicamente (em papel) e encaminhadas aos setores responsáveis pelo pessoal de liberação do PCP, ou, o que é cada vez mais frequente, o sistema de informações pode emitir e liberar diretamente as ordens no terminal de cada setor.

Objetivo de aprendizagem 2: Identificar as informações contidas em uma ordem de produção.

Uma ordem de fabricação, montagem ou compras deve conter as informações necessárias para que os setores responsáveis pela fabricação, montagem ou compras possam executar suas atividades. Basicamente, essas ordens devem conter a especificação e o código do item, o tamanho do lote, o nível de prioridade, a data de início e de conclusão esperada das atividades. Dependendo do tipo de produção, junto com as ordens de fabricação e montagem, devem seguir também os desenhos e as instruções técnicas que informarão aos operadores como proceder a suas atividades. Geralmente, em processos de produção contínuos ou em massa estas informações são desnecessárias, visto que os equipamentos já estão dispostos segundo o roteiro de produção, e a variedade de itens produzidos é pequena. Já nos processos repetitivos em lotes e nos sob encomenda, principalmente, com a diversificação dos roteiros e produtos, essas informações são de fundamental importância para o entendimento e execução das ordens emitidas.

VOCÊ SABIA?

Gestão sem papéis

À medida que os custos de *hardware* vão caindo, cada vez fica mais fácil planejar, programar, emitir, liberar e acompanhar a produção sem cortar uma árvore, interligando a gestão da fábrica no ERP com terminais e coletores de dados junto aos processos produtivos. Entre os motivos pelos quais se deve começar a pensar em uma gestão sem papel, sem dúvida, o mais charmoso e debatido em todo o mundo diz respeito à preservação do meio ambiente, minimizando os desmatamentos. Mas existem também outros motivos ligados à redução de custos produtivos que encaminham as empresas a serem defensoras da natureza, como o uso mais produtivo do tempo das pessoas, com resposta rápida nas ações de planejamento, programação e controle da fábrica, via importação e exportação de dados em diversos formatos sem intervenção humana. A alimentação dos sistemas de gestão fica mais fácil, garantindo maior fidelidade e segurança dos dados.

Nos modernos sistemas de ERP é possível então planejar, programar, emitir e acompanhar a execução das ordens de produção (OP) apenas via telas de computadores, como o exemplo apresentado na Figura 9.3, onde as ordens podem ser sequenciadas nos recursos (APS) a partir das necessidades de OPs identificadas no MRP. Como este sequenciamento tem por base a capacidade finita dos recursos, a tela do gráfico de Gantt permite controlar a linha do tempo quanto à execução das OPs e visualizar se algo está saindo do controle, antes mesmo que isso se torne realidade, dando tempo hábil para correções. E tudo isso sem emitir uma única folha de papel.

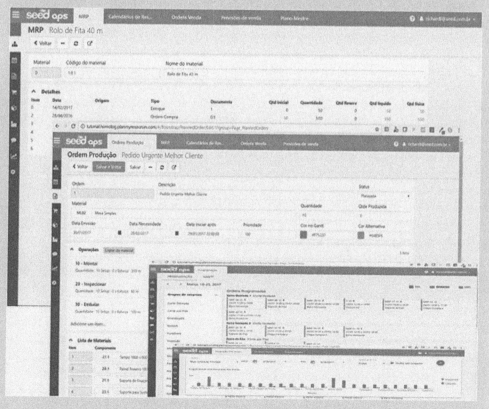

Figura 9.3 Sistema ERP integrado da Seed APS (www.seed.com.br/)

Lembrando que onde o sistema *kanban* tenha sido implantado, como apresentado no capítulo anterior, essas funções de emissão e liberação ficam a cargo do próprio setor que administra os supermercados e quadros *porta-kanban*. Emitidas e liberadas as ordens, o sistema produtivo passará à etapa de execução do programa, e o PCP iniciará suas atividades de acompanhamento e controle da produção, discutidas a seguir.

2.2 Acompanhamento e controle da produção

O objetivo do acompanhamento e controle da produção é fornecer uma ligação entre o planejamento e a execução das atividades operacionais, identificando os desvios, sua magnitude e fornecendo subsídios para que os responsáveis pelas ações corretivas possam agir. Apesar de teoricamente os recursos necessários para a execução dos planos de produção terem sido planejados e programados pelo PCP, na prática, infelizmente, a ocorrência de desvios entre o programa de produção liberado e o executado é a situação mais comum. Quanto mais rápido os problemas forem identificados, ou seja, quanto mais eficientes forem as ações do acompanhamento e controle da produção, menores serão os desvios a serem corrigidos, menor o tempo e as despesas com ações corretivas.

Objetivo de aprendizagem 3: Definir a velocidade de atualização dos dados de produção.

A questão da velocidade com que se deve obter o *feedback* das informações está de certa forma associada ao tipo de processo produtivo. Em processos contínuos, ou de produção em massa, o *feedback* das informações deve ser rápido, com coleta de dados em tempo real e acompanhamento *on-line*, pois em pouco tempo, dada a alta velocidade produtiva, os desvios serão grandes. No outro extremo, nos processos por projeto, o acompanhamento das informações produtivas pode ser em períodos semanais ou maiores, visto que os ritmos de alterações nas tarefas produtivas são dessa magnitude.

Entre esses dois extremos, há os processos repetitivos em lotes, em que a frequência de coleta das informações deve ser compatível com a velocidade de produção dos lotes. Convencionalmente, na programação empurrada com lotes grandes, os controles são normalmente semanais, conforme praticado no Jogo LSSP_PCP2, quando se rodam novamente o planejamento-mestre, o MRP e os controles de estoques, para geração de um novo programa de produção com um conjunto de ordens a serem emitidas e liberadas. Eventualmente, com a instalação de sistemas de programação avançados (APS) e coletores de dados nos postos de trabalho, esse processo de acompanhamento e reprogramação pode ser diário.

Já no caso da programação puxada via sistema *kanban* dentro dos processos repetitivos em lotes, uma vez projetado o sistema pelo grupo de implantação, não só as funções de emissão e liberação ficam a cargo dos setores produtivos, como também as funções de acompanhamento e controle dos níveis planejados de estoques nos supermercados, via dinâmica de sinalização do quadro *porta-kanban*. Por ser um sistema visual de controle, desvios na demanda ou na reposição dos supermercados são rapidamente identificados.

Cabe ressaltar que, a não ser que os desvios sejam muito significativos, o replanejamento deve ser evitado, sendo empregado como último recurso pelo PCP, pois sempre vale a pena exercer esforços para fazer validar os programas preestabelecidos, de forma que os desvios sejam absorvidos pelos estoques. Mudanças nos planos implicam alterações em todo o fluxo produtivo, com reflexo por toda a empresa bem como na cadeia de fornecimento. Dessa forma, pode-se dizer que um sistema de acompanhamento e controle da produção eficiente é reflexo da elaboração pelo PCP de um programa de produção válido, baseado em um planejamento-mestre real, e sustentado por recursos equacionados estrategicamente no plano de produção. Um programa de produção deve ser realístico, as ordens emitidas devem ter grandes possibilidades de serem executadas, pois, caso contrário, os programas de produção ficarão desacreditados, e o acompanhamento e controle da produção pouco poderá fazer, ficando restrito à função de apagar incêndios, o que acaba sendo desestimulante e improdutivo.

Uma questão importante quanto à validade do programa de produção diz respeito à exatidão e à amplitude dos dados empregados para compor os planos produtivos. Engenharia, Marketing, Compras e o próprio PCP devem fornecer dados realísticos e exatos com relação a tempos de operações-padrão, demandas, *lead times* internos e externos, níveis de estoques etc. As variações na tolerância dos dados devem ser definidas e empregadas para dimensionar os estoques de segurança do sistema produtivo, permitindo que desvios maiores do que essas tolerâncias gerem relatórios de exceção por parte do acompanhamento e controle da produção, direcionando a atenção de todos para as ações de correção que se façam necessárias.

Apesar do aumento da capacidade de processamento e comunicação dos computadores e de *softwares* cada vez mais sofisticados e dedicados à função de programação e acompanhamento da produção, a essência desse acompanhamento e controle da produção pelo PCP diz respeito ao emprego de pessoas qualificadas para a identificação das exceções, da montagem de planos de produção consistentes e da busca por ambientes produtivos organizados e previsíveis. Quando se pensa em manufatura enxuta, se pensa em um conjunto de técnicas gerenciais voltadas para a eliminação dos desperdícios, e não necessariamente em automação industrial. A máxima de que não se deve informatizar o caos é uma realidade. A simples armazenagem e geração de dados não garante controles eficientes.

Em tese, os sistemas de planejamento das necessidades de materiais (MRP) e de programação avançada da produção (APS) serão tão eficientes quanto eficientes forem os dados de entrada que alimentarem os seus algoritmos. Se esses sistemas de planejamento e programação estiverem utilizando dados baseados em médias históricas do desempenho passado do processo produtivo, o que é muito comum nesses casos, deve-se tomar cuidado com a variabilidade desses dados. Um tempo-padrão de operação (ou um consumo-padrão de componentes) de 10 minutos por unidade (ou 10 quilos por unidade), quando obtido por uma média de um sistema produtivo que varia entre 5 e 15 minutos (ou quilos) por unidade, resultará em programações problemáticas. Programando com base em 10 minutos (ou quilos) e ocorrendo 5 minutos (ou quilos) na operação, se estará adiantando o lote e formando estoques. Já quando ocorrer 15 minutos (ou quilos) na operação se estará atrasando o atendimento ao cliente e se consumindo os estoques antes formados.

Cabe ainda ressaltar a questão da atribuição de responsabilidade pelo cumprimento e acompanhamento do programa de produção. Em sistemas convencionais, o PCP, com sua função de acompanhamento e controle da produção, tem responsabilidade direta e exclusiva pela identificação dos problemas que acarretem desvios com relação ao planejado, cabendo aos setores produtivos apenas esperar novas instruções que corrijam esses desvios. No ambiente de manufatura enxuta, o treinamento adequado e o envolvimento da mão de obra nas tomadas de decisões, principalmente quando se planeja e opera um sistema de programação puxada, fazem com que a responsabilidade pelo acompanhamento, controle da produção e correção dos problemas no atendimento das necessidades dos clientes sejam atividades conjuntas entre o PCP e os participantes do processo produtivo, gerando comprometimentos de todos pelo melhoramento contínuo do sistema.

Quando se busca o conceito de melhoramento contínuo, se busca aplicar os princípios de Controle da Qualidade Total (TQC). Dentre as ferramentas que vieram permitir o melhoramento contínuo com gerenciamento visual da fábrica, as contidas no TQC foram as que tiveram uma aceitação muito rápida nas empresas, sendo implantadas desde a década de 1980, com métodos simples voltados para a identificação, análise e solução de problemas. Considerando que a função de acompanhamento e controle do programa de produção nada mais é do que a identificação, análise e solução de problemas de programação, as ferramentas do TQC são recomendáveis como método a ser aplicado a essa função do PCP. Nesse sentido, a aplicação do TQC na função de acompanhamento e controle da produção será contextualizada na sequência.

2.3 Controle sob a ótica do TQC

Não se tem aqui o objetivo de aprofundar os conceitos de TQC, pois já existe farta bibliografia sobre o tema. Pretende-se apenas posicionar a função de acompanhamento e controle da produção perante a visão de qualidade total do processo, como na realidade ela deve ser. Dessa forma, inicialmente se define o que é processo e o que é controle para, em seguida, se passar à definição de controle do processo produtivo dentro da ótica do TQC.

VOCÊ SABIA?

O TQC e o telefone que não funcionava

Diz a história que, ao final da Segunda Guerra Mundial, quando as forças americanas de ocupação chegaram ao Japão, além de um país em ruínas, encontraram um sistema telefônico muito deficiente. O telefone japonês não era confiável para comunicação, pois a qualidade do equipamento era irregular e ruim. Desta forma, as forças americanas ordenaram que a indústria de telecomunicações japonesa começasse a usar o controle de qualidade estatístico, novidade na época, desenvolvido pelos americanos durante a guerra. A partir dessa experiência, imposta pelas forças de ocupação, as fábricas japonesas, com base no livro de Shewhart sobre controle de qualidade (*Economic Control of Quality of Manufactured Product*), perceberam a relação direta existente entre o desenvolvimento da qualidade em suas fábricas e o incremento na produtividade, fato este que estimulou o uso das novas técnicas de administração trazidas pelos americanos.

Com o apoio de consultores americanos, como Deming, Juran e Feigenbaum, os japoneses não se limitaram à aplicação das técnicas estatísticas, mas a partir de uma série de fatores sociais e políticos convergentes, como a criação da JUSE (*Union of Japanese Scientists and Engineers*), do movimento de padronização, da educação pública de qualidade, da criação dos círculos de controle da qualidade, entre outros historicamente citados, foi possível evoluir da inspeção estatística de qualidade para o conceito de qualidade total. Em 1961, Feigenbaum, criador do termo TQC (*Total Quality Control*), definiu qualidade total de forma ampla como um sistema eficaz que integra o desenvolvimento da qualidade, a manutenção da qualidade e os esforços de melhoria da qualidade entre os diferentes setores da empresa, com o objetivo de criar produtos/serviços com o máximo de economia e a plena satisfação dos consumidores. E tudo por causa de um telefone que não funcionava!

Objetivo de aprendizagem 4: Relacionar desempenho da produção com TQC.

O TQC define um processo como a reunião organizada de seis fatores, ou causas, conhecidos como os "6M" (matérias-primas, máquinas, mão de obra, métodos, medidas e meio ambiente), no sentido de gerar uma saída ou um efeito (no caso de um sistema produtivo, um produto). A representação desse processo é feita através do diagrama de causa-efeito de *Ishikawa*, também conhecido como espinha de peixe devido a seu formato, ilustrado na Figura 9.4.

FIGURA 9.4

Diagrama de Ishikawa.

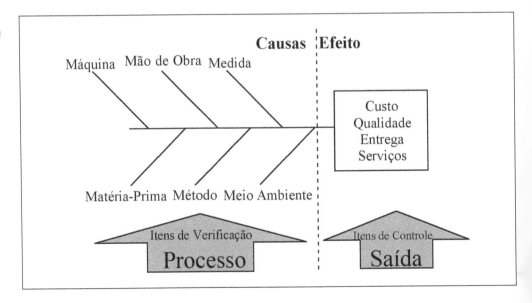

Nesse diagrama, os processos são representados por um conjunto de fatores que quando acionados resultam num efeito ou produto. O diagrama de *Ishikawa* permite que processos complexos sejam divididos em processos mais simples e, portanto, mais controláveis. Por exemplo, como mostrado na Figura 9.5, um produto ao ser fabricado é o resultado da ação de matérias-primas, máquinas, mão de obra, métodos, medidas e meio ambiente em um processo produtivo. Esse processo de fabricação, por sua vez, pode ser subdividido em vários processos menores que o compõem, como, por exemplo, dentro do fator método, a forma como a programação da produção é desenvolvida, a qual pode ser analisada também como resultado da aplicação dos 6M.

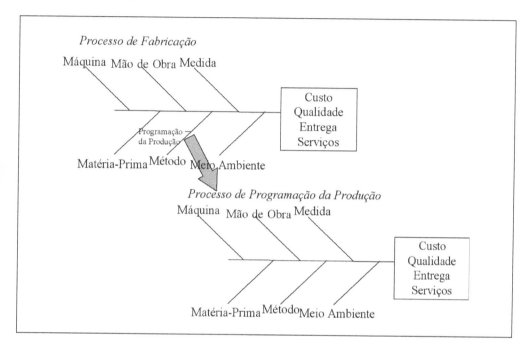

FIGURA 9.5

Redução da complexidade de um processo.

O desempenho de um processo pode ser avaliado através de seus itens de controle, os quais podem ser definidos como índices numéricos relacionados com as quatro dimensões da qualidade (custo, qualidade, entrega e serviços) analisadas em cima do efeito do processo ou produto. Por exemplo, no caso de o processo ser a programação da produção, pode-se usar como itens de controle o *lead time* médio dos lotes, a pontualidade no atendimento do cliente, as horas extras empregadas, o estoque médio do período etc. Por sua vez, olhando para dentro do processo, ou seja, para suas causas, podem-se relacionar os itens de controle com os chamados itens de verificação das causas, que são também índices numéricos estabelecidos sobre as causas que influem em determinado item de controle. Por exemplo, para o índice de controle do *lead time* médio dos lotes podem-se obter os índices de verificação sobre o tempo disponível de máquina, o tempo das paradas por falta de matérias-primas, o tempo dos *setups*, o índice de absenteísmo, o índice de lotes retrabalhados, os erros no preenchimento das ordens etc.

Diz-se que um problema ocorre em um processo quando um índice de controle desse processo está fora do padrão esperado. Logo, a ideia geral na qualidade total é de que para se manter um processo sobre controle, devem-se estabelecer itens de controle sobre seu efeito e itens de verificação sobre suas causas, de maneira que sempre que um problema venha a ocorrer, ou seja, o índice de controle esteja fora do padrão, o processo seja analisado e sejam identificadas, através de seus índices de verificação, quais as causas que geraram esse problema. Essas causas devem ser atacadas e bloqueadas para evitar que problemas futuros dessa natureza tornem a ocorrer.

Essa lógica do TQC é justamente o que se espera da função de acompanhamento e controle da produção realizada pelo pessoal do PCP, ou seja, o PCP deve manter itens de controle relacionados ao desempenho do processo produtivo quanto a qualidade, custo, entrega e serviços do programa de produção emitido, de forma que sempre que ocorra um problema, ou seja, um item de controle fique fora do padrão, como por exemplo um atraso no prazo de entrega de um lote, este possa ser identificado e solucionado através da análise dos seus itens de verificação sobre o processo, como, por exemplo, o prazo de entrega da matéria-prima ou tempo de *setup* da máquina, isolando assim suas causas fundamentais.

O método gerencial empregado para operacionalizar essa lógica do controle de processos é o chamado ciclo PDCA, que será descrito a seguir.

Ciclo PDCA para controle de processos

Objetivo de aprendizagem 5:
Aplicar o ciclo PDCA para controle do PCP.

O ciclo PDCA para controle de processos é o método de gerenciamento da qualidade proposto pelo TQC. Conforme se pode ver na Figura 9.6, esse método gerencial é composto de quatro etapas básicas sequenciais, formando um ciclo fechado, que são: planejar (*Plan*), executar (*Do*), verificar (*Check*) e agir corretivamente (*Action*). A proposta do TQC é de que cada pessoa na empresa, dentro da sua atribuição funcional, empregue o ciclo PDCA para gerenciar suas funções, garantindo o atendimento dos padrões. O PCP, como corresponsável pela eficiência no atendimento do programa de produção, deve atuar e apoiar os participantes da cadeia produtiva no gerenciamento do ciclo PDCA.

FIGURA 9.6

Ciclo PDCA do TQC.

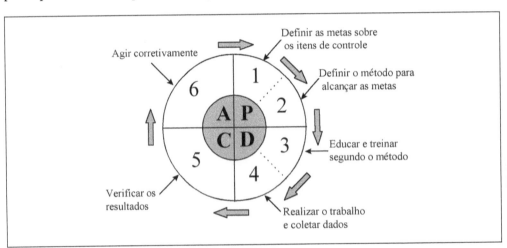

A etapa de planejamento, que inicia o giro do ciclo, tem por função estabelecer os objetivos a serem alcançados com o processo ou, em outras palavras, as metas sobre os itens de controle do processo, assim como decidir sobre os métodos a serem empregados para atingir estas metas. O PCP deve atuar nesta etapa de planejamento, em conjunto com os demais participantes do processo produtivo, no sentido de estabelecer as diretrizes de controle, ou seja, as faixas de valores-padrão para os itens de controle (custo-padrão, qualidade-padrão, entrega-padrão, serviço-padrão), e os procedimentos-padrão de operação para que esses valores sejam atingidos.

A segunda etapa do ciclo é a execução desses procedimentos-padrão de operação pelos funcionários. Inicia-se essa etapa pela educação e treinamento, segundo os procedimentos-padrão definidos, das pessoas que irão executar o trabalho, incluindo-se nesse treinamento a função de coleta de dados. Segue-se a execução do trabalho e a coleta dos dados. O PCP deve participar dessa etapa dando suporte ao treinamento dos funcionários no uso correto da documentação, emitida por ele, que autorizará a fabricação e montagem dos itens. Também apoiará com treinamento nas técnicas de coleta de dados e preenchimento dessa documentação.

Uma vez executado o trabalho e coletados os dados, a terceira etapa do ciclo PDCA é a verificação, comparando-se os resultados obtidos com os padrões de controle estabelecidos. Essa etapa é a base da função de acompanhamento e controle, executada pelo PCP. O

PCP deve manter gráficos de controle dos itens de controle relacionados ao programa de produção, de forma que os problemas sejam rapidamente identificados. Caso não existam problemas, a rotina de trabalho é mantida; caso surjam desvios, passa-se ao quarto passo do ciclo.

A etapa de agir corretivamente dentro do ciclo PDCA visa eliminar definitivamente o problema, de maneira que nunca mais se repita. A ação nessa etapa se dá em dois momentos: sobre o resultado do problema visando colocar o processo novamente em funcionamento e sobre as causas fundamentais que originaram esse problema visando evitar que ele se repita. Problemas no cumprimento do programa de produção devem ter uma ação rápida por parte do PCP. Por exemplo, encontrada uma ordem de fabricação que esteja com sua data de conclusão atrasada, deve-se inicialmente apressá-la, fazendo um novo sequenciamento, para colocá-la em dia. Em seguida, deve-se pesquisar qual a origem desse atraso, atuando em cima dos itens de verificação sobre os seis fatores (matéria-prima, máquina, mão de obra, medida, método e meio ambiente) do processo produtivo responsável pelo atraso, para identificar a causa e iniciar novo ciclo PDCA, estabelecendo novas diretrizes de controle.

Em decorrência do método de gerenciamento proposto pelo ciclo PDCA, cada vez que um problema é identificado e solucionado, o sistema produtivo passa para um patamar superior de qualidade; dessa forma busca-se trabalhar dentro da ótica do melhoramento contínuo, em que problemas são vistos como oportunidades para melhorar o processo.

O ciclo PDCA pode também ser usado para induzir melhoramentos, ou seja, para melhorar as diretrizes de controle. Nesse caso, na etapa inicial do ciclo planeja-se uma meta a ser alcançada, como, por exemplo, reduzir o *lead time* de um processo em 10%, e um plano de ação para se atingir esta meta, como, por exemplo, alterar o *layout* das máquinas. Executa-se a ação segundo a nova diretriz e verifica-se se foi efetiva no atendimento da meta. Em caso afirmativo, padroniza-se esta nova sistemática de ação; em caso de não atendimento da meta, volta-se à etapa inicial e planeja-se novo método. Esse ciclo PDCA é conhecido como método de solução de problemas ou *QC Story*.

Medidas de desempenho do processo

Conforme visto na Figura 9.4, na qualidade total, o desempenho de um processo deve ser avaliado através de seus itens de controle, que, por sua vez, devem estar relacionados com as quatro dimensões que a qualidade assume sobre o efeito desse processo.

No acompanhamento e controle da produção, o PCP incorpora a função de verificar como está o desempenho, ou a qualidade, do atendimento do programa de produção projetado para o período, sendo esse então o processo a ser acompanhado e avaliado. Dessa forma, os itens de controle, ou as medidas de desempenho, devem estar relacionados com o custo, a qualidade, a entrega e os serviços no atendimento do cliente do programa de produção em andamento.

Cada empresa, dependendo do tipo de sistema produtivo que estiver empregando, terá sua lista de medidas de desempenho. Basicamente, quando se fala em acompanhamento da produção, as medidas de desempenho estarão relacionadas à produtividade dos recursos empregados, ao giro dos estoques, aos *lead times* produtivos e ao nível de atendimento da demanda, interna ou externa. Apesar de todas as dimensões da qualidade de um programa de produção serem importantes, as empresas que trabalham sob regime de encomenda darão prioridade aos itens de controle associados à entrega, enquanto as empresas que possuem um sistema de produção em massa deverão privilegiar os itens de controle associados aos custos.

VOCÊ SABIA?

A chave para a produtividade

Os KPIs, ou indicadores-chave do processo, do inglês *Key Process Indicators*, são medidas de desempenho que as organizações utilizam para aferir, analisar e melhorar seus processos. A estes indicadores são atribuídas metas específicas, que visam direcionar a atenção dos tomadores de decisão para os aspectos importantes do sistema produtivo, a fim de atingir os objetivos estratégicos do negócio. Associados aos KPIs, a gestão visual torna públicas as informações críticas sobre os indicadores e suas metas, criando maior engajamento em todas as pessoas nos diversos níveis da empresa para alcançar os objetivos estratégicos, através da melhoria contínua de seus processos internos.

Diversos são os KPIs relacionados aos processos de Planejamento e Controle da Produção. Em geral, esses indicadores buscam medir a eficiência na utilização dos recursos, pontualidade de atendimento ao cliente e aspectos relativos aos custos, como nível de inventários, produtividade etc. A seguir, apresentam-se alguns dos principais KPIs relacionados ao PCP.

Nome	Objetivo	Fórmula de cálculo
OEE (*Overall Equipment Effectiveness*, ou Efetividade Total do Equipamento) Obs.: considera-se empresas classe mundial com índice OEE maior ou igual a 85%.	Medir o percentual da eficiência global dos equipamentos, considerando perdas por falhas e desempenho das máquinas e problemas de qualidade.	$OEE(\%) = D \times P \times Q$ $$D \text{ (disponibilidade)} = \frac{\text{tempo carregamento} - \text{perdas de disponibilidade}}{\text{tempo de carregamento}}$$ $$P \text{ (desempenho)} = \frac{\text{tempo de ciclo} \times \text{total de itens}}{\text{tempo de operação}}$$ $$Q \text{ (qualidade)} = \frac{\text{total de itens} - \text{itens com defeito}}{\text{total de itens}}$$ tempo carregamento (h) = tempo total disponível dos recursos perdas de disponibilidade (h) = = perdas por *setup* + perdas por falhas + perdas por ociosidade tempo de operação (h) = = tempo de carregamento − perdas de disponibilidade
OTIF (*On time in Full*, ou Pedidos Completos e no prazo)	Medir o percentual da pontualidade e assertividade das ordens.	$$OTIF(\%) = \frac{\text{Número de ordens perfeitas}}{\text{Número total de ordens}} \times 100$$
OTD (*On Time Delivery*, Entregas no prazo)	Medir o percentual da pontualidade das ordens.	$$OTD(\%) = \frac{\text{Número de ordens no prazo}}{\text{Número total de ordens}} \times 100$$
Giro de estoques	Medir o número de vezes em que o estoque gira em relação à demanda.	$$\text{Giro de estoque (giros)} = \frac{\text{Demanda total no período}}{\text{Estoque médio no período}}$$
Cobertura de estoques	Medir o número de dias médio de demanda em estoque.	$$\text{Cobertura (dias)} = \frac{\text{Estoque médio no período}}{\text{Demanda média diária}}$$
Lead time	Medir o *lead time* médio das ordens.	$$\text{Lead time (tempo)} = \frac{\Sigma \text{Lead time das ordens}}{\text{número de ordens}}$$
Produtividade	Medir a relação entre a saída de produção obtida e os recursos utilizados.	$$\text{Produtividade (produtos/hora)} = \frac{\text{produção total}}{\text{tempo de recursos utilizado}}$$

Uma forma de organizar seus itens de controle sobre o programa de produção consiste em montar uma tabela de verificação a partir de seis questões a serem respondidas, conhecidas como os 5W1H (*What, When, Where, Why, Who, How*), propostas pelo TQC. A Figura 9.7 apresenta algumas sugestões de itens de controle para o programa de produção de uma empresa que trabalhe com lotes intermitentes.

Objetivo de aprendizagem 6:
Listar itens de controle para o PCP.

Item de Controle (*What*)	Por que usá-lo? (*Why*)	Calcular			Atuar corretivamente	
		Quem? (*Who*)	Quando? (*When*)	Como? (*How*)	Quando? (*When*)	Onde? (*Where*)
Lead time da OF	Avaliar o padrão de velocidade do processo	Acompanhamento e controle da produção	Ao completar cada OF	Diferença entre a data de liberação e a data de conclusão da OF	*Lead time* > 10% *lead time* padrão	Verificar os tempos de *setup*, movimentação e fabricação da OF
Quantidade de itens fabricados	Avaliar o padrão de qualidade	Acompanhamento e controle da produção	Ao final de um programa de produção	Diferença entre a quantidade de itens fabricados e a programada	Quantidade fabricada diferente da quantidade programada	Verificar origem dos defeitos
Consumo de MOD	Avaliar os custos produtivos	Acompanhamento e controle da produção	Ao completar cada OF	Calcular o tempo real despendido pelo operador na OF	Tempo real > 10% do tempo padrão de operação	Verificar a rotina de operações empregada pelo operador

FIGURA 9.7

Exemplos de itens de controle.

Como regra geral, algumas considerações importantes quanto à definição de medidas de desempenho devem ser colocadas, entre elas se pode citar:

- dados visuais e físicos são mais fáceis de interpretar do que dados financeiros, principalmente quanto ao desempenho do programa de produção;
- medidas de desempenho agregadas são mais fáceis de obter e usar do que dados individualizados, como, por exemplo, indicadores sobre famílias de produtos em vez de itens isolados;
- é mais importante obter valores oportunos do que exatos, ou seja, dados exatos podem demorar muito para serem obtidos, enquanto ações corretivas podem ser tomadas com informações aproximadas.

Estudo de Caso 8 – Acompanhamento e controle da produção

Objetivo: montar uma dinâmica de acompanhamento e controle da produção com base em indicadores de desempenho dos processos de programação da produção e sequenciamento desenvolvidos nos estudos de casos EC3 (PMP), EC5 (MRP) e EC6 (APS), conforme a teoria apresentada neste capítulo e ilustrada na planilha "Estudo_Caso_PCP_Exemplo.xlsx". Manter todas as variáveis interligadas entre as tabelas e gráficos de forma que a mudança em uma das variáveis de entrada promova mudanças nos cálculos simultaneamente.

Passos sugeridos:

1. Desenvolver indicadores de desempenho para os estoques (giro e cobertura, por exemplo) resultantes da programação da produção realizada no estudo de caso EC5.
2. Desenvolver indicadores de desempenho do carregamento dos recursos (*Jets* e Ramas) resultantes do sequenciamento da programação realizado no estudo de caso EC6.
3. Desenvolver indicadores de desempenho do carregamento dos setores (Purga/Tinturaria e Fixação/Acabamento) planejados no RCCP (EC3) *versus* realizados na programação do APS (EC6).
4. Montar os gráficos correspondentes para os indicadores de desempenho.

Questões sugeridas:

1. Com base nos indicadores de desempenho para os estoques, qual dos itens (malha acabada, fixada, ou crua, e fios) apresenta melhor giro médio de estoque? Justifique sua resposta.
2. Com base nos indicadores de desempenho para os recursos *Jets* e Ramas, qual deles apresenta melhor percentual de carregamento? E quanto ao tempo de *setup*? E ao tempo ocioso? Justifique sua resposta.
3. Compare o desempenho do carregamento dos setores (Purga/Tinturaria e Fixação/Acabamento) no sequenciamento (EC6) com o carregamento previsto no PMP/RCCP para o período 1 (EC3). Ocorreram diferenças entre o planejado e o programado? Explique o porquê.
4. Admitindo que nosso desempenho de qualidade é de 85% no setor de Purga/Tinturaria e de 90% no setor de Fixação/Acabamento, calcule o OEE destes setores com os dados disponíveis da primeira semana de programação do APS (EC6).

RESUMO

O Capítulo 9 teve por objetivo apresentar as funções de emissão, liberação, acompanhamento e controle da produção, exercidas normalmente pelo pessoal do PCP instalado junto ao chão de fábrica. Inicialmente se discutiram as funções de emissão e liberação das ordens, funções essas que fecham o ciclo de programação da produção. Na sequência, foram descritas as funções usadas no controle e acompanhamento da produção, com ênfase no emprego dos métodos desenvolvidos pelo *Controle da Qualidade Total* (TQC), sendo definidos os conceitos de processo e controle como forma de encaminhamento das atividades de acompanhamento e controle da produção por parte do PCP. A utilização do ciclo PDCA para controle de processos, mostrando como ele está relacionado às funções de controle do PCP, também foi descrita. Ao final, complementando essa visão de TQC, apresentaram-se algumas considerações para o uso da tabela de verificação *5W1H* como apoio ao desenvolvimento de medidas de desempenho necessárias à avaliação dos processos produtivos.

EXERCÍCIOS

1. Marque "V" se a sentença for VERDADEIRA, e "F" se a sentença for FALSA.

( ) A emissão de ordens consiste na geração da documentação necessária para atender a um programa de produção, enquanto a liberação consiste na autorização para início à execução das ordens.

( ) As ordens emitidas são gerenciadas pelo próprio processo produtivo, e liberadas todas de uma única vez.

( ) Uma vez emitidas e liberadas as ordens para o processo produtivo, para se adaptar às mudanças ou aos problemas ocorridos é desejado que estas ordens sejam alteradas ou novamente emitidas no curtíssimo prazo.

( ) A verificação da disponibilidade de matérias-primas, peças componentes e ferramentas necessárias é função do PCP antes da liberação das ordens de fabricação ou montagem.

( ) As ordens devem conter a especificação e o código do item a ser produzido, tamanho do lote, nível de prioridade, data de início e conclusão esperada das atividades.

( ) O objetivo do acompanhamento e controle da produção é monitorar as atividades operacionais, e não tem relacionamento com atividades de planejamento.

( ) Em processos contínuos, os *feedbacks* das informações podem ser realizados em períodos mensais, dada a pouca variedade de produtos.

2. O que são itens de controle e itens de verificação? Quais dimensões da qualidade podem ser consideradas para controle dos processos? E como é possível realizar o relacionamento entre os itens de controle e verificação dentro da visão de qualidade total do processo?

3. Com relação ao ciclo PDCA para controle e melhoria dos processos produtivos, enquadre as atividades listadas a seguir na etapa apropriada do ciclo, atribuindo a letra "P" (*Plan*) para atividades de planejamento, "D" (*Do*) de execução, "C" (*Check*) de verificação e "A" (*Action*) de correção.

( ) Comparar, através de gráficos de controle, os resultados obtidos do processo melhorado com os padrões e metas estabelecidos.

( ) Nivelar o conhecimento das pessoas envolvidas no processo sobre os métodos e ferramentas a serem utilizados.

( ) Corrigir o processo em caso de desvios em relação aos padrões e às metas estabelecidos.

( ) Aplicar novas ferramentas e métodos para melhoria do processo.

( ) Estabelecer as metas a serem alcançadas pelo processo.

( ) Estabelecer as ferramentas e os métodos que serão utilizados para a melhoria do processo.

( ) Coletar informações e dados do processo modificado.

4. Uma empresa está com dificuldades para entregar seus pedidos corretamente, e desconfia que existem muitas perdas no processo produtivo, porém não se consegue definir as principais causas e prioridades de atuação. Por este motivo, a empresa definiu o índice de OEE como um de seus principais KPIs. De posse dos dados coletados no último mês, apresentados na Tabela 9.1, calcule o OEE da empresa e os respectivos índices de disponibilidade, desempenho e qualidade. Com os resultados, sugira qual deve ser a prioridade de atuação da empresa para melhorar sua produtividade e atendimento ao cliente.

TABELA 9.1

Dados coletados para o Exercício 4.

Tempo por turno (h)	8,8
Dias úteis no mês	20
Número de turnos por dia	2
Paradas por falha no processo (h)	25
Perdas por *setup* (h)	38
Tempo de ciclo do produto (min./unid.)	1,2
Total de itens produzidos no mês (unid.)	11.000
Total de itens com defeito no mês (unid.)	650

ATIVIDADES PARA SALA DE AULA

O Brasil apresenta historicamente baixos índices de produtividade na indústria quando comparados a países desenvolvidos. O vídeo intitulado "Produtividade no Brasil" (https://www.youtube.com/watch?v=QqJWMRskjzU) ilustra bem esta realidade, e relaciona alguns aspectos que podem contribuir para a baixa produtividade do país.

Com o objetivo de praticar um método para a resolução de problemas empregando o diagrama de causa-efeito, apresentado na Figura 9.8, assista com os alunos ao vídeo sugerido e elabore em sala de aula um diagrama de causa-efeito para o problema "Baixa produtividade da indústria no Brasil", levantando o máximo de causas possíveis para o problema, classificadas segundo os 6M (matérias-primas, máquinas, mão de obra, métodos, medidas e meio ambiente) do diagrama. Se necessário, desdobre as causas principais em outros diagramas, a fim de detalhar um pouco mais a análise.

FIGURA 9.8

Diagrama de causa e efeito.

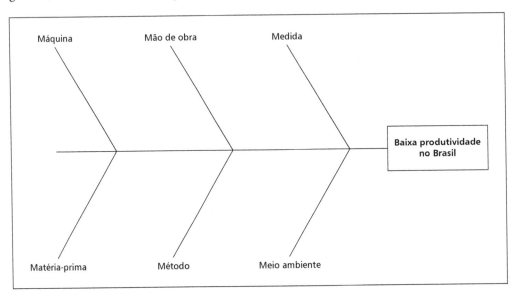

APÊNDICE A

Estudo de Caso: Jogo *LSSP_PCP1*
Previsão da Demanda e Planejamento Estratégico da Produção

Este Estudo de Caso, baseado no Jogo *LSSP_PCP1*, que pode ser baixado na página do GEN | Atlas como material suplementar <http://www.grupogen.com.br/>, tem por objetivo estudar e discutir as características da previsão da demanda e do planejamento estratégico da produção. Para tanto, inicia-se este estudo de caso com a descrição do sistema produtivo a ser simulado, bem como das regras de decisão que estão por trás da dinâmica do planejamento estratégico da produção embutidas no Jogo *LSSP_PCP1*. Em seguida, é apresentada a sistemática utilizada para a avaliação financeira dos resultados do plano de produção montado, e, ao final, um conjunto de questões para estimular a discussão e verificar o conhecimento desenvolvido durante a aplicação do jogo é proposto.

Sistema produtivo simulado

O jogo de empresas *LSSP_PCP1* trabalha a dinâmica de PCP no horizonte de longo prazo, com 12 períodos mensais a serem simulados, do mês 13 até o mês 24. Para se inciciar o jogo há necessidade de cadastrar o nome da empresa e o nome dos participantes do grupo (até cinco), bem como escolher um tipo de demanda (alta, média ou baixa) e um tipo de estrutura fabril (pequena, média ou grande) a ser simulada.

Como o jogo foi desenvolvido em *Access 2003*, ele necessita que esta versão (ou uma versão superior) esteja instalada no computador. Ao se abrir o arquivo do jogo, que deve ser extraído para seu computador, caso apareça uma caixa de mensagem *Aviso de Segurança*, acione o botão Abrir. E, ao cadastrar os dados de entrada, caso apareça a caixa de mensagem *Conflito de gravação*, acione o botão *Descartar alterações*.

A empresa simulada é fabricante de malhas e produz três famílias distintas, chamadas de Colmeia, Piquet e Maxim. A demanda por estas malhas, como pode ser visto no módulo *Demanda*, com base no histórico dos primeiros 12 meses, pode apresentar tendência, sazonalidade e variações aleatórias. Caso se opte por simular a demanda alta (mercado de massa), cada família terá apenas uma cor; caso se opte pela demanda média (mercado repetitivo em lotes), as famílias de malhas terão três cores cada; e, se a opção for a demanda baixa (mercado sob encomenda), as famílias de malhas terão 10 cores distintas. O número de cores terá reflexo nos tempos de *setup* dos *Jets* na tinturaria.

Como pode ser visto na Figura 1, a empresa compra fios (algodão e sintético) no mercado e através do processo de tecelagem, via emissão de OM (ordens de malharia), os transforma em malhas cruas (Colmeia, Piquet e Maxim) em teares circulares. Por sua vez, as malhas cruas são prefixadas, via emissão de OF (ordens de prefixação), em um processo de purga

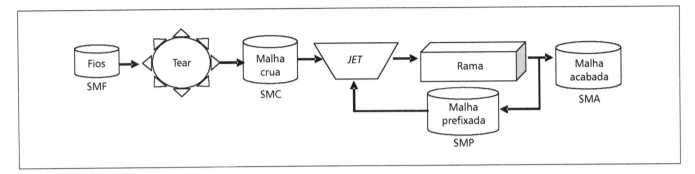

FIGURA 1

O processo produtivo simulado.

nos *Jets*, para lavação, e posterior prefixação na Rama, gerando malhas fixadas (Colmeia, Piquet e Maxim). Em um terceiro momento, as malhas fixadas repetem o fluxo produtivo *Jet-Rama*, via emissão de OA (ordens de acabamento), para receber o tingimento com adição de corantes nos *Jets* e o posterior acabamento na Rama. Os fios (SMF), as malhas cruas (SMC), as malhas fixadas (SMP) e as malhas acabadas (SMA) são armazenados em seus respectivos supermercados.

Dado o horizonte de longo prazo do jogo, seu objetivo é montar um plano estratégico de produção para atender a determinada previsão de demanda, estruturando os recursos físicos da empresa de maneira que ela trabalhe no mercado escolhido (de massa, repetitivo em lotes ou sob encomenda) da forma mais eficiente possível. Ao cadastrar a empresa e o grupo, a opção do tipo de estrutura fabril escolhida leva a montagem inicial de uma das seguintes empresas apresentadas na Tabela 1.

TABELA 1

Tipos de estruturas produtivas iniciais.

Característica dos Recursos	Empresa Pequena	Empresa Média	Empresa Grande
Número de teares	2	5	23
Número de turnos teares	1	2	3
Capacidade terceirizada de teares	0	0	0
Número de *Jets* de 30 quilos	5	0	0
Número de *Jets* de 120 quilos	0	3	0
Número de *Jets* de 480 quilos	0	0	3
Número de turnos *Jets*	1	2	3
Capacidade terceirizada de *Jets*	0	0	0
Número de ramas	0	1	2
Número de turnos ramas	0	1	2
Capacidade terceirizada ramas	70 h	0	0

Os dados dos roteiros de fabricação e taxas de produção, das estruturas dos itens, dos recursos produtivos e dos custos e receitas que serão avaliados estão disponíveis no módulo *Engenharia* do jogo. Uma vez simulado um período, o jogo disponibiliza uma série de relatórios físicos e financeiros empregados para montar a apresentação, que podem ser acessados no módulo *Início*.

Dinâmica do planejamento estratégico da produção

O início do jogo se dá, conforme pode ser visto na Figura 2, pela previsão da demanda das três famílias de malhas para os próximos 12 meses, realizada no módulo *Demanda*. Ao serem previstas, estas demandas são passadas para o plano de produção físico de cada família. É importante fazer sempre a previsão para todos os 12 períodos em função do planejamento da capacidade produtiva necessária, principalmente com relação às ampliações ou reduções de recursos e seu efeito financeiro no plano. O desempenho das previsões, período a período, pode ser acompanhado no módulo *Erro de Previsão* com o monitoramento do erro acumulado e do gráfico de controle de 4 MAD.

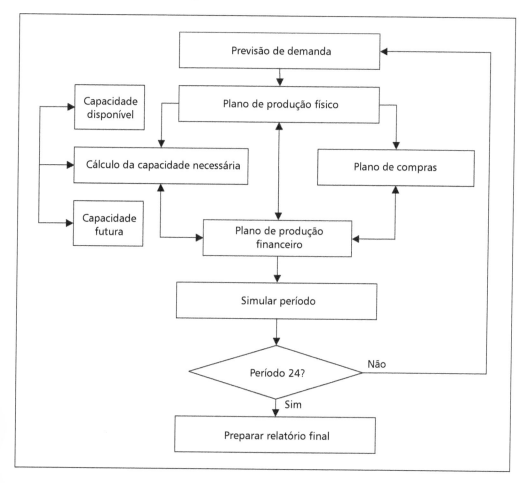

FIGURA 2

A dinâmica do Jogo *LSSP_PCP1*.

Após a previsão da demanda, o plano de produção estratégico de cada uma das três famílias de malhas deve ser feito acessando o módulo *P. Produção*. Dentro deste módulo existe um módulo para cada uma das famílias, de nome *PP Colmeia*, *PP Piquet* e *PP Maxim*. A montagem do plano de produção estratégico de cada família consiste em escolher qual a produção planejada em quilos de malha para cada um dos 12 meses a serem simulados. À medida que as simulações forem ocorrendo, os períodos passados vão sendo bloqueados. O reflexo nas vendas (supondo que a previsão realizada se confirme) e nos estoques dos períodos vai sendo automaticamente calculado. Uma vez que o período atual seja simulado, a demanda real substitui a demanda prevista, e a produção real (que apresenta certa variabilidade) substitui a produção prevista.

A montagem do plano de produção estratégico de cada família irá gerar um consumo previsto de matérias-primas (Fio de Algodão, Fio Sintético e Corantes). Estes valores serão repassados para os respectivos planos de compras que podem ser acessados via módulo *P. Compras*. Dentro deste módulo existe um módulo para cada uma das matérias-primas, de nome *Compras Fio_1*, *Compras Fio_2* e *Compras Corante*. A montagem do plano de compras de cada matéria-prima consiste em escolher qual a quantidade de compras planejada em quilos para cada um dos 12 meses a serem simulados. À medida que as simulações forem ocorrendo, os períodos passados vão sendo bloqueados. O reflexo nos estoques e nas compras de emergência, supondo que o consumo previsto se confirme, vai sendo automaticamente calculado. Uma vez que o período atual seja simulado, o consumo real substitui o consumo previsto, a compra real (que possui certa variabilidade) substitui a compra prevista e os estoques são recalculados. Caso ocorra falta de matéria-prima, compras de emergência serão disparadas de forma a não interromper a produção.

Por outro lado, a montagem do plano de produção estratégico de cada família irá gerar também uma necessidade de recursos produtivos na tecelagem, na purga e tinturaria, e na fixação e acabamento das malhas. Para se ter acesso à capacidade disponível em cada um destes setores deve-se entrar nos módulos *Tecelagem*, *Purga/Tinturaria* ou *Fixação/Acabam.*, respectivamente. Para que o plano estratégico de produção seja simulado, é indispensável que no módulo *Cap. Necessária*, em cada um destes setores, a capacidade disponível no setor seja maior ou igual a capacidade necessária para cumprir o plano (quando o campo *Validação* ficará indicando *Sim*).

Para se ajustar a capacidade necessária de cada um destes setores, podem-se empregar dois recursos. Um deles consiste em regular o número de turnos de trabalho e a contratação de serviços terceirizados, via acesso ao módulo *Cap. Disponível*. O outro consiste em planejar ampliações ou reduções de recursos no setor, via acesso ao módulo *Cap. Futura*.

Durante o planejamento estratégico da produção, ao se preencher o plano de produção de cada uma das famílias de malhas, ou durante a montagem do plano estratégico de compra de cada uma das matérias-primas, ou ainda, durante a montagem dos planos de capacidade dos recursos, pode-se acessar o módulo *PP Financeiro* (que fica dentro do módulo *P. Produção*) onde é possível verificar o reflexo financeiro das opções escolhidas. Dentro deste módulo é possível acessar os módulos com detalhes de cada um dos custos e receitas que compõem a avaliação do jogo.

Encerrada esta sequência de eventos, como apresentado na Figura 2, o jogo está pronto para ser simulado. Para tanto, retorna-se ao módulo *Início* e aciona-se o botão *Simular*. Neste momento, as rotinas de simulação serão disparadas, de forma que uma demanda real para cada família de malha será gerada, bem como uma produção real nos setores será calculada. Equipamentos serão comprados e vendidos, vendas de malhas serão efetuadas, demandas não atendidas serão perdidas, faltas de matérias-primas serão supridas de emergência e multas serão cobradas.

Após simular 12 períodos, do mês 13 até o mês 24, o jogo está encerrado e os relatórios físicos e financeiros, que foram emitidos período a período, devem ser usados para a montagem da apresentação do relatório final.

Avaliação financeira

A avaliação financeira do jogo é resumida no relatório *P. Produção Financeiro*, onde os resultados financeiros mensais decorrentes das decisões estratégicas tomadas são armazenados. Nos demais relatórios financeiros, os custos e as receitas deste plano são apresentados de forma detalhada. A avaliação financeira do jogo será feita sobre o Resultado Operacional. O Resultado Operacional consiste na diferença entre as receitas mensais (Receitas de Vendas de Malhas e Receitas de Vendas de Equipamentos) e os custos mensais (Fixos, Compras de MP, Manutenção de Estoques, Terceirização, Capital e de Vendas Perdidas). O Resultado Operacional Acumulado dará o valor acumulado durante o ano simulado.

As Receitas de Vendas mensais são obtidas pela multiplicação entre a quantidade em quilos de malha vendida no mês e o preço unitário por quilos da malha, enquanto as Receitas de Vendas de Equipamento são avaliadas pela multiplicação entre o número de equipamentos vendidos no mês e o preço de venda dos equipamentos.

Os Custos Fixos mensais são compostos por:

- Custos Fixos da Capacidade Instalada: são os custos decorrentes de se ter uma determinada capacidade instalada à disposição da produção, obtidos pela multiplicação entre a capacidade instalada mensal no setor em quilos ou horas e o custo fixo por quilo ou hora do setor.
- Custos Fixos de Depreciação: são os custos do consumo dos recursos produtivos pelo processo de depreciação, obtidos pelo número de recursos no mês no setor multiplicado pelo o custo de aquisição, divididos por sessenta meses (5 anos × 12 meses de vida útil dos equipamentos).

Por sua vez, os Custos de Compras de Matérias-Primas mensais são avaliados como:

- Custos de Compras: custos mensais incorridos diretamente com a compra de matérias-primas, obtidos pela multiplicação da quantidade comprada de matéria-prima pelo custo unitário da matéria-prima.
- Custos de Compras de Emergência: custos mensais incorridos com a compra de matérias-primas em regime de emergência, obtidos pela multiplicação da quantidade de emergência comprada de matéria-prima no mês simulado pelo custo unitário da matéria-prima de emergência.

Já os Custos de Manutenção de Estoques são decorrentes da necessidade de se armazenarem itens (matérias-primas e malhas) em estoque durante o mês, obtidos pela multiplicação do estoque médio do item pelo custo unitário e pela taxa de armazenagem mensal. Os estoques médios dos itens são calculados pela média entre o estoque inicial e o estoque final do mês.

Já os Custos de Terceirização da Produção mensais são decorrentes da necessidade de se optar pelo processo de terceirização para cobrir a capacidade produtiva necessária da fábrica. Estes custos são avaliados como a multiplicação entre a capacidade terceirizada no mês, em horas ou quilos, e o custo unitário por hora ou quilo de terceirização.

São avaliados mensalmente também os chamados Custos do Capital, em função de o dinheiro ter uma taxa de mínima atratividade de mercado (TMA), compostos por:

- Custo do Capital dos Equipamentos: são os custos decorrentes da necessidade de se manter determinado capital investido em equipamentos, obtidos pela multiplicação entre a TMA, o número de equipamentos e o custo de aquisição destes equipamentos.
- Custo do Capital dos Estoques: são os custos decorrentes da necessidade de se manter determinado capital investido em estoques de matérias-primas e malhas, obtidos pela multiplicação entre a TMA, o estoque médio dos itens e o custo unitário destes itens.

Além destes Custos Produtivos, existem custos relacionados com as vendas que não forem atendidas durante o mês simulado, chamados de Custos de Vendas Perdidas. Uma vez simulada a demanda real, caso não exista a quantidade de malha em estoque neste mês, é registrada essa falta como vendas perdidas. Estes custos são obtidos pela multiplicação entre a quantidade em quilos de malha não vendida e o custo unitário de vendas perdidas por família de malha.

Roteiro da apresentação: questões a serem respondidas

Para montar a apresentação final e responder a estas questões, empregue as informações geradas pelos relatórios físicos e financeiros do jogo; eles podem ser exportados para aplicativos que facilitam a apresentação. Gráficos e tabelas devem ser utilizados para dar subsídio ao texto.

Como o objetivo do jogo é explorar as diferentes estratégicas de produção que uma empresa deve analisar para melhor atender a determinado tipo de mercado, como sugestão para a dinâmica de aplicação dentro de uma turma, deve-se separar primeiro os grupos por tipo de empresa (grande, média ou pequena) e simular o plano estratégico de produção que esta empresa deve seguir para a alternativa de mercado correspondente, ou seja, empresa grande/mercado de massa, empresa média/mercado em lotes e empresa pequena/mercado sob encomenda.

Uma vez simulada esta primeira alternativa de demanda, havendo tempo disponível, sugere-se que cada grupo faça mais duas simulações mantendo a sua empresa e mudando a sua demanda para as outras duas alternativas de mercado, de forma que novos planos estratégicos de produção sejam formulados. A partir dos resultados encontrados em cada simulação, montar uma apresentação (e/ou entregar um relatório) de acordo com os sete pontos do roteiro proposto a seguir.

1. Introdução
    1.1. Como introdução, apresente a empresa e as alternativas de demanda simuladas e o grupo de analistas que trabalhou no PCP da mesma, bem como a disciplina e o curso onde o Jogo foi aplicado.
2. Quanto à previsão da demanda
    2.1. Quais fatores (tendência, sazonalidade e variações aleatórias) estão agindo sobre a demanda de cada uma das três famílias de malhas em cada um dos mercados? Que tipo de tendência? Que ciclo de sazonalidade?
    2.2. Apresente as fórmulas baseadas em séries temporais desenvolvidas para a previsão da demanda das famílias em cada alternativa de mercado, justificando a sua escolha.
    2.3. Apresente os gráficos de controles das previsões das demandas jogadas com base nas fórmulas desenvolvidas para cada família em cada tipo de mercado e justifique os pontos fora da área de controle de 4 MAD.
3. Quanto ao plano de produção estratégico
    3.1. Qual foi a estratégia utilizada na montagem do plano de produção físico em cada um dos mercados para as três famílias de malhas? Como foi definido o nível de produção planejada em cada um deles? Trabalhou-se com estoques como fator de segurança?
    3.2. A sua estratégia para cada família de malha em cada mercado foi efetiva? Apresente um gráfico para cada uma das simulações com os dados dos relatórios *P. de Produção* (*Colmeia*, *Piquet* e *Maxim*), focando na comparação entre a demanda prevista e a produção planejada, e a demanda real e a produção real, os níveis de estoques finais, bem como as vendas efetivadas e perdidas. Explique a ocorrência de estoques finais altos e de vendas perdidas.
4. Quanto ao plano de compras de matérias-primas
    4.1. Qual foi a estratégia utilizada na montagem do plano de compras de matérias-primas em cada um dos mercados simulados? Como foi definido o nível de compras planejadas em cada um deles? Trabalhou-se com estoques como fator de segurança?
    4.2. A sua estratégia para a compra de cada matéria-prima em cada mercado foi efetiva? Apresente um gráfico para cada uma das simulações com os dados dos relatórios *P. Compras* (*Fio1*, *Fio2* e *Corantes*), focando na comparação entre o consumo previsto e o consumo real, as compras planejadas, os níveis de estoques finais, bem como as compras de emergência. Explique a ocorrência de estoques finais altos e de compras de emergência.

5. Quanto à estratégia de montagem dos recursos de produção

    5.1. Qual foi a estratégia montada para o setor de tecelagem em cada uma das alternativas de mercado? Com base nos relatórios *Capacidade Tecelagem* e *Teares*, monte gráficos que ilustrem as estratégias escolhidas.

    5.2. Qual foi a estratégia montada para o setor de purga e tinturaria em cada uma das alternativas de mercado? Com base nos relatórios *Capacidade Purga/Tintur.* e *Jet1*, *Jet2* e *Jet3*, monte gráficos que ilustrem as estratégias escolhidas.

    5.3. Qual foi a estratégia montada para o setor de fixação e acabamento em cada uma das alternativas de mercado? Com base nos relatórios *Capacidade Fix./Acab.* e *Ramas*, monte gráficos que ilustrem as estratégias escolhidas.

6. Quanto aos resultados financeiros das estratégias escolhidas

    6.1. Qual foi o resultado operacional acumulado para cada uma das três alternativas de mercado simulada.

    6.2. Apresente um conjunto de gráficos baseado no relatório *P. Produção Financeiro* para ilustrar o desempenho dos componentes de custos e receitas das estratégias escolhidas.

    6.3. Com base nos dados financeiros obtidos, conclua discorrendo sobre as dificuldades encontradas pelas empresas que estão com sua capacidade produtiva fora do foco exigido pelo mercado. O que acontece quando o mercado fica maior do que a empresa? O que acontece quando o mercado fica menor que a empresa?

7. Anexo: relatório *P. Produção Financeiro*

APÊNDICE B

Estudo de Caso: Jogo *LSSP_PCP2*
Planejamento e Controle da Produção Empurrado

Este Estudo de Caso, baseado no Jogo *LSSP_PCP2*, que pode ser baixado na página do GEN | Atlas como material suplementar <http://www.grupogen.com.br/>, tem por objetivo estudar e discutir as características de um sistema de PCP voltado para a programação da produção empurrada. Para tanto, inicia-se este estudo de caso com a descrição do sistema produtivo simulado, bem como com as regras de decisão que estão por trás da dinâmica de PCP embutida no Jogo *LSSP_PCP2*. Em seguida, é apresentada a sistemática utilizada para a avaliação financeira dos resultados operacionais, e, ao final, um conjunto de questões para estimular a discussão e verificar o conhecimento desenvolvido durante a aplicação do jogo é proposto.

Sistema produtivo simulado

O jogo de empresas *LSSP_PCP2* trabalha a dinâmica de PCP em horizontes de médio e curto prazo, com 12 períodos simulados semanais, da semana 13 até a semana 24. Para se iniciar o jogo há necessidade de cadastrar o nome da empresa e o nome dos participantes do grupo (até cinco).

Como o jogo foi desenvolvido em *Access 2003*, ele necessita que esta versão (ou uma versão superior) esteja instalada no computador. Ao se abrir o arquivo do jogo, que deve ser extraído para seu computador, caso apareça uma caixa de mensagem *Aviso de Segurança*, acione o botão *Abrir*. E, ao cadastrar os dados de entrada, caso apareça a caixa de mensagem *Conflito de gravação*, acione o botão *Descartar alterações*.

A empresa simulada é fabricante de malhas e produz três famílias distintas, chamadas de Colmeia, Piquet e Maxim, em três cores (branca, azul e verde). A demanda por estas malhas, como pode ser visto no histórico das primeiras 12 semanas no módulo *Demanda*, pode apresentar tendência, sazonalidade e variações aleatórias. A previsão é feita de forma agregada em cima das famílias e distribuída no PMP por cor segundo um percentual predefinido. É esperado nos próximos 12 períodos que ocorram três eventos distintos, um em cada família de malhas:

- Um acréscimo de demanda em torno de 20%.
- Uma redução na demanda em torno de 35%.
- Uma variação no *mix* das cores, com concentração de 80% em uma delas.

Como o horizonte do jogo é de médio e curto prazo, a capacidade produtiva instalada é fixa, havendo flexibilidade apenas quanto ao número de dias trabalhados na semana, sendo que os sábados são de horas extras. A empresa possui cinco teares circulares na malharia trabalhando em dois turnos, três *jets* de 120 quilos na Tinturaria trabalhando em dois turnos e uma rama no acabamento trabalhando em um turno. Os turnos são de 7 horas, sendo o primeiro das 5 às 12 horas e o segundo das 12 às 19 horas. Para reduzir os custos fixos, não havendo programação, a capacidade dos recursos produtivos excedentes será automaticamente vendida ao mercado (terceirização), com um mínimo de uma semana nos teares e um dia nos *jets* e rama.

Como pode ser visto na Figura 1, a empresa compra fios (algodão e sintético) no mercado e através do processo de tecelagem, via emissão de OM (ordens de malharia), os transforma em malhas cruas (Colmeia, Piquet e Maxim) em teares circulares. Por sua vez, as malhas cruas são prefixadas, via emissão de OF (ordens de prefixação), em um processo de purga nos *Jets*, para lavação, e posterior prefixação na rama, gerando malhas fixadas (Colméia, Piquet e Maxim). Em um terceiro momento, as malhas fixadas repetem o fluxo produtivo *Jet-Rama*, via emissão de OA (ordens de acabamento), para receber o tingimento com adição de corantes nos *Jets* e o posterior acabamento na rama. Os fios (SMF), as malhas cruas (SMC), as malhas prefixadas (SMP) e as malhas acabadas (SMA) são armazenadas em seus respectivos supermercados.

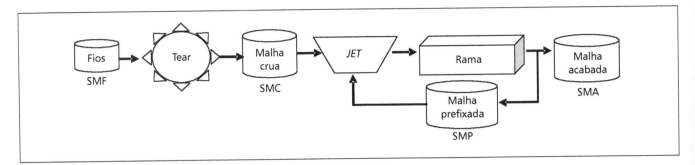

FIGURA 1

O processo produtivo simulado.

Os dados dos roteiros de fabricação e taxas de produção, das estruturas dos itens, dos recursos produtivos e dos custos e receitas que serão avaliados estão disponíveis no módulo *Engenharia* do jogo. Uma vez simulado um período, o jogo disponibiliza uma série de relatórios físicos e financeiros empregados para montar a apresentação, que podem ser acessados no módulo *Início*.

Uma vez que o sistema produtivo está em andamento, no período inicial 12 existem estoques em mãos e ordens já liberadas que darão entrada no MRP em períodos futuros. A Tabela 1 fornece a relação em quilos dos estoques em mãos, ordens já colocadas e dos estoques de segurança planejados no MRP quando se inicia o jogo.

TABELA 1

Dados iniciais do jogo.

Itens	Estoques em Mãos	Recebimento Programado P + 1	Recebimento Programado P + 2	Estoque de Segurança
Colmeia Branca	120	600		120
Colmeia Azul	120	240		120
Colmeia Verde	120	360		120
Piquet Branca	120	360		120

(continua)

(continuação)

Itens	Estoques em Mãos	Recebimento Programado P+1	Recebimento Programado P+2	Estoque de Segurança
Piquet Azul	120	600		120
Piquet Verde	120	240		120
Maxim Branca	120	360		120
Maxim Azul	120	360		120
Maxim Verde	120	480		120
Colmeia Fixada	120			120
Piquet Fixada	120			120
Maxim Fixada	120			120
Colmeia Crua	120	1.200		120
Piquet Crua	120	1.200		120
Maxim Crua	120	840		120
Fio de Algodão	400	2.100	2.220	400
Fio Sintético	400	1.620	1.380	400
Corante Branco	30			
Corante Azul	30			
Corante Verde	30			

Dinâmica de planejamento e programação da produção

Como este jogo é focado nas funções do PCP de médio e curto prazo, seu início se dá, conforme pode ser visto na Figura 2, pela previsão da demanda das três famílias de malhas para as próximas seis semanas, realizada no módulo *Demanda*. Ao ser prevista, esta demanda é passada diretamente para o planejamento-mestre. É importante fazer sempre a previsão para todos os seis períodos em função do cálculo da capacidade produtiva futura (RCCP) embutida no módulo *PMP*, bem como o cálculo correto das necessidades no módulo *MRP*. O desempenho das previsões pode ser acompanhado no módulo *Erro de Previsão* com o monitoramento do erro acumulado e do gráfico de controle de 4 MAD.

Após a previsão da demanda, o planejamento-mestre da produção de cada uma das nove malhas vendidas deve ser feito no módulo *PMP*. Este planejamento pode ser feito de forma manual, acessando as telas de cada uma das malhas, ou de forma automática através do botão *PMP Padrão Geral*. Um estoque de segurança pode ser alocado para cada malha. O PMP padrão dispara uma rotina onde as necessidades líquidas são cobertas por tantos lotes de 120 quilos quantos forem necessários para cobrir estas necessidades. Nesta rotina padrão, em função de o *lead time* de acabamento ser de uma semana, caso ocorram necessidades líquidas no período a ser simulado, uma mensagem de aviso será acionada.

Durante o planejamento-mestre, ao se preencher o PMP de cada uma das malhas acabadas, pode-se acessar o módulo *RCCP*, onde é possível verificar a capacidade futura dos recursos produtivos para atender ao plano, no sentido de evitar gargalos. A análise da capacidade é feita sobre horas disponíveis em turno normal dos recursos.

Montado o PMP e analisada a capacidade futura, passa-se ao cálculo das necessidades líquidas e liberação de ordens no módulo *MRP*. O MRP é utilizado para planejar as ordens de produção de malhas acabadas, malhas fixadas e malhas cruas e as ordens de compra dos fios sintéticos e de algodão. Os corantes são controlados pelo método do ponto de pedido. Assim como no PMP, o MRP pode ser montado tabela a tabela ou pode ser realizado de forma automática através do botão *MRP Padrão Geral*. Estoques de segurança podem ser alocados para os itens, com exceção das malhas acabadas, que têm seus padrões definidos no PMP.

FIGURA 2

A dinâmica de PCP do jogo.

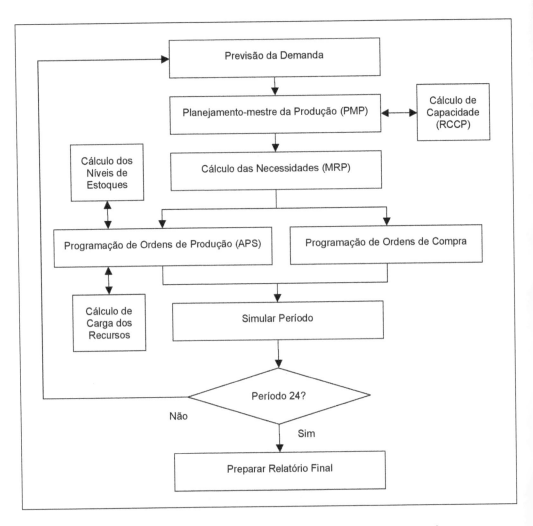

O MRP padrão dispara uma rotina onde as necessidades líquidas são cobertas por tantos lotes-padrão quantos forem necessários. Os lotes-padrão de malhas acabadas e fixadas são de 120 quilos, os lotes-padrão de malhas cruas são de 30 quilos e os lotes-padrão de fios são múltiplos de 5 quilos. Nesta rotina padrão, em função dos *lead times* produtivos de cada etapa, caso ocorram necessidades líquidas no período correspondente a este *lead time*, uma mensagem de aviso será acionada.

Calculadas as necessidades líquidas e definidos os lotes das ordens que deverão ser liberadas para a produção, devem-se executar os módulos *APS OM*, *APS OF* e *APS OA*, onde estas ordens serão sequenciadas nos recursos (programação com capacidade finita) e emitidas para programação do período. Dentro desta rotina de sequenciamento existe ainda um módulo *Supermercado*, que permite acompanhar como os estoques nos SMC, SMP e SMA irão se comportar durante cada dia da semana a ser simulada. Também é possível acompanhar o nível de carregamento dos recursos produtivos após cada emissão de ordem, entrando nos módulos *Carga Tear*, *Carga Jets* e *Carga Rama*.

No módulo *APS OM* pode-se emitir, editar e deletar ordens de malharia até que se completem as quantidades liberadas pelo MRP, ou pode-se acionar o botão *APS AUTO OM*, que irá disparar uma rotina automática de sequenciamento das ordens de malharia. Esta rotina padrão tem a seguinte sequência:

1. aloca as quantidades liberadas de malha crua Colmeia no tear 1, as de malha crua Piquet no tear 2 e as de malha crua Maxim no tear 3, até a capacidade limite semanal dos teares de 84 horas;

2. havendo quantidades liberadas pelo MRP em descoberto das malhas cruas, aloca estas quantidades nos teares 4 e 5 respeitando a capacidade limite semanal, contudo sem dividir as quantidades entre os teares, o que, caso necessário, deverá ser feito pelo método manual.

Nos módulos *APS OF* e *APS OA* pode-se emitir, editar e deletar as ordens de prefixação e as ordens de acabamento, respectivamente, até que se completem as quantidades liberadas pelo MRP, ou pode-se acionar o botão *APS AUTO OF/OA*, que irá disparar uma rotina automática de sequenciamento das ordens de prefixação e de acabamento. Como as ordens de prefixação e de acabamento competem pelos mesmos recursos (*Jets* e Rama), a rotina automática sequencia ambas as ordens em simultâneo, com os seguintes passos:

1. aloca inicialmente as ordens de prefixação em lotes de 120 quilos, programando de forma alternada as de malha prefixada Colmeia no *Jet* 1, as de malha prefixada Piquet no *Jet* 2 e as de malha prefixada Maxim no *Jet* 3, até completar as quantidades liberadas pelo MRP. Dos *Jets* as ordens seguem para programação na Rama;
2. só após a programação das ordens de prefixação são disparadas as ordens de acabamento. Para as ordens de acabamento, visando reduzir os *setups* nas mudanças de cores nos *Jets*, a rotina faz a programação das cores brancas no *Jet* 1, das cores azuis no *Jet* 2 e das cores verdes no *Jet* 3, programando alternadamente uma malha acabada branca, uma azul e uma verde, até completar as quantidades liberadas pelo MRP. Dos *Jets* as ordens seguem para programação na Rama.

Como os módulos *APS OF* e *APS AO* são de programação finita, ou seja, só programam se houver capacidade, caso o sequenciamento, manual ou automático, esgote a capacidade semanal dos recursos (pode-se acompanhar este carregamento pelos módulos *Carga Jets* e *Carga Rama*), uma mensagem é disparada indicando o recurso com capacidade esgotada, e uma realocação deve ser tentada. No caso da rotina automática, como ela privilegia os *setups*, uma falta de capacidade na Rama pode ser eliminada direcionando a ordem não programada para outro *Jet* com tempo disponível.

Caso o sequenciamento desejado gere estoques negativos no SMC, SMF ou SMA, uma mensagem de aviso será disparada para que o programador corrija o problema, ressequenciando as ordens de forma que os estoques sejam cobertos. Com estoques negativos nos supermercados, o que seria inviável em uma situação real, o jogo não aceita ser simulado e ficará esperando a correção.

Para fechar a rotina semanal de planejamento e programação, é necessário verificar se as matérias-primas devem ser repostas entrando no módulo *Compras MP*. Os fios já foram planejados pelo MRP e as ordens de compra serão emitidas automaticamente pelo sistema. Já os corantes, que são controlados pelo sistema de ponto de pedido, necessitam da definição de um lote de compra no módulo *Corantes*, a cada período, para disparar sua reposição. Um estoque de segurança para os corantes pode ser escolhido. Tanto os fios como os corantes, no caso de falta, serão automaticamente comprados em regime de urgência.

Encerrada esta sequência de eventos, como apresentado na Figura 2, o jogo está pronto para ser simulado, para tanto se retorna ao módulo *Início* e aciona-se o botão *Simular*. Neste momento, as rotinas de simulação serão acionadas, de forma que uma demanda real para cada família de malha será gerada e a cada dia, havendo estoques iniciais, vendas (1/5 da demanda por dia) de segunda a sexta ocorrerão. Demandas não atendidas serão perdidas e multas cobradas.

Em paralelo ao processo de vendas, diariamente as ordens programadas para serem produzidas irão retirando seus componentes dos estoques e, uma vez completadas, irão dando entrada nos seus respectivos estoques (SMC, SMP e SMA). A disponibilidade de capacidade produtiva e de componentes para execução das ordens de produção já foi verificada quando da programação finita (APS), com exceção das matérias-primas, que admitem compras de emergência.

Após simular 12 períodos, da semana 13 até a 24, o jogo está encerrado e os relatórios físicos e financeiros, que foram emitidos período a período, devem ser usados para a montagem da apresentação do relatório final.

Avaliação financeira

A avaliação financeira do jogo é resumida no relatório *Balancete Semanal*, onde a cada semana simulada é acrescentada uma folha. Nos demais relatórios financeiros, os custos e receitas deste balancete são apresentados de forma detalhada. A avaliação financeira do jogo é feita em cima do Resultado Operacional e da Margem Operacional. O Resultado Operacional consiste na diferença entre as receitas (Receitas de Vendas + Receitas de Terceirização) e os custos (Custos Produtivos + Custos de Vendas Perdidas), enquanto a Margem Operacional consiste na divisão das receitas pelos custos. O Resultado Operacional Acumulado dá o valor acumulado até o período simulado, enquanto a Margem Operacional Média dá o valor médio da Margem Operacional até o período simulado.

As Receitas de Vendas são obtidas pela multiplicação entre a quantidade em quilos de malha vendida e o preço unitário por quilos da malha, enquanto as Receitas de Terceirização são avaliadas pela multiplicação entre as horas liberadas para terceirização (não utilizadas na programação da produção) em cada recurso e o preço da terceirização por hora no recurso. O sistema calcula automaticamente as horas liberadas em função da programação emitida.

Já os Custos Produtivos estão divididos em Custos Fixos e Custos Variáveis. Os Custos Fixos são compostos por:

- Custos Fixos Gerais: custos fixos da semana de R$ 120.000, independentemente do período trabalhado.
- Custos Fixos Turno Extra: custos fixos adicionais para cobrir os recursos que entraram na programação do sábado, sendo de R$ 1.000 por semana por recurso em turno extra.

Por sua vez, os Custos Variáveis estão divididos em Custos de Matérias-primas, Custos de Armazenagem e Custos de Produção. Os Custos de Matérias-primas são compostos por:

- Custos de Compras: custos incorridos diretamente com a compra de matérias-primas, obtidos pela multiplicação da quantidade comprada de matéria-prima pelo custo unitário da matéria-prima.
- Custos de Compras de Emergência: custos incorridos com a compra de matérias-primas em regime de emergência, ou seja, durante a própria semana sem planejamento, obtidos pela multiplicação da quantidade de emergência comprada de matéria-prima pelo custo unitário da matéria-prima de emergência (50 vezes o da compra normal).
- Custos de Emissão de OCs: são os custos incorridos com a emissão das Ordens de Compra da semana, incluindo as ordens de emergência, obtidos pela multiplicação do número de ordens emitidas pelo custo unitário de uma ordem (R$ 500 por ordem).

Já os Custos de Armazenagem são decorrentes da necessidade de se armazenarem itens em estoque durante a semana, obtidos pela multiplicação do estoque médio do item pelo custo unitário e pela taxa de armazenagem, de 6% por semana. Os estoques médios das matérias-primas são obtidos pela média entre o inicial e o final da semana, enquanto os estoques médios das malhas (MC, MF e MA) são obtidos pela média diária dos níveis dos supermercados.

Finalmente, os Custos de Produção estão divididos em Custos de *Setup*, Custos de Emissão de OPs, Custos de Produção Extra e Custos de Insumos, definidos da seguinte forma:

- **Custos de *Setup*:** são os custos decorrentes da necessidade de se realizarem *setups* nos equipamentos, obtidos pela multiplicação entre o número de horas consumidas com *setups* na semana e o custo por hora de *setup* no recurso.
- **Custos de Emissão de OPs:** são os custos envolvidos no processo de emissão de uma ordem de produção (OM, OF, OA) pelo PCP da empresa, calculados pela multiplicação entre o número de ordens emitidas na semana e o custo unitário de emissão de uma ordem (R$ 50 por ordem).
- **Custos de Produção Extra:** estes custos são decorrentes de se ter que buscar dentro da programação emitida para a semana em curso os itens de produção que faltaram em estoque em determinado dia da semana por problemas no sequenciamento. São equivalentes aos Custos de Compras de Emergência das matérias-primas. Eles são obtidos pela multiplicação entre a quantidade em quilos de malhas retiradas da produção e o custo de produção extra por quilo de malha (R$ 50 por quilo).
- **Custos de Insumos:** estes custos são relativos aos demais insumos, que não matérias-primas, utilizados nos recursos produtivos, como eletricidade, óleo, ar comprimido etc. Eles são calculados multiplicando-se as quantidades em quilos produzidas nos recursos pelo custo de insumos por quilo produzido nos recursos.

Além destes Custos Produtivos, existirão custos relacionados com as vendas que não forem atendidas durante os dias da semana simulada, chamados de Custos de Vendas Perdidas. A demanda real (que o jogo irá gerar) é dividida por cinco e em cada dia da semana, de segunda até sexta-feira, é vendida esta quantidade. Caso não exista a quantidade de malha em estoque no SMA (incluindo a possibilidade de produção extra) nesse dia, é registrada a falta como vendas perdidas. Estes custos são obtidos pela multiplicação entre a quantidade em quilos de malha não vendida e o custo unitário de vendas perdidas por quilo por tipo de malha.

Roteiro da apresentação: questões a serem respondidas

Para montar a apresentação final e responder a estas questões, empregue as informações geradas pelos relatórios físicos e financeiros do jogo; eles podem ser exportados para aplicativos que facilitam a apresentação. Gráficos e tabelas devem ser utilizados para dar subsídio ao texto.

Como o objetivo do jogo é o de explorar as questões de planejamento de médio prazo e programação da produção empurrada e seus reflexos perante as variações não previsíveis na demanda, como sugestão para a dinâmica de aplicação propõe-se duas rodadas completas de simulação. Na primeira rodada do jogo, que pode durar duas aulas, por exemplo, os grupos apresentam seus resultados e a forma como foram tratados os eventos não previsíveis. Deve-se dar foco na discussão das rotinas de sequenciamento das ordens e nos níveis de estoques do sistema e atendimento da demanda.

Em seguida, uma segunda rodada de simulação pode ser proposta onde os grupos, entendendo melhor as regras de sequenciamento, os eventos não previsíveis e seus reflexos sobre os estoques e atendimento da demanda, são desafiados a desenvolver novamente o jogo de forma que toda a demanda seja atendida. A partir dos resultados encontrados nas duas simulações montar uma apresentação (e/ou entregar um relatório) de acordo com os nove pontos do roteiro proposto a seguir.

1. Introdução
    1.1. Como introdução, apresente a empresa e o grupo de analistas que trabalhou no PCP da mesma, bem como a disciplina e o curso onde o Jogo foi aplicado.
2. Quanto à previsão da demanda
    2.1. Quais fatores (tendência, sazonalidade e variações aleatórias) estão agindo sobre a demanda de cada uma das três famílias de malhas? Que tipo de tendência? Que

ciclo de sazonalidade? Apresente os gráficos mostrando que as previsões dos períodos 25 a 29 foram feitas corretamente.

2.2. Apresente as fórmulas baseadas em séries temporais desenvolvidas para a previsão da demanda das famílias em cada alternativa de mercado, justificando a sua escolha.

2.3. Apresente o gráfico de controle da previsão da demanda jogada para cada família e justifique os pontos fora da área de controle de 4 MAD. Em que períodos e em que malhas ocorreram as três variações extraordinárias de demanda? Qual a sua magnitude?

3. Quanto ao planejamento-mestre da produção e as vendas

3.1. Qual foi a tática utilizada na montagem e operação do planejamento-mestre? Trabalhou-se com estoques de segurança? De quanto? Foi empregada a rotina de PMP Padrão?

3.2. A sua tática foi efetiva? Quando as vendas não foram atendidas e por quê? Apresente um gráfico com as quantidades de vendas perdidas para explicar.

3.3. Com base nos dados do relatório *Acompanhamento de Estoques*, identifique e discuta a origem da ocorrência de reposições especiais (ou seja, as quantidades planejadas não foram suficientes, exigindo a produção extra).

3.4. Com base nos dados do relatório *Acompanhamento de Estoques*, calcule o índice de giro de estoques (consumo/estoque médio semanal) por período para cada família de malhas acabadas e o índice médio semanal. Faça um gráfico ilustrando estes valores nos 12 períodos simulados.

4. Quanto ao cálculo das necessidades

4.1. Qual foi a tática utilizada na montagem e operação do planejamento das necessidades de materiais? Trabalhou-se com estoques de segurança? Foi empregada a rotina de MRP Padrão?

4.2. A sua tática foi efetiva? Quando ocorreram situações que exigiram produção extra (no caso das malhas prefixadas e cruas) ou compras de emergência (no caso dos fios) e por quê? Com base nos dados do relatório *Acompanhamento de Estoques* apresente um gráfico com as quantidades de produção extra das malhas prefixadas e cruas e de compras de emergência dos fios.

4.3. Com base nos dados do relatório *Acompanhamento de Estoques*, calcule o índice de giro de estoques (consumo/estoque médio semanal) por período para as malhas prefixadas, para as malhas cruas e para os fios e o índice médio semanal de cada grupo. Faça um gráfico ilustrando estes valores nos 12 períodos.

5. Quanto ao sistema de ponto de pedido para os corantes

5.1. Qual foi a tática utilizada na montagem e operação do sistema de ponto de pedido para os corantes? Trabalhou-se com estoques de segurança?

5.2. Qual o tamanho de lote definido para a compra? Empregou-se o conceito de lote econômico? Aplique a fórmula do lote econômico aos dados do jogo e mostre seu cálculo para cada um dos corantes.

5.3. A sua tática foi efetiva? Quando ocorreram situações que exigiram compras de emergência de corantes e por quê? Com base nos dados do relatório *Acompanhamento de Estoques*, apresente um gráfico com as quantidades de compras de emergência.

5.4. Com base nos dados do relatório *Acompanhamento de Estoques*, calcule o índice de giro de estoques (consumo/estoque médio semanal) por período para corantes e o índice médio semanal. Faça um gráfico ilustrando estes valores nos 12 períodos.

6. Quanto ao sistema de APS das ordens de malharia

6.1. Qual foi a tática utilizada na montagem e operação do sistema de APS para as ordens de malharia? Trabalhou-se com o sequenciamento do *APS Auto OM*? Quando este sequenciamento automático não foi eficiente? Por quê? Que solução foi adotada.

6.2. Apresente um gráfico para ilustrar o carregamento médio dos teares com os dados do relatório *Resumo do Carregamento*. Quantas horas extras foram empregadas nos Teares? Quando foi possível terceirizar da capacidade destes recursos?

6.3. Que regras de sequenciamento poderiam ser introduzidas no *APS Auto OM* de forma a melhorar o desempenho do carregamento dos teares? Descreva sua heurística em passos a serem seguidos.

7. Quanto ao sistema de APS das ordens de prefixação e acabamento

    7.1. Qual foi a tática utilizada na montagem e operação do sistema de APS para as ordens de prefixação e acabamento? Trabalhou-se com o sequenciamento do *APS Auto OF/OA*? Quando este sequenciamento automático não foi eficiente? Por quê? Que solução foi adotada.

    7.2. Apresente um gráfico para ilustrar o carregamento médio dos *Jets* e da Rama com os dados do relatório *Resumo do Carregamento*. Quantas horas extras foram empregadas nos *Jets* e na Rama? Quando foi possível terceirizar da capacidade destes recursos?

    7.3. Que regras de sequenciamento poderiam ser introduzidas no *APS Auto OF/OA* de forma a melhorar o desempenho do carregamento dos recursos? Descreva sua heurística em passos a serem seguidos.

8. Quanto ao resultado financeiro das operações

    8.1. Qual foi o resultado operacional acumulado e a margem operacional média obtida no jogo? Apresente um gráfico ilustrativo.

    8.2. Apresente um conjunto de gráficos baseado no relatório *Balancete Semanal* para ilustrar os componentes de custos e receitas do resultado financeiro das operações da empresa (agrupe por tipos de custos).

    8.3. Descreva e justifique os resultados financeiros destes componentes de custos e receitas com base nos eventos físicos que ocorreram durante o jogo.

9. Anexo: relatório *Balancete Semanal*

APÊNDICE C

Estudo de Caso: Jogo *LSSP_PCP3*
Planejamento e Controle da Produção Puxado

Este Estudo de Caso, baseado no Jogo *LSSP_PCP3*, que pode ser baixado na página do GEN | Atlas como material suplementar <http://www.grupogen.com.br/>, tem por objetivo estudar e discutir as características de um sistema de PCP voltado para a programação da produção puxada. Para tanto, inicia-se este estudo de caso com a descrição do sistema produtivo simulado, bem como com as regras de decisão que estão por trás da dinâmica de PCP embutida no Jogo *LSSP_PCP3*. Em seguida, é apresentada a sistemática utilizada para a avaliação financeira dos resultados operacionais, e, ao final, um conjunto de questões para estimular a discussão e verificar o conhecimento desenvolvido durante a aplicação do jogo é proposto.

Sistema produtivo simulado

O jogo de empresas *LSSP_PCP3* trabalha a dinâmica de PCP em horizontes de médio e curto prazo, com 12 períodos simulados semanais, da semana 13 até a semana 24. Para se iniciar o jogo há necessidade de cadastrar o nome da empresa e o nome dos participantes do grupo (até cinco).

Como o jogo foi desenvolvido em *Access 2003*, ele necessita que esta versão (ou uma versão superior) esteja instalada no computador. Ao se abrir o arquivo do jogo, que deve ser extraído para seu computador, caso apareça uma caixa de mensagem *Aviso de Segurança*, acione o botão *Abrir*. E, ao cadastrar os dados de entrada, caso apareça a caixa de mensagem *Conflito de gravação*, acione o botão *Descartar alterações*.

A empresa simulada é fabricante de malhas e produz três famílias distintas, chamadas de Colmeia, Piquet e Maxim, em três cores (branca, azul e verde). A demanda por estas malhas, como pode ser visto no módulo *Demanda* com base no histórico das primeiras 12 semanas, pode apresentar tendência, sazonalidade e variações aleatórias. A previsão é feita em cima das famílias e distribuída por cor segundo um percentual predefinido. É esperado nos próximos 12 períodos que ocorram três eventos distintos, um em cada família de malhas:

- Um acréscimo de demanda em torno de 20%.
- Uma redução na demanda em torno de 35%.
- Uma variação no *mix* das cores, com concentração de 80% em uma delas.

Como o horizonte do jogo é de médio e curto prazo, a capacidade produtiva instalada é fixa, havendo flexibilidade apenas quanto ao número de dias trabalhados na semana, sendo que os sábados são de horas extras. A empresa possui cinco teares circulares na malharia trabalhando em dois turnos, três *jets* de 120 quilos na Tinturaria trabalhando em dois turnos e uma rama no acabamento trabalhando em um turno. Os turnos são de 7 horas, sendo o primeiro das 5 às 12 horas e o segundo das 12 às 19 horas. Para reduzir os custos fixos, não havendo programação, a capacidade dos recursos produtivos excedentes será automaticamente vendida ao mercado (terceirização), com um mínimo de uma semana nos teares e um dia nos *Jets* e rama.

Como pode ser visto na Figura 1, a empresa compra fios (algodão e sintético) no mercado e através do processo de tecelagem, via emissão de OM (ordens de malharia), os transforma em malhas cruas (Colmeia, Piquet e Maxim) em teares circulares. Por sua vez, as malhas cruas são prefixadas, via emissão de OF (ordens de prefixação), em um processo de purga nos *jets*, para lavação, e posterior prefixação na rama, gerando malhas fixadas (Colmeia, Piquet e Maxim). Em um terceiro momento, as malhas fixadas repetem o fluxo produtivo *Jet-Rama*, via emissão de OA (ordens de acabamento), para receber o tingimento com adição de corantes nos *jets* e o posterior acabamento na rama. Os fios (SMF), as malhas cruas (SMC), as malhas prefixadas (SMP) e as malhas acabadas (SMA) são armazenados em seus respectivos supermercados.

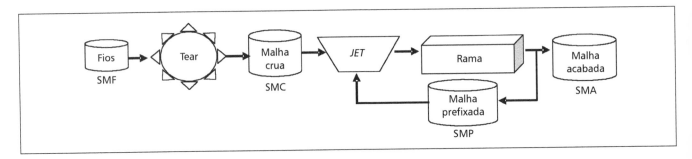

FIGURA 1

O processo produtivo simulado.

Os dados dos roteiros de fabricação e taxas de produção, das estruturas dos itens, dos recursos produtivos e dos custos e receitas que serão avaliados estão disponíveis no módulo *Engenharia* do jogo. Uma vez simulado um período, o jogo disponibiliza uma série de relatórios físicos e financeiros empregados para montar a apresentação, que podem ser acessados no módulo *Início*.

Uma vez que o sistema produtivo está em andamento, no período inicial 12 existem estoques em mãos e ordens já liberadas que darão entrada no MRP em períodos futuros. A Tabela 1 fornece a relação em quilos dos estoques em mãos, ordens já colocadas e dos estoques de segurança planejados no MRP quando se inicia o jogo. Esses valores são equivalentes aos fornecidos no Jogo LSSP_PCP2 no sentido de facilitar a comparação entre eles.

TABELA 1

Dados iniciais do jogo.

Itens	Estoques em Mãos	Recebimento Programado P + 1	Recebimento Programado P + 2	Estoque de Segurança
Colmeia Branca	600			600
Colmeia Azul	240			240
Colmeia Verde	360			360
Piquet Branca	360			360
Piquet Azul	600			600
Piquet Verde	240			240
Maxim Branca	360			360

(continua)

(continuação)

Itens	Estoques em Mãos	Recebimento Programado P+1	Recebimento Programado P+2	Estoque de Segurança
Maxim Azul	360			360
Maxim Verde	480			480
Colmeia Fixada	480			480
Piquet Fixada	480			480
Maxim Fixada	480			480
Colmeia Crua	1.320			1.320
Piquet Crua	1.320			1.320
Maxim Crua	960			960
Fio de Algodão	400	2.100	2.220	400
Fio Sintético	400	1.620	1.380	400
Corante Branco	30			
Corante Azul	30			
Corante Verde	30			

Dinâmica de planejamento e programação da produção

Como este jogo é focado nas funções do PCP de médio e curto prazo, seu início se dá, conforme pode ser visto na Figura 2, pela previsão da demanda das três famílias de malhas para as próximas seis semanas, realizada no módulo *Demanda*. Ao ser prevista, esta demanda é passada para o planejamento-mestre. É importante fazer sempre a previsão para todos os seis períodos em função do cálculo da capacidade produtiva futura (RCCP) embutida no módulo *PMP*, bem como o cálculo correto das necessidades no módulo *MRP*. O desempenho das previsões pode ser acompanhado no módulo *Erro de Previsão* com o monitoramento do erro acumulado e do gráfico de controle de 4 MAD.

Após a previsão da demanda, o planejamento-mestre da produção de cada uma das nove malhas vendidas deve ser feito no módulo *PMP*. Este planejamento pode ser feito de forma manual, acessando as telas de cada uma das malhas, ou de forma automática através do botão *PMP Padrão Geral*. O estoque de segurança corresponde ao supermercado proposto para as malhas acabadas, definido no módulo *Kanban*. O PMP padrão dispara uma rotina onde as necessidades líquidas são cobertas por tantos lotes de 120 quilos quantos forem necessários para cobrir estas necessidades.

Como neste jogo o sistema de programação é puxado pelo *kanban*, tanto no PMP como no MRP, para os itens controlados pelo *kanban*, o *lead time* é zero, ou seja, o item já está disponível no supermercado para uso. Logo, não ocorrerão necessidades líquidas em descoberto no período a ser simulado quando as rotinas padrões forem acionadas, com exceção dos fios que não estão sendo administrados pelo sistema *kanban*.

Durante o planejamento-mestre, ao se preencher o PMP de cada uma das malhas acabadas, pode-se acessar o módulo *RCCP* onde é possível verificar a capacidade futura dos recursos produtivos para atender ao plano, no sentido de evitar gargalos. A análise da capacidade é feita sobre as horas disponíveis em turno normal dos recursos.

Montado o PMP e analisada a capacidade futura passa-se ao cálculo das necessidades líquidas e liberação de ordens no módulo *MRP*. O MRP é utilizado para planejar os níveis de estoques nos supermercados de malhas acabadas, malhas prefixadas e de malhas cruas e para emitir ordens de compra de fios sintéticos e de algodão. Os corantes são controlados pelo método do ponto de pedido. Assim como no PMP, o MRP pode ser montado tabela a tabela ou pode ser realizado de forma automática através do botão *MRP Padrão Geral*. Os estoques de segurança para as malhas correspondem aos supermercados propostos definidos no módulo *Kanban*; já para os fios, eles podem ser alocados na própria tabela do MRP.

FIGURA 2

A dinâmica de PCP do jogo.

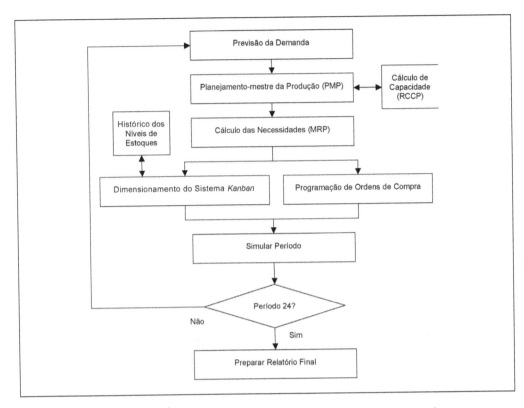

O MRP padrão dispara uma rotina onde as necessidades líquidas são cobertas por tantos lotes-padrão quantos forem necessários. Os lotes-padrão são os lotes correspondentes a um cartão do sistema *kanban*. Os lotes-padrão de malhas acabadas e prefixadas são de 120 quilos, os lotes-padrão de malhas cruas são de 30 quilos e os lotes-padrão de fios são múltiplos de 5 quilos.

Calculadas as necessidades líquidas e definidas as quantidades de ordens de malhas estimadas para a produção dos próximos seis períodos, o valor dos quatro primeiros períodos é passado para o módulo *Kanban* como demanda semanal, onde pode ser utilizada para o redimensionamento do sistema *kanban*.

No módulo *Kanban* (*OM*, *OF* e *OA*) é possível escolher se a demanda média diária utilizada na fórmula de cálculo dos supermercados será baseada em uma, duas ou quatro semanas à frente. Neste módulo, o dimensionamento do sistema *kanban* trabalha com algumas definições particulares, quais sejam:

- NKcal – número calculado de *kanbans* pela fórmula de dimensionamento;
- SMcal – quantidade em quilos de malha no supermercado calculada pela fórmula de dimensionamento;
- NKprop – número proposto de *kanbans* para operar o sistema na próxima semana;
- SMprop – quantidade em quilos de malha no supermercado proposta para operar o sistema na próxima semana;
- SMatual – quantidade em quilos de malha no supermercado no período atual.

O número calculado de *kanbans* é obtido pela seguinte fórmula de dimensionamento:

$$NKcal = (D/Q) \times Nd \times (1 + S)$$

Onde:
D = demanda média diária em quilos (período escolhido de 1, 2 ou 4 semanas);
Q = lote *kanban* em quilos de malha;
Nd = Número de dias de cobertura da demanda no supermercado;
S = segurança em percentual a ser acrescentada ao sistema.

Ao serem informados um número de dias de cobertura e uma segurança desejada, o número de *kanbans* é recalculado pela fórmula. Caso se queira trabalhar com o número proposto de *kanbans* para operar o sistema na próxima semana igual ao número calculado de *kanbans*, basta acionar o respectivo botão. Pode-se também escolher um número proposto de *kanbans* qualquer, independentemente do resultado da fórmula.

Caso se esteja aumentando os supermercados, no início da simulação, segunda-feira, os cartões *kanban* adicionais irão para o quadro *kanban* de programação. Caso se esteja reduzindo os supermercados, no início da simulação os estoques excedentes serão consumidos e não repostos.

Para fechar a rotina semanal de planejamento e programação, é necessário verificar se as matérias-primas devem ser repostas entrando no módulo *Compras MP*. Os fios já foram planejados pelo MRP e as ordens de compra serão emitidas pelo sistema. Já os corantes, que são controlados pelo sistema de ponto de pedido, necessitam da definição de um lote de compra no módulo *Corantes*, a cada período, para disparar sua reposição. Um estoque de segurança para os corantes pode ser escolhido. Tanto os fios como os corantes, no caso de falta, serão automaticamente comprados em regime de urgência.

Encerrada esta sequência de eventos, como apresentado na Figura 2, o jogo está pronto para ser simulado, para tanto se retorna ao módulo *Início* e aciona-se o botão *Simular*. Neste momento, as rotinas de simulação serão acionadas, de forma que uma demanda real para cada família de malha será gerada e a cada dia, havendo estoques iniciais no SMA, vendas (1/5 da demanda por dia) de segunda a sexta ocorrerão. Demandas não atendidas serão perdidas e multas cobradas.

Como irá se trabalhar com a programação puxada via sistema *kanban*, em paralelo ao processo de vendas diário, com a redução dos estoques no SMA, as ordens de malhas acabadas serão emitidas e processadas, desde que haja capacidade de produção nos recursos e estoques de malhas prefixadas no SMP, em lotes-padrão para recompor o nível do supermercado proposto.

Da mesma forma, havendo consumo de malhas prefixadas do SMP, ordens de fixação serão emitidas e processadas, desde que haja capacidade de produção nos recursos e estoques de malhas cruas no SMC, em lotes-padrão para recompor o nível do supermercado proposto. Como as ordens de prefixação e de acabamento concorrem pelos mesmos recursos, a regra empregada é a de produzir primeiro diariamente as ordens de prefixação e depois as de acabamento, sendo que entre as de acabamento a prioridade é estabelecida pelo nível de estoque restante no supermercado, quanto menor, maior sua prioridade.

Com a produção de malhas prefixadas, há o consumo de malhas cruas, que saem do SMC, autorizando a emissão e o processamento de ordens de malharia na quantidade necessária para recompor os níveis do supermercado proposto, desde que haja capacidade nos teares. Como o consumo de malhas cruas se dá na proporção de 120 quilos (para carregar um *jet*), as ordens de malharia são disparadas de 4 em 4 *kanbans* de 30 quilos cada.

Visto que nos sábados não ocorrem vendas, a produção de malhas acabadas, prefixadas e cruas só é autorizada caso haja necessidade de recompor os supermercados ao nível proposto. Em paralelo ao processamento do sistema *kanban*, as matérias-primas estão sendo reabastecidas pelas ordens de compra programadas e emitidas, e, caso venham a faltar, compras de emergência são disparadas.

Durante a simulação é possível acompanhar a dinâmica de funcionamento do sistema *kanban* no módulo *SuperMercados*. Nele se tem dia a dia para cada malha, para a semana que passou, quantos cartões *kanban* foram propostos, quantos ficaram no supermercado em estoque, quantos foram para o quadro e quantos destes realmente foram produzidos. Neste módulo também se tem um histórico de produção e estoque semanal da malha.

Após simular 12 períodos, da semana 13 até a 24, o jogo está encerrado e os relatórios físicos e financeiros, que foram emitidos período a período, devem ser usados para a montagem da apresentação do relatório final.

Avaliação financeira

A avaliação financeira do jogo é resumida no relatório *Balancete Semanal*, onde a cada semana simulada é acrescentada uma folha. Nos demais relatórios financeiros, os custos e as receitas deste balancete são apresentados de forma detalhada. A avaliação financeira do jogo é feita sobre o Resultado Operacional e da Margem Operacional. O Resultado Operacional consiste na diferença entre as receitas (Receitas de Vendas + Receitas de Terceirização) e os custos (Custos Produtivos + Custos de Vendas Perdidas), enquanto a Margem Operacional consiste na divisão das receitas pelos custos. O Resultado Operacional Acumulado dá o valor acumulado até o período simulado, enquanto a Margem Operacional Média dá o valor médio da Margem Operacional até o período simulado.

As Receitas de Vendas são obtidas pela multiplicação entre a quantidade em quilos de malha vendida e o preço unitário por quilo da malha, enquanto as Receitas de Terceirização são avaliadas pela multiplicação entre as horas liberadas para terceirização (não utilizadas na programação da produção) em cada recurso e o preço da terceirização por hora no recurso. O sistema calcula automaticamente as horas liberadas em função da programação emitida.

Já os Custos Produtivos estão divididos em Custos Fixos e Custos Variáveis. Os Custos Fixos são compostos por:

- Custos Fixos Gerais: custos fixos da semana de R$ 120.000, independentemente do período trabalhado.
- Custos Fixos Turno Extra: custos fixos adicionais para cobrir os recursos que entraram na programação do sábado, sendo de R$ 1.000 por semana por recurso em turno extra.

Por sua vez, os Custos Variáveis estão divididos em Custos de Matérias-primas, Custos de Armazenagem e Custos de Produção. Os Custos de Matérias-primas são compostos por:

- Custos de Compras: custos incorridos diretamente com a compra de matérias-primas, obtidos pela multiplicação da quantidade comprada de matéria-prima pelo custo unitário da matéria-prima.
- Custos de Compras de Emergência: custos incorridos com a compra de matérias-primas em regime de emergência, ou seja, durante a própria semana sem planejamento, obtidos pela multiplicação da quantidade de emergência comprada de matéria-prima pelo custo unitário da matéria-prima de emergência (50 vezes o da compra normal).
- Custos de Emissão de OCs: são os custos incorridos com a emissão das Ordens de Compra da semana, incluindo as ordens de emergência, obtidos pela multiplicação do número de ordens emitidas pelo custo unitário de uma ordem (R$ 500 por ordem).

Já os Custos de Armazenagem são aqueles custos decorrentes da necessidade de se armazenar itens em estoque durante a semana, obtidos pela multiplicação do estoque médio do item pelo custo unitário e pela taxa de armazenagem, de 6% por semana. Os estoques médios das matérias-primas são obtidos pela média entre o inicial e o final da semana, enquanto os estoques médios das malhas (MC, MF e MA) são obtidos pela média diária dos níveis dos supermercados.

Finalmente, os Custos de Produção estão divididos em Custos de *Setup*, Custos de Emissão de OPs, Custos de Produção Extra e Custos de Insumos, definidos da seguinte forma:

- Custos de *Setup*: são os custos decorrentes da necessidade de se realizarem *setups* nos equipamentos, obtidos pela multiplicação entre o número de horas consumidas com *setups* na semana e o custo por hora de *setup* no recurso.
- Custos de Emissão de OPs: são os custos envolvidos no processo de emissão de uma ordem de produção (OM, OF, OA) pelo PCP da empresa, calculados pela multiplicação entre o número de ordens emitidas na semana e o custo unitário de emissão de uma ordem. Como o sistema de programação é via *kanban*, o custo unitário de emissão foi reduzido pela metade do custo do sistema empurrado (R$ 25 por ordem).

- Custos de Produção Extra: estes custos não ocorrem com a programação puxada, visto que não existem ordens em aberto das quais os itens podem ser retirados.
- Custos de Insumos: estes custos são relativos aos demais insumos, que não matérias-primas, utilizados nos recursos produtivos, como eletricidade, óleo, ar comprimido etc. Eles são calculados multiplicando-se as quantidades em quilos produzidas nos recursos pelo custo de insumos por quilo produzido nos recursos.

Além destes Custos Produtivos, existem custos relacionados com as vendas que não forem atendidas durante os dias da semana simulada, chamados de Custos de Vendas Perdidas. A demanda real (que o jogo irá gerar) é dividida por cinco e em cada dia da semana, de segunda até sexta-feira, é vendida esta quantidade. Caso não exista a quantidade de malha em estoque no SMA nesse dia, é registrada a falta como vendas perdidas. Estes custos são obtidos pela multiplicação entre a quantidade em quilos de malha não vendida e o custo unitário de vendas perdidas por quilo por tipo de malha.

Roteiro da apresentação: questões a serem respondidas

Para montar a apresentação final e responder a estas questões, empregue as informações geradas pelos relatórios físicos e financeiros do jogo; eles podem ser exportados para aplicativos que facilitam a apresentação. Gráficos e tabelas devem ser utilizados para dar subsídio ao texto.

Como o objetivo do jogo é o de explorar as questões de planejamento de médio prazo e programação da produção puxada via sistema *kanban* e seus reflexos perante as variações não previsíveis na demanda, e comparar com os resultados obtidos no Jogo *LSSP_PCP2* de programação empurrada, como sugestão para a dinâmica de aplicação se propõem duas rodadas completas de simulação. Na primeira rodada do jogo, os grupos apresentam como foram dimensionados os supermercados e se discutem os resultados desses níveis para os eventos não previsíveis da demanda. Deve-se dar foco na discussão de como foram estabelecidos os níveis de cobertura e os estoques de segurança do sistema *kanban*.

Em seguida, uma segunda rodada de simulação pode ser proposta em que os grupos, entendendo melhor o dimensionamento do sistema *kanban*, os eventos não previsíveis e seus reflexos sobre os estoques e atendimento da demanda são desafiados a desenvolver novamente o jogo de forma que toda a demanda seja atendida. A partir dos resultados encontrados nas duas simulações, e dos resultados obtidos no Jogo *LSSP_PCP2*, montar uma apresentação (e/ou entregar um relatório) de acordo com os sete pontos do roteiro proposto a seguir.

1. Introdução
   1.1. Como introdução, apresente a empresa e o grupo de analistas que trabalhou no PCP da mesma, bem como a disciplina e o curso onde o jogo foi aplicado.
2. Quanto à previsão da demanda, PMP e vendas
   2.1. Apresente o gráfico de controle da previsão da demanda jogada para cada família e justifique os pontos fora da área de controle de 4 MAD. Em que períodos e em que malhas ocorreram as três variações extraordinárias de demanda? Compare com as ocorridas no Jogo *LSSP_PCP2*.
   2.2. Quando as vendas não foram atendidas e por quê? Apresente um gráfico com as quantidades de vendas perdidas. Compare com o gráfico apresentado no Jogo *LSSP_PCP2* e explique as principais diferenças.
3. Quanto ao cálculo das necessidades dos fios
   3.1. Qual foi a tática utilizada na montagem e operação do planejamento das necessidades de materiais para os fios? Trabalhou-se com estoques de segurança? Foi empregada a rotina de *MRP Padrão*?
   3.2. A sua tática foi efetiva? Quando ocorreram situações que exigiram compras de emergência dos fios? Explique por quê. Com base nos dados do relatório *Acompanhamento de*

Estoques, apresente um gráfico com as quantidades de compras de emergência dos fios. Compare com o gráfico apresentado no *LSSP_PCP2* e explique as principais diferenças.

    3.3. Com base nos dados do relatório *Acompanhamento de Estoques*, calcule o índice de giro de estoques (consumo/estoque médio semanal) por período para os fios e o índice médio semanal. Faça um gráfico ilustrando estes valores nos 12 períodos. Compare com o gráfico apresentado no *LSSP_PCP2* e explique as principais diferenças.

4. Quanto ao sistema de ponto de pedido para os corantes

    4.1. Qual foi a tática utilizada na montagem e operação do sistema de ponto de pedido para os corantes? Trabalhou-se com estoques de segurança?

    4.2. Qual o tamanho de lote definido para a compra? Empregou-se o conceito de lote econômico? Aplique a fórmula do lote econômico aos dados do jogo e calcule-o para cada um dos corantes.

    4.3. A sua tática foi efetiva? Quando ocorreram situações que exigiram compras de emergência de corantes e por quê? Com base nos dados do relatório *Acompanhamento de Estoques*, apresente um gráfico com as quantidades de compras de emergência. Compare com o gráfico apresentado no *LSSP_PCP2* e explique as principais diferenças.

    4.4. Com base nos dados do relatório *Acompanhamento de Estoques*, calcule o índice de giro de estoques (consumo/estoque médio semanal) por período para corantes e o índice médio semanal. Faça um gráfico ilustrando estes valores nos 12 períodos. Compare com o gráfico apresentado no *LSSP_PCP2* e explique as principais diferenças.

5. Quanto ao sistema *kanban* de programação da produção

    5.1. Qual foi a tática utilizada na montagem e operação do sistema *kanban* para as ordens de produção? Como foram recalculados os níveis de estoques nos supermercados? Apresente uma tabela com os percentuais de estoques de segurança e os períodos de cobertura em dias para as malhas cruas, prefixadas e acabadas que foram utilizados.

    5.2. Projete um quadro *porta-kanban* para ser utilizado no jogo. Mostre para um período qualquer de dimensionamento (do 13 ao 24) com quantos cartões ficariam nas faixas verde, amarela e vermelha.

    5.3. Apresente dois gráficos para ilustrar o carregamento médio dos teares e o dos *jets* e da rama com os dados do relatório *Resumo do Carregamento*. Quantas horas extras foram empregadas nos teares e nos *jets* e na rama? Quanto foi possível terceirizar da capacidade destes recursos? Compare com os gráficos apresentados no *LSSP_PCP2* e explique as principais diferenças.

    5.4. Com base nos dados do relatório *Acompanhamento de Estoques*, calcule o índice de giro de estoques (consumo/estoque médio semanal) por período para as famílias de malhas acabadas, malhas prefixadas e malhas cruas e o índice médio semanal de cada grupo. Faça um gráfico ilustrando estes valores nos 12 períodos. Compare com os gráficos apresentados no *LSSP_PCP2* e explique as principais diferenças.

6. Quanto ao resultado financeiro das operações

    6.1. Qual foi o resultado operacional acumulado e a margem operacional média obtida no jogo? Apresente um gráfico ilustrativo.

    6.2. Apresente um conjunto de gráficos baseado no relatório *Balancete Semanal* para ilustrar os componentes de custos e receitas do resultado financeiro das operações da empresa (agrupe por tipos de custos).

    6.3. Descreva e justifique os resultados financeiros destes componentes de custos e receitas com base nos eventos físicos que ocorreram durante o jogo.

    6.4. Compare os resultados financeiros e gráficos obtidos neste jogo com os obtidos no *LSSP_PCP2* e explique as principais diferenças com base nas diferenças de programação entre eles.

7. Anexo: relatório *Balancete Semanal*

Referências

ASKIN, Ronald G.; GOLDBERG, Jeffrey B. *Design and analysis of lean production systems.* John Wiley & Sons, 2001.

ASKIN, R. G.; STANDRIDGE, C. R. *Modeling and analysis of manufacturing systems.* John Wiley & Sons, 1993.

CAMPOS, V. F. *Gerenciamento da rotina do trabalho do dia a dia.* 8. ed. Nova Lima/MG Gerais: INDG tecnologia e serviços LTDA, 2004.

_____. *TQC – Controle da qualidade total no estilo japonês.* 9. ed. Falconi, 2014.

CORRÊA, Henrique L.; GIANESI, Irineu G. N.; CAON, Mauro. *Planejamento, programação e controle da produção.* MRP ll / ERP – conceitos, uso e implantação. São Paulo: Atlas, 2010.

DA SILVEIRA, G.; BORENSTEIN, D.; FOGLIATTO, F. S. Mass customization: literature review and research directions. *International Journal of Production Economics*, v. 72, n. 1, p. 1-13, 2001.

FILHO, M. G.; FERNANDES, F. C. F. *Planejamento e controle da produção*: dos fundamentos ao essencial. São Paulo: Atlas, 2010.

GODINHO FILHO, MOACIR; LAGE JUNIOR, MURIS. Variations of the *kanban* system: literature review and classification. *International Journal of Production Economics*, v. 125, n. 1, 2010.

GOLDRATT, E. M.; COX, J. F. *A Meta*: um processo de melhoria contínua. São Paulo: Nobel, 2002.

LAURINDO, F. J. B.; MESQUITA, M. A. Material requirements planning: 25 anos de história – uma revisão do passado e prospecção do futuro. *Revista Gestão & Produção*, v. 7, n. 3, 2000.

MCKAY, K. N.; WIERS, V. C. S. *Practical production control:* a survival guide for planners and schedulers. J. Roos Publishing, 2004.

MONDEN, Yasuhiro. *Sistema Toyota de Produção.* São Paulo: IMAM, 1984.

MONTGOMERY, D. C.; JENNINGS, C. L.; KULAHCI, M. *Introduction to time series analysis and forecasting.* John Wiley and Sons, 2016.

MOURA, Reinaldo A. *Kanban*: a simplicidade do controle da produção. 4. ed. São Paulo: IMAM, 1996.

OHNO, Taiichi. *O Sistema Toyota de Produção*: além da produção em larga escala. Porto Alegre: Bookman, 1997.

PELLEGRINI, F. R.; FOGLIATTO, F. S. Passos para implantação de sistemas de previsão de demanda: técnicas e estudo de caso. *Production*, v. 11, n. 1, jun./jul. 2001.

PORTER, M. E. *Estratégia competitiva*: técnicas para análise da indústria e da concorrência. Rio de Janeiro: Elsevier, 2004.

POUND, E. S.; BELL, J. H.; SPEARMAN, M. L. *A ciência da fábrica para gestores*. Porto Alegre: Bookman, 2015.

ROSA, H.; MAYERLE, S. F.; GONÇALVES, M. B. Controle de estoque por revisão contínua e revisão periódica: uma análise comparativa utilizando simulação. *Produção*, v. 20, n. 4, dez. 2010.

SCHAFRANSKI, L. E.; TUBINO, D. F. *Simulação empresarial em gestão da produção*. São Paulo: Atlas, 2013.

SHINGO, S. *O Sistema Toyota de Produção*: do ponto de vista de engenharia de produção. Porto Alegre: Bookman, 1996.

_____. *Sistema de troca rápida de ferramenta*: uma revolução nos sistemas produtivos. Porto Alegre: Bookman, 2000.

SILVA, G. G. M. P. *Linhas de montagem e estratégias competitivas*: estudos de múltiplos casos. Tese (doutorado) – Universidade Federal de Santa Catarina, Centro Tecnológico, Programa de Pós-graduação em Engenharia de Produção, Florianópolis, 2013.

_____; TUBINO, D. F.; SEIBEL, S. Linhas de montagem: revisão da literatura e oportunidades para pesquisas futuras. *Production*, v. 25, n. 1, p. 170-182, jan./mar. 2015.

SINGH, N.; RAJAMANI, D. *Cellular Manufacturing Systems*: design, planning and control. Chapman & Hall, 2012.

SKINNER, W. *Manufacturing in the corporate strategy*. New York: Wiley, 1978.

_____. Manufacturing-Missing Link in Corporate Strategy. *Harvard Business Review*, v. 47, n. 3, 1969.

_____. The focused factory. *Harvard Business Review*, v. 52, n. 3, p. 113-121, 1974.

SOUZA, G. P.; SAMOHYL, R. W.; MIRANDA, R. G. *Métodos simplificados de previsão empresarial*. Rio de Janeiro: Ciência Moderna, 2008.

TUBINO, D. F. *Manufatura enxuta como estratégia de produção*: a chave para a produtividade industrial. São Paulo: Atlas, 2015.

WHEELWRIGHT, S. C. Manufacturing strategy: defining the missing link. *Strategic Management Journal*, v. 5, n. 1, p. 77-91, 1984.